ŒUVRES COMPLÈTES

DE M. DE

LAMARTINE

TOME HUITIÈME

MÉLANGES EN PROSE ET EN VERS

PARIS

CHARLES GOSSELIN, FURNE ET Cie
ÉDITEURS

M DCCC XLII

ŒUVRES COMPLÈTES

DE M. DE

LAMARTINE

IMPRIMERIE DE H. FOURNIER ET Cᵉ, 7 RUE SAINT-BENOIT

RÉCIT DU SÉJOUR

DE

FATALLA SAYEGHIR

CHEZ LES ARABES ERRANS DU GRAND DÉSERT.

AVANT-PROPOS.

Nous étions campés au milieu du désert qui s'étend de Tibériade à Nazareth. Nous causions des tribus arabes que nous avions rencontrées dans la journée, de leurs mœurs, de leurs rapports entre elles et avec les grands peuples qui les environnent. Nous cherchions à percer le mystère de leur origine, de leur destinée et de cette étonnante persévérance de l'esprit de races qui sépare ces peuplades de toutes les autres familles humaines et les tient, comme les Juifs, non pas en dehors de la civilisation, mais dans une civilisation à part, aussi inaltérable que le granit. Plus j'ai voyagé, plus je me suis convaincu que les *races* sont le grand secret de l'histoire et des mœurs. L'homme n'est pas aussi éducable que le disent les philosophes. L'influence des gouvernemens et des lois est bien loin d'agir aussi radicalement qu'on le pense sur les mœurs et les instincts d'un peuple; tandis que la constitution primitive, le sang de la race, agit toujours et se manifeste après des milliers d'années dans les formes physiques et dans les habitudes morales de la famille ou de la tribu. Le genre humain coule par fleuves et par ruisseaux dans le vaste océan de l'humanité; mais il n'y mêle que bien lentement ses eaux, souvent jamais, et il ressort comme le Rhône du lac de Genève, avec le goût et la couleur de son onde. Il y a là un abîme de pensées et de méditations. Il y a aussi un grand secret pour les législateurs. Tout ce qu'ils font dans le sens de l'esprit des races réussit; tout ce qu'ils tentent contre cette prédisposition naturelle échoue. La nature est plus forte qu'eux. Cette idée n'est pas celle des philosophes du temps; mais elle est évidente pour le voyageur; et il y a plus de philosophie dans cent lieues de caravane que dans dix ans de lectures et de méditations. Je me sentais heureux ainsi errant à l'aventure, sans autre route que mon caprice, au milieu de déserts et de pays inconnus. Je disais à mes amis et à M. Mazolier, mon drogman, que si j'étais seul et sans affections de famille, je mènerais cette vie pendant des années et des années. J'aimerais à ne me jamais coucher où je me serais réveillé, à promener ma tente depuis les rivages d'Égypte jusqu'à ceux du golfe Persique; à n'avoir pour but, le soir, que le soir même; à parcourir du pied, de l'œil et du cœur, toutes ces terres inconnues, toutes ces races d'hommes si diverses de la mienne; à contempler l'humanité, ce plus bel ouvrage de Dieu, sous toutes ses formes. Que faut-il pour cela? Quelques esclaves ou serviteurs fidèles, des armes, un peu d'or, deux ou trois tentes et des chameaux. Le ciel de ces contrées est presque toujours tiède et pur, la vie facile et peu chère, l'hospitalité certaine et pittoresque. Je préférerais cent fois des années ainsi écoulées sous des cieux différents, avec des hôtes et des amis toujours nouveaux, à la stérile et bruyante monotonie de la vie de nos capitales. Il y a certainement plus de peine à mener à Paris ou à Londres la vie d'un homme du monde, qu'à parcourir l'univers en voyageur. Le résultat des deux fatigues est cependant bien différent. Le voyageur meurt, ou revient avec un trésor de pensées et de sagesse. L'homme casanier de nos capitales vieillit sans connaître et sans voir, et meurt aussi entravé, aussi emmaillotté d'idées fausses, que le jour où il est venu au monde. Je voudrais, disais-je à mon drogman, passer ces montagnes, descendre dans le grand désert de Syrie, aborder quelques-unes de ces grandes tribus inconnues qui le sillonnent, y recevoir l'hospitalité pendant des mois, passer à d'autres, étudier les ressemblances et les différences, les suivre des jardins de Damas aux bords de l'Euphrate, aux confins de la Perse, lever le voile qui couvre encore toute cette civilisation du désert, civilisation d'où la chevalerie nous est née, et où l'on doit la retrouver encore ; mais le temps nous presse, nous ne verrons que les bords de cet océan dont personne n'a parcouru l'étendue. Nul voyageur n'a pénétré parmi ces tribus innombrables qui couvrent de leurs tentes et de leurs troupeaux les champs des patriarches : un seul homme l'a tenté, mais il n'est plus, et les notes qu'il avait pu recueillir pendant dix ans de séjour parmi ces peuples ont été perdues avec lui. Je voulais parler de M. de Lascaris ; or, voici ce que c'est que M. de Lascaris.

Né en Piémont, d'une de ces familles grecques, venues en Italie après la conquête de Constantinople, M. de Lascaris était chevalier de Malte, lorsque Napoléon vint conquérir cette île. M. de Lascaris, très-jeune alors, le suivit en Égypte, s'attacha à sa fortune, fut fasciné par son génie. Homme de génie lui-même, il comprit, un des premiers, les grandes destinées que la Providence réservait à un jeune homme trempé dans l'esprit de Plutarque, à une époque où tous les caractères étaient usés, brisés ou faussés. Il comprit plus : il comprit que le plus grand œuvre à accomplir par son héros n'était peut-être pas la restauration du pouvoir en Europe, œuvre que la réaction des esprits rendait nécessaire, et par conséquent facile ; il pressentait que l'Asie offrait un plus vaste champ à l'ambition régénératrice d'un héros ; que là il y avait à conquérir, à fonder, à rénover par masses cent fois plus gigantesques ; que le despotisme, court en Europe, serait long et éternel en Asie ; que le grand homme qui y apporterait l'organisation et l'unité ferait bien plus qu'Alexandre, bien plus que Bonaparte n'a pu faire en France. Il paraît que le jeune guerrier d'Italie, dont l'imagination était lumineuse comme l'Orient, vague comme le désert, grande comme le monde, eut à ce sujet des conversations confidentielles avec M. de Lascaris, et lança un éclair de sa pensée vers cet horizon que lui ouvrait sa destinée.

Ce ne fut qu'un éclair, et je m'en afflige ; il est évident que Bonaparte était l'homme de l'Orient et non l'homme de l'Europe. On rira en lisant ceci : cela paraîtra paradoxal pour tout le monde ; mais demandez aux voyageurs. Bonaparte, dont on prétend faire aujourd'hui l'homme de la révolution française et de la liberté, n'a jamais rien compris à la liberté, et a fait avorter la révolution française. L'histoire le prouvera à toutes ses pages, quand elle aura été écrite sous d'autres inspirations que celles qui la dictent aujourd'hui. Il a été la réaction incarnée contre la liberté de l'Europe, réaction glorieuse, bruyante, éclatante, et voilà tout. Que voulez-vous pour preuve? Demandez ce qu'il reste aujourd'hui de Bonaparte dans le monde, si ce n'est une page de bataillon et une page de restauration malhabile ? Mais une pierre d'attente, un monument, un avenir, quelque chose qui vive après lui, hormis son nom, rien qu'une immense mémoire. En Asie, il aurait remué des hommes par millions, et, homme d'idées simples lui-même, il aurait, avec deux ou trois idées, élevé une civilisation monumentale qui durerait mille ans après lui. Mais l'erreur fut commise : Napoléon choisit l'Europe ; seulement il voulut lancer un explorateur derrière lui, pour reconnaître ce qu'il y aurait à faire, et jalonner la route des Indes, si sa fortune devait la lui ouvrir. M. de Lascaris fut cet homme. Il partit avec des instructions secrètes de Napoléon, reçut des sommes nécessaires à son entreprise, et vint s'établir à Alep pour s'y perfectionner dans la langue arabe. Homme de mérite, de talent et de lumière, il feignit une sorte de monomanie, pour se faire excuser son séjour en Syrie et ses relations obstinées avec tous les Arabes du désert qui arrivaient à Alep. Enfin, après quelques années de préparations, il tenta sa grande et périlleuse entreprise. Il parcourut avec des chances diverses, et sous des déguisemens successifs, toutes les tribus de la Mésopotamie, de l'Euphrate, et revint à Alep, riche des connaissances qu'il avait acquises, et des relations politiques qu'il avait préparées pour Napoléon. Mais pendant qu'il accomplissait ainsi sa mission, la fortune renversait son héros, et il apprenait sa chute le jour même où il revenait lui rapporter

AVANT-PROPOS.

le fruit de sept années de périls et de dévouement. Ce coup imprévu du sort fut mortel à M. de Lascaris. Il passa en Égypte, et mourut au Kaire, seul, inconnu, abandonné, laissant ses notes pour unique héritage. On dit que le consul anglais recueillit ces précieux documens qui pouvaient devenir si nuisibles à son gouvernement, et qu'ils furent détruits ou envoyés Londres.

Quel dommage, disais-je à M. Mazolier, que le résultat de tant d'années et de tant de patience ait été perdu pour nous ! Il en reste quelque chose, me répondit-il ; j'ai été lié à Latakie, ma patrie, avec un jeune Arabe qui a accompagné M. de Lascaris pendant tous ses voyages. Après sa mort, dénué de ressources, privé même des modiques appointemens arriérés que lui avait promis M. de Lascaris, il est rentré pauvre et dépouillé chez sa mère. Il vit maintenant d'un petit emploi chez un négociant de Latakie. Là je l'ai connu, et il m'a parlé bien souvent d'un recueil de notes qu'il écrivait à l'instigation de son patron dans le cours de sa vie nomade. Pensez-vous, disais-je à M. Mazolier, que ce jeune homme consentît à me les vendre? Je le crois, reprit-il ; je le crois d'autant plus, qu'il m'a souvent témoigné le désir de les offrir au gouvernement français. Mais rien n'est si facile que de nous en assurer ; je vais écrire à Fatalla Sayeghir : c'est le nom du jeune Arabe. Le Tartare d'Ibrahim-Pacha lui remettra ma lettre, et nous aurons la réponse en rentrant à Saïde. Je vous charge, lui dis-je, de négocier cette affaire et de lui offrir deux mille piastres de son manuscrit.

Quelques mois se passèrent avant que la réponse de Fatalla Sayeghir me parvînt. Rentré à Bayruth, j'envoyai mon interprète négocier directement l'acquisition du manuscrit à Latakie. Les conditions acceptées et la somme payée, M. Mazolier me rapporta les notes arabes. Pendant le cours de l'hiver, je les fis traduire, avec une peine infinie, en langue franque, je les traduisis plus tard moi-même en français, et je pus faire jouir ainsi le public du fruit d'un voyage de dix ans, qu'aucun voyageur n'avait encore accompli. L'extrême difficulté de cette triple traduction doit faire excuser le style de ces notes. Le style importe peu dans ces sortes d'ouvrages : les faits et les mœurs sont tout. J'ai la certitude que le premier traducteur n'a rien altéré ; il a supprimé seulement quelques longueurs et des circonstances qui n'étaient que des répétitions oiseuses et qui n'éclaircissaient rien.

Si ce récit a de l'intérêt pour la science, la géographie et la politique, il me restera un vœu à former : c'est que le gouvernement français, que de si grands périls et de si longs exils étaient destinés à éclairer et à servir, témoigne une tardive reconnaissance au malheureux Fatalla Sayeghir, dont les services pourraient aujourd'hui lui être si utiles. Ce vœu, je le forme aussi pour le jeune et habile interprète, M. Mazolier, qui a traduit ces notes de l'arabe et qui m'a accompagné pendant mes voyages d'un an dans la Syrie, la Galilée et l'Arabie. Versé dans la connaissance de l'arabe, fils d'une mère arabe, neveu d'un des scheiks les plus puissants et les plus vénérés du Liban, ayant parcouru déjà avec moi toutes ces contrées, familier avec les mœurs de toutes ces tribus, homme de courage, d'intelligence et de probité, dévoué de cœur à la France, ce jeune homme pourrait être de la plus grande utilité au gouvernement dans nos échelles de Syrie. La nationalité française ne finit pas à nos frontières : la patrie a des fils aussi sur ces rivages dont elle connaît à peine le nom. M. Mazolier est un de ces fils. La France ne devrait pas l'oublier. Nul ne pourrait la mieux servir que lui dans des contrées où notre action civilisatrice, protectrice, politique même, doit inévitablement se faire bientôt sentir.

Voici le récit littéralement traduit de Fatalla Sayeghir.

RÉCIT

DE

FATALLA SAYEGHIR

A l'âge de dix-huit ans, je partis d'Alep, ma patrie, avec un fonds de marchandises, pour aller m'établir en Chypre. Ayant été assez heureux la première année dans mes opérations commerciales, j'y pris goût, et j'eus la fatale idée de faire pour Trieste un chargement des productions de l'île. En peu de temps mes marchandises furent embarquées. Elles consistaient en coton, soie, vins, éponges et coloquintes. Le 18 mars 1809, mon bâtiment, commandé par le capitaine *Chefalinati*, mit à la voile. Déjà je calculais les avantages de ma spéculation, et me réjouissais à l'idée de gros bénéfices, lorsqu'au milieu de ces douces illusions me parvint la funeste nouvelle de la prise de mon navire par un vaisseau de guerre anglais, qui l'avait conduit à Malte. Par suite d'une telle perte, forcé de déposer mon bilan, je dus me retirer du commerce, et, totalement ruiné, je quittai Chypre pour revenir à Alep.

Quelques jours après mon arrivée, je dînai chez un de mes amis avec plusieurs personnes, parmi les-

quelles se trouvait un étranger fort mal vêtu, mais auquel cependant on témoignait beaucoup d'égards. Après le dîner, on fit de la musique, et cet étranger, s'étant assis près de moi, m'adressa la parole avec affabilité. Nous parlâmes musique, et, à la suite d'une conversation assez longue, je me levai pour aller demander son nom. J'appris qu'il s'appelait M. Lascaris de Vintimille, et qu'il était chevalier de Malte. Le lendemain, je le vis arriver chez moi, tenant en main un violon. « Mon cher enfant, me dit-il
« en entrant, j'ai remarqué hier combien vous aimiez
« la musique; je vous considère déjà comme mon
« fils, et vous apporte un violon que je vous prie
« d'accepter. » Je reçus avec grand plaisir cet instrument, que je trouvai fort à mon goût, et lui en fis mes vifs remercîmens. Après deux heures d'une conversation très-animée, pendant laquelle il m'avait beaucoup questionné sur toutes sortes de sujets, il se retira. Le lendemain, il revint, et continua ainsi ses visites pendant quinze jours; ensuite il me proposa de lui donner des leçons d'arabe, d'une heure chaque jour, pour lesquelles il m'offrit cent piastres par mois. J'acceptai avec joie cette proposition avantageuse et, après six mois de leçons, il commençait à parler et à lire l'arabe passablement. Un jour, il me dit : « Mon cher fils (c'est ainsi qu'il m'appelait tou-
« jours), je vois que vous avez un grand penchant
« pour le commerce; et, comme je désire rester
« quelque temps avec vous, je veux vous occuper
« d'une manière qui vous soit agréable. Voici de
« l'argent : faites achat des marchandises les plus es-

« timées à Homs, à Hama et dans leurs environs. Nous
« irons faire le commerce dans ces contrées les moins
« fréquentées par les marchands. Vous verrez que
« nous y ferons de bonnes affaires. » Le désir de rester auprès de M. Lascaris, et la persuasion que cette entreprise nous serait avantageuse, me firent accepter sa proposition sans hésiter; et je commençai immédiatement, d'après une note qu'il me remit, à faire les achats, qui consistaient dans les articles suivans : toile rouge, ambre, coraux en chapelets, mouchoirs de coton, mouchoirs de soie noire et de couleur, appelés cafiés, chemises noires, épingles, aiguilles, peignes en buis et en os, bagues, mors de chevaux, bracelets de verre et différentes verroteries; nous y joignîmes des produits chimiques, des épices et des drogues. M. Lascaris paya ces divers articles onze mille piastres ou deux mille talaris.

Toutes les personnes d'Alep qui me voyaient acheter ces marchandises me disaient que M. Lascaris était devenu fou. Effectivement son costume et ses manières le faisaient passer pour tel. Il portait une barbe longue et mal peignée, un turban blanc fort sale, une mauvaise robe ou *gombaz*, avec une veste par-dessus, une ceinture en cuir et des souliers rouges, sans bas. Lorsqu'on lui parlait, il feignait de ne pas comprendre ce qu'on lui disait. Il passait la plus grande partie de la journée au café, et mangeait au bazar, ce que ne font pas dans le pays les gens comme il faut. Cette manière d'être avait un but, comme je le sus plus tard; mais ceux qui ne le connaissaient pas lui croyaient l'esprit dérangé. Quant à moi, je le

trouvais plein de sens et de sagesse, raisonnant bien sur tous les sujets, enfin un homme supérieur. Un jour, lorsque toutes nos marchandises furent emballées, il me fit appeler pour me demander ce qu'on disait de lui à Alep. « On dit, lui répondis-je, que
« vous êtes fou. — Et qu'en pensez-vous vous-même ?
« reprit-il. — Je pense que vous êtes plein de sens et
« de savoir. — J'espère avec le temps vous le prou-
« ver, dit-il; mais pour cela il faut prendre l'engage-
« ment de faire tout ce que je vous commanderai, sans
« répliquer et sans m'en demander la raison : m'obéir
« en tout et pour tout ; enfin je veux de vous obéis-
« sance aveugle; vous n'aurez pas à vous en repen-
« tir. » Puis il me dit d'aller lui chercher du mercure; j'obéis sur-le-champ. Il le mélangea avec de la graisse et deux autres drogues que je ne connaissais pas, et m'assura qu'en s'entourant le cou d'un fil de coton enduit de cette préparation, on se mettait à l'abri de la piqûre des insectes. Je me dis à part moi qu'il n'y avait pas assez d'insectes à Homs ou à Hama pour nécessiter un tel préservatif, qu'ainsi cela devait être destiné pour quelque autre pays ; mais comme il venait de m'interdire toute observation, je me contentai de lui demander quel jour nous partirions, afin de pouvoir arrêter les moukres (conducteurs de chameaux). « Je vous donne, me répondit-il, trente
« jours pour vous divertir ; ma caisse est à votre dis-
« position : amusez-vous bien, dépensez ce que vous
« voudrez ; n'épargnez rien. » Ce sont, pensai-je, des adieux à ce monde qu'il veut que je fasse; mais l'attachement profond que je ressentais déjà pour lui

l'emporta sur cette réflexion ; je ne songeai plus qu'au présent, et je profitai du temps qu'il m'avait accordé pour me bien divertir. Mais, hélas! le temps du plaisir passe vite !, j'en vis bientôt le terme. M. Lascaris me pressa de partir ; je me rendis à ses ordres ; et, profitant d'une caravane qui allait à Hama, le jeudi 18 février 1810, nous quittâmes Alep, et arrivâmes au village de Saarmin après douze heures de marche. Le lendemain, nous repartîmes pour Nuarat-el-Nahaman, jolie petite ville à six heures de là. Elle est renommée pour la salubrité de l'air et la bonté de ses eaux : c'est la patrie d'un célèbre poëte arabe, nommé Abou el Hella el Maari, aveugle de naissance. Il avait appris à écrire par une singulière méthode. Il restait dans un bain de vapeur pendant qu'avec de l'eau glacée on lui traçait sur le dos le dessin des caractères arabes. On cite de lui plusieurs traits d'une étonnante sagacité, entre autres celui-ci : Se trouvant à Bagdad chez un kalife, auquel il vantait sans cesse l'air et l'eau de son pays, ce kalife fit venir de l'eau de la rivière de Nuarat, et sans l'en prévenir lui en fit donner à boire. Le poëte l'ayant reconnue de suite, s'écria : « Voilà bien son eau limpide ; mais « où est son air si pur !... » Pour en revenir à notre caravane, elle s'était arrêtée deux jours à Nuarat pour assister à une foire qui s'y tenait tous les dimanches. Nous allâmes aussi nous y promener, et, dans le tumulte qu'elle occasionnait, je perdis de vue M. Lascaris, qui avait disparu dans la foule. Après l'avoir cherché longtemps, je finis par le découvrir à l'écart, dans un endroit solitaire, causant avec un Bédouin tout déguenillé. Je lui demandai avec surprise quel plaisir il trouvait dans la conversation d'un tel personnage, ne pouvant ni comprendre son arabe ni lui faire entendre le sien. « Le jour où j'ai « eu le bonheur de causer avec un Bédouin, me « répondit-il, est un des jours les plus heureux de ma « vie. — En ce cas, repris-je, vous serez souvent au « comble du bonheur, car nous rencontrerons con- « tinuellement des gens de cette espèce. »

Il me fit acheter des galettes (pain du pays) et du fromage, et les donna à Hettal (c'était le nom du Bédouin), qui prit congé de nous en nous remerciant. Le 22 février, nous partîmes de Nuarat el Nahaman, et après six heures de marche, nous arrivâmes à Khrau Cheikhria ; puis le lendemain, après neuf heures, à Hama, ville considérable où nous n'étions connus de personne, M. Lascaris n'ayant pas apporté de lettres de recommandation. Nous passâmes la première nuit dans un café, et nous louâmes le lendemain une chambre dans le khan de Asshad-Pacha. Comme je commençais à ouvrir les ballots et à préparer des marchandises pour vendre, M. Lascaris me dit d'un air mécontent : « Vous n'a- « vez en tête que votre misérable commerce ! Si vous « saviez combien il y a de choses plus utiles et plus « intéressantes à faire ! » D'après cela, je ne songeai plus à rien vendre, et je fus parcourir la ville. Le quatrième jour, M. Lascaris, se promenant seul, pénétra jusqu'au château, qui tombe en ruines. L'ayant examiné attentivement, il eut l'imprudence de commencer à en prendre les dimensions. Quatre vagabonds qui jouaient secrètement sous un arceau brisé se jetèrent sur lui, le menaçant de le dénoncer comme voulant enlever des trésors et faire pénétrer des *giaours* dans le château. Avec quelque argent tout se serait terminé sans bruit ; mais M. Lascaris se défendit, et à grand'peine s'échappant de leurs mains, vint me trouver. Il n'avait pas achevé le récit de son aventure que nous vîmes entrer deux hommes du gouvernement avec un des dénonciateurs. Ils s'emparèrent de la clef de notre chambre et nous emmenèrent, nous chassant devant eux à coups de bâton comme des malfaiteurs. Arrivés en présence du mutzelim Selim-Bey, connu par sa cruauté, il nous interrogea ainsi : « De quel pays êtes-vous ?—Mon compagnon « est de Chypre, lui répondis-je, et moi d'Alep.—Quel « motif vous amène dans ce pays?— Nous y sommes « venus pour faire le commerce. — Vous mentez. « On a vu votre compagnon occupé dans le château « à prendre des mesures et à lever des plans : c'est « ou pour s'emparer d'un trésor, ou pour livrer la « place aux infidèles. » Puis, se tournant du côté des gardes : « Conduisez, ajouta-t-il, ces deux chiens au « cachot. » Il ne nous fut pas permis de dire un mot de plus. Arrivés à la prison, on nous mit de grosses chaînes aux pieds et au cou, et l'on nous enferma dans un cachot obscur, où nous étions si à l'étroit que nous ne pouvions pas même nous retourner. Au bout de quelque temps, nous obtînmes de la lumière et du pain moyennant un talari ; mais l'immense quantité de puces et autres insectes qui infestaient la prison nous empêchèrent de fermer l'œil toute la nuit. A peine avions-nous le courage de penser au moyen de sortir de cet horrible lieu. A la fin, je me souvins d'un écrivain chrétien, appelé Selim, que je connaissais de réputation pour un homme serviable. Je gagnai un de nos gardiens, qui fut le trouver, et le lendemain Selim arrangea heureusement cette affaire par un cadeau de soixante talaris au mutzelim et d'une cinquantaine de piastres à ses gens. A ce prix nous obtînmes notre liberté. Cet emprisonnement nous valut l'avantage de connaître Selim et plusieurs autres personnes de Hama, avec lesquelles nous passâmes une vingtaine de jours fort agréablement. La ville est charmante; l'Oronte la traverse et la rend gaie et animée; ses eaux abondantes entretiennent la verdure d'une multitude de jardins. Les habitans sont aimables, vifs et spirituels; ils aiment la poésie et la cultivent avec succès. On leur a donné le surnom d'oiseaux parlans, qui les caractérise fort bien. M. Lascaris ayant demandé à Sélim une lettre de recommandation pour un homme de médiocre condition de Homs, qui pût nous servir de guide, il nous écrivit le billet suivant : « A notre frère Yakoub, « salut. Ceux qui vous remettront la présente sont « colporteurs, et se rendent chez vous pour vendre « leurs marchandises aux environs de Homs : assistez-« les autant que vous le pourrez; vos peines ne seront « pas perdues; ce sont de braves gens. Salut. »

M. Lascaris, très-content de cette lettre, voulut profiter d'une caravane qui se rendait à Homs. Nous partîmes le 25 mars, et arrivâmes après six heures de marche à Rastain, qui n'est plus aujourd'hui que le reste d'une ancienne ville considérable; on n'y voit rien de remarquable. Nous continuâmes notre route, et au bout de six autres heures nous étions à Homs. Yakoub, à qui nous remîmes notre lettre, nous reçut à merveille et nous donna à souper. Son métier était de faire des manteaux noirs, appelés machlas. Après souper quelques hommes de sa condition vinrent passer la soirée avec lui, prendre le café et fumer. — Un d'eux, serrurier, nommé Naufal, nous parut fort intelligent. Il nous parla des Bédouins, de leur manière de vivre et de faire la guerre; il nous apprit qu'il passait six mois de l'année dans leurs tribus pour arranger leurs armes, et qu'il avait beaucoup d'amis parmi eux. Quand nous fûmes seuls, M. Lascaris me dit qu'il avait vu ce soir-là tous ses parens; et comme je lui témoignais mon étonnement d'apprendre qu'il y eût des Vintimille à Homs: « La rencontre de Naufal, me répondit-il, est plus « précieuse pour moi que celle de ma famille en- « tière. » Il était tard lorsqu'on se retira, et le maître de la maison nous donna un matelas et une couverture pour nous deux. M. Lascaris n'avait jamais couché avec personne; mais par bonté il insista pour me faire partager ce lit; ne voulant pas le contrarier, je me plaçai près de lui; mais sitôt la lumière éteinte, m'enveloppant dans mon machlas, je me glissai à terre où je passai la nuit. Le lendemain, en nous réveillant, nous nous trouvâmes tous deux couchés de la même manière, M. Lascaris ayant fait comme moi; il vint m'embrasser en me disant : « C'est un « très-bon signe que nous ayons eu la même idée,

« mon cher fils ; car j'aime à vous donner ce titre, « qui vous plaît, j'espère, autant qu'à moi. » Je le remerciai de l'intérêt qu'il me montrait; et nous sortîmes ensemble pour aller prier Naufal de nous accompagner par toute la ville, et de nous montrer ce qu'elle renfermait de curieux, lui promettant de l'indemniser de la perte de sa journée. La population de Homs est de huit mille âmes. Le caractère des habitans est en tout opposé à celui des habitans de Hama. La citadelle, située au centre de la ville, tombe en ruine ; les remparts, bien conservés, sont baignés par un bras de l'Oronte. L'air y est très-sain.— Nous achetâmes, pour quarante piastres, deux pelisses de peau de mouton semblables à celles des Bédouins : ces pelisses sont imperméables. Afin d'être plus libres, nous louâmes une chambre dans le khan, et priâmes Naufal de rester avec nous, nous engageant à lui donner ce qu'il aurait gagné en travaillant dans sa boutique, environ trois piastres par jour. Il nous fut de la plus grande utilité; M. Lascaris le questionnait adroitement, et tirait de lui tous les renseignemens qu'il désirait; se faisant expliquer les mœurs, les usages et le caractère des Bédouins, leur manière de recevoir les étrangers et d'agir avec eux. Nous restâmes trente jours à Homs, pour attendre l'époque du retour des Bédouins, qui d'ordinaire quittent les environs de cette ville au mois d'octobre, pour se diriger vers le midi, suivant toujours le beau temps, l'eau et les pâturages; marchant un jour et se reposant cinq ou six. Les uns vont ainsi jusqu'à Bassara et Bagdad, les autres jusqu'à Chatt el Arab, où se réunissent le Tygre et l'Euphrate. Au mois de février ils commencent à revenir vers la Syrie, et à la fin d'avril on les aperçoit dans les déserts de Damas et d'Alep. Naufal nous donna tous ces renseignemens, et nous dit que les Bédouins faisaient un grand usage de pelisses semblables aux nôtres, de machlas noirs, et surtout de cafiés. En conséquence, M. Lascaris me fit acheter vingt pelisses, dix machlas et cinquante cafiés dont je fis un ballot. Cet achat montait à douze cents piastres. — Naufal nous ayant proposé d'aller visiter la citadelle, la crainte d'une aventure comme celle de Hama nous fit d'abord hésiter; mais sur l'assurance qu'il ne nous arriverait rien de fâcheux et qu'il répondrait de nous, nous acceptâmes, et fûmes avec lui voir ces ruines situées sur le sommet d'une petite colline, au milieu de la ville. Ce château est mieux conservé que celui de Hama. Nous y remarquâmes une grotte cachée et profonde, de laquelle sortait une source abondante; l'eau s'échappe par une ouverture de quatre pieds sur deux, et se précipite à travers des barreaux de fer, par une seconde ouverture. Elle est excellente. On nous conta une vieille tradition qui dit qu'une fois, le passage des eaux ayant été bouché, il arriva, six mois après, une députation de Perse qui, moyennant une forte somme donnée au gouvernement, obtint que l'ouverture serait débouchée, et ne pourrait plus être obstruée à l'avenir. Maintenant l'entrée de cette grotte est défendue, et il est fort difficile d'y pénétrer.

De retour au logis, Scheik-Ibrahim me demanda si je notais ce que nous avions vu, et ce qui nous était arrivé depuis notre départ d'Alep ; et sur ma réponse négative, il me pria de le faire, m'engageant à me rappeler le passé et à tenir un journal exact de tout, en arabe, afin qu'il pût lui-même le traduire en français. Depuis je pris des notes qu'il transcrivait soigneusement chaque jour et qu'il me rendait le lendemain. Je les réunis aujourd'hui dans l'espoir qu'elles pourront être utiles un jour, et m'offrir une légère compensation à mes fatigues et à mes peines.

M. Lascaris s'étant décidé à partir pour le village de Saddad, j'engageai Naufal à nous accompagner, et nous étant réunis à quelques autres personnes, nous partîmes de Homs avec toutes nos marchandises. Après cinq heures de marche, nous traversâmes un large ruisseau qui coule du nord au midi vers le château de Hasné. Ce château, commandé par un aga, sert de halte à la caravane de la Mecque venant de Damas. L'eau de ce ruisseau est excellente à boire ; nous en remplîmes nos outres. Cette précaution est nécessaire, car on n'en trouve plus pendant les sept heures de marche qui restent à faire pour arriver à Saddad. Nous y étions rendus au coucher du soleil. Naufal nous conduisit chez le scheik, Hassaf-Abou-Ibrahim, vénérable vieillard, père de neuf enfans tous mariés, et habitant sous le même toit. Il nous reçut à merveille, et nous présenta toute sa famille qui, à notre grand étonnement, se composait de soixante-quatre personnes. Le scheik nous ayant demandé si nous voulions nous établir dans le village, ou voyager dans d'autres pays, nous lui dîmes que nous étions négocians ; que la guerre entre

les puissances ayant interrompu les communications par mer avec Chypre, nous avions voulu nous établir à Alep, mais qu'ayant trouvé dans cette ville des négocians plus riches que nous, nous nous étions décidés à porter nos marchandises dans des lieux moins fréquentés, espérant par là en tirer un meilleur parti. Lui ayant ensuite appris en quoi consistaient ces marchandises : « Ces objets, nous dit-il, ne servent
« qu'aux Arabes du désert; je regrette de vous le
« dire, mais il vous sera impossible de pénétrer jus-
« qu'à eux ; et quand même vous pourriez y parvenir,
« vous courriez risque de perdre tout, même la vie ;
« les Bédouins sont cupides et pleins d'audace ; ils
« voudront s'emparer de vos marchandises, et si
« vous faites la moindre résistance, ils vous massa-
« creront. Vous êtes des gens pleins d'honneur et de
« délicatesse, il vous sera impossible de supporter
« leur grossièreté : c'est par intérêt pour vous que je
« parle de la sorte, étant moi-même chrétien. Croyez-
« moi, ouvrez ici vos ballots, vendez tout ce que
« vous pourrez, et retournez ensuite à Alep, si vous
« voulez conserver vos biens et votre vie. » Il finissait à peine de parler, que les principaux habitans du village, réunis chez lui pour nous voir, commencèrent à nous raconter des histoires effrayantes. L'un nous dit qu'un colporteur, venant d'Alep et allant au désert, avait été dépouillé par les Bédouins, et qu'on l'avait vu repasser tout nu. Un autre avait appris qu'un marchand, parti de Damas, avait été tué. Tous étaient d'accord sur l'impossibilité de pénétrer parmi les hordes de Bédouins, et cherchaient,

par tous les moyens possibles, à nous détourner d'une aussi périlleuse entreprise. Je voyais M. Lascaris se troubler ; il se tourna vers moi, et me dit en italien, pour n'être pas compris des autres personnes : « *Cosa « dite di questa novita, che mi ha molto scoragito ?* [1] »
— « Je ne crois pas, lui répondis-je, à toutes ces « histoires ; et quand même elles seraient vraies, il « faudrait encore persévérer dans notre projet. De- « puis que vous m'avez annoncé votre intention « d'aller chez les Bédouins, je n'ai plus espéré revoir « ma patrie. J'ai regardé les trente jours que vous « m'avez donnés à Alep pour me divertir, comme « mes adieux au monde. Je considère notre voyage « comme une véritable campagne; et celui qui part « pour la guerre, s'il est bien déterminé, ne doit pas « songer au retour. Ne perdons pas courage : quoi- « que Assaf soit un scheik [2], qu'il ait de l'expérience, « qu'il entende bien la culture des terres, et les inté- « rêts de son village, il ne peut avoir aucune idée de « l'importance de nos affaires; je serais donc d'avis « de ne plus lui parler de notre voyage dans le désert, « et de mettre notre confiance en Dieu, le grand pro- « tecteur de l'univers. » Ces paroles produisirent leur effet sur M. Lascaris, qui me dit en m'embrassant tendrement : « Mon cher fils, je mets tout mon espoir « en Dieu et en vous; vous êtes un homme de réso- « lution, je le vois; je suis on ne peut plus content « de la force de votre caractère, et j'espère atteindre « mon but, à l'aide de votre courage et de votre con-

---

[1] Que dites-vous de cette nouvelle qui m'a fort découragé ?
[2] Vieillard ou ancien.

« stance. » A la suite de cet entretien nous fûmes nous coucher également satisfaits l'un de l'autre. Nous employâmes la journée du lendemain à parcourir le village, qui contient environ deux cents maisons et cinq églises. Les habitans, chrétiens syriaques, fabriquent des machlas et des abas noirs, et s'occupent fort peu de culture pour laquelle le manque d'eau se fait vivement sentir. Il n'y a dans ce village qu'une seule petite source, dont la distribution des eaux est réglée par un sablier. Elle suffit à grand'peine à irriguer les jardins qui, dans ce climat où il pleut rarement, ne sauraient produire sans arrosement. On voit certaines années où il ne tombe pas même une seule goutte d'eau. Les récoltes du territoire suffisent à peine pour six mois, et le reste de l'année les habitans sont obligés d'avoir recours à Homs. Au milieu du village s'élève une tour antique d'une hauteur prodigieuse; elle date de la fondation d'une colonie dont le scheik nous raconta l'histoire. Ses fondateurs étaient originaires de Tripoli de Syrie, où leur église existe encore. Dans le temps le plus florissant de l'empire d'Orient, les Grecs, pleins d'orgueil et de rapacité, tyrannisaient les peuples conquis. Le gouverneur de Tripoli accablait les habitans d'avanies et de cruautés ; ceux-ci, trop peu nombreux pour résister, et ne pouvant plus supporter ce joug, se concertèrent ensemble au nombre de trois cents familles, et, ayant secrètement réuni tout ce qu'ils pouvaient emporter de précieux, ils partirent sans bruit au milieu de la nuit, allèrent à Homs, et de là se dirigeaient vers le désert de Bagdad, lorsqu'ils furent atteints par les troupes grecques que le gouverneur de Tripoli avait envoyées à leur poursuite. Ils soutinrent un combat opiniâtre et sanglant; mais, trop inférieurs en nombre pour vaincre, et ne voulant à aucun prix subir de nouveau la tyrannie des Grecs, ils entrèrent en négociation, et obtinrent la permission de bâtir un village sur le lieu même du combat, s'engageant à rester tributaires du gouverneur de Tripoli. Ils s'établirent donc dans cet endroit qui est à l'entrée du désert, et appelèrent leur village Saddad (obstacle). — Voilà tout ce que la chronique syriaque renferme de remarquable.

Les habitans de Saddad sont braves et d'un caractère doux. Nous déballâmes nos marchandises, et passâmes quelques jours avec eux pour prouver que nous étions véritablement des négocians. Les femmes nous achetèrent beaucoup de toile de coton rouge pour faire des chemises. La vente ne nous occupa pas longtemps; mais nous fûmes obligés d'attendre l'arrivée des Bédouins dans les environs. Un jour, ayant appris qu'il existait, à quatre heures du village, une ruine considérable et fort ancienne, dans laquelle se trouvait un bain de vapeur naturelle, cette merveille excita notre curiosité; et M. Lascaris, voulant la visiter, pria le scheik de nous donner une escorte. Ayant marché quatre heures vers le sud-est, nous arrivâmes au milieu d'une grande ruine, où il n'existe plus qu'une seule chambre habitable. L'architecture en est simple; mais les pierres sont d'une grosseur prodigieuse. En entrant dans cette chambre, nous aperçûmes une ouverture de deux pieds carrés, d'où sortait une épaisse vapeur; nous y jetâmes un mouchoir, et dans une minute et demie, montre en main, il ressortit et vint tomber à nos pieds. Nous recommençâmes cette expérience avec une chemise, qui, au bout de dix minutes, remonta comme le mouchoir. Nos guides nous assurèrent qu'un machlas, qui pèse dix livres, serait rejeté de même.

Nous étant déshabillés et placés autour de l'ouverture, nous fûmes en peu de temps couverts d'une sueur abondante qui ruisselait de nos corps; mais l'odeur de cette vapeur était tellement insupportable que nous ne pûmes y rester longtemps exposés. Au bout d'une demi-heure, nous remîmes nos habits, éprouvant un bien-être inexprimable. On nous dit que cette vapeur était effectivement très-salutaire, et guérissait un grand nombre de malades De retour au village, nous soupâmes avec grand appétit, et jamais peut-être je n'ai joui d'un sommeil plus délicieux.

N'ayant plus rien à voir à Saddad ni dans ses environs, nous résolûmes de partir pour le village de Coriétain. Lorsque nous en parlâmes à Naufal, il nous conseilla de changer de noms, les nôtres pouvant nous rendre suspects aux Bédouins et aux Turcs. Dès lors, M. Lascaris prit le nom de Scheik-Ibrahim el Cabressi (le Cypriote), et me donna celui de Abdallah el Kratib, qui signifie l'écrivain.

Scheik-Hassaf nous ayant donné une lettre de recommandation pour un curé syriaque, nommé Moussi, nous prîmes congé de lui et de nos amis de

Saddad, et partîmes de bonne heure. Après quatre heures de marche, nous arrivâmes entre les deux villages Màhin et Haourin, situés à dix minutes l'un de l'autre ; ils n'ont chacun qu'une vingtaine de maisons, la plupart ruinées par les Bédouins, qui viennent de temps à autre les ravager. Au centre de ces villages se trouve une tour élevée, de construction ancienne. Les habitans, tous musulmans, parlent le langage des Bédouins et s'habillent comme eux. Après avoir déjeuné et rempli nos outres, nous continuâmes notre marche pendant six heures, et vers la nuit nous arrivâmes à Coriétain, chez le curé Moussi, qui nous offrit l'hospitalité ; le lendemain il nous conduisit chez le scheik Selim el Dahasse, homme distingué, qui nous fit un excellent accueil. Ayant appris le motif de notre voyage, il nous fit les mêmes observations que le scheik de Saddad. Nous lui répondîmes que, connaissant toute la difficulté de notre entreprise, nous avions renoncé à nous avancer dans le désert, nous contentant d'aller jusqu'à Palmyre vendre nos marchandises. « Cela est « encore trop difficile, reprit-il, car les Bédouins « peuvent vous rencontrer et vous piller. » Alors il se mit à son tour à nous raconter mille choses effrayantes des Bédouins. Le curé confirmant ce qu'il disait, nous étions sur le point de nous décourager, lorsqu'on servit le déjeuner, ce qui détourna un peu la conversation et nous donna le temps de nous remettre.

Le scheik Selim est un de ceux qui sont tenus de fournir aux besoins de la grande caravane de la

Mecque, de concert avec le scheik de Palmyre ; ses fonctions lui donnent de l'influence parmi les Arabes ; son contingent consiste en deux cents chameaux et des provisions de bouche. De retour chez nous, Scheik-Ibrahim m'adressant la parole : « Eh bien, « mon cher fils, que pensez-vous de tout ce que « vient de nous dire le scheik Selim ? — Il ne faut « pas, lui dis-je, faire trop attention à ce que racon- « tent les habitans de ces villages, toujours en guerre « avec les Bédouins. Il ne doit pas exister entre eux « une très-grande harmonie ; notre position est bien « différente : nous sommes commerçans ; nous al- « lons vendre nos marchandises aux Bédouins, et « non leur faire la guerre : en agissant honnêtement « avec eux, je ne vois pas le moindre danger pour « nous. » Ces paroles rassurèrent un peu Scheik-Ibrahim.

Quelques jours après notre arrivée, pour soutenir notre rôle de marchands, nous ouvrîmes nos ballots sur la place, au milieu du village, devant la porte du scheik. Je vendis aux femmes quelques objets, qui furent payés en argent. Les gens désœuvrés se rassemblaient autour de nous pour causer ; un d'eux, fort jeune, nommé Hessaisoun el Kratib, m'aidait à recevoir l'argent et à faire les comptes avec les femmes et les enfans ; il montrait un grand zèle pour mes intérêts. Un jour, me trouvant seul, il me demanda si j'étais capable de garder un secret. « Prenez-y garde, « ajouta-t-il, c'est un grand secret qu'il ne faut con- « fier à personne, pas même à votre compagnon. » Lui en ayant donné ma parole, il me dit qu'à une

heure du village, il y avait une grotte dans laquelle se trouvait une grande jarre remplie de sequins; il m'en donna un, m'assurant qu'il ne pouvait pas se servir de cette monnaie, qui n'avait cours qu'à Palmyre. « Mais vous, continua-t-il, qui allez de ville
« en ville, vous la changerez aisément; vous avez
« mille moyens que je n'ai pas de profiter de ce tré-
« sor. Cependant je ne veux pas vous donner le tout ;
« mais je laisse le partage à votre générosité. Vous
« viendrez avec moi reconnaître les lieux. Nous
« transporterons cet or peu à peu en secret, et vous
« m'en donnerez ma part en monnaie courante. »
Ayant vu et tenu le sequin, je crus à la vérité de ce récit, et lui donnai rendez-vous hors du village, pour le jour suivant, de grand matin.

Le lendemain, il était à peine jour, je me lève, et sors de notre logis comme pour me promener. A quelques pas du village je trouve Hessaisoun qui m'attendait ; il était armé d'un fusil, d'un sabre et de pistolets. Je n'avais, moi, pour toute arme, qu'une longue pipe. Nous marchons une heure environ. Avec quelle impatience je cherchais des yeux la grotte ; enfin je l'aperçois ; bientôt nous y entrons ; je regarde de tous côtés pour découvrir la jarre ; ne voyant rien, je me tourne vers Hessaisoun : « Où est
« donc la jarre ? lui dis-je. » Je le vis pâlir. « Puisque
« nous y voilà, s'écrie-t-il, apprends que ta dernière
« heure est venue ! Tu serais déjà mort, si je n'avais
« craint de souiller tes habits de sang. Avant de te
« tuer, je veux te dépouiller. Ainsi déshabille-toi et
« donne-moi ton sac d'argent. Je sais que tu le portes

« sur toi ; il doit renfermer plus de douze cents pias-
« tres, que j'ai comptées moi-même : c'est le prix
« des marchandises que tu as vendues. Tu ne verras
« plus la lumière du jour.

« — Fais-moi grâce de la vie, lui dis-je d'un air
« suppliant, je te donnerai une plus forte somme que
« celle qui est dans le sac, et ne parlerai à personne
« de ce qui s'est passé ici, je te le jure. — Cela ne se
« peut, répondit-il, cette grotte doit te servir de
« tombeau : je ne saurais te laisser la vie sans expo-
« ser la mienne. »

Je lui jurai mille fois de me taire ; je lui proposai
de faire un billet pour la somme que lui-même
fixerait : rien ne put le détourner de son affreux projet. Enfin, ennuyé de ma résistance, il pose ses armes
contre le mur, et fond sur moi, comme un lion en
fureur, pour me dépouiller avant de me tuer. Je le
supplie de nouveau : « Quel mal t'ai-je fait ? lui dis-je,
« quelle inimitié existe entre nous ? Tu ne sais donc
« pas que le jour du jugement est proche ; que Dieu
« demandera compte du sang innocent ?..... » Mais
son cœur endurci n'écoute rien... Je pense alors à
mon frère, à mes parens, à mes amis ; tout ce qui
m'est cher est devant mes yeux ; désespéré, je ne demande plus protection qu'à mon Créateur. O Dieu !
protecteur des innocens, aidez-moi, donnez-moi la
force de résister ! Mon assassin, impatient, m'arrache
mes habits... Quoiqu'il fut beaucoup plus grand que
moi, Dieu me donna la force de lutter contre lui pendant près d'une demi-heure : le sang coulait abondamment de mon visage ; mes habits tombaient en

lambeaux. Le scélérat, me voyant en cet état, prend le parti de m'étrangler, et lève les bras pour me serrer le cou ; je profite de l'instant de liberté que me laisse ce mouvement pour lui donner, de mes deux poings, un coup violent dans l'estomac ; je le jette à la renverse, et, saisissant ses armes, je m'élance hors de la grotte en courant de toutes mes forces. Je croyais à peine au bonheur d'être sauvé. Quelques momens après, j'entendis courir derrière moi : c'était mon assassin ; il m'appelait, en me priant de l'attendre du ton le plus conciliant. Ayant toutes les armes, je ne craignis pas de m'arrêter un instant, et, me retournant vers lui : « Infâme, lui criai-je, que « demandes-tu ? tu as voulu m'assassiner en secret, « et c'est toi qui vas être étranglé publiquement. » Il me répondit, en l'affirmant par serment, que tout cela n'avait été qu'un jeu de sa part ; qu'il avait voulu éprouver mon courage et voir comment je me défendrais. « Mais, ajouta-t-il, je vois que tu n'es en- « core qu'un enfant, puisque tu prends la chose « ainsi. » Je répondis, en le couchant en joue, que, s'il approchait d'un pas de plus, je tirerais sur lui. Me voyant déterminé à le faire, il s'enfuit à travers le désert, et moi je repris le chemin du village. Cependant Scheik-Ibrahim, le curé et Naufal, ne me voyant pas revenir, commençaient à s'inquiéter. Scheik-Ibrahim surtout, sachant bien que je ne m'éloignais pas ordinairement sans le prévenir, après deux heures d'attente, fut chez le scheik, qui, partageant ses inquiétudes, mit tout le village à ma recherche. Enfin Naufal, m'apercevant, s'écrie : « Le voilà ! » Selim prétend qu'il se trompe. J'approche, c'est à peine si l'on me reconnaît. M. Lascaris court à moi et m'embrasse en pleurant. Je reste sans pouvoir parler ; on m'emmène chez le curé ; on lave mes blessures et on me met au lit ; enfin je retrouvai la force de raconter mon aventure. Sélim envoya des cavaliers à la poursuite de l'assassin, chargeant son nègre du cordon qui devait l'étrangler ; mais ils revinrent sans avoir pu l'atteindre, et nous apprîmes bientôt qu'il était entré au service du pacha de Damas. Depuis lors, il ne reparut plus à Coriétain.

Au bout de quelques jours mes blessures commencèrent à se fermer, et j'eus promptement repris mes forces. Scheik-Sélim, qui avait conçu pour moi une grande amitié, m'apporta un jour une lunette d'approche dérangée, me disant que je serais un habile homme si je parvenais à la raccommoder. Comme il n'y avait qu'un verre à replacer, je l'arrangeai et la lui reportai. Il fut si content de mon adresse, qu'il me donna le surnom de l'*industrieux*.

Peu de temps après, nous apprîmes que les Bédouins s'approchaient de Palmyre : on en voyait même déjà dans les environs de Coriétain. Un jour il en vint un nommé Selame el Hassan. Nous étions chez Sélim quand il y entra ; on apporta le café, et, pendant que nous le prenions, plusieurs habitans vinrent trouver le scheik, et lui dirent : « Il y a huit « ans, dans tel endroit, Hassan a tué notre parent ; « nous venons vous en demander justice. « Hassan niant le fait, demanda s'ils avaient des témoins. — « Non, répondirent-ils ; mais on vous a vu passer

« tout seul par tel chemin, et peu de temps après
« nous y avons trouvé notre parent mort. Nous sa-
« vons qu'il existait un motif de haine entre vous
« deux; il est donc sûr que vous êtes son assassin. »
— Hassan niait toujours. Le scheik, qui par crainte
ménageait beaucoup les Bédouins, et qui d'ailleurs
n'avait pas de preuves positives contre lui, prit un
morceau de bois et dit : — « Par celui qui créa cette
« tige, jurez que vous n'avez pas tué leur parent. »
— Hassan prend la tige, la regarde pendant quelques
minutes et baisse les yeux ; puis ensuite relevant la
tête vers les accusateurs : — « Je ne veux pas, dit-il,
« avoir deux crimes sur le cœur : l'un d'être le meur-
« trier de cet homme, l'autre de jurer faussement
« devant Dieu. C'est moi qui ai tué votre parent ;
« que voulez-vous pour le prix de son sang [1] ? » Le
scheik, par ménagement pour les Bédouins, ne voulut
pas agir selon toute la rigueur des lois, et les personnes présentes s'intéressant à la négociation, il fut
décidé que Hassan paierait trois cents piastres aux
parens du mort. Lorsqu'on vint à lui demander l'argent, il répondit qu'il ne l'avait pas sur lui, mais qu'il
l'apporterait sous peu de jours ; et comme on faisait
difficulté de le laisser partir sans caution : — « Je n'ai
« pas de gage à donner, ajouta-t-il, mais celui-là ré-
« pondra pour moi, dont je n'ai pas voulu profaner
« le nom par un faux serment. » Il partit, et quatre
jours après il revint, amenant quinze moutons qui
valaient plus de vingt piastres chaque. Ce trait de

---

[1] D'après les lois arabes, on rachète le meurtre à prix d'argent; la somme en est fixée selon les circonstances.

bonne foi et de générosité nous charma et nous surprit en même temps. Nous voulûmes lier connaissance avec Hassan : Scheik-Ibrahim l'invita à venir chez lui, lui fit quelques cadeaux, et par ce moyen nous devînmes amis intimes. Il nous apprit qu'il était de la tribu El-Ammour dont le chef s'appelle Soultan el Brrak. Cette tribu, composée de cinq cents tentes, est considérée comme faisant partie du pays, parce qu'elle ne quitte pas les bords de l'Euphrate, alors que les grandes tribus s'éloignent. Elle vend des moutons, des chameaux et du beurre à Damas, Homs, Hama, etc. Les habitans de ces diverses villes ont souvent un intérêt dans ses troupeaux.

Un jour nous dîmes à Hassan que nous voulions aller à Palmyre vendre les marchandises qui nous restaient, mais qu'on nous avait effrayés sur les dangers de la route. S'étant offert de nous y conduire, il fit devant le scheik un billet par lequel il répondait de tout ce qui pourrait nous arriver de fâcheux. Persuadés que Hassan était un homme d'honneur, nous acceptâmes sa proposition.

Le printemps était venu : le désert, naguère encore si aride, s'était couvert tout à coup d'un tapis de verdure et de fleurs. Ce spectacle enchanteur nous engagea à hâter notre départ. La veille nous déposâmes chez le curé Moussi une partie de nos marchandises, afin de n'éveiller ni l'attention ni la cupidité. Naufal désirait retourner à Homs. M. Lascaris le congédia avec une bonne récompense ; et, le lendemain, ayant arrêté des moukres avec leurs chameaux, nous prîmes congé des habitans de Coriétain, et, nous étant pourvus d'eau et de provisions pour deux jours, nous partîmes de grand matin, emportant une lettre de recommandation du scheik Sélim pour le scheik de Palmyre, nommé Ragial el Orouk.

Après dix heures de marche, toujours dans la direction du levant, nous nous arrêtâmes près d'une tour carrée, très-élevée et d'une construction massive, appelée Casser el Ourdaan, sur le territoire el Dawh. Cette tour, bâtie au temps de l'empire grec, servait de poste avancé contre les Persans qui venaient enlever les habitans du pays. Ce rempart du désert a conservé son nom jusqu'à nos jours. Après en avoir admiré l'architecture, qui est d'une bonne époque, nous retournâmes passer la nuit dans notre petit kan, où nous eûmes beaucoup à souffrir du froid. Le matin, comme nous nous disposions à partir, M. Lascaris, encore peu habitué aux mouvemens des chameaux, monte sans précaution sur le sien, qui se relevant subitement le jette à terre. Nous courons à lui, il nous parut avoir le pied démis; mais, comme il ne voulait pas s'arrêter, après l'avoir pansé de notre mieux, nous le replaçâmes sur sa monture et continuâmes notre route. Nous marchions depuis deux heures, lorsque nous vîmes au loin s'élever une poussière qui venait à nous, et bientôt nous pûmes distinguer six cavaliers armés. A peine Hassan les a-t-il aperçus qu'il quitte sa pelisse, prend sa lance, et court à leur rencontre en nous criant de ne pas avancer. Arrivé près d'eux, il leur dit que nous sommes des marchands allant à Palmyre, et qu'il s'est engagé devant le scheik Sélim et tout son village à nous y conduire en sûreté. Mais ces Bédouins de la tribu El-Hassnné, sans vouloir rien écouter, courent sur nous : Hassan s'élance pour leur barrer le chemin : ils veulent le repousser, et le combat s'engage. Notre défenseur était connu pour sa vaillance; mais ses adversaires étaient également braves. Il soutint leur choc pendant une demi-heure; à la fin, blessé d'un coup de lance qui lui traverse la cuisse, il se retire vers nous, et bientôt tombe de cheval. Les Bédouins se mettent en devoir de nous dépouiller; alors Hassan, étendu par terre, le sang ruisselant de sa blessure, les apostrophe en ces termes : — « Que faites-vous, « ô mes amis? voulez-vous donc violer les droits des « Arabes, les usages des Bédouins? Ceux que vous « dépouillez sont mes frères, ils ont ma parole, j'ai « répondu de tout ce qui pourrait leur arriver de « fâcheux, et vous les dévalisez? Est-ce agir d'après « l'honneur? » — « Pourquoi vous êtes-vous engagé « à conduire des chrétiens à Palmyre? lui répon- « dirent-ils : ne savez-vous pas que Mehanna el Fadel « (le scheik de leur tribu) est le chef du pays? Com- « ment n'avez-vous pas demandé sa permission? » — « Je le sais, reprit Hassan, mais ces marchands « étaient pressés; Mehanna est encore loin d'ici. Je « leur ai engagé ma parole, ils y ont eu foi; ils con- « naissent nos lois et nos usages qui ne changent « jamais. Est-il digne de vous de les violer en dépouil- « lant ces étrangers, et en me laissant blessé de la « sorte? »

A ces paroles, les Bédouins, cessant leur violence, répondirent : — « Tout ce que tu dis est vrai et juste;

« et puisqu'il en est ainsi, nous ne prendrons à tes
« protégés que ce qu'ils voudront nous donner. »

Nous nous hâtâmes de leur offrir deux machlas, une pelisse et cent piastres. Ils s'en contentèrent, et nous laissèrent libres de continuer notre route. Hassan souffrait beaucoup de sa blessure, et comme il ne pouvait remonter à cheval, je lui donnai mon chameau et pris sa jument. Nous marchâmes encore quatre heures, mais le soleil s'étant couché, nous fûmes obligés de faire halte dans un lieu nommé Waddi el Nahr (vallon de la rivière). Cependant on n'y trouvait pas une goutte d'eau, et nos outres étaient vides; l'attaque du matin nous avait retardés de trois heures, et il était impossible d'aller plus loin ce soir-là. Malgré tout ce que nous avions à souffrir, nous nous trouvions encore fort heureux d'avoir échappé aux Bédouins et d'avoir conservé nos habits, qui nous garantissaient un peu d'un vent froid qui se faisait vivement sentir. Enfin, partagés entre le plaisir et la souffrance, nous attendîmes avec impatience les premières heures du jour. Scheik-Ibrahim souffrait de son pied, et Hassan de sa blessure. Le matin, après avoir arrangé nos malades de notre mieux, nous nous remîmes en route, allant toujours vers le levant. A une heure un quart de Palmyre, nous trouvâmes un ruisseau souterrain, dont la source est entièrement inconnue, ainsi que l'endroit où il se perd. On voit couler l'eau à travers des ouvertures d'environ cinq pieds, formant des espèces de bassins. Il est inutile de dire avec quel bonheur nous nous désaltérâmes; l'eau nous parut excellente.

A l'entrée d'un passage formé par la jonction de deux montagnes, nous aperçûmes enfin la célèbre Palmyre. Ce défilé forme pendant un quart d'heure une avenue à la ville ; le long de la montagne, du côté du midi, règne, pendant près de trois heures, un rempart très-ancien. En face, sur la gauche, on aperçoit un vieux château appelé *Co Lat Ebn Maâen*, bâti par les Turcs avant l'invention de la poudre. Cet Ebn Maâen, gouverneur de Damas du temps des califes, avait élevé ce château pour empêcher les Persans de pénétrer en Syrie. Nous arrivâmes ensuite à une vaste place appelée Waldi el Cabour (vallon des tombeaux). Les sépulcres qui la couvrent apparaissent de loin comme des tours. En approchant, nous vîmes qu'on y avait pratiqué des niches pour y déposer les morts. Chaque niche est fermée par une pierre sur laquelle est gravé le portrait de celui qui l'occupe. Les tours ont trois et quatre étages, communiquant entre eux par un escalier en pierre, généralement très-bien conservé. De là nous entrâmes dans une vaste enceinte habitée par les Arabes, qui l'appellent le château. Elle renferme en effet les ruines du temple du Soleil. Deux cents familles logent dans ces ruines.

Nous nous rendîmes immédiatement chez le scheik Ragiad el Orouk, vieillard vénérable, qui nous reçut fort bien, et nous fit souper et coucher chez lui. Ce scheik, comme celui de Coriétain, fournit deux cents chameaux à la grande caravane de la Mecque.

Le lendemain, ayant loué une maison, nous déballâmes nos marchandises. Je pansai le pied de Scheik-Ibrahim, qui en effet était démis. Il eut encore longtemps à en souffrir. Hassan trouva à Palmyre des amis qui prirent soin de lui; et, s'étant promptement rétabli, il vint prendre congé de nous, et partit enchanté de la manière dont nous l'avions récompensé.

Obligés de garder la maison pendant plusieurs jours, à cause du pied de Scheik-Ibrahim, nous nous mîmes à vendre quelques objets pour confirmer notre qualité de marchands; mais, dès que M. Lascaris se trouva en état de marcher, nous fûmes visiter le temple dans tous ses détails. D'autres voyageurs en ont décrit les ruines; ainsi nous ne parlerons que de ce qui a pu échapper à leurs observations sur le pays.

Nous vîmes un jour beaucoup de monde sur une place, occupé à entourer de bois une très-belle colonne de granit. On nous dit que c'était pour la brûler, ou plutôt pour la faire tomber, afin d'avoir le plomb qui se trouve dans les jointures. Scheik-Ibrahim, plein d'indignation, m'adressant la parole : « Que diraient les fondateurs de Palmyre ! s'écria-t-il, « s'ils voyaient ces barbares détruire ainsi leur ou- « vrage ? Puisque le hasard m'a conduit ici, je veux « m'opposer à cet acte de vandalisme. » Et s'étant informé de ce que pouvait valoir le plomb, il donna les cinquante piastres qu'on lui demandait, et la colonne devint notre propriété. Elle est du plus beau granit rouge, tacheté de bleu et de blanc; elle a soixante deux pieds de haut sur dix de circonférence.

Les Palmyriens, voyant notre goût pour les monumens, nous indiquèrent un endroit curieux, à une heure et demie de marche, où l'on taillait anciennement les colonnes, et où se trouvent encore de très-beaux fragmens. Trois Arabes s'engagèrent à nous y conduire moyennant dix piastres. Le chemin est parsemé de fort belles ruines, décrites, je présume, par d'autres voyageurs. Pour nous, nous remarquâmes une grotte, dans laquelle il y avait une très-belle colonne en marbre blanc taillée et ciselée, et une autre seulement terminée à moitié. On dirait que le temps, qui a détruit de si grandes magnificences, a manqué pour placer la première et achever la seconde.

Après avoir parcouru plusieurs grottes et visité les environs, nous revînmes par un autre chemin. Nos guides nous montrèrent une belle source encombrée de grands blocs de pierres : on l'appelle *Aïn Ournus*. Ce nom frappa Scheik-Ibrahim, qui parut y penser pendant le reste du chemin. A la fin, m'ayant appelé : « J'ai découvert, me dit-il, ce que
« veut dire le nom de *Ournus*. *Aurelianus*, empe-
« reur romain, vint assiéger Palmyre et s'emparer de
« ses richesses : c'est lui, je suppose, qui aura fait
« creuser cette source pour les besoins de son armée
« pendant le siége, et cette source aura pris son
« nom, devenu par suite du temps *Ournus*. » Selon mes faibles connaissances de l'histoire, la conjecture de Scheik-Ibrahim n'est pas sans fondement.

Les habitans de Palmyre ne s'occupent guère de culture ; leur principal travail est l'exploitation d'une saline, dont ils envoient les produits à Damas et à Homs ; ils font aussi beaucoup de soude. La plante qui la fournit est très-abondante ; on la brûle, et les cendres sont également expédiées dans ces deux villes pour y faire du savon ; on les envoie même quelquefois à Tripoli de Syrie, qui a de nombreuses fabriques de savon et qui expédie pour l'Archipel.

On nous parla un jour d'une grotte très-curieuse, mais dont l'entrée obscure et étroite était presque impraticable; elle se trouvait à trois heures de Palmyre. Nous eûmes le désir de la visiter ; mais mon aventure avec Hessaisoun était trop récente pour nous risquer sans une bonne escorte; aussi priâmes-nous Scheik-Ragial de nous faire accompagner par des gens sûrs. Étonné de notre projet : « Vous êtes « bien curieux, nous dit-il. Que vous importe cette « grotte? Au lieu de vous occuper de votre com- « merce, vous passez votre temps à de pareilles futi- « lités : jamais je n'ai vu de négocians comme vous. » « — L'homme gagne toujours à voir ce que la nature « a créé de beau, » lui répondis-je. Le scheik nous ayant donné six hommes bien armés, je me munis d'un peloton de ficelle, d'un grand clou et de torches, et nous partîmes de bon matin. Après deux heures de marche, nous arrivâmes au pied d'une montagne. Un grand trou qu'on nous montra formait l'entrée de la grotte. Je plantai mon clou dans un endroit caché ; j'y attachai la ficelle par un bout, et, tenant le peloton à la main, je suivis Scheik-Ibrahim et les guides, qui portaient les torches. Nous allions tantôt à droite, tantôt à gauche ; nous montions, nous descendions;

enfin la grotte est tellement grande qu'on y logerait une armée tout entière. Nous y trouvâmes beaucoup d'alun ; la voûte et les parois du rocher étaient couvertes de soufre, et le terrain rempli de nitre. Nous remarquâmes une espèce de terre rougeâtre, très-fine, qui a un goût acide; Scheik-Ibrahim en mit une poignée dans son mouchoir. Cette grotte est parsemée de cavités taillées au ciseau, dont on a anciennement retiré des métaux. Nos guides nous racontèrent que plusieurs personnes, s'étant égarées, y avaient péri. Un homme y était resté deux jours, en cherchant en vain l'issue, lorsqu'il aperçut un loup ; il lui jeta des pierres, et, l'ayant mis en fuite, il le suivit, et parvint de la sorte à l'ouverture. Mon paquet de ficelle se trouvant au bout, nous ne voulûmes pas aller plus loin, et revînmes sur nos pas. L'attrait de la curiosité nous avait sans doute aplani le chemin, car nous eûmes une peine infinie à regagner l'entrée. Dès que nous fûmes sortis nous nous hâtâmes de déjeuner, et reprîmes ensuite le chemin de Palmyre. Le scheik, qui nous attendait, nous demanda ce que nous avions gagné à notre course. « Nous « avons reconnu, lui dis-je, que les anciens étaient « bien plus habiles que nous ; car on voit par leurs « travaux qu'ils entraient et sortaient avec faci- « lité, et nous avons eu bien de la peine à nous en « tirer. »

Il se mit à rire, et nous le quittâmes pour aller nous reposer. Le soir, Scheik-Ibrahim trouva le mouchoir dans lequel il avait mis de la terre rouge, tout troué et comme pourri ; la terre était répandue dans sa poche ; il la mit dans une bouteille[1], et me dit que probablement les anciens avaient tiré de l'or de cette grotte : les expériences chimiques prouvent que là où se trouve du soufre, il y a souvent de l'or ; et d'ailleurs les grands travaux que nous avions remarqués ne pouvaient avoir été faits uniquement pour extraire du soufre et de l'alun, mais évidemment quelque chose de plus précieux. Si les Arabes avaient pu soupçonner que nous allions chercher de l'or, notre vie n'aurait pas été en sûreté.

De jour en jour, on parlait de l'approche des Bédouins, et Scheik-Ibrahim s'en réjouissait, comme s'il eût attendu des compatriotes. Il fut enchanté quand je lui annonçai l'arrivée de Mehanna el Fadel, grand prince bédouin. Il voulait aussitôt aller au-devant de lui; mais je lui représentai qu'il serait plus prudent d'attendre une occasion favorable de voir quelqu'un de la famille de cet émir (prince). Je savais qu'ordinairement Mehanna envoyait un messager au scheik de Palmyre pour lui annoncer son approche. En effet je vis un jour arriver onze cavaliers bédouins, et j'appris que parmi eux se trouvait l'émir Nasser, fils aîné de Mehanna ; je courus porter cette nouvelle à Scheik-Ibrahim, qui en parut au comble de la joie. A l'instant même, nous nous rendîmes chez Scheik-Ragial pour nous faire présenter à l'émir Nasser, qui nous fit bon accueil. « Ces étran-
« gers, lui dit Ragial, sont d'honnêtes négocians qui
« ont des marchandises à vendre à l'usage des Bé-

[1] Cette bouteille a été prise avec le reste en Égypte.

« douins; mais on les a tellement effrayés, qu'ils
« n'osent se hasarder dans le désert, à moins que
« vous ne les preniez sous votre protection. »

L'émir Nasser se tournant vers nous : « Espérez,
« nous dit-il, toutes sortes de prospérités ; vous serez
« les bienvenus, et je vous promets qu'il ne vous
« arrivera rien que la pluie qui tombe du ciel. » Nous
lui fîmes beaucoup de remerciemens en lui disant :
« Puisque nous avons eu l'avantage de faire votre
« connaissance et que vous voulez bien être notre
« protecteur, il faut que vous nous fassiez l'honneur
« de manger avec nous. »

Les Arabes en général, et particulièrement les Bédouins, regardent comme un engagement de fidélité inviolable d'avoir mangé avec quelqu'un, seulement même d'avoir rompu le pain avec lui. Nous l'invitâmes donc avec toute sa suite, ainsi que le scheik ; nous fîmes tuer un mouton, et notre dîner, préparé à la manière des Bédouins, leur parut fort bon. Au dessert, nous leur présentâmes des figues, des raisins secs, des amandes et des noix, ce qui fut pour eux un grand régal. Après le café, comme on vint à parler de diverses choses, nous racontâmes à Nasser notre aventure avec les six cavaliers de sa tribu. Il voulait les punir, et nous faire restituer nos effets et notre argent. Nous le conjurâmes instamment de n'en rien faire, l'assurant que nous ne tenions nullement à ce que nous avions donné. Nous aurions voulu partir avec lui le lendemain ; mais il nous engagea à attendre l'arrivée de son père, qui était encore avec sa tribu à huit jours de distance. Il promit de nous envoyer une escorte et des chameaux pour porter nos marchandises. Pour plus de sûreté, nous le priâmes de nous faire écrire par son père ; il s'y engagea.

Le surlendemain arriva à Palmyre un Bédouin de la tribu El Hassnné, nommé Bani ; et quelques heures après sept autres Bédouins de la tribu El Daffir, qui est en guerre avec celle de Hassnné. Ceux-ci ayant appris qu'il se trouvait en ville un de leurs ennemis, résolurent d'aller l'attendre hors de Palmyre pour le tuer. Bani en ayant été averti vint chez nous, attacha sa jument à notre porte, et nous pria de lui prêter un feutre. Nous en avions plusieurs qui enveloppaient nos marchandises ; je lui en apportai un. Il le mit à tremper dans l'eau pendant une demi-heure, et le plaça ensuite tout mouillé sur le dos de sa jument, la selle par-dessus. Deux heures après, elle eut une diarrhée très-forte, qui dura toute la soirée, et le lendemain elle semblait n'avoir rien dans le corps. Alors Bani ôta le feutre, qu'il nous rendit, sangla fortement sa monture et partit.

Sur les quatre heures après midi, nous vîmes revenir sans butin les Bédouins de la tribu El Daffir. Quelqu'un leur ayant demandé ce qu'ils avaient fait de la jument de Bani : « Voici, dirent-ils, ce qui nous
« est arrivé. Ne voulant pas faire insulte à Ragial,
« tributaire de Méhanna, nous nous sommes abste-
« nus d'attaquer notre ennemi dans la ville ; nous
« aurions pu l'attendre dans un passage étroit ; mais
« nous étions sept contre un ; nous résolûmes donc
« de rester en rase campagne. L'ayant aperçu, nous

« avons couru sur lui ; mais, lorsqu'il s'est trouvé au
« milieu de nous, il a poussé un grand cri, disant à
« sa cavale : Jah Hamra! c'est aujourd'hui ton tour.
« Et il est parti comme un éclair. Nous l'avons pour-
« suivi jusqu'à sa tribu sans pouvoir l'atteindre,
« émerveillés de la vitesse de sa jument, qui ressem-
« blait à un oiseau fendant l'air avec ses ailes. » Je
leur contai alors l'histoire du feutre, qui les étonna
beaucoup, n'ayant, disaient-ils, aucune idée d'une
pareille sorcellerie.

Huit jours après, trois hommes vinrent nous trouver de la part de Méhanna el Fadel; ils venaient nous chercher avec des chameaux. Il nous remirent une lettre de lui ; en voici le contenu :

« Méhanna el Fadel, fils de Melkhgem, à Scheik-
« Ibrahim et à Abdalla el Kratib, salut ! Que la mi-
« séricorde de Dieu soit sur vous! A l'arrivée de notre
« fils Nasser, nous avons été instruit du désir que
« vous avez de nous visiter : soyez les bienvenus,
« vous répandrez la bénédiction sur nous. Ne crai-
« gnez rien, vous avez la protection de Dieu et la
« parole de Mehanna; rien ne vous touchera que la
« pluie du ciel. *Signé* Méhanna el Fadel. »

Un cachet était apposé à côté de sa signature. Cette lettre fit le plus grand plaisir à Scheik-Ibrahim : nos préparatifs furent bientôt terminés, et le lendemain de très-bonne heure nous étions hors de Palmyre. Arrivés dans un village qu'arrose une source abondante, nous y remplimes nos outres pour le reste de la route. Ce village, appelé Arak, est à quatre heures de Palmyre ; nous rencontrions un grand nombre de Bédouins qui, après avoir questionné nos conducteurs, continuaient leur chemin. Après dix heures de marche, la plaine nous apparut couverte de quinze cents tentes ; c'était la tribu de Méhanna. Nous entrâmes dans la tente de l'émir, qui nous fit servir du café à trois reprises différentes, ce qui, chez les Bédouins, est la plus grande preuve de considération. Après la troisième tasse on servit le souper, qu'il nous fallut manger à la turque ; c'était la première fois que cela nous arrivait, aussi nous brûlâmes-nous les doigts. Méhanna s'en étant aperçu :

« Vous n'êtes pas habitués, dit-il, à manger comme
« nous. » — « Il est vrai, répondit Scheik-Ibrahim ;
« mais pourquoi ne vous servez-vous pas de cuil-
« lères ? il est toujours possible d'en avoir, ne fus-
« sent-elles qu'en bois. » — « Nous sommes Bédouins,
« répliqua l'émir, et nous tenons à conserver les
« usages de nos ancêtres, que du reste nous trouvons
« bien fondés. La main et la bouche sont des parties
« de notre corps que Dieu nous a données pour
« s'aider l'une l'autre ; pourquoi donc se servir d'une
« chose étrangère, en bois ou en métal, pour arri-
« ver à sa bouche, lorsque la main est naturellement
« faite pour cela ? » Nous dûmes approuver ces raisons, et je fis remarquer à Scheik-Ibrahim que Méhanna était le premier philosophe bédouin que nous eussions rencontré.

Le lendemain l'émir fit tuer un chameau pour nous régaler ; et j'appris que c'était une grande marque de considération, les Bédouins mesurant à l'importance de l'étranger l'animal qu'ils tuent pour le recevoir. On commence par un agneau et on finit par un chameau. C'était la première fois que nous mangions de la chair de cet animal; nous la trouvâmes un peu fade.

L'émir Méhanna était un homme de quatre-vingts ans, petit, maigre, sourd, et très-mal vêtu. Sa haute influence parmi les Bédouins vient de son cœur noble et généreux, et de ce qu'il est chef d'une famille très-ancienne et très-nombreuse. Il est chargé par le pacha de Damas d'escorter la grande caravane jusqu'à la Mecque, moyennant vingt-cinq bourses (douze mille cinq cents piastres), qui lui sont payées avant le départ de Damas. Il a trois fils : Nasser, Faress et Hamed, tous trois mariés et habitant la même tente que leur père. Cette tente a soixante-douze pieds de long et autant de large : elle est de toile de crin noir, et partagée en trois parties. Dans le fond on garde les provisions et on fait la cuisine; les esclaves y couchent. Au centre se tiennent les femmes, et toute la famille s'y retire la nuit. Le devant est destiné aux hommes. C'est là qu'ils reçoivent les étrangers; cette partie s'appelle Rabha.

Après trois jours, consacrés à jouir de l'hospitalité, nous ouvrîmes nos ballots et vendîmes beaucoup d'objets, sur la plupart desquels nous perdions plus ou moins. Je ne comprenais rien à cette manière de faire le commerce, et le dis à Scheik-Ibrahim. — « Avez-vous donc oublié nos conditions? me répondit-il. » Je m'excusai pour lors, et continuai de vendre selon son bon plaisir.

Nous vîmes arriver un jour cinquante cavaliers

bien montés qui, s'arrêtant au dehors des tentes, descendirent de cheval et s'assirent par terre. L'émir Nasser, chargé de toutes les affaires depuis que son père était devenu sourd, fut les rejoindre accompagné de son cousin, Scheik-Zamel, et eut avec eux une conférence de deux heures, après laquelle les cavaliers remontèrent à cheval et partirent. Scheik-Ibrahim, inquiet de cette entrevue mystérieuse, ne savait comment faire pour en connaître le motif; ayant été déjà plusieurs fois chez les femmes, je pris un chapelet de corail, et j'entrai chez Naura, la femme de Nasser, pour le lui offrir. Elle l'accepta, me fit asseoir près d'elle, et me présenta, à son tour, des dattes et du café. Après toutes ces politesses réciproques, je vins au but de ma visite, et lui dis : — « Excusez, je vous prie, mon importunité, mais les « étrangers sont curieux et craintifs; le peu de mar- « chandises que nous avons ici est le reste d'une for- « tune considérable que des malheurs nous ont en- « levée. L'émir Nasser était tantôt en conférence avec « des étrangers, cela nous inquiète; nous voudrions « en savoir le motif. » — « Je veux bien, répondit « Naura, satisfaire votre curiosité, mais à condition « que vous me garderez le secret et n'aurez l'air de « rien savoir. Apprenez que mon mari a beaucoup « d'ennemis parmi les Bédouins, parce qu'il humilie « leur fierté nationale en vantant la puissance des « Turcs. L'alliance de Nasser avec les Osmanlis dé- « plaît fort aux Bédouins qui les haïssent. Elle est « même contraire aux avis de son père et des princi- « paux de la tribu, qui murmurent contre lui. Le but

« de cette assemblée était de concerter un plan d'at-
« taque. Demain on doit assaillir la tribu El Daffir,
« pour prendre ses troupeaux et lui faire tout le mal
« possible ; au reste le Dieu des batailles donnera la
« victoire à qui lui plaît, mais pour vous, vous n'a-
« vez rien à craindre. » — Ayant remercié Naura, je
me retirai satisfait d'avoir obtenu sa confiance.

Scheik-Ibrahim, instruit par moi de tout ce que
m'avait confié la femme de l'émir Nasser, me dit
qu'il en éprouvait la plus vive contrariété. « Je cher-
« chais, ajouta-t-il, à me lier avec une tribu ennemie
« des Osmanlis, et je me trouve près d'un chef allié à
« eux. » — Je n'osai pas demander le sens de ces
paroles, mais elles me donnèrent beaucoup à penser.

Vers le coucher du soleil, trois cents cavaliers se
réunirent hors des tentes, et partirent de grand matin,
ayant à leur tête Nasser, Hamed et Zamel. Trois jours
après, un messager vint annoncer leur retour. A cette
nouvelle, un grand nombre d'hommes et de femmes
furent au-devant d'eux, et lorsqu'ils les eurent rejoints, ils poussèrent de part et d'autre de grands cris
de joie, et firent ainsi leur entrée triomphale au
camp, précédés de cent quatre-vingts chameaux pris
à l'ennemi ; aussitôt qu'ils eurent mis pied à terre,
nous les priâmes de nous raconter leurs exploits. —
« Le lendemain de notre départ, nous dit Nasser,
« étant parvenus, vers midi, à l'endroit où les ber-
« gers mènent paître les troupeaux de Daffir, nous
« nous sommes jetés sur eux, et leur avons enlevé
« cent quatre-vingts chameaux ; cependant les ber-
« gers s'étant enfuis, ont donné l'alarme à leur tribu.

« J'ai détaché alors une partie de ma troupe pour
« conduire notre butin au camp par un autre che-
« min. *Aruad-Ebn-Motlac*[1] étant venu nous attaquer
« avec trois cents cavaliers, le combat a duré deux
« heures, et la nuit seule nous a séparés. Chacun
« alors a regagné sa tribu, l'ennemi ayant perdu un
« de ses hommes, et nous en ayant eu deux blessés. »
— La tribu de Nasser feignit de partager son triomphe, tandis que, dans le fond, elle était fort mécon-
tente d'une guerre injuste, faite à leurs amis naturels,
pour plaire aux Osmanlis. Nasser, visitant tous les
chefs pour leur conter son succès, vint chez Scheik-
Ibrahim et lui adressa la parole en turc ; Scheik-Ibrahim lui ayant observé qu'il ne parlait que le grec, sa
langue naturelle, et un peu d'arabe, Nasser se mit à
lui vanter le langage et les coutumes des Turcs, disant
qu'on ne pouvait être vraiment grand, puissant et
respecté, qu'autant qu'on était bien avec eux. « Quant
« à moi, ajouta-t-il, je suis plus Osmanli que Bé-
« douin. » — « Ne vous fiez pas aux promesses des
« Turcs, lui répondit Scheik-Ibrahim, non plus qu'à
« leur grandeur et à leur magnificence ; ils vous favo-
« risent pour vous gagner, et vous mettre mal avec
« vos compatriotes, afin de se servir de vous pour
« combattre les autres tribus. L'intérêt du gouverne-
« ment turc est de détruire les Bédouins : n'étant pas
« assez fort pour le faire par lui-même, il veut vous
« armer les uns contre les autres. Prenez garde d'avoir
« à vous en repentir un jour. Je vous donne ce con-

[1] Chef de la tribu El Daffir.

« seil, comme un ami qui prend à vous un vif inté-
« rêt, et parce que j'ai mangé votre pain et reçu votre
« hospitalité. »

A quelque temps de là, Nasser reçut de Soliman, pacha d'Acre et de Damas, un message pour l'engager à venir recevoir l'investiture du commandement général de tout le désert, avec le titre de prince des Bédouins. Ce message le combla de joie, et il partit aussitôt pour Damas, accompagné de dix cavaliers.

Méhanna ayant ordonné le départ de la tribu, le lendemain au lever du soleil on ne vit plus une seule tente dressée; toutes étaient pliées et chargées, et le départ commença dans le plus grand ordre. Une vingtaine de cavaliers choisis formaient l'avant-garde et servaient d'éclaireurs. Venaient ensuite les chameaux sans charges et les troupeaux, puis les hommes armés, montés sur des chevaux ou des chameaux; après eux les femmes; celles des chefs portées dans des haudags [1] placés sur le dos des plus grands chameaux. Ces haudags sont très-riches, soigneusement doublés, couverts en drap écarlate, et ornés de franges de diverses couleurs; ils contiennent commodément deux femmes ou une femme et plusieurs enfans. Les femmes et les enfans de rang inférieur suivent immédiatement, assis sur des rouleaux de toile de tente, arrangés en forme de siége, et placés sur des chameaux. Les chameaux de charge, portant les bagages et les provisions, sont derrière. La marche

---

[1] Sorte de palanquins.

était fermée par l'émir Méhanna, monté sur un dromadaire à cause de son grand âge, et entouré de ses esclaves, du reste des guerriers et de ses serviteurs qui marchaient à pied. On ne saurait trop admirer la célérité et l'ordre avec lesquels s'effectue ainsi le départ de huit à neuf mille personnes. Scheik-Ibrahim et moi étions à cheval, tantôt en avant, tantôt au centre, ou près de Méhanna.

Nous marchâmes dix heures de suite. Tout à coup, sur les trois heures après midi, l'ordre de la marche est interrompu; les Bédouins se dispersent dans une belle plaine, sautent à terre, plantent leurs lances et y attachent leurs chevaux; les femmes courent de tous côtés et dressent leurs tentes près du cheval de leur mari. Ainsi, comme par enchantement, nous nous trouvâmes dans une espèce de ville aussi grande que Hama. Les femmes sont seules chargées de dresser et de lever les tentes; elles s'en acquittent avec une adresse et une rapidité surprenantes. Elles font généralement tous les travaux du campement; les hommes conduisent les troupeaux, tuent les bestiaux et les dépouillent. Le costume des femmes est très-simple : elles portent une grande chemise bleue, un machlas noir et une espèce d'écharpe de soie noire, qui, après avoir couvert la tête, fait deux fois le tour de la gorge et retombe sur le dos; elles n'ont pas de chaussures, excepté les femmes des scheiks, qui portent des bottines jaunes. Leur ambition et leur luxe est d'avoir un grand nombre de bracelets; elles en portent en verre, en pièces de monnaie, en corail et en ambre.

La plaine où nous nous arrêtâmes s'appelle El-Makram. Elle n'est pas éloignée de Hama. C'est un endroit assez agréable, que de gras pâturages rendent propre au séjour des Bédouins.

Le quatrième jour, nous eûmes une alerte. A quatre heures après midi, les bergers accoururent tout effarés, criant : « Aux armes ! l'ennemi s'est em-« paré de nos troupeaux ! » C'était la tribu El-Daffir, qui, épiant l'occasion de se venger de Nasser, avait envoyé mille cavaliers enlever les troupeaux à l'entrée de la nuit, pour ne pas laisser le temps de les poursuivre. Les nôtres, s'attendant à quelque attaque, étaient préparés ; mais il fallait découvrir de quel côté se trouvait l'ennemi. La nuit étant venue, quatre hommes descendirent de cheval, prirent des directions opposées, et, se couchant à plat-ventre, l'oreille contre terre, entendirent ainsi à une très-grande distance les pas des ravisseurs. La nuit se passa sans pouvoir les atteindre ; mais au matin, la troupe de Hassnné [1] les ayant rejoints, leur livra bataille. Après un combat de quatre heures, la moitié des troupeaux fut reprise ; mais cinq cents chameaux restèrent au pouvoir de la tribu El-Daffir. Nous eûmes dix hommes tués et plusieurs blessés. Au retour, l'affliction fut générale ; les Bédouins murmuraient, accusant le caprice et la vanité de Nasser de tout ce qui était arrivé. Méhanna envoya un courrier à son fils, qui revint aussitôt de Damas accompagné d'un chokredar [2] pour en imposer aux Bédouins. A son arri-

[1] Nom de la tribu de Méhanna.
[2] Grand officier du pacha.

vée, il fit lecture d'une lettre du pacha, conçue en ces termes : « Nous faisons savoir à tous les émirs et
« scheiks des tribus du désert, grandes et petites,
« campées sur le territoire de Damas, que nous avons
« nommé notre fils, Nasser-Ebn-Méhanna, émir de
« tous les anazès[1], les invitant à lui obéir. — La
« tribu qui aura le malheur de se montrer rebelle
« sera détruite par nos troupes victorieuses, et, pour
« servir d'exemple, ses troupeaux seront égorgés et
« ses femmes livrées aux soldats. Telle est notre vo-
« lonté.

« *Signé* Soliman, pacha de Damas et d'Acre. »

Nasser, fier de sa nouvelle dignité, affectait de lire cette ordonnance à tout le monde, et de parler turc avec l'officier du pacha, ce qui augmentait encore le mécontentement des Bédouins. Un jour que nous étions près de lui arriva un très-beau jeune homme, nommé Zarrak, chef d'une tribu voisine. Nasser, comme de coutume, parle de sa nomination, vante la grandeur et la puissance du visir de Damas et du sultan de Constantinople, *qui a le sabre long*[2]. Zarrak, qui l'écoute avec impatience, change de couleur, se lève et lui dit : « Nasser-Aga[3], apprends que tous les
« Bédouins te détestent. Si tu te laisses éblouir par
« la magnificence des Turcs, va à Damas, orne ton
« front du caouk[4] ; sois le ministre du visir, habite

---

[1] Bédouins du désert.
[2] Expression arabe pour désigner une domination étendue.
[3] Titre d'un officier turc ; dénomination dérisoire pour un Bédouin.
[4] Turban de cérémonie des Turcs.

« son palais : peut-être alors imprimeras-tu la terreur
« aux Damasquins ; mais nous, Bédouins, nous ne
« faisons pas plus de cas de toi, de ton visir et de ton
« sultan, que d'un crottin de chameau. Je vais partir
« pour le territoire de Bagdad, où je trouverai le
« drayhy [1] Ebn Chahllan ; c'est à lui que je me join-
« drai. »

Nasser, à son tour, pâlissant de colère, transmit cette conversation en turc au chokredar, qui crut par de violentes menaces épouvanter Zarrak. Mais celui-ci, le regardant fièrement, lui dit : « C'en est « assez ; bien que vous ayez Nasser à vos côtés, je « puis, si je le veux, vous empêcher à jamais de man- « ger du pain. » Malgré ces paroles offensantes, tous les trois gardèrent leur sang-froid, et Zarrak, remontant à cheval, dit à Nasser : « *Las salam aleik* (je te « salue). Déploie toute ta puissance : je t'attends. » Ce défi causa beaucoup de peine à Nasser ; mais il n'en persévéra pas moins dans son alliance avec les Turcs.

Le lendemain, nous apprîmes que Zarrak était parti avec sa tribu pour le pays de Geziri, et de toutes parts on ne parlait que de la réunion des Bédouins contre Nasser. Méhanna, ayant appris ce qui se passait, appela son fils et lui dit : « Nasser, voulez-vous « donc briser les piliers de la tente de Melkghem ? » Et saisissant sa barbe de la main : « Voulez-vous, « ajouta-t-il, faire mépriser cette barbe à la fin de « mes jours, et ternir la réputation que j'avais acquise ? « Malheureux ! tu n'as pas invoqué le nom de Dieu !

---

[1] Le destructeur des Turcs.

« Ce que j'avais prévu est arrivé. Toutes les tribus
« vont se réunir au drayhy. Que deviendrons-nous
« alors? Il ne nous restera plus qu'à nous humilier
« devant Ebn-Sihoud [1], cet ennemi de notre race,
« qui se dit roi des Bédouins : lui seul pourra nous
« défendre du terrible drayhy. »

Nasser chercha à tranquilliser son père, assurant que leurs affaires n'étaient pas aussi mauvaises qu'il le craignait. Cependant les Bédouins commençaient à prendre parti pour l'un ou pour l'autre; mais le plus grand nombre donnait raison au père, qui était dans leurs véritables intérêts.

Scheik-Ibrahim était fort mécontent; il désirait pénétrer plus avant dans le désert et s'avancer vers Bagdad, et il se trouvait lié à une tribu qui restait entre Damas et Homs. Il perdait ainsi tout l'été, ne pouvant s'éloigner qu'au péril de sa vie. Il me chargea de prendre des renseignemens sur le drayhy, de connaître son caractère, de savoir les lieux où il passe l'été, où il se retire l'hiver, s'il reçoit des étrangers, et mille autres particularités; enfin il me dit avoir le plus grand intérêt à être bien informé.

Ces détails étaient difficiles à obtenir sans éveiller les soupçons. Il fallait trouver quelqu'un qui ne fût

---

[1] Ebn-Sihoud commande à un million et demi de Bédouins. Il règne sur le pays de Derhïé, de Médyde, de Samarcand, de Hygias et de Zamos ou Zamen. Ces peuples s'appellent les Wahabis.

Les Bédouins de la Perse, commandés par l'émir Sahid el Fehrabi, sont plus d'un million.

Ce qui, ajouté aux tribus de la Bagnad, Bassora, la Mésopotamie et le Horan, dont j'ai fait le dénombrement, donne une population errante de quatre millions d'âmes.

pas de la tribu de El-Hassnné. A la fin, je parvins à me lier avec un nommé Abdallah el *Chahen* (le poëte). Sachant que les poëtes sont recherchés des grands, je l'interrogeai sur toutes les tribus qu'il avait visitées, et j'appris avec plaisir qu'il avait été longtemps chez le drayhy. J'obtins de lui tous les renseignemens que je voulais avoir.

Un jour, Nasser me fit écrire au scheik de Saddad et à celui de Coriétain, pour demander à chacun mille piastres et six machlas. Ce droit s'appelle droit de fraternité; c'est un arrangement entre les scheiks de villages et les plus puissans chefs de Bédouins pour être protégés contre les ravages des autres tribus. Cette taxe est annuelle. Ces malheureux villages se ruinent à contenter deux tyrans : les Bédouins et les Turcs.

Méhanna a une fraternité avec tous les villages des territoires de Damas, Homs et Hama, ce qui lui fait un revenu d'environ cinquante mille piastres; le pacha de Damas lui en paie douze mille cinq cents, et les villes de Homs et de Hama lui fournissent en outre une certaine quantité de blé, de riz, de raisiné et d'étoffes; les petites tribus lui apportent du beurre et du fromage. Malgré cela, il n'a jamais d'argent et se trouve souvent endetté, n'ayant aucune dépense à faire, ce qui nous étonna beaucoup. Nous apprîmes qu'il donnait tout en cadeau aux guerriers les plus renommés, soit dans sa tribu, soit parmi les autres, et qu'il s'était fait ainsi un parti puissant. Il est toujours fort mal vêtu, et lorsqu'il reçoit en présent une belle pelisse ou quelque autre objet, il le donne à celui qui est auprès de lui dans le moment. Le proverbe bédouin, qui dit que *la générosité couvre tous les défauts*, se trouve vérifié dans Méhanna, dont la libéralité fait seule tolérer la conduite de Nasser.

Peu après cet événement, nous allâmes camper à trois heures de l'Oronte, sur un terrain appelé El-Zididi, où se trouvent plusieurs petites sources.

Méhanna ayant été un jour avec dix cavaliers faire une visite à l'aga de Homs, revint chargé de cadeaux de tous les négocians, qui le ménagent, parce que chaque fois qu'il n'est pas content d'eux il intercepte le commerce en dépouillant les caravanes. Aussitôt après son retour, Nasser partit pour une expédition contre la tribu Abdelli, commandée par l'émir El-Doghiani, et campée près de Palmyre, sur deux monticules de forme égale, appelés Eldain (le sein). Il revint trois jours après, ramenant cent cinquante chameaux et deux cents moutons. Dans cette affaire, nous avions perdu trois hommes, et la jument de Zamel avait été tuée sous lui ; en revanche, nous avions pris trois jumens, tué dix hommes et blessé une vingtaine. Malgré ce succès, les Bédouins étaient indignés de la mauvaise foi de Nasser, qui n'avait aucun motif de haine contre cette tribu.

De tout côté on se concertait avec le drayhy pour détruire la tribu El-Hassnné. La nouvelle en étant parvenue à l'émir Douhi, chef de la tribu Would Ali, parent et ami intime de Méhanna, et qui, ainsi que lui, doit escorter la grande caravane, il arriva un jour, avec trente cavaliers, pour l'avertir du danger qui le menaçait. Les principaux de la tribu allèrent au-de-

vant de Douhi; entré dans la tente, Méhanna commanda le café; l'émir l'arrête et lui dit : « Méhanna,
« ton café est déjà bu! Je ne viens ici ni boire ni
« manger; mais bien t'avertir que la conduite de ton
« fils Nasser-Pacha (titre qu'il lui donnait par déri-
« sion) amène la destruction sur toi et les tiens;
« sache que tous les Bédouins ont formé une ligue,
« et vont te déclarer une guerre à mort. » Méhanna,
changeant de couleur, s'écria : « Eh bien! es-tu con-
« tent, Nasser? tu seras le dernier de la race de Melk-
« ghem! »

Nasser, loin de céder, répondit qu'il tiendrait tête
à tous les Bédouins, et qu'il aurait le secours de vingt
mille osmanlis, ainsi que celui de Mola Ismaël,
chef de la cavalerie curde qui porte le schako. Douhi
passa la nuit à tâcher de détourner Nasser de ses projets, sans pouvoir y parvenir; le lendemain il partit,
disant : « Ma conscience me défend de m'unir à
« vous. La parenté et le pain que nous avons mangé
« ensemble me défendent de vous déclarer la guerre;
« adieu! je vous quitte avec chagrin. »

Depuis ce moment, notre temps se passait très-désagréablement chez les Bédouins. Nous ne pouvions les quitter, car tous les hommes qui s'éloignaient des tentes étaient massacrés. C'étaient des
attaques continuelles de part et d'autre, — des changemens de camp à l'improviste, pour se mettre plus
en sûreté, — des alarmes, des représailles, des disputes continuelles entre Méhanna et son fils; mais
le vieillard était d'un caractère si bon et si crédule,

que Nasser finissait toujours par lui persuader qu'il avait raison.

On nous raconta mille traits de sa simplicité : entre autres qu'étant à Damas pendant que Yousouf-Pacha, grand-visir de la Porte, y tenait sa cour au retour d'Égypte, après le départ des Français, Méhanna s'était présenté chez lui comme tous les grands ; mais, peu au fait de l'étiquette turque, il l'avait accosté sans cérémonie, avec le salut des Bédouins, et s'était placé sur le divan, à ses côtés, sans attendre d'y être invité. — Yousouf, également peu accoutumé aux usages des Bédouins, et ignorant la dignité de ce petit vieillard mal vêtu, qui le traitait si familièrement, ordonne qu'on l'éloigne de sa présence et qu'on lui coupe la tête. — Les esclaves l'emmènent et se préparent à exécuter cet ordre, lorsque le pacha de Damas s'écrie : « Arrêtez ! qu'al-« lez-vous faire ? — S'il tombe un cheveu de sa tête, « vous ne pourrez plus, avec toute votre puissance, « envoyer une caravane à la Mecque. » — Le visir se hâta de le faire ramener et le plaça à ses côtés : il lui donna le café, le fit revêtir d'un turban de cachemire, d'une riche gombaz (robe), d'une pelisse d'honneur, et lui présenta mille piastres. — Mehanna, sourd et d'ailleurs n'entendant pas le turc, ne comprenait rien à tout ce qui passait ; — mais ôtant ses beaux vêtemens, il les donna à trois de ses esclaves qui l'avaient accompagné. — Le visir lui fit demander par le drogman s'il n'était pas content de son cadeau. Méhanna répondit : « Dites au visir du

« sultan que nous autres Bédouins nous ne cherchons
« pas à nous distinguer par de beaux habits ; je suis
« mal mis, mais tous les Bédouins me connaissent,
« ils savent que je suis Méhanna el Zadel, fils de
« Melkghem. » — Le pacha, n'osant pas se fâcher,
affecta de rire et d'être fort content de lui. —

Enfin l'été se passa. Au mois d'octobre, la tribu
se trouva aux environs d'Alep. — Mon cœur battait
de me trouver si près de mon pays ; mais selon mes
conditions, je ne pouvais même pas donner de mes
nouvelles aux miens. — Scheik-Ibrahim désirait aller
passer l'hiver à Damas ; aucun Bédouin n'osait nous
y conduire. — Nous parvînmes avec bien de la peine
à nous faire escorter jusqu'à un village, à deux jours
d'Alep, appelé Soghene (*la chaude*). Les habitans
hospitaliers se disputèrent le plaisir de nous recevoir :
un bain chaud naturel a donné son nom au village,
et la beauté de ses habitans doit probablement être
attribuée à la bonté de ses eaux thermales. — De là
nous regagnâmes Palmyre avec une peine dont nous
fûmes dédommagés par le plaisir de revoir Scheik-
Ragial. Ayant passé quinze jours avec nos amis,
nous repartîmes pour Coriétain, où Scheik-Selim et
le curé Moussi nous accueillirent avec un véritable
intérêt ; ils ne se lassaient pas d'écouter nos histoires
sur les Bédouins. — Scheik-Ibrahim répondait à
leur sollicitude amicale sur nos affaires, en disant
que notre spéculation allait à merveille, que nous
avions gagné plus que nous n'espérions, — tandis
que véritablement, entre les pertes et les cadeaux, il
ne nous restait plus rien que les marchandises en

dépôt chez Moussi. — Nous perdîmes trente jours à Coriétain à organiser notre départ. — L'hiver avançait rapidement, personne n'osait nous fournir des montures, convaincus que nous serions dépouillés en route. Enfin Scheik-Ibrahim acheta un mauvais cheval, je louai un âne, et par un temps détestable et un vent glacial, nous partîmes accompagnés de quatre hommes à pied, pour le village de Daïr Antié. Après quelques heures, nous arrivâmes à un défilé entre deux montagnes, appelé Béni el Gebelain. A cet endroit vingt cavaliers bédouins arrivent sur nous. — Nos conducteurs, loin de nous défendre, cachent leurs fusils et restent spectateurs de notre désastre. — Les Bédouins nous dépouillent et ne nous laissent que la chemise. — Nous implorions la mort plutôt que d'être ainsi exposés au froid. — A la fin, touchés de notre état, ils eurent la générosité de nous laisser à chacun une *gombaz*. — Quant à nos montures, elles étaient trop chétives pour les tenter. Pouvant à peine marcher, elles auraient inutilement retardé leur course. Nous reprîmes tristement notre chemin : — la nuit arrivait, le froid devenait excessif, et nous fit bientôt perdre l'usage de la parole. — Nos yeux étaient rouges, notre peau bleue; au bout de quelque temps je tombe par terre évanoui et gelé. Scheik-Ibrahim faisait des gestes de désespoir aux guides, sans pouvoir leur parler. Un d'eux, Syriaque chrétien, prit pitié de moi et du chagrin de Scheik-Ibrahim ; il jette par terre le cheval à moitié mort aussi de froid et de fatigue, l'assomme, lui ouvre le ventre, et me met sans connaissance dans sa peau, ne me laissant que la tête dehors. Au bout d'une demi-heure, je repris mes sens, fort étonné de me sentir ressusciter, et de me voir dans une pareille position. La chaleur me rendit l'usage de la parole, et je remerciai vivement Scheik-Ibrahim et le bon Arabe ; je repris courage et retrouvai la force de marcher. Peu après nos guides s'écrièrent : Voici le village ! et nous entrâmes dans la première maison. —C'était celle d'un maréchal ferrant, nommé Hanna el Bitar.—Il prit le plus vif intérêt à notre situation, s'empressa de nous couvrir tous les deux de fiente de chameau, et nous donna goutte à goutte un peu de vin : ayant ainsi ranimé en nous la force et la chaleur, il nous retira de notre fumier, nous mit au lit, et nous fit prendre une bonne soupe. — Après un repos indispensable, nous empruntâmes deux cents piastres pour payer nos guides et nous rendre à Damas, où nous arrivâmes le 23 décembre 1810.

M. Chabassan, médecin français, le seul Franc qu'il y eût à Damas, nous donna l'hospitalité ; mais comme nous devions y passer l'hiver, nous nous établîmes plus tard dans le couvent des lazaristes, qui était abandonné.

Je ne décrirai pas la célèbre ville de Scham [1] (Damas), cette porte de la gloire (Babel Cahbé), comme l'appellent les Turcs. Notre long séjour nous a mis à même de la connaître à fond ; mais elle a été trop souvent visitée par les voyageurs pour offrir un intérêt nouveau. Je reviens à mon récit.

[1] Scham signifie soleil.

Un jour, étant au bazar pour passer le temps à la manière turque, nous voyons accourir à nous un Bédouin, qui nous embrasse en disant : « Ne recon-« naissez-vous pas votre frère Hettall, qui a mangé « votre pain à Nouarat el Nahman?» Enchantés de la rencontre, nous le conduisîmes chez nous, et, l'ayant bien régalé et questionné, nous apprîmes que les affaires de la tribu de Hassnné allaient fort mal, et que la ligue contre elle s'étendait chaque jour davantage. Hettall nous raconta qu'il était de la tribu de Would Ali, dont le chef Douhi nous était connu. Cette tribu passe l'hiver aux territoires de Sarka et de Balka ; elle s'étend depuis le pays d'Ismaël jusqu'à la mer Morte, et revient dans le Horan au printemps. Il nous proposa de la visiter, répondant de nous, et nous promettant un bon débit de nos marchandises. Ayant accepté, il fut convenu qu'il viendrait nous chercher au mois de mars.

Scheik-Ibrahim, par l'entremise de M. Chabassan, ayant reçu d'Alep un *group* de mille *talaris*, me fit faire de nouveaux achats. Lorsqu'ils furent terminés, je les lui montrai en lui demandant s'il nous en resterait quelque chose au retour. — « Mon cher fils, « me répondit-il, la connaissance de chaque chef de « tribu me rapporte plus que toutes mes marchan-« dises. Tranquillisez-vous : vous aussi vous aurez « votre bénéfice en argent et en réputation. Vous « serez renommé dans votre siècle, mais il faut que « je connaisse toutes les tribus et leurs chefs. Je « compte sur vous pour parvenir jusqu'au drayhy, « et pour cela il faut absolument que vous passiez

« pour un Bédouin. Laissez croître votre barbe, ha-
« billez-vous comme eux, et imitez leurs usages. Ne
« me demandez aucune explication; souvenez-vous
« de nos conditions. » — « Que Dieu nous donne la
« force ! » fut ma seule réponse.

Vingt fois je fus sur le point d'abandonner une entreprise dont je voyais tous les périls sans en connaître le but. Ce silence imposé, cette obéissance aveugle, m'étaient insupportables. Cependant l'envie d'arriver au résultat, et mon attachement pour M. Lascaris, me firent prendre patience.

A l'époque convenue, Hettall étant arrivé avec trois chameaux et deux guides, nous partîmes le 15 mars 1811, un an et vingt-huit jours après notre premier départ d'Alep. La tribu était dans un endroit appelé Misarib, à trois journées de Damas. Il ne nous arriva rien de remarquable en route. Nous passâmes les nuits à la belle étoile; et le troisième jour, au coucher du soleil, nous étions au milieu des tentes de Would-Ali. Le coup d'œil en était charmant. Chaque tente était entourée de chevaux, de chameaux, de chèvres et de moutons, avec la lance du cavalier plantée à l'entrée; celle de l'émir Douhi s'élevait au centre. Il nous reçut avec toutes les prévenances possibles, et nous fit souper avec lui. C'est un homme de tête, également craint et aimé des siens. Il commande à cinq mille tentes, et à trois tribus qui se sont jointes à lui, savoir : celle de Benin-Sakhrer, celle de El-Serhaan et celle de El-Sarddié. Il a divisé ses guerriers en compagnies ou détachemens, commandés chacun par un de ses parens.

Les Bédouins aiment beaucoup à entendre des histoires après souper. En voici une que l'émir nous raconta; elle peint bien l'attachement extrême qu'ils ont pour leurs chevaux et l'amour-propre qu'ils montrent pour leurs qualités.

Un homme de sa tribu, nommé Giabal, avait une jument très-renommée. Hassad-Pacha, alors visir de Damas, lui en fit faire, à plusieurs reprises, toutes les offres imaginables, mais inutilement; car un Bédouin aime autant son cheval que sa femme. Le pacha fit des menaces, qui n'eurent pas plus de succès. Alors un autre Bédouin, nommé Giafar, étant venu le trouver, lui demanda ce qu'il lui donnerait s'il amenait la jument de Giabal. « Je remplirai d'or ton sac « à orge, » répondit Hassad, qui regardait comme un affront de n'avoir pas réussi. La chose ayant fait du bruit, Giabal attachait sa jument la nuit par le pied avec un anneau de fer, dont la chaîne passait dans sa tente, étant arrêtée par un piquet fiché en terre, sous le feutre qui servait de lit à lui et à sa femme. A minuit, Giafar pénètre dans la tente en rampant, et, se glissant entre Giabal et sa femme, il pousse doucement, tantôt l'un, tantôt l'autre : le mari se croyait poussé par sa femme, la femme par le mari, et chacun faisait place. Alors Giafar, avec un couteau bien affilé, fait un trou au feutre, retire le piquet, détache la jument, monte dessus, et, prenant la lance de Giabal, l'en pique légèrement, en disant : « C'est moi Giafar qui ai pris ta belle ju- « ment; je t'avertis à temps. » Et il part. Giabal s'élance hors de sa tente, appelle des cavaliers, prend la jument de son frère, et ils poursuivent Giafar pendant quatre heures.

La jument du frère de Giabal était du même sang que la sienne, quoique moins bonne. Devançant tous les autres cavaliers, il était au moment d'atteindre Giafar, lorsqu'il lui crie : « Pince-lui l'oreille droite « et donne un coup d'étrier. » Giafar obéit, et part comme la foudre. La poursuite devient alors inutile : trop de distance les sépare. Les autres Bédouins reprochent à Giabal d'être lui-même la cause de la perte de sa jument[1]. « J'aime mieux, répondit-il, la « perdre que de ternir sa réputation. Voulez-vous « que je laisse dire dans la tribu de Would-Ali[2] « qu'une autre jument a pu dépasser la mienne? Il « me reste du moins la satisfaction de dire qu'aucune « autre n'a pu l'atteindre. »

Il revint chez lui avec cette consolation, et Giafar reçut le prix de son adresse. Un autre nous raconta que dans la tribu de Neggde il y avait une jument aussi réputée que celle de Giabal, et qu'un Bédouin d'une autre tribu, nommé Daher, était devenu comme fou du désir de l'avoir. Ayant offert en vain pour elle ses chameaux et toutes ses richesses, il s'imagine de se teindre la figure avec du jus d'herbe, de se vêtir de haillons, de se lier le cou et les jambes comme un mendiant estropié, et d'aller ainsi attendre Nabec, le maître de la jument, dans un che-

---

[1] Chaque Bédouin accoutume son cheval à un signe qui lui fait déployer toute sa vitesse. Il ne s'en sert que dans un pressant besoin, et n'en confierait pas le secret, même à son fils.

[2] Tribu dont les chevaux ont le plus de réputation parmi les Bédouins.

min où il sait qu'il doit passer. Quand il est proche, il lui dit d'une voix éteinte : « Je suis un pauvre « étranger; depuis trois jours je n'ai pu bouger d'ici « pour aller chercher de la nourriture; je vais mou- « rir; secourez-moi : Dieu vous récompensera. »

Le Bédouin lui propose de le prendre sur son cheval et de le conduire chez lui; mais le fourbe répond : « Je ne puis me lever; je n'en ai pas la force. » L'autre, plein de compassion, descend, approche sa jument, et le place dessus à grand'peine. Sitôt qu'il se sent en selle, Daher donne un coup d'étrier, et part en disant : « C'est moi, Daher, qui l'ai prise, « et qui l'emmène. »

Le maître de la jument lui crie d'écouter; sûr de ne pouvoir être poursuivi, il se retourne et s'arrête un peu au loin, car Nabec était armé de sa lance. Celui-ci lui dit : « Tu as pris ma jument : puisqu'il « plaît à Dieu, je te souhaite prospérité; mais je te « conjure de ne dire à personne comment tu l'as « obtenue. — Eh, pourquoi? répond Daher. — « Parce qu'un autre pourrait être réellement malade, « et rester sans secours. Tu serais cause que personne « ne ferait plus un seul acte de charité dans la crainte « d'être dupé comme moi. »

Frappé de ces mots, Daher réfléchit un moment, descend du cheval, et le rend à son propriétaire en l'embrassant. Celui-ci le conduisit chez lui. Ils restèrent ensemble trois jours, et jurèrent fraternité.

Scheik-Ibrahim était enchanté de ces histoires, qui lui faisaient connaître le caractère et la générosité des Bédouins. — La tribu de Douhi est plus riche et moins cupide que celle de Méhanna. Leurs chevaux sont plus beaux. Nous restâmes quinze jours parmi eux. Scheik-Ibrahim fit des cadeaux à tous les chefs, et vendit quelques articles aux femmes pour soutenir le rôle de marchands. Ensuite nous partimes pour visiter les trois scheiks tributaires de l'émir Douhi.

Scheik-Ibrahim me dit qu'il n'avait d'autre intérêt à rester parmi ces Bédouins que celui de me donner l'occasion d'étudier de plus en plus leur langue et leurs coutumes ; — qu'il fallait, pour son *commerce à lui*, arriver chez le drayhy ; — mais que je devais mettre à profit nos courses dans toutes les tribus pour prendre des notes exactes de leurs noms et de leur nombre, qu'il lui était important de connaître.

Leur manière de parler est très-difficile à acquérir, même pour un Arabe, quoique au fond ce soit la même langue. Je m'y appliquai avec succès. J'obtins aussi dans le cours de nos longs voyages le nom de tous les scheiks et le dénombrement de toutes les tribus, chose qui n'avait jamais pu être faite jusqu'alors. J'en donnerai la liste à la fin de mon journal.

Les tribus nombreuses sont souvent obligées de se partager en détachemens de deux cents à cinq cents tentes et d'occuper un grand espace, afin de se procurer de l'eau et de nourrir leurs troupeaux. — Nous parcourûmes successivement tous les campemens en attendant que nous pussions trouver le moyen de nous faire conduire chez le drayhy, qui était en guerre avec tous ceux du territoire de Damas. Partout nous fûmes accueillis à merveille.

Dans une tribu, ce fut une pauvre veuve qui nous

offrit l'hospitalité. Pour nous régaler, elle tua son dernier mouton et emprunta du pain. Elle nous apprit que son mari et ses trois fils avaient été tués dans la guerre contre les Wahabis, tribu très-redoutée des environs de la Mecque. Lui ayant témoigné notre étonnement de ce qu'elle se dépouillait pour nous, « Celui qui entre chez un vivant, dit-elle, et n'y « mange pas, c'est comme s'il visitait un mort. »

Une tribu déjà considérable avait été récemment formée de la manière suivante : un Bédouin avait une fille très-belle, que le chef de sa tribu lui demanda en mariage ; mais il ne voulut pas la lui accorder, et pour la soustraire à ses poursuites il partit furtivement avec toute sa famille. Le scheik s'informant de ce qu'il était devenu, quelqu'un lui répondit : « *Serah* « (il est parti). — *Serhan*[1], » reprit-il (c'est un loup), voulant dire par là qu'il était sauvage. Depuis ce temps, la tribu dont ce Bédouin était devenu chef, a toujours été appelée la tribu El-Serhaan[2]. Lorsque des Bédouins sont courageux et ont de bons chevaux, ils deviennent puissans en peu de temps.

Enfin nous apprîmes l'arrivée du drayhy en Mésopotamie. A cette époque, Scheik-Ibrahim fut obligé d'aller à Damas chercher des marchandises et de l'argent, qui nous manquaient également. Nous y fîmes connaissance avec un Bédouin d'une tribu du bord de l'Euphrate qui avait gardé la neutralité dans l'affaire de Nasser. Ce Bédouin nommé Gazens el Ha-

---

[1] Jeu de mots difficile à rendre; *serah* signifie parti ; *serhan* signifie loup.

[2] La tribu du loup.

mad, était venu à Damas avec quelques autres vendre du beurre. Il s'engagea à charger nos marchandises sur ses chameaux et à nous conduire chez le drayhy; mais, hélas! nous ne devions pas y parvenir aussi facilement. A peine arrivés à Coriétain, pour reprendre nos marchandises laissées au dépôt, nous reçûmes la nouvelle d'une victoire de Zaher, fils du drayhy, sur Nasser, victoire qui renouvela la guerre avec une double violence. Toutes les tribus se prononcèrent pour l'un ou l'autre parti. Celle de Salken, tribu de notre conducteur, avait été attaquée par le drayhy, qui poursuivait ses avantages avec acharnement, et personne n'osait plus se hasarder à traverser le désert. M. Lascaris se désespérait; il ne pouvait plus ni manger ni dormir; enfin, exaspéré au dernier point de se voir arrêté dans ses projets, il s'en prit à moi. Alors je lui dis : « Il est temps de nous expliquer. Si
« vous voulez arriver chez le drayhy pour faire le
« commerce, l'entreprise est insensée, et je renonce
« à vous suivre. Si vous avez d'autres projets et des
« motifs suffisans pour exposer votre vie, dites-les-
« moi, et vous me trouverez prêt à me sacrifier pour
« vous. — Eh bien, mon cher fils, me répondit-il,
« je vais me confier à vous. Sachez que le commerce
« n'est qu'un prétexte pour cacher une mission qui
« m'a été imposée à Paris. Voici mes instructions
« divisées en dix points :

« 1° Partir de Paris pour Alep ;

« 2° Y chercher un Arabe dévoué, et me l'attacher
« comme drogman ;

« 3° Me perfectionner dans sa langue ;

« 4° Aller à Palmyre ;

« 5° Pénétrer parmi les Bédouins ;

« 6° En connaître tous les chefs, et gagner leur
« amitié ;

« 7° Les réunir tous dans une même cause ;

« 8° Les faire rompre tout pacte avec les osmanlis ;

« 9° Reconnaître tout le désert, les haltes, les en-
« droits où l'on trouve de l'eau et des pâturages jus-
« qu'aux frontières de l'Inde ;

« 10° Revenir en Europe sain et sauf après avoir
« accompli ma mission. »

« Et ensuite ?.... » lui dis-je. Mais il m'imposa silence. — « Rappelez-vous nos conditions, ajouta-t-il, je vous instruirai de tout à mesure. A présent il vous suffit de savoir que je veux arriver chez le drayhy quand je devrais y laisser ma vie. »

Cette demi-confidence me troubla, et m'ôta le sommeil à mon tour : trouver des difficultés presque insurmontables, et n'entrevoir que très-confusément les avantages de mon dévouement, c'était un état pénible. Cependant je pris la résolution d'aller jusqu'au bout, puisque je m'y étais engagé, et je ne songeai qu'aux moyens de réussir. Ma barbe avait poussé ; j'étais parfaitement versé dans le langage des Bédouins ; je résolus de me rendre seul et à pied chez le drayhy : c'était l'unique chance possible à tenter. Je fus trouver mon ami Wardi, celui qui m'avait rappelé à la vie en me mettant dans le ventre du cheval, et lui fis part de mon projet. Après avoir cherché à m'en détourner, en m'avertissant que les fatigues seraient grandes, que j'aurais dix nuits de marche pénible ;

qu'il faudrait nous cacher le jour afin de ne pas être vus en route; que nous ne pourrions emporter avec nous que le strict nécessaire; voyant que rien ne pouvait me faire reculer, il prit l'engagement de me servir de guide, moyennant une forte somme d'argent. Ayant communiqué mes projets à M. Lascaris, il me fit aussi des objections amicales sur les dangers auxquels je m'exposais, mais au fond cependant je vis qu'il était content de moi.

Nous arrangeâmes toutes nos affaires; je convins de lui écrire par le retour de mon conducteur dès que je serais parvenu chez le drayhy; et la nuit était déjà fort avancée lorsque nous nous jetâmes sur nos lits. J'étais très-agité, mon sommeil s'en ressentit, et bientôt je réveillai M. Lascaris par mes cris. Je rêvais qu'étant au sommet d'un rocher escarpé, au pied duquel coulait un fleuve rapide que je ne pouvais franchir, je m'étais couché sur le bord du précipice, et que tout à coup un arbre avait pris racine dans ma bouche; qu'il grandissait et étendait ses rameaux comme une tente de verdure, mais en grandissant il me déchirait le gosier, et ses racines pénétraient dans mes entrailles, et je poussais des cris violens. Ayant raconté mon rêve à Scheik-Ibrahim, il en fut émerveillé et me dit qu'il était du meilleur augure, et qu'il m'annonçait un grand résultat après beaucoup de peine.

Il fallait que je me couvrisse de haillons, pour n'exciter ni les soupçons ni la cupidité si nous venions à être aperçus. Voici mon costume de voyage. Une chemise de grosse toile de coton rapiécée; une gom-

baz sale et déchirée; une vieille caffié avec un morceau de toile, jadis blanche, pour turban; un manteau de peau de mouton ayant perdu la moitié de sa laine, et des souliers raccommodés jusqu'à peser quatre livres, plus une ceinture de cuir de laquelle pendait un couteau de deux paras, un briquet, un peu de tabac dans un vieux sac et une pipe. Je me noircis les yeux et me barbouillai le visage, puis me présentai ainsi fait à Scheik-Ibrahim pour prendre congé de lui. En me voyant, il se mit à pleurer : « Que le bon Dieu, dit-il, vous donne la force d'ac-
« complir votre généreux dessein. Je devrai tout à
« votre persévérance. Que le Très-Haut vous accom-
« pagne et vous préserve de tout danger; qu'il
« aveugle les méchans et vous ramène ici, afin que je
« puisse vous récompenser! » Je ne pus m'empêcher de pleurer à mon tour. A la fin pourtant, la conversation étant devenue plus gaie, Scheik-Ibrahim me dit en plaisantant que si j'allais à Paris dans ce costume, je pourrais facilement gagner de l'argent à me faire voir.

Nous soupâmes, et au coucher du soleil je me mis en route. Je marchai sans fatigue jusqu'à minuit; mais alors mes pieds commencèrent à s'enfler : mes souliers me blessaient, je les ôtai. — Les épines de la plante que broutent les chameaux me piquaient, et les cailloux me déchiraient. — Je tâchai de remettre ma chaussure; de souffrance en souffrance, je cheminai jusqu'au matin. — Une petite grotte nous offrit un abri pour le jour. — Je pansai mes pieds, en les enveloppant d'un morceau de mon habit que j'arra-

chai, et m'endormis sans avoir la force de prendre aucune nourriture. Je dormais encore lorsque mon guide m'appela pour partir : mes pieds étaient très-enflés, le cœur me manquait, je voulais attendre le lendemain. — Mon conducteur me reprochait ma faiblesse : — « Je savais bien, disait-il, que vous étiez
« trop délicat pour un tel voyage. Je vous l'avais pré-
« dit, il est impossible de nous arrêter ici ; si nous y
« passons la nuit, il faut encore y passer le lende-
« main ; nos provisions sont épuisées ; nous mour-
« rons de faim dans le désert. — Il vaut mieux renon-
« cer à notre entreprise, et retourner pendant qu'il en
« est temps encore. »

Ces paroles me ranimèrent et je partis. Je me traînai avec effort jusqu'à près de minuit; parvenus à une plaine où le sable s'élevait et s'abaissait en ondutions, nous nous y reposâmes jusqu'au jour. La première clarté nous fit apercevoir au loin deux objets que nous prîmes pour des chameaux. Mon guide effrayé creusa un trou dans le sable pour nous cacher, et nous nous y enterrâmes jusqu'au cou, ne laissant dehors que la tête. Dans cette pénible situation, nous restions les yeux fixés du côté des prétendus chameaux, lorsque vers midi, Wardi s'écria : « Dieu soit loué ! ce ne sont que des autruches. » Nous sortîmes tout joyeux de notre tombeau, et, pour la première fois depuis notre départ, je mangeai un peu de galette, et bus une goutte d'eau. Nous restâmes là jusqu'au soir, attendant l'instant de nous remettre en route. Étant alors au milieu des sables, je souffrais moins en marchant. Nous passâmes le jour suivant à dormir. Nous étions vis-à-vis de Palmyre au midi. Le point du jour après la quatrième nuit nous surprit au bord d'une grande rivière nommée El Rabib, coulant du midi au nord; mon guide se déshabilla, me porta sur son dos jusqu'à l'autre rive, et retourna chercher ses habits. Je voulais me reposer, mais il me dit qu'il ne serait pas prudent de s'arrêter dans un endroit où la rivière était guéable. En effet, nous n'avions pas marché une demi-heure, que nous vîmes s'approcher de la rivière cinq cents Bédouins bien montés allant du levant au couchant. Ayant trouvé un buisson, nous y établîmes notre halte jusqu'au soir. — La sixième nuit nous amena à quelques heures de l'Euphrate; le septième jour, le plus difficile était fait, et si je n'avais pas tant souffert de mes pieds, j'aurais pu oublier toutes mes fatigues au spectacle du soleil levant sur les bords de ce fleuve magnifique. Des Bédouins hospitaliers, dont l'occupation est de faire passer d'un bord à l'autre, nous conduisirent dans leurs tentes, où, pour la première fois, nous fîmes un bon repas. Nous prîmes des informations sur le drayhy. Il était à trois jours de distance entre Zaïte et Zauer. — Il avait fait la paix avec l'émir Fahed, lui imposant un tribut; on me parla beaucoup de ses talens militaires et de son courage redoutable, de son intention d'anéantir Méhanna et Nasser, et de retourner à son désert près Bassora et Bagdad. Ces détails étaient tels que je pouvais le désirer : je fis tout de suite mon plan. — Je demandai un guide pour me conduire chez le drayhy, — disant aux Bédouins que j'étais négociant d'Alep, ayant un correspondant à Bagdad qui me devait vingt-cinq mille piastres et qui venait de faire faillite; — que la guerre entre les Bédouins ayant intercepté les communications, je n'avais eu d'autres ressources que de m'aventurer seul, et d'aller me mettre sous la protection du drayhy pour arriver à Bagdad où toute ma fortune était compromise. Ces bons Bédouins faisaient des vœux pour qu'Allah me fît recouvrer mon argent, et Wardi lui-même prit beaucoup plus d'intérêt à mon voyage, depuis qu'il en comprenait l'importance. Après avoir passé la journée à examiner la tribu Beney Tay, nous partîmes le lendemain, bien escortés, et rien d'intéressant ne nous arriva pendant notre marche. Nous vîmes le soleil couchant du troisième jour dorer les cinq mille tentes du drayhy, qui couvraient la plaine aussi loin que la vue pouvait s'étendre. Entouré de chameaux, de chevaux, de troupeaux, qui cachaient le sol, jamais je n'avais vu un tel spectacle de puissance et de richesse. — La tente de l'émir au centre avait cent soixante pieds de long. — Il me reçut très-poliment et, sans aucune question, me proposa de souper avec lui. Après souper, il me dit : « D'où venez-vous? où allez-vous? » Je lui répondis comme je l'avais fait aux Bédouins de l'Euphrate. — « Vous êtes le bienvenu, reprit-il alors, votre arrivée « répand mille bénédictions. S'il plaît à Dieu, vous « réussirez; mais, selon notre coutume, nous ne « pouvons parler d'affaire qu'après trois jours accor- « dés à l'hospitalité et au repos. » Je fis les remerciemens d'usage et me retirai. — Le lendemain j'expédiai Wardi à M. Lascaris.

Le drayhy est un homme de cinquante ans, grand et d'une belle figure, ayant une petite barbe toute blanche; son regard est fier; il est considéré comme le plus capable des chefs de tribus; il a deux fils, Zaër et Sahdoun; ils sont mariés et habitent la même tente que lui. Sa tribu, appelée El-Dualla, est nombreuse et fort riche. — Le hasard me servit merveilleusement dès les premiers jours de mon arrivée. L'émir manquait de secrétaire, j'offris de lui en servir pour le moment, et je gagnai bientôt sa confiance par les avis et les renseignemens que j'étais à même de lui donner sur les tribus que j'avais étudiées. Lorsque je lui parlai de mon affaire, il me témoigna tant de regret de me voir partir, que je semblai céder à ses instances. — Il me dit : « Si vous voulez rester « avec moi, vous serez comme mon fils; tout ce que « vous direz sera fait. » Je profitai de cette confiance pour l'engager à passer l'Euphrate, afin de le rapprocher de Scheik-Ibrahim; je lui fis envisager tout ce qu'il pouvait y gagner en influence sur les tribus du pays, en les détachant de Nasser; je lui représentai tous les cadeaux qu'ils seraient forcés de lui offrir, la terreur qu'il inspirait aux osmanlis, et le tort qu'il ferait à ses ennemis en consommant leurs pâturages. Comme c'était la première fois qu'il quittait le désert de Bagdad, pour venir en Mésopotamie, mes conseils et mes renseignemens lui étaient d'une grande ressource, et il les suivit. Le départ était superbe à voir; les cavaliers en avant, sur des chevaux de race, les femmes dans des haudags magnifiquement drapés, sur des dromadaires, entourées d'esclaves négresses.

Des hommes chargés de provisions parcouraient toute la caravane, criant : « Qui a faim ? » et distribuant du pain, des dattes, etc. Toutes les trois heures on faisait halte pour prendre le café, et le soir, les tentes étaient dressées comme par enchantement. Nous suivions les bords de l'Euphrate dont les eaux transparentes brillaient comme de l'argent ; j'étais moi-même monté sur une jument de pur sang, et tout le voyage me parut comme une marche triomphale, qui contrastait fortement avec la route que je venais de faire en parcourant le même pays, dans mes haillons, sur mes pieds ensanglantés.

Le quatrième jour, l'émir Zahed vint au-devant de nous avec mille cavaliers. On se livra à toutes sortes de jeux, à cheval et avec la lance. Le soir, le drayhy, ses fils et moi, nous allâmes souper dans la tribu de Zahed. Le lendemain, nous traversâmes le fleuve, et campâmes sur le territoire de Damas ; marchant toujours au couchant, nous campâmes à El-Jaffet, dans le pachalik d'Alep. Le bruit de l'arrivée du drayhy se répandit promptement, et il reçut de Méhanna une lettre commençant par leurs titres respectifs, et continuant ainsi : « Au nom du Dieu très-miséricor-
« dieux, salut ! Nous avons appris avec surprise que
« vous avez passé l'Euphrate, et que vous vous avancez
« dans les provinces que nous ont laissées nos aïeux.
« Avez-vous donc pensé que vous pouviez à vous
« seul dévorer la pâture de tous les oiseaux ? Sachez
« que nous avons tant de guerriers que nous ne pou-
« vons en connaître le nombre. De plus, nous serons
« soutenus par les vaillans osmanlis auxquels rien

« ne peut résister. Nous vous conseillons donc de
« reprendre le chemin par lequel vous êtes venu ;
« autrement, tous les malheurs imaginables fondront
« sur vous, et le repentir viendra trop tard. »

A la lecture de cette lettre, je vis le drayhy pâlir de colère ; ses yeux lançaient des éclairs. Après un moment de silence : « Kratib, s'écria-t-il d'une voix « terrible, prenez la plume et écrivez à ce chien ! »

Voici sa réponse : — « J'ai lu vos menaces, qui ne « pèsent pas un grain de moutarde. J'abaisserai votre « drapeau, et je purifierai la terre de vous et de votre « renégat de fils Nasser. Quant au territoire que vous « réclamez, le sabre en décidera. Bientôt je me met- « trai en route pour vous exterminer. Hâtez-vous : la « guerre est déclarée. »

Alors m'adressant au drayhy : « J'ai un conseil à « vous donner, lui dis-je ; vous êtes étranger ici ; « vous ignorez quel parti prendront les tribus du « pays. Méhanna est aimé des Bédouins et soutenu « par les Turcs ; vous allez commencer la guerre « sans connaître le nombre de vos ennemis. Si vous « essuyez une première défaite, tous se ligueront « contre vous, et vous ne serez pas en force pour y « résister. Envoyez donc un message aux scheiks des « environs pour leur annoncer que vous venez dé- « truire les tentes de Melkghem, afin de les délivrer « du joug des osmanlis, et pour leur demander de se « prononcer. Connaissant ainsi vos forces, vous pour- « rez les comparer aux siennes et agir en consé- « quence. » — « Vous êtes véritablement un homme « de bon conseil, » répondit le drayhy enchanté de

mon idée. — « Je ne suis rien par moi-même, re-
« pris-je : c'est grâce à mon maître si je sais quelque
« chose ; c'est lui qui est un homme plein de sagesse
« et de connaissances, très-versé dans les affaires ; lui
« seul est capable de vous donner des conseils. Vous
« seriez enchanté de lui, si vous pouviez le connaître.
« Je suis sûr que s'il était avec vous, aidé par sa saga-
« cité, vous deviendriez le chef de tous les Bédouins
« du désert. » — « Je vais à l'instant même envoyer
« cent cavaliers le chercher, » s'écria vivement le
drayhy. — « Nous sommes encore trop loin, lui dis-je.
« Le voyage serait pénible ; lorsque nous serons plus
« rapprochés de Coriétain, je vous le ferai connaître. »

Je craignais pour Scheik-Ibrahim quelque mauvaise rencontre ; je voulais être près de lui pour le
conduire : je lui étais si attaché que je me serais
sacrifié mille fois pour le servir.

J'en reviens à notre conseil de guerre. Le drayhy
me donna une liste pour écrire à dix des principaux
scheiks des tribus. Voici sa lettre : — « J'ai quitté
« mon pays pour venir vous délivrer de la tyrannie
« de Nasser, qui veut devenir votre maître par la
« force des Turcs, changer vos usages, détruire vos
« mœurs et vous assujettir aux osmanlis. Je viens de
« lui déclarer la guerre ; dites avec franchise si vous
« êtes pour lui ou pour moi ; et que ceux qui veulent
« m'aider, viennent se réunir à moi. — Salut ! »

Ayant expédié dix cavaliers avec ces lettres, le
lendemain nous nous avançâmes jusqu'au vaste et
beau territoire de Chaumeric, à trente heures de
Hama. Après une courte absence, nos messagers

revinrent. L'émir Douhi et le scheik Sellame répondirent qu'ils garderaient la neutralité ; le scheik Cassem, parent de Méhanna, se déclara pour lui ; les sept autres tribus vinrent camper autour de nous, leurs scheiks promettant au drayhy de partager ses périls à la vie, à la mort. Cependant nos espions nous rapportèrent que Méhanna alarmé avait envoyé Nasser à Hama, pour demander des secours aux osmanlis. Le drayhy rassembla immédiatement son armée, forte de huit mille hommes, six mille cavaliers et mille deloulmardoufs, c'est-à-dire mille chameaux, montés chacun de deux hommes armés de fusils à mèches [1], et partit le quatrième jour, laissant ordre au reste des tribus de suivre le surlendemain, afin d'exciter davantage le courage des guerriers dans le combat, par le voisinage de leurs femmes et de leurs enfans. Je restai avec ces derniers, et nous allâmes camper à El-Jamié, à une heure de la tribu El-Hassnné, et à deux journées de Hama. Le cinquième jour, le drayhy nous annonça une victoire éclatante, et peu après arrivèrent les chameaux, moutons, chevaux et armes pris sur l'ennemi. Les hommes qui avaient été forcés de rester aux tentes, à la garde du bagage, allèrent au-devant des vainqueurs demander la part de butin à laquelle ils ont droit, et bientôt nous vîmes arriver l'armée triomphante.

Le drayhy avait surpris Méhanna un peu à l'im-

[1] Les fusils à platine ne sont pas adoptés par les Bédouins, parce que leurs ancêtres ne s'en servaient pas, et aussi parce qu'ils seraient plus dangereux dans les mains des enfans et des femmes. Ces dernières tressent les mèches, qui sont en coton.

proviste, pendant l'absence de Nasser ; mais la tribu de Hassnné ayant poussé son cri de guerre, les combattans se trouvèrent à peu près égaux en nombre ; la bataille dura jusqu'au soir. Nos guerriers, après avoir perdu vingt-deux des leurs et en avoir tué le double à l'ennemi, s'étaient emparés de ses troupeaux. Zaher avait pris la jument de Farès, fils de Méhanna, ce qui chez les Bédouins est un glorieux exploit.

Après sa défaite, Méhanna passa l'Oronte, au nord de Hama, et fut camper près de Homs, pour attendre les osmanlis et venir avec eux prendre sa revanche. Effectivement, le cinquième jour, les bergers accoururent en criant que les Turcs, conduits par Nasser, s'étaient emparés des troupeaux. Aussitôt tous nos guerriers s'élancent à leur poursuite, les atteignent, et leur livrent un combat plus terrible que le premier, pendant lequel l'ennemi fit filer une grande partie de nos bestiaux vers son camp. L'avantage resta aux nôtres, qui rapportèrent de nombreuses dépouilles des Turcs ; mais la perte de nos troupeaux était considérable. Nous n'avions à regretter que douze hommes; parmi eux se trouvait le neveu du drayhy, Ali, dont la mort fut universellement pleurée. Son oncle resta trois jours sans manger, et jura, par le Dieu tout-puissant, qu'il tuerait Nasser, pour venger la mort d'Ali.

Les attaques se multipliaient tous les jours ; les osmanlis de Damas, Homs et Hama, étaient dans la consternation, et cherchaient à rassembler tous les Arabes du Horam et de l'Idumée. Plusieurs tribus du désert arrivèrent, les unes pour renforcer le drayhy, les autres Méhanna. Aucune caravane ne pouvait passer d'une ville à l'autre; les avantages étaient presque tous du côté du drayhy. Un jour, par une coïncidence singulière, Farès nous enleva cent vingt chameaux qui paissaient à deux lieues des tentes, pendant que dans le même moment Zaher s'emparait du même nombre des leurs. Cette expédition simultanée fut cause que ni l'un ni l'autre ne fut poursuivi. Ils eurent ainsi le temps d'emmener leur capture. Mais cette guerre de représailles de butin et de troupeaux devait bientôt prendre un caractère de férocité et d'extermination. Le signal en fut donné par les Turcs Dallatis, sous la conduite de Nasser, qui, ayant pris à la tribu Beny-Kraleb deux femmes et une fille, les amenèrent au village Zany el Abedin. Nasser livra les femmes aux soldats, et donna à l'aga la jeune fille qui, au milieu de la nuit, vengea son honneur en poignardant le Turc dans son sommeil. Son bras vigoureux lui perça le cœur, et le laissa mort sur le coup; puis, sortant sans bruit, elle rejoignit sa tribu et répandit partout l'indignation et la fureur parmi les Bédouins, qui jurèrent de mourir ou de tuer Nasser, et de remplir des vases de son sang pour les distribuer aux tribus, en mémoire de leur vengeance.

Le châtiment ne se fit pas attendre : un engagement ayant eu lieu entre un parti commandé par Zaher et un autre aux ordres de Nasser, ces deux chefs, qui se détestaient, se recherchent et s'attaquent avec acharnement. Les Bédouins restent spectateurs du combat de ces guerriers égaux en valeur et en adresse. La lutte fut longue et terrible : enfin leurs chevaux fatigués n'obéissant plus aussi promptement aux ordres de leurs maîtres, Nasser ne peut éviter un coup de la lance de Zaher qui le traverse d'outre en outre; il tombe; ses cavaliers se sauvent, ou consignent leurs chevaux[1]; Zaher coupa en morceaux le corps de Nasser, le mit dans une couffe[2], l'envoya au camp de Méhanna par un prisonnier à qui il coupa le nez. Il revint ensuite dans sa tribu, exultant dans sa vengeance.

Méhanna fit demander des secours aux Bédouins de Chamma (Samarcande), de Neggde et aux Wahabis; ils promirent de venir à son aide l'année suivante, la saison de se retirer à l'orient étant alors arrivée. Comme nous étions campés très-près de Coriétain, je proposai d'aller chercher Scheik-Ibrahim. Le drayhy accepta mon offre avec empressement et me donna une forte escorte. Je ne saurais peindre le bonheur que j'éprouvai à revoir M. Lascaris, qui me reçut avec une grande effusion de cœur; pour moi, je l'embrassai comme un père, car je n'avais jamais connu le mien qui mourut pendant ma première enfance. J'employai la nuit à lui raconter tout ce qui s'était passé. Le lendemain, prenant congé de nos amis le curé Moussi et le scheik Sélim, j'emmenai Scheik-Ibrahim qui fut reçu avec la plus haute distinction par le drayhy. On nous

[1] Lorsqu'un Bédouin abandonne volontairement son cheval à son ennemi, celui-ci ne peut plus le ni tuer ni le faire prisonnier.
[2] Espèce de panier en jonc.

donna un grand festin de viande de chameau que je trouvai moins mauvaise que la première fois, car je commençais à m'accoutumer à la nourriture des Bédouins. Les chameaux destinés à être tués sont blancs comme la neige, et ne sont jamais ni chargés ni fatigués; leur viande est rouge et très-grasse; les chamelles ont une grande abondance de lait; les Bédouins en boivent continuellement, et donnent l'excédant à leurs chevaux de race, que cette boisson fortifie beaucoup; ils consomment ainsi tout le lait, parce qu'il n'est point propre à faire du beurre; nous avons fini par en trouver le goût préférable à celui du lait de chèvre et de brebis.

Une attaque des Wahabis, peu de temps après l'arrivée de M. Lascaris, fit perdre au drayhy quelques cavaliers et beaucoup de bestiaux. Le lendemain, Scheik-Ibrahim me prit à part et me dit : « Je suis « content du drayhy, c'est bien l'homme qu'il me « faut; mais il est indispensable qu'il devienne chef « général de tous les Bédouins, depuis Alep jusqu'aux « frontières de l'Inde; c'est à vous à négocier cette « affaire par amitié, par menace ou par astuce; il faut « que cela s'accomplisse. »

— « Vous me donnez là une charge bien difficile, « répondis-je. Chaque tribu a son chef; ils sont en-« nemis de la dépendance, jamais ils ne se sont sou-« mis à aucun joug; je crains, si vous vous engagez « dans une pareille affaire, qu'il ne vous arrive quel-« que chose de fâcheux. »

— « Cependant il le faut absolument, reprit

« M. Lascaris ; mettez-y toute votre capacité ; sans
« cela nous ne pouvons réussir à rien. »

Je réfléchis longtemps aux moyens d'entamer cette
affaire. Le premier point était d'inspirer aux Bédouins
une haute idée de Scheik-Ibrahim, et, pour y parvenir, comme ils sont superstitieux et crédules à l'excès,
nous préparâmes des expériences chimiques avec du
phosphore et de la poudre fulminante, espérant les
étonner. Effectivement le soir, lorsque les principaux
de la tribu furent réunis sous la tente du drayhy,
Scheik-Ibrahim, d'un air majestueux et avec une
adresse extrême, produisit des effets qui les frappèrent d'admiration et de stupeur. Dès ce moment il
fut pour eux un sorcier, un magicien, ou plutôt une
divinité.

Le lendemain le drayhy m'appela et me dit : — O
« Abdallah ! votre maître est un Dieu. »— « Non, ré-
« pondis-je, mais bien un prophète ; ce que vous avez
« vu hier n'est rien auprès du pouvoir qu'il a acquis
« par sa profonde science ; c'est un homme unique
« dans ce siècle. Sachez que, s'il le veut, il est capable
« de vous faire roi de tous les Bédouins : il a reconnu
« que la comète qui a paru il y a quelque temps était
« votre étoile, qu'elle est supérieure à celle des autres
« Arabes, et que si vous suivez en tout point ses
« conseils, vous deviendrez tout-puissant. » Cette
idée lui plut extrêmement. Le désir du commandement et de la gloire se réveilla avec violence dans son
âme, et, par une coïncidence vraiment extraordinaire, j'avais deviné l'objet de sa superstition, car il
s'écria : « O Abdallah ! je vois que vous dites vrai et

« que votre maître est réellement un prophète ; j'ai eu
« un rêve il y a quelque temps, dans lequel du feu,
« se détachant d'une comète, tomba sur ma tente et
« la consuma, et je pris ce feu dans ma main, et il
« ne me brûla pas. Cette comète était sûrement mon
« étoile. » Alors, appelant sa femme, il la pria de me
redire elle-même ce rêve tel qu'il le lui avait raconté
à son réveil. Je profitai de cette circonstance pour établir de plus en plus la supériorité de Scheik-Ibrahim,
et le drayhy me promit de suivre à l'avenir tous ses
conseils. M. Lascaris, charmé de ces heureux commencemens, choisit dans ses marchandises un très-beau
cadeau pour offrir au drayhy, qui l'accepta avec le
plus grand plaisir, et y vit la preuve que ce n'était
pas pour nous enrichir que nous cherchions à le
capter. Depuis ce temps, il nous fit manger avec
sa femme et ses belles-filles dans l'intérieur de la
tente, au lieu de manger dans le rabha avec les étrangers. Sa femme, issue d'une grande famille et sœur
d'un ministre d'Ebn Sihoud, s'appelle Sugar ; elle
jouit d'une haute réputation de courage et de générosité.

Pendant que nous établissions notre influence sur
le drayhy, un ennemi subalterne travaillait dans
l'ombre à renverser nos espérances et à nous perdre.
Il y a dans chaque tribu un colporteur qui vend aux
femmes des marchandises qu'il apporte de Damas.
Celui de la tribu, nommé Absi, occupait, en outre, le
poste d'écrivain du drayhy ; mais depuis notre arrivée il avait perdu à la fois son emploi et ses pratiques.
Il nous prit naturellement dans une grande antipa-

thrie, et chercha tous les moyens possibles de nous calomnier auprès des Bédouins, en commençant par les femmes, auxquelles il persuadait que nous étions des magiciens, que nous voulions emmener les filles dans un pays lointain, et jeter un sort aux femmes afin qu'elles n'eussent plus d'enfans; qu'ainsi la race des Bédouins s'éteindrait, et que des conquérans francs viendraient prendre possession du pays. Nous vîmes bientôt l'effet de ces calomnies, sans en connaître la cause. Les filles s'enfuyaient à notre approche; les femmes nous disaient des injures; les vieilles allaient jusqu'à nous menacer. Chez ces peuples ignorans et crédules, où les femmes ont un grand crédit, le péril devenait imminent. Enfin, nous découvrîmes les intrigues d'Absi, et en informâmes le drayhy, qui voulait le faire mettre à mort sur-le-champ. Nous eûmes beaucoup de peine à obtenir qu'il serait seulement renvoyé de la tribu, ce qui ne fit au reste que lui donner occasion d'étendre sa malveillance. Un village, appelé Mohadan, jadis tributaire de Méhanna, l'était devenu du drayhy depuis ses victoires. Celui-ci ayant envoyé demander mille piastres qui lui étaient dues, les habitans, à l'instigation d'Absi, maltraitèrent le messager de l'émir, qui en tira vengeance en enlevant leurs troupeaux. Absi persuada aux chefs du village de venir avec lui à Damas déclarer aux Capidji Bashi, que deux espions francs s'étaient emparés de la confiance du drayhy, lui faisaient commettre toutes sortes d'injustices et cherchaient à détourner les Bédouins de leur alliance avec les osmanlis. Cette dénonciation fut portée au visir Soliman-Pacha, qui envoya un chokredar au drayhy, avec une lettre menaçante, finissant par lui ordonner de livrer les deux infidèles à cet officier, qui les emmènerait enchaînés à Damas, où leur exécution publique servirait d'exemple.

Le drayhy, furieux de l'insolence de cette lettre, dit à l'officier musulman : « Par celui qui a élevé le « ciel et abaissé la terre, si vous n'étiez pas sous ma « tente, je vous couperais la tête, et je l'attacherais à « la queue de mon cheval : c'est ainsi qu'il porterait « ma réponse à votre visir ; quant aux étrangers qui « sont chez moi, je ne les livrerai qu'après ma mort. « S'il les veut, qu'il vienne les prendre par la force « de son sabre. »

Je pris alors le drayhy à part, et l'engageai à se calmer et à me laisser arranger l'affaire.

Je savais que M. Lascaris était lié d'amitié avec Soliman-Pacha, et qu'une lettre de lui aurait un effet auquel le drayhy ne s'attendait guère. M. Lascaris, pendant qu'il était avec l'expédition française en Égypte, avait épousé une Géorgienne, amenée par les femmes de Murad-Bey, qui se trouva être cousine de Soliman-Pacha. Par la suite il eut occasion d'aller à Acre ; sa femme se fit reconnaître parente du pacha, et fut accablée par lui de politesses et de cadeaux, ainsi que son mari.

M. Lascaris écrivit donc à Soliman-Pacha, lui expliqua que les prétendus espions n'étaient autres que lui et son drogman Fatalla Sayeghir ; que tout ce qu'on lui avait dit contre le drayhy était faux : qu'il était au contraire dans les intérêts de la Porte de

l'avoir pour ami, et de favoriser sa prépondérance sur les autres Bédouins. Le chokredar, qui tremblait pour sa vie, s'empressa de porter cette lettre à Damas, et revint le surlendemain avec une réponse des plus aimables pour Scheik-Ibrahim, et une seconde lettre pour le drayhy, dont voici le contenu. Après beaucoup de complimens à l'émir, il ajoute : « Nous avons
« reçu une lettre de notre cher ami, le grand Scheik-
« Ibrahim, qui détruit les calomnies de vos ennemis,
« et rend les meilleurs témoignages de vous. Votre
« sagacité nous est connue. Dorénavant nous vous
« autorisons à commander dans le désert selon
« votre bon plaisir. Vous ne recevrez de notre part
« que des procédés d'ami ; nous vous considérons
« au-dessus de vos égaux ; nous vous recomman-
« dons nos bien-aimés Scheik-Ibrahim et Abdallah.
« Leur contentement augmentera notre amitié pour
« vous, etc. » Le drayhy et les autres chefs furent très-étonnés du grand crédit de Scheik-Ibrahim sur le pacha. Cet incident porta leur considération pour nous à son comble.

J'ai dit que le drayhy était surnommé l'exterminateur des Turcs. Je m'informai de l'origine de cette épithète. Voici ce que me raconta le scheik Abdallah. Un jour le drayhy, ayant dépouillé une caravane qui se rendait de Damas à Bagdad, le pacha, extrêmement irrité, mais n'osant se venger ouvertement, dissimula, selon la coutume des Turcs, et l'engagea, par de belles promessses, à venir à Bagdad. Le drayhy, franc et loyal, ne soupçonnant aucune trahison, se rendit chez le pacha avec sa suite ordinaire de dix hommes.

Il fut aussitôt saisi, garrotté, jeté dans un cachot, et menacé d'avoir la tête coupée s'il ne fournissait, pour sa rançon mille bourses (un million de piastres) cinq mille moutons, vingt jumens de race kahillan et vingt dromadaires. Le drayhy, laissant son fils en otage, fut chercher cette énorme rançon, et dès qu'il l'eut acquittée, il ne songea plus qu'à la vengeance. Les caravanes et les villages furent dépouillés ; bientôt Bagdad se trouva bloquée. Le pacha ayant rassemblé ses troupes, sortit avec une armée de trente mille hommes et quelques pièces de canon contre le drayhy qui, fortifié par des tribus alliées, livra bataille pendant trois jours ; mais voyant qu'il ne remportait aucun avantage décisif, il se retira de nuit en silence, tourna l'armée du pacha, se plaçant entre elle et Bagdad, et l'attaqua à l'improviste sur plusieurs points à la fois. Surpris de nuit du côté qui se trouvait sans défense, la terreur s'empara du camp ennemi. La confusion se mit parmi les osmanlis, et le drayhy en fit un grand carnage, restant maître d'un immense butin : le pacha s'échappa seul avec peine, et s'enferma dans Bagdad. Cet exploit avait répandu un tel effroi parmi les habitans, que, même après la paix, son nom était demeuré un objet de crainte pour eux. Abdallah me raconta plusieurs autres faits d'armes du drayhy, et finit en me disant qu'il aimait la grandeur et les difficultés, et voulait soumettre tout à sa domination.

C'était précisément les qualités que Scheik-Ibrahim désirait trouver en lui, aussi s'attacha-t-il de plus en plus au projet de le rendre maître de toutes les autres tribus : mais les Wahabis étaient pour lui de redoutables adversaires qui, peu de jours après, tombèrent sur la tribu de Would-Ali, et se répandirent dans le désert, pour forcer tous les Bédouins à leur payer une dîme. Effrayées à l'approche de ces terribles guerriers, plusieurs tribus allaient se soumettre, lorsque Scheik-Ibrahim persuada au drayhy qu'il était de son honneur d'entrer en campagne, et de se déclarer protecteur des opprimés. Encouragées par son exemple, toutes les tribus, à l'exception de celles El-Hassnné et de Beni-Sakhrer, firent alliance avec lui pour résister aux Wahabis. Le drayhy partit avec une armée de cinq mille cavaliers et deux mille mardouffs; nous fûmes dix jours sans recevoir de ses nouvelles. L'inquiétude était extrême au camp; des symptômes d'un grand mécontentement se manifestaient contre nous, les instigateurs de cette expédition périlleuse; notre vie aurait probablement payé notre témérité, si l'incertitude avait duré plus longtemps. Le onzième jour à midi, un cavalier arriva, bride abattue, faisant flotter sa ceinture blanche, au bout de sa lance, et criant : — « Dieu nous a donné la victoire! » Scheik-Ibrahim fit de magnifiques présens au porteur de cette heureuse nouvelle, qui venait tirer la tribu d'une inquiétude mortelle, et nous d'un grand péril; toutes les femmes imitèrent son exemple, selon leurs moyens, et se livrèrent ensuite à des réjouissances bruyantes. Des cris et des danses autour des feux allumés partout, des bestiaux égorgés, des préparatifs de festins pour recevoir les guerriers, mettaient le camp dans une agitation inaccoutumée, et tout ce mouvement, exécuté par des femmes, offrait le coup d'œil le plus original possible. Le soir, tout le monde fut au-devant de l'armée victorieuse, dont on apercevait la poussière s'élever dans le lointain. Dès que nous la rencontrâmes, les cris redoublèrent; les joûtes, les courses, les coups de fusil, et toutes les démonstrations possibles de joie, l'accompagnèrent jusqu'au camp. Après le repas nous nous fîmes raconter les exploits des guerriers.

Les Wahabis étaient commandés par un nègre redoutable, à moitié sauvage, nommé Abou-Nocta. Lorsqu'il se prépare au combat, il ôte son turban et ses bottes, relève ses manches jusqu'aux épaules, et laisse presque nu son corps qui est d'une grosseur et d'une force musculaire prodigieuse; sa tête et son menton, n'ayant jamais été rasés, sont ombragés d'une chevelure et d'une barbe noire qui couvrent sa figure tout entière; ses yeux étincellent sous ce voile; et tout son corps velu rend son aspect aussi étrange qu'effrayant. Le drayhy le rejoignit à trois jours de Palmyre, sur un terrain appelé Heroualma. Le combat fut acharné de part et d'autre, mais se termina par la fuite d'Abou-Nocta, qui partit pour le pays de Neggde, laissant deux cents des siens sur le champ de bataille. Le drayhy fit chercher parmi les dépouilles tout ce qui avait été pris à la tribu Would-Ali, et le lui rendit. Cet acte de générosité lui concilia de plus en plus l'affection des autres tribus qui venaient, chaque jour, se mettre sous sa protection. Le bruit de cette victoire remportée sur le terrible Abou-Nocta se répandit partout. Soliman-Pacha envoya au vainqueur une pelisse d'honneur et un sabre magnifique, en le faisant complimenter. Peu après cet exploit, nous allâmes camper sur la frontière du Horan.

Un jour un mollah turc arriva chez le drayhy; il avait le large turban vert qui distingue les descendans de Mahomet, une robe blanche trainante, les yeux noircis et la barbe énorme; il portait plusieurs rangs de chapelets, et l'encrier en forme de poignard à la ceinture. Il était monté sur un âne, et tenait une flèche à la main; il venait pour fanatiser les Bédouins, et exciter en eux un grand zèle pour la religion du Prophète, afin de les attacher à la cause des Turcs. Les Bédouins ont une grande simplicité de caractère, et une franchise remarquable. Ils ne comprennent rien aux différences de religion, et ne souffrent pas volontiers qu'on leur en parle. Ils sont déistes, invoquent la protection de Dieu dans toutes les circonstances de la vie, et lui attribuent leurs succès ou leurs revers avec une humble soumission; mais ils n'ont aucune cérémonie de culte obligatoire, et ne se prononcent pas entre les sectes d'Omar et d'Ali, qui divisent les Orientaux. Ils ne nous ont jamais demandé quelle était notre religion. Nous leur avons dit que nous étions chrétiens, et ils ont répondu : « Tous les « hommes sont les créatures de Dieu, et sont égaux « devant lui; on ne doit pas s'informer quelle est la « croyance des autres. » Cette discrétion de leur part convenait beaucoup mieux à nos projets que le fanatisme des Turcs; aussi l'arrivée du mollah donnat-elle quelque inquiétude à Scheik-Ibrahim qui se rendit à la tente du drayhy, où il trouva la conférence déjà entamée, ou plutôt la prédication commencée, prédication que les chefs écoutaient d'un air mécontent. Comme, à notre arrivée, ils se levèrent pour nous saluer, le mollah demanda qui nous étions, et ayant appris notre qualité de chrétiens : — « Il est « défendu, dit-il, par les lois de Dieu, de se lever « pour des infidèles; vous serez tous maudits pour « avoir commerce avec eux, vos femmes seront illé- « gitimes et vos enfans bâtards. Ainsi l'a décrété « notre seigneur Mahomet, dont le nom soit vénéré « à jamais. »

Le drayhy, sans attendre la fin de son discours, se lève en fureur, le saisit par la barbe, le jette par terre, et tire son sabre; Scheik-Ibrahim s'élance et retient son bras, le conjurant de se modérer; enfin l'émir consent à lui couper la barbe au lieu de la tête, et le chasse ignominieusement.

Le drayby, ayant attaqué la tribu de Beni-Sakhrer, la seule qui s'opposât encore à lui, dans le pays, la battit complètement.

Cependant, l'automne étant venu, nous commençâmes à regagner le levant. A notre approche de Homs, le gouverneur envoya au drayhy quarante chameaux chargés de blé, dix machlas et une pelisse d'honneur. Scheik-Ibrahim m'ayant pris en particulier, me dit : « Nous allons dans le désert, nous avons « épuisé nos marchandises; que faut-il faire ? » — « Donnez-moi vos ordres, lui répondis-je. J'irai secrè- « tement à Alep chercher ce qu'il nous faut, et je « m'engage à ne pas me faire connaître même de ma famille. » Nous convînmes que je rejoindrais la tribu à Zour, et je me rendis à Alep. Je fus loger dans un khan peu fréquenté et éloigné de toutes mes connaissances. J'envoyai un étranger toucher cinq cents talaris chez le correspondant de M. Lascaris. C'était un excès de précaution, car du reste, avec ma longue barbe, mon costume et mon langage bédouin, je ne courais aucun risque d'être reconnu; j'en acquis la preuve en allant acheter les marchandises au bazar; j'y rencontrais plusieurs de mes amis, et me faisais un divertissement de les traiter avec grossièreté. Mais à ces momens de gaîté insouciante en succédaient d'autres bien pénibles; je passais et repassais continuellement devant la porte de ma maison, espérant apercevoir mon frère ou ma pauvre mère. L'envie de voir cette dernière était surtout si vive que je fus vingt fois sur le point de manquer à ma parole; mais la conviction qu'elle ne me permettrait plus de retourner auprès de M. Lascaris venait raffermir mon courage, et, après six jours, il fallut m'arracher d'Alep sans avoir obtenu aucune nouvelle de mes parens.

Je rejoignis la tribu au bord de l'Euphrate, vis-à-vis de Daival-Chahar, où il existe encore de belles ruines d'une ancienne ville. Je trouvai les Bédouins occupés, avant de traverser le fleuve, à vendre des bestiaux, ou à les échanger contre des marchandises avec des colporteurs d'Alep. Ils n'ont aucune idée de la valeur du numéraire; ils ne veulent pas recevoir d'or en paiement, ne connaissant que les talaris d'argent. Ils préfèrent payer trop, ou ne pas recevoir assez, plutôt que de faire des fractions ; les marchands qui connaissent ce faible en abusent avec habileté. Outre les échanges, la tribu vendit pour vingt-cinq mille talaris, et chacun mit son argent dans son sac de farine afin qu'il ne résonnât pas en chargeant et déchargeant.

Un événement tragique arriva au passage de l'Euphrate. Une femme et deux enfans montés sur un chameau furent emportés par le courant sans qu'il fût possible de leur porter secours. Nous trouvâmes la Mésopotamie couverte des tribus de Bassora et de Bagdad. Leurs chefs venaient chaque jour complimenter le drayhy sur sa victoire, et faire connaissance avec nous, car la renommée de Scheik-Ibrahim était arrivée jusqu'à eux. Ils lui savaient gré d'avoir conseillé la guerre contre les Wahabis, dont la cupidité et les exactions leur étaient intolérables. Leur roi, Ebn-Sihoud, avait l'habitude d'envoyer un mézakie compter les troupeaux de chaque individu et en prendre le dixième, choisissant toujours ce qu'il y avait de mieux ; ensuite il faisait fouiller les tentes, depuis celle du scheik jusqu'à celle du dernier malheureux, pour trouver l'argent caché, dont il voulait aussi la dîme. Il était surtout odieux aux Bédouins parce que, fanatique à l'excès, il exigeait les ablutions et les prières cinq fois par jour, et punissait de mort ceux qui s'y refusaient. Lorsqu'il avait forcé une tribu à faire la guerre pour lui, loin de partager avec elle les gains et les pertes, il s'emparait du butin, et ne laissait à ses alliés que les morts à pleurer. C'est ainsi que peu à peu les Bédouins devenaient esclaves des Wahabis, faute d'un chef capable de tenir tête à Ebn-Sihoud.

Nous campâmes sur un terrain appelé Nain-el-Raz, à trois journées de l'Euphrate. Là l'émir Farès-El-Harba, chef de la tribu El-Harba, du territoire de Bassora, vint faire alliance offensive et défensive avec le drayhy. Lorsque des chefs ont à traiter quelque affaire importante, ils sortent du camp et tiennent leur conférence à l'écart : cela s'appelle *dahra*, assemblée secrète. Scheik-Ibrahim, ayant été appelé au *dahra*, montra quelque défiance de Farès, craignant qu'il ne fût l'espion des Wahabis. Le drayhy lui dit : — « Vous jugez les Bédouins comme les osman-
« lis. Sachez que le caractère des deux peuples est
« absolument opposé. La trahison n'est pas connue
« parmi nous. » Après cette déclaration, tous les scheiks présens au conseil se donnèrent mutuellement leur parole. Scheik-Ibrahim profita de cette disposition des esprits pour leur proposer de conclure un traité par écrit, qui serait signé et scellé par tous ceux qui voudraient successivement entrer dans l'alliance contre Ebn-Sihoud. C'était un grand pas de fait dans l'intérêt de Scheik-Ibrahim, et je rédigeai l'engagement en ces termes :

« Au nom du Dieu de miséricorde, qui par sa
« force nous aidera contre les traîtres. — Nous lui
« rendons grâces de tous ses bienfaits ; nous le remer-
« cions de nous avoir fait connaître le bien et le
« mal ; de nous avoir fait aimer la liberté et haïr l'es-
« clavage ; nous reconnaissons qu'il est le Dieu tout-
« puissant et unique, et que lui seul doit être adoré.

« Nous déclarons que nous sommes réunis de
« notre propre volonté et sans aucune contrainte;
« que nous sommes tous sains de corps et d'esprit,
« et que nous avons résolu à l'unanimité de suivre les
« conseils de Scheik-Ibrahim et d'Abdallah-El-Kratib,
« dans l'intérêt de notre prospérité, de notre gloire et
« de notre liberté. Les articles de notre traité sont:

« 1° De nous séparer des osmanlis;

« 2° De faire une guerre à mort aux Wahabis;

« 3° De ne jamais parler de religion;

« 4° D'obéir aux ordres qui seront donnés par
« notre frère le grand drayhy Ebn-Chahllan;

« 5° D'obliger chaque scheik à répondre de sa
« tribu, et à garder le secret sur cet engagement;

« 6° De nous réunir contre les tribus qui n'y
« souscriraient pas;

« 7° D'aller tous au secours de ceux qui signent
« le présent traité et de nous réunir contre leurs en-
« nemis;

« 8° De punir de mort ceux qui rompraient l'al-
« liance;

« 9° De n'écouter aucune calomnie contre Scheik-
« Ibrahim et Abdallah.

« Nous, les soussignés, acceptons tous les articles
« de ce traité; nous les soutiendrons au nom du
« Dieu tout-puissant et de ses prophètes Mahomet et
« Ali, déclarant par la présente que nous sommes
« décidés à vivre et mourir dans cette sainte union.

« DATÉ, SIGNÉ, SCELLÉ.

« Ceci fut fait le 12 novembre 1811. »

Tous ceux qui étaient présens approuvèrent et signèrent.

A quelque temps de là, étant campé dans la belle et vaste plaine d'El-Rané, le drayhy envoya des courriers aux autres tribus pour les inviter à signer ce traité. Plusieurs chefs vinrent y mettre leur cachet, et ceux qui n'en avaient pas y apposèrent l'empreinte de leur doigt. Parmi ces chefs, je remarquai un jeune homme, qui, depuis l'âge de quinze ans, gouvernait la tribu El-Ollama. Ceux qui la composent sont fort supérieurs aux autres Bédouins. Ils cultivent la poésie, ont de l'instruction, et sont en général très-éloquens. Ce jeune scheik nous raconta l'origine de sa tribu.

Un Bédouin de Bagdad jouissait d'une grande réputation de sagacité. Un jour un homme vint le trouver, et lui dit : « Depuis quatre jours, ma femme « a disparu ; je l'ai cherchée en vain. J'ai trois en- « fans qui pleurent ; je suis au désespoir : aidez-moi « de vos conseils. » Aliaony console ce malheureux, l'engage à rester auprès de ses enfans, et lui promet de chercher sa femme et de la ramener morte ou vive ; ayant recueilli toutes les informations, il apprend que cette femme était d'une beauté remarquable ; il avait lui-même un fils fort libertin absent depuis peu de jours. Le soupçon comme un éclair traverse sa pensée ; il monte son dromadaire et parcourt le désert. Il aperçoit de loin des aigles réunis ; il y court, et trouve à l'entrée d'une grotte le cadavre d'une femme. — Il examine les lieux, et voit les traces d'un chameau ; il trouve à ses pieds une partie de la garniture d'une besace : il emporte ce muet témoin, et revient sur ses pas. De retour à sa tente, il voit arriver son fils : à sa besace déchirée manque la fatale garniture. Accablé de reproches par son père, le jeune homme avoue son crime; Aliaony lui tranche la tête, envoie chercher le mari, et lui dit : « C'est mon fils qui a tué votre femme; je l'ai puni : « vous êtes vengé. J'ai une fille, je vous la donne en « mariage. » Ce trait de barbare justice étendit encore la réputation d'Aliaony ; il fut élu chef de sa tribu, et de son nom vint celui de El-Ollama, qui signifie savant, dénomination que la tribu justifie toujours.

A mesure que nous avancions vers Bagdad, notre traité était de jour en jour couvert d'un plus grand nombre de signatures.

En quittant El-Rané, nous allâmes camper à Ain-El-Oussada, près de la rivière El-Cabour. Pendant notre séjour en cet endroit, un courrier, expédié par le drayhy au scheik Giaudal, chef de la tribu El-Wualdi, ayant été fort mal reçu, revint, porteur de paroles offensantes pour le drayhy. Ses fils voulaient en tirer vengeance sur-le-champ. Scheik-Ibrahim s'y opposa, leur représentant qu'ils seraient toujours à temps de faire la guerre, et qu'il fallait auparavant essayer de la persuasion. Je proposai à l'émir d'aller moi-même trouver Giaudal pour lui expliquer l'affaire. Il commença par s'y refuser en disant : « Pour« quoi prendriez-vous la peine d'aller chez lui ? Qu'il « vienne lui-même, ou mon sabre l'y contraindra. » Mais à la fin il céda à mes argumens, et je partis,

escorté de deux Bédouins. Giaudal me reçut avec colère, et lorsqu'il sut qui j'étais, il me dit : « Si je
« vous avais rencontré ailleurs que chez moi, vous
« n'auriez plus mangé de pain ; rendez grâces à nos
« usages qui me défendent de vous tuer. — Les pa-
« roles ne tuent pas l'homme, répondis-je. Je suis
« votre ami ; je ne veux que votre bien, et viens
« vous demander un entretien secret. Si ce que j'ai à
« vous dire ne vous satisfait pas, je reprendrai le
« chemin par lequel je suis venu. » Me voyant ainsi de sang-froid, il se leva, appela son fils aîné, et me conduisit hors des tentes. Nous nous assîmes par terre en cercle, et je commençai ainsi :

« Que préférez-vous, l'esclavage ou la liberté? — « La liberté sans doute !

« L'union ou la discorde ? — L'union !

« La grandeur ou l'abaissement ? — La grandeur !

« La pauvreté ou la richesse? — La richesse !

« La défaite ou la victoire? — La victoire !

« Le bien ou le mal ? — Le bien !

« Tous ces avantages nous cherchons à vous les
« assurer ; nous voulons vous affranchir de l'escla-
« vage des Wahabis et de la tyrannie des osmanlis, en
« nous réunissant tous, afin de nous rendre forts et
« libres. Pourquoi vous y refusez-vous? » Il me ré- pondit : « Ce que vous dites est plausible, mais nous
« ne serons jamais assez forts pour résister à Ebn-
« Sihoud ! — Ebn-Sihoud est un homme comme
« vous, lui dis-je. De plus, c'est un tyran, et Dieu
« ne favorise pas les oppresseurs. Ce n'est pas le
« nombre, mais l'intelligence qui fait la supériorité ;

« ce n'est pas le sabre qui tranche la tête, mais la
« volonté qui le dirige. » Notre conférence dura
encore longtemps ; mais je finis par le convaincre et
par lui persuader de m'accompagner chez le drayhy,
qui fut fort content de l'issue de ma négociation.

Nous allâmes ensuite camper près des montagnes
de Sangiar, qui sont habitées par des adorateurs du
mauvais esprit. La principale tribu du pays, commandée par Hamoud-el-Tammer, est fixée près de la
rivière Sagiour, et ne voyage pas comme les autres.
Hamoud refusa longtemps d'entrer dans l'alliance.
J'eus à ce sujet une longue correspondance avec lui.
L'ayant enfin persuadé de se joindre à nous, il y eut
beaucoup de réjouissances et de fêtes de part et
d'autre. Hamoud invita le drayhy à venir chez lui,
et le reçut très-magnifiquement. Cinq chameaux et
trente moutons furent égorgés pour le repas, qui fut
servi par terre hors des tentes. Les plats de cuivre
étamés semblaient être d'argent ; chaque plat était
porté par quatre hommes, et contenait une montagne
de riz de six pieds de haut, surmontée d'un mouton
tout entier ou d'un quartier de chameau ; dans d'autres moins grands était un mouton rôti ou un gigot
de chameau. Une infinité de petits plats, garnis de
dattes et autres fruits secs, remplissaient les intervalles. Leur pain est excellent. Ils tirent leur blé de
Diabekir et leur riz de Marhach et de Mallatie. Lorsque nous étions assis, ou plutôt accroupis autour de
ce festin, nous ne pouvions distinguer les personnes
vis-à-vis. Les Bédouins de cette tribu sont habillés
bien plus richement que les autres ; les femmes sont

très-jolies ; elles portent des vêtemens de soie, beaucoup de bracelets et de boucles d'oreilles en or et en argent, et un anneau d'or au nez.

Après quelques jours passés dans les fêtes, nous continuâmes notre voyage, et nous nous approchâmes d'un fleuve ou plutôt d'un bras de l'Euphrate qui l'unit au Tigre. Un courrier nous rejoignit en cet endroit. Monté sur un dromadaire, il avait franchi en cinq jours une distance qui exige trente journées au pas de caravane. Il venait du pays de Neggde, et était envoyé par un scheik ami pour avertir le drayhy de la fureur d'Ebn-Sihoud, de ses projets, et des alliances qu'il formait contre lui. Il désespérait de le voir jamais en état de tenir tête à l'orage, et l'engageait fortement à faire la paix avec les Wahabis. J'écrivis au nom du drayhy, qu'il ne faisait pas plus de cas d'Ebn-Sihoud que d'un grain de moutarde, mettant sa confiance en Dieu, qui seul donne la victoire. Ensuite, par ruse diplomatique, je fis entendre que les armées du Grand-Seigneur appuieraient le drayhy, qui voulait surtout ouvrir le chemin pour la caravane et délivrer la Mecque de la domination des Wahabis. Le lendemain, nous traversâmes le grand bras du fleuve dans des barques, et allâmes camper de l'autre côté, dans le voisinage de la tribu El-Cherarah, réputée pour son courage, mais aussi pour son ignorance et son obstination.

Nous avions prévu l'extrême difficulté qu'il y aurait à la gagner, non-seulement à cause de ces défauts, mais encore à cause de l'amitié qui existe entre son chef Abedd, et Abdallah, premier ministre du roi

Ebn-Sihoud. En effet, il refusa d'entrer dans l'alliance; dans cet état de choses, le drayhy jugea toute négociation inutile, disant que le sabre en déciderait. Le lendemain, Sahen avec cinq cents cavaliers alla attaquer Abedd. Il revint au bout de trois jours, ayant pris cent quarante chameaux et deux jumens de grand prix; il n'y eut que huit hommes tués, mais le nombre des blessés était grand de part et d'autre. Je fus témoin à cette occasion d'une guérison extraordinaire. Un jeune homme, parent de Sahen, fut rapporté ayant la tête fendue d'un coup de djérid, sept blessures de sabre dans le corps et une lance qui lui restait dans les côtes. On procéda immédiatement à extirper la lance, qui sortit par le côté opposé; — pendant l'opération, il se tourna vers moi et me dit : « Ne sois pas en peine de moi, Ab-« dallah, je n'en mourrai pas. » Et étendant sa main, il prit ma pipe et commença à fumer tranquillement comme si les neuf blessures béantes étaient dans un autre corps.

Au bout de vingt jours il était complètement guéri, et montait à cheval comme auparavant. Pour tout traitement on lui avait donné à boire du lait de chameau, mêlé avec du beurre frais, et pour toute nourriture quelques dattes également préparées au beurre. — Tous les trois jours on lavait ses blessures avec de l'urine de chameau. — Je doute qu'un chirurgien européen avec tout son appareil eût obtenu une si complète guérison en aussi peu de temps.

La guerre devenait de jour en jour plus sérieuse; Abedd réunissait ses alliés pour nous entourer, ce qui nous força d'aller camper dans les sables de Cafférié où il n'y a point d'eau. Les femmes étaient obligées d'aller en chercher jusqu'au fleuve, dans des outres chargées sur des chameaux. — La grande quantité, nécessaire pour abreuver les troupeaux, rendait ce travail extrêmement pénible. — Au bout de trois jours, les bergers effarés vinrent nous avertir que huit cents chameaux avaient été enlevés par les guerriers d'Abedd, pendant qu'ils les conduisaient à la rivière. Le drayhy, pour se venger de cet outrage, ordonna de lever le camp et d'avancer rapidement sur la tribu El-Cherarah, résolu de l'attaquer avec toutes ses forces réunies. Nous marchâmes un jour et une nuit sans nous arrêter, et nous plantâmes dix mille tentes à une demi-lieue du camp d'Abedd. Une bataille générale et meurtrière était inévitable; je me hasardai à faire une dernière tentative pour l'éviter s'il en était encore temps.

Les Bédouins ont un grand respect pour les femmes, ils les consultent sur toutes leurs démarches. Dans la tribu El-Cherarah, leur influence s'étend bien plus loin encore : ce sont véritablement les femmes qui commandent; — elles ont généralement beaucoup plus d'esprit que leurs maris. Arquïé, femme du scheik Abedd, passe surtout pour une femme supérieure. — Je me décidai à aller la trouver; — j'imaginai de lui porter des cadeaux de boucles d'oreilles, bracelets, colliers, et autres bagatelles, et de tâcher par là de la gagner à nos intérêts. Ayant pris des informations secrètes pour diriger mes démarches, j'arrivai chez elle pendant l'absence de son mari, qui

tenait un conseil de guerre chez un de ses alliés. —
A force de complimens et de présens, je l'amenai à
me parler elle-même de la guerre, véritable objet de
ma visite, que je n'avouai point; je lui expliquai les
avantages de l'alliance avec le drayhy uniquement
comme sujet de conversation et nullement comme
étant autorisé à lui en parler; je lui dis que le but
de ma visite était la curiosité bien naturelle de connaître une femme aussi célèbre qui gouvernait des
guerriers redoutables par leur courage, mais qui ne
pouvaient se passer de son intelligence supérieure
pour diriger cette force brutale. — Pendant notre
conférence, son mari revint au camp, apprit mon
arrivée, et envoya dire à Arquïé qu'elle eût à chasser
ignominieusement l'espion qui était chez elle; que
les devoirs de l'hospitalité retenant son bras et lui
défendant de se venger sur le seuil de sa tente, il ne
rentrerait que lorsque le traître n'y serait plus. —
Arquïé répondit avec beaucoup de fierté que j'étais
son hôte et qu'elle ne se laisserait point faire la loi. —
Je me levai et je voulus prendre congé d'elle, en lui
demandant pardon de l'embarras que je lui causais;
mais elle tenait apparemment à me convaincre que
je ne lui avais pas gratuitement attribué une influence
qu'elle ne possédait pas : car elle me retint forcément
et sortit pour conférer avec son mari. Elle rentra
bientôt, suivie d'Abedd qui me traita poliment et
m'invita à lui expliquer les intentions du drayhy; je
gagnai sa confiance avec l'aide de sa femme, et, avant
la fin de journée, c'était lui qui me sollicitait de lui
permettre de m'accompagner chez le drayhy, — et

moi qui m'en défendais, en lui disant que je n'oserais
le présenter à l'émir sans l'en prévenir, parce qu'il
était très-irrité contre lui ; — mais que j'allais plaider
sa cause et que je lui enverrais bientôt une réponse.
Je les quittai, au moins aussi empressés d'entrer dans
l'alliance que je l'étais moi-même de les y amener.

D'après l'invitation du drayhy, Abedd vint au bout
de quelques jours mettre son cachet au bas du traité,
et échanger les chameaux qui avaient été récipro-
quement pris pendant la guerre. Cette affaire difficile
étant terminée d'une manière si satisfaisante, nous
quittâmes les sables pour aller passer huit jours sur
le terrain Attérié, à trois heures du Tigre, près des
ruines du château El-Attera, où les pâturages sont très-
abondans. — Ayant ainsi rafraîchi les troupeaux,
nous continuâmes notre route vers le levant.

Nous rencontrâmes un jour un Bédouin monté sur
un beau dromadaire noir. Les scheiks le saluèrent
avec un air d'intérêt et lui demandèrent quelle avait
été l'issue de sa malheureuse aventure de l'année
précédente. Je me fis raconter son histoire et je la
trouvai assez intéressante pour l'insérer dans mon
journal. Aloïan (c'était le nom du Bédouin), étant à
la chasse des gazelles, arriva sur un terrain où des
lances brisées, des sabres ensanglantés, et des corps
gisans, indiquaient une bataille récente. — Un son
plaintif qui parvenait à peine à son oreille l'attira
vers un monceau de cadavres au milieu duquel un
jeune Arabe respirait encore. Aloïan se hâte de le
secourir, l'emporte sur son dromadaire, le conduit à
sa tente, et, par ses soins paternels, le ramène à la

vie. Après quatre mois de convalescence, Faress (c'était le nom du blessé) parle de son départ; mais Aloïan lui dit : S'il faut absolument nous séparer, je te conduirai jusqu'à ta tribu et je t'y laisserai avec regret; — mais si tu veux rester avec moi, tu seras comme mon frère; ma mère sera ta mère, ma femme sera ta sœur; réfléchis à ma proposition et décide avec calme. — « O mon bienfaiteur! répond Faress,
« où trouverai-je des parens comme ceux que vous
« m'offrez? — sans vous je ne serais pas vivant à cette
« heure; ma chair serait mangée par les oiseaux de
« proie, et mes os dévorés par les bêtes féroces;
« puisque vous voulez bien me garder, je demeurerai
« avec vous, mais pour vous servir toute ma vie. »
— Un motif moins pur qu'il n'avait osé avouer avait décidé Faress : c'était l'amour qu'il commençait à ressentir pour Hafza, la femme d'Aloïan qui l'avait soignée; cet amour fut bientôt partagé. — Un jour Aloïan, qui n'avait aucun soupçon, chargea Faress d'escorter sa mère, sa femme et ses deux enfans jusqu'à un nouveau campement, pendant que de son côté il allait à la chasse. Faress ne put résister à cette funeste occasion; il chargea la tente sur un chameau, y plaça la mère avec les deux petits enfans et les envoya en avant, disant qu'il suivrait bientôt avec Hafza à cheval; mais la vieille se retourna longtemps en vain, Hafza n'arriva point; Faress l'avait emmenée sur une jument d'une extrême vitesse jusque dans sa tribu. — Le soir, Aloïan arriva, fatigué de la chasse; il chercha en vain sa tente parmi celles de sa tribu. — La vieille mère n'avait pu la dresser seule,

il la trouva assise par terre avec les deux enfans. —
« Et où est Hafza? dit-il. » — « Je n'ai vu ni Hafza ni
« Faress, répondit-elle, je les attends depuis ce ma-
« tin. » — Alors, pour la première fois, il soupçonna
la vérité, et ayant aidé sa mère à dresser la tente, il
partit sur son dromadaire noir et courut deux jours
jusqu'à ce qu'il eût rejoint la tribu de Faress. — A
l'entrée du camp, il s'arrêta chez une vieille femme
qui vivait seule. — Que n'allez-vous chez le scheik?
lui dit-elle; il y a fête aujourd'hui; Faress Ebn Me-
hidi, qui avait été laissé sur un champ de bataille et
pleuré pour mort, est revenu, ramenant avec lui
une belle femme; ce soir on fait la noce. — Aloïan
dissimula et attendit la nuit; lorsque tout dort, il
s'introduit dans la tente de Faress, d'un coup de sabre
lui sépare la tête du tronc et emporte le cadavre
hors des tentes; revenant sur ses pas, il trouve sa
femme endormie; il l'éveille, en lui disant : — « C'est
« Aloïan qui t'appelle, suis-moi. » Elle se lève épou-
vantée et lui dit : — « Imprudent que tu es! Faress
« et ses frères vont te tuer; sauve-toi! » — « Perfide,
« reprit-il, que t'ai-je fait pour me traiter ainsi?
« t'ai-je jamais contrariée? t'ai-je jamais adressé le
« moindre reproche? as-tu oublié tous les soins que
« j'ai eus de toi? as-tu oublié tes enfans? Allons,
« lève-toi, invoque Dieu, suis-moi, et maudis le diable
« qui t'a fait faire cette folie. » — Mais Hafza, loin de
se laisser attendrir par la douceur d'Aloïan, lui répète :
« Sors d'ici, pars, ou je donnerai l'alarme et j'appelle-
« rai Faress pour te tuer. » — Voyant qu'il n'y avait
rien à obtenir d'elle, il la saisit, lui ferme la bouche,

et, malgré sa résistance, l'emporte sur son dromadaire et ne s'arrête que lorsqu'il est hors de la portée de la voie. Alors, la plaçant en croupe, il continue plus lentement sa route. — Au point du jour, le cadavre de Faress et la disparition de la femme mettent le camp en rumeur; son père et ses frères poursuivent et atteignent Aloïan qui se défend contre eux avec un courage héroïque. Hafza, se débarrassant de ses liens, se joint encore aux assaillans et lui lance des pierres dont une l'atteint à la tête et le fait chanceler; couvert de blessures, Aloïan parvient cependant à terrasser ses adversaires; il tue les deux frères et désarme le père, disant que ce serait une honte pour lui de tuer un vieillard; il lui rend sa jument et l'engage à retourner chez lui; puis, saisissant de nouveau sa femme, il poursuit sa route et arrive à sa tribu sans avoir échangé une parole avec elle. Alors, il assemble tous ses parens, et, plaçant Hafza au milieu d'eux, il lui dit : « Raconte toi-même tout « ce qui s'est passé; je m'en rapporte au jugement « de ton père et de ton frère. » Hafza raconta la vérité, et son père, plein d'indignation, leva sur elle son sabre et l'abattit à ses pieds.

Etant arrivés d'étape en étape jusqu'à quatre heures de Bagdad, M. Lascaris s'y rendit secrètement pour voir le consul de France, M. Adrien de Correncé, et négocier avec lui une forte somme d'argent.

Le lendemain, après avoir traversé le Tigre à Machad, nous allions nous établir près de la rivière El Cahaun, lorsque nous apprîmes qu'une guerre acharnée régnait entre les Bédouins, qui prenaient parti pour ou contre notre alliance. Scheik-Ibrahim engagea alors le drayhy à ne pas s'arrêter, mais à rejoindre nos alliés le plus vite possible. En conséquence, nous allâmes camper près de plusieurs petites sources à El-Darghouan, à vingt heures de Bagdad, et le lendemain nous traversâmes une grande chaîne de montagnes. Nous avions rempli nos outres, précaution nécessaire, ayant une marche de douze heures à faire dans des sables brûlans où l'on ne trouve ni eau ni pâturages. Arrivés aux frontières de Perse, nous y rencontrâmes un messager de la tribu El-Achgaha, porteur d'une lettre du chef Dehass, qui réclamait l'assistance *du père des héros, du chef des plus redoutables guerriers, de puissant drayhy*, contre ses ennemis, forts de quinze mille tentes. Nous étions alors à six journées de cette tribu. Le drayhy ayant donné ordre de continuer la marche, nous franchîmes cette distance en trois fois vingt-quatre heures, sans nous arrêter, même pour manger. La plus grande fatigue de cette marche forcée tombait sur les femmes, chargées de faire le pain et de traire les chamelles sans ralentir la caravane.

L'organisation de cette cuisine ambulante était assez curieuse. A des distances réglées se trouvaient des femmes qui s'en occupaient sans relâche : la première, montée sur un chameau chargé de blé, avait devant elle un moulin à bras. Le blé une fois moulu, elle passait la farine à sa voisine, occupée de la pétrir avec l'eau renfermée dans les outres suspendues aux flancs de son chameau. La pâte était passée à une troisième femme qui la faisait cuire en forme de gauffres, sur un réchaud, avec du bois et de la paille. Ces gauffres étaient distribuées par elle à la division de guerriers qu'elle était chargée de nourrir, et qui venaient de minute en minute réclamer leur portion. D'autres femmes marchaient à côté des chamelles pour traire le lait dans des *cadahs* (vases de bois qui contiennent quatre litres). On se les passait de main en main pour étancher sa soif. Les chevaux mangeaient en marchant dans des sacs pendus à leur cou. Lorsqu'on voulait dormir, on se couchait tout du long sur son chameau, les pieds passés dans les besaces, crainte de tomber. La marche lente et cadencée des chameaux invite au sommeil, comme le balancement d'un berceau, et jamais je n'ai mieux dormi que pendant ce voyage. La femme de l'émir Farest accoucha dans son haudag d'un fils, nommé Harma, d'après le lieu où nous passions lorsqu'il vint au monde ; c'est le point de jonction du Tigre et de l'Euphrate. Bientôt après nous rejoignîmes trois tribus : El-Harba, El-Suallemé et El-Abdellé. Nous avions sept mille tentes lorsque Dehass vint au-devant de nous. Ce secours imposant le rassura. Nous lui donnâmes un magnifique souper, après lequel il mit son cachet au bas de notre traité.

L'ennemi était encore à une journée de distance. Nos chevaux et nos gens ayant grand besoin de repos, le drayhy ordonna une halte de deux jours ; mais les assaillans ne nous accordèrent pas cette trêve désirée. Dès que le bruit de notre approche leur parvint, ils se mirent en marche, et le lendemain trente mille hommes étaient campés à une heure de nous. Le drayhy fit aussitôt avancer son armée jusqu'aux bords du fleuve, dans la crainte qu'on ne voulût nous intercepter l'eau, et nous prîmes position près du village El Hutta.

Le lendemain, le drayhy envoya une lettre de conciliation aux chefs des cinq tribus qui venaient nous attaquer[1]; mais cette tentative n'eut aucun succès : la réponse fut une déclaration de guerre, dont le style nous prouva clairement que nos intentions avaient été calomniées, et que ces chefs agissaient d'après une impulsion étrangère.

Scheik-Ibrahim proposa de m'envoyer auprès d'eux, avec des cadeaux, pour tâcher d'en venir à des éclaircissemens. Mes ambassades avaient si bien réussi jusqu'alors que j'acceptai avec plaisir, et je partis avec un seul guide. Mais à peine arrivés devant la tente de Mohdi, qui se trouvait la première, l'avant-garde des Bédouins se jeta sur nous comme des bêtes féroces, nous dépouilla de nos cadeaux et de nos vêtemens, nous mit les fers aux pieds, et nous laissa nus sur le sable brûlant. En vain je suppliai qu'on me permît de m'expliquer; on me menaça de me tuer sur-le-champ si je ne me taisais. Quelques instans après je vis venir à moi le perfide Absi, le colporteur. Je compris alors la cause du traitement inouï dont j'étais la victime. Il avait voyagé de tribu en tribu pour nous susciter des ennemis. Sa vue

---

[1] Les tribus El-Fedhay, chef Douockhry; El-Modiann, chef Saker Ebn Hamed; El-Sabha, chef Mohdi Ebn Hüd; Mouayegé, chef Bargiass; Mehayedé, chef Amer Ebn Noggiès.

m'enflamma d'une telle colère, que je sentis renaître mon courage abattu, et me trouvai prêt à mourir bravement, si je ne pouvais vivre pour me venger. Il s'approcha de moi, et, me crachant au visage : « Chien d'infidèle, me dit-il, de quelle manière veux-« tu que je sépare ton âme de ton corps? — Mon « âme, lui répondis-je, n'est point en ton pouvoir; « mes jours sont comptés par le Dieu grand : s'ils « doivent finir à présent, peu m'importe de quelle « manière ; mais si je dois vivre encore, tu n'as au-« cune puissance pour me faire mourir. » Il se retira pour aller exciter les Bédouins de nouveau contre moi. En effet, tous, hommes et femmes, vinrent me regarder et m'accabler d'outrages : les uns me crachaient au visage, les autres me jetaient du sable dans les yeux ; plusieurs me piquaient avec leurs djérids ; enfin, je restai vingt-quatre heures sans boire ni manger, souffrant un martyre impossible à décrire. Vers le soir du second jour, un jeune homme nommé Iabour s'approcha de moi, et chassa les enfans qui me tourmentaient. Je l'avais déjà remarqué ; car, parmi tous ceux que j'avais vus dans cette journée, lui seul ne m'avait pas injurié. Il m'offrit de m'apporter du pain et de l'eau à la tombée de la nuit. « La faim et la soif m'importent fort peu, lui répon-« dis-je en le remerciant ; mais si vous pouvez me « tirer d'ici, je vous récompenserai généreusement. » Il me promit de le tenter ; et en effet, au milieu de la nuit, il vint me trouver, muni de la clef de mes fers, qu'il avait eu l'adresse de se procurer pendant le souper des chefs. Il les ouvrit sans bruit, et, sans prendre le temps de me vêtir, je regagnai notre tribu en courant. — Tout dormait dans le camp, à l'exception des quatre nègres de garde à l'entrée de la tente du drayhy. Ils poussèrent un cri en me voyant, et furent à la hâte éveiller leur maître, qui vint avec Scheik-Ibrahim. Ils m'embrassèrent en pleurant, et récompensèrent largement mon libérateur. Le drayhy se montra vivement affligé du traitement que j'avais subi. Cette violation du droit des gens l'indignait. Il ordonna sur-le-champ les préparatifs du combat, et nous nous aperçûmes au lever du soleil que l'ennemi en avait fait autant. Le premier jour il n'y eut de part et d'autre aucun avantage marqué. Auad, chef de la tribu Suallemé, perdit sa jument dont il avait refusé vingt-cinq mille piastres. Tous les Bédouins prirent part à son affliction, et le drayhy lui donna un de ses meilleurs chevaux, bien inférieur toutefois à la cavale qui avait été tuée. Le lendemain, la bataille continua avec plus d'acharnement que la veille. Notre perte, ce jour-là, fut plus considérable que celle de l'ennemi. Il nous fallait agir avec une prudence extrême, n'ayant que quinze mille hommes à lui opposer. Quarante des nôtres étaient tombés en son pouvoir, tandis que nous n'avions fait que quinze prisonniers; mais parmi eux se trouvait Hamed, fils du chef Saker. De part et d'autre, les captifs furent mis aux fers.

A la suite de ces deux jours de combat, il y eut une trêve tacite de trois jours, pendant laquelle les armées restèrent en présence, sans aucune démonstration d'hostilité. Le troisième jour, le scheik Saker, accompagné d'un seul homme, vint dans notre camp. Il était inquiet sur le sort de son fils, vaillant jeune homme, adoré de son père et de tous les Bédouins de sa tribu ; il venait offrir une rançon. Hamed avait été très-bien traité par nous ; j'avais moi-même pansé ses blessures. Le drayhy reçut Saker avec une grande distinction. Celui-ci, après les politesses d'usage, parla de la guerre, exprima son étonnement de l'ardeur du drayhy pour cette coalition contre les Wahabis, et dit qu'il ne pouvait croire à un si grand désintéressement ; qu'il fallait avoir des motifs secrets ou des vues personnelles. « Vous ne pouvez trouver « mauvais, ajouta-t-il, que je ne m'engage pas avec « vous, sans savoir à quelle fin. Mettez-moi dans « votre confidence, et je vous seconderai de tout mon « pouvoir. » Nous lui répondîmes que nous n'avions pas pour habitude d'admettre dans nos secrets ceux dont l'amitié ne nous était pas assurée ; que, s'il voulait signer notre traité, nous n'aurions plus rien de caché pour lui. Il demanda alors à prendre connaissance de l'engagement ; et après avoir entendu la lecture des différens articles, dont il parut fort content, il nous assura qu'on lui avait présenté les choses tout autrement, et nous raconta les calomnies qu'Absi avait débitées contre nous. Il finit en apposant son cachet au bas du traité, et nous pressa ensuite de lui apprendre le but que nous voulions atteindre. Scheik-Ibrahim lui dit que notre intention était de frayer un passage, des côtes de la Syrie aux frontières des Indes, à une armée de cent mille hommes, sous la conduite d'un puissant conquérant qui voulait affranchir les Bédouins du joug des Turcs, leur rendre la souveraineté sur tout le pays, et leur ouvrir les trésors de l'Inde. Il assura qu'il n'y avait rien à perdre, mais tout à gagner dans l'exécution de ce projet, dont le succès dépendait de l'ensemble des forces et de l'harmonie des volontés. Il promit que leurs chameaux seraient payés à un très-haut prix pour les transports d'approvisionnemens de cette grande armée, et lui fit envisager le commerce de ces vastes contrées comme devant être pour eux une source d'inépuisables richesses.

Saker entra complètement dans nos vues, mais il fallut encore lui expliquer que le Wahabi [1] pouvait contrarier nos plans; son fanatisme religieux devait nécessairement s'opposer au passage d'une armée chrétienne, et son esprit de domination, qui le rendait déjà maître du Yemen, de la Mecque et de Médine, devait étendre ses prétentions jusqu'à la Syrie où les Turcs ne pouvaient lui opposer aucune résistance sérieuse; que, d'un autre côté, une grande puissance maritime, ennemie de celui que nous voulions favoriser, ferait infailliblement alliance avec lui, et enverrait des forces par mer, pour nous couper le chemin du désert. Après beaucoup de contestations, dans lesquelles Saker montra autant de jugement que de sagacité, il se rendit entièrement à nos argumens, et promit d'user de toute son influence sur les autres tribus. Il fut convenu qu'il serait le chef des Bédouins du pays où nous étions, comme le

---

On appelle souvent de ce nom Ebn-Sihoud, roi des Wahabis.

drayhy l'était de ceux de Syrie et de Mésopotamie, et il s'engagea à réunir sous ses ordres les diverses tribus, d'ici à l'année prochaine, pendant que nous poursuivrions notre route, et promit qu'à notre retour tout serait aplani. Nous nous séparâmes, enchantés les uns des autres, après avoir comblé son fils de présens et libéré les autres prisonniers. De son côté, il nous renvoya nos quarante cavaliers. Le lendemain, Saker nous écrivit que Mohdi et Douocklhry ne s'opposaient plus à nos projets, et qu'ils partaient pour aller conférer avec Bargiass, à trois heures de là. Effectivement, ils levèrent le camp, et nous en fîmes autant ; car la réunion d'un si grand nombre d'hommes et de troupeaux avait couvert la terre d'immondices, et rendu notre séjour en ce lieu intolérable.

Nous allâmes camper à six heures de distance, à Maytal-el-Ebbed, sur le chatel arabe, où nous restâmes huit jours. Saker vint nous y trouver, et il fut convenu qu'il se chargerait à lui seul de réunir les Bédouins de ces contrées, pendant que nous retournerions en Syrie, de peur qu'en abandonnant trop longtemps notre première conquête, nos ennemis ne missent à profit notre absence pour embrouiller nos affaires et détacher des tribus de notre alliance.

D'ailleurs, le printemps était déjà avancé, et nous devions nous hâter d'arriver, de peur que les pâturages de la Syrie et de la Mésopotamie ne fussent occupés par d'autres. Nous remimes donc à l'année suivante le projet de pousser notre reconnaissance jusqu'aux frontières de l'Inde. Pour cette époque, Saker aurait eu le temps de préparer les esprits à nous seconder; car, disait-il, « on déracine un arbre par « une de ses branches. »

Quelques jours de marche nous ramenèrent en Mésopotamie. Nous mîmes deux jours à traverser l'Euphrate, près de Mansouri, et à sortir du désert appelé El-Hamad. Nous campâmes dans un lieu où il n'y a pas d'eau potable; on en trouve en faisant des trous profonds, mais elle sert seulement pour le bétail; les hommes n'en peuvent boire. Cet endroit s'appelle Halib-el-Dow, parce qu'on ne se désaltère qu'avec du lait.

Nous allâmes de là à El Sarha, lieu abondamment fourni d'eau et de pâturages; nous espérions nous y dédommager de nos privations, mais une circonstance particulière nous en dégoûta promptement. Le terrain y est couvert d'une herbe appelée el khraffour, que les chameaux mangent avec avidité, et qui a la propriété de les enivrer au point de les rendre fous. Ils courent à droite et à gauche, brisant tout ce qu'ils rencontrent, renversant les tentes et poursuivant les hommes.

Pendant quarante-huit heures, personne ne put fermer l'œil; les Bédouins étaient constamment occupés à calmer la fureur des chameaux et à les maîtriser. Une guerre véritable m'eût semblé préférable à cette lutte continuelle avec des animaux dont la force prodigieuse, exaltée par le délire, présentait des dangers incalculables. Mais il paraît que le triomphe de l'adresse sur la force a de grands charmes pour ces enfans de la nature; car lorsque je fus trouver le drayhy pour déplorer l'état de fièvre où nous tenait cette révolution d'une nouvelle espèce, il n'en fit que rire, et m'assura que c'était un des plus grands amusemens des Bédouins. Pendant que nous parlions, un chameau de la plus forte taille venait droit sur nous, la tête haute, soulevant la poussière de ses larges pieds. Le drayhy, saisissant un des pieux de sa tente, attendit l'animal furieux et lui asséna un coup violent sur le crâne. Le bois se rompit, et le chameau se détourna pour aller ailleurs exercer ses ravages. Une contestation s'éleva alors : il s'agissait de savoir lequel était le plus fort, du chameau ou du scheik. Celui-ci prétendait que, si le pieu avait résisté, il aurait fendu la tête de son adversaire ; et les assistans proclamaient la supériorité de l'animal qui avait brisé l'obstacle qui lui était opposé. Quant à moi, je décidai qu'ils étaient tous deux d'égale force, puisque ni l'un ni l'autre n'avait vaincu. Cet arrêt excita la gaieté de tout l'auditoire.

Le lendemain nous levâmes le camp. Un messager de Saker nous rejoignit en route ; il venait nous rendre compte du mauvais succès de sa négociation auprès de Bargiass. Absi, le colporteur, jouissait de toute sa faveur, et l'animait de plus en plus contre nous ; il l'avait décidé à rejoindre Méhanna, et à se réunir aux Wahabis qui devaient envoyer une armée pour nous détruire. Le drayhy répondit qu'il ne fallait pas se troubler, que Dieu était plus fort qu'eux, et saurait bien faire triompher le bon droit. Après cet incident, nous continuâmes notre route.

Bientôt après, nous apprîmes que la tribu El-Calfa

était campée à Zualma. Le drayhy jugeait important de nous assurer de la coopération de cette tribu puissante et courageuse. Son scheik Giassem était un ancien ami du drayhy; mais il ne savait ni lire ni écrire, et il devenait dès lors dangereux de lui adresser une lettre qui lui serait lue par un Turc, ce qui pourrait nuire essentiellement à nos affaires, comme nous l'avions appris à nos dépens par l'exemple de l'écrivain Absi. Ce fut donc encore moi qu'on chargea d'aller le trouver; je partis avec une escorte de six hommes, tous montés sur des dromadaires. Nous arrivâmes, au bout de deux jours, à l'endroit désigné; mais, à notre grand déplaisir, la tribu avait levé le camp, et nous ne trouvâmes aucun indice du chemin qu'elle avait pris. Nous passâmes la nuit sans boire ni manger, et délibérâmes le lendemain sur ce que nous avions à faire. Le plus pressé était d'aller à la recherche de l'eau; car, comme on sait, la soif est encore plus insupportable que la faim, et nous pouvions raisonnablement espérer de rencontrer à la fois les sources et la tribu. Nous errâmes trois jours entiers, sans trouver ni eau ni nourriture. Mon palais était tellement desséché que je ne pouvais plus remuer la langue, ni articuler un son; j'avais épuisé tous les moyens de tromper la soif, mettant des cailloux et des balles de plomb dans ma bouche; mon visage était devenu noir, mes forces m'abandonnaient. Tout à coup mes compagnons s'écrient : Gioub el Ghamin [1], et se précipitent en avant. Ces hommes en-

---

[1] Nom d'un puits connu dans le désert.

durcis à la fatigue soutiennent les privations d'une manière inconcevable, et ils étaient loin de l'état déplorable auquel je me trouvais réduit. Les voyant partir, l'irritation de mes nerfs, excités par l'extrême fatigue, me fit désespérer d'arriver jusqu'au puits où il me semblait qu'ils ne laisseraient plus une goutte d'eau pour moi ; et je me jetai à terre en pleurant. Me voyant en cet état, ils revinrent sur leurs pas, et m'encouragèrent à faire un effort pour les suivre. Arrivés au bord du puits, l'un d'eux s'appuyant sur le parapet, tira son sabre, disant qu'il trancherait la tête à celui qui oserait s'approcher. Laissez-vous gouverner par mon expérience, ajouta-t-il, ou vous périrez Son ton d'autorité nous imposa, et nous obéîmes en silence. Il nous appela un à un, et nous fit pencher sur le bord du puits, pour respirer d'abord l'humidité. Ensuite il puisa une petite quantité d'eau et l'approcha de nos lèvres avec ses doigts, en commençant par moi ; peu à peu, il nous permit d'en boire une demi-tasse, puis une tasse entière ; il nous rationna ainsi pendant trois heures, puis il nous dit :

— « Buvez maintenant, vous ne risquez rien ; mais si
« vous ne m'aviez pas écouté, vous seriez tous morts,
« ainsi qu'il arrive à ceux qui, après une longue pri-
« vation, se désaltèrent sans précaution. »

Nous passâmes la nuit en cet endroit, buvant continuellement, autant pour suppléer à la nourriture, que pour apaiser notre soif ; et, plus nous buvions, plus nous avions envie de boire. Le lendemain nous montâmes sur une éminence, pour découvrir un plus vaste horizon ; mais hélas ! aucun objet ne se présentait à notre vue dans cet immense désert. A la fin cependant un des Bédouins crut apercevoir quelque chose dans le lointain, et déclara que c'était un haudag, couvert de drap écarlate et porté sur un chameau de grande taille. Ses compagnons ne voyaient rien ; mais, n'ayant pas de meilleur indice à suivre, nous nous dirigeâmes du côté qu'il indiquait, et, en effet, bientôt après, nous aperçûmes une grande tribu et nous reconnûmes le haudag qui nous avait servi de phare ; c'était heureusement la tribu que nous cherchions.

Giassem nous reçut très-bien, et tâcha de nous faire oublier nos fatigues. Ayant terminé avec lui, il dicta une lettre pour le drayhy dans laquelle il s'engageait à mettre ses hommes et ses biens à sa disposition, disant que l'alliance entre eux devait être des plus intimes, à cause de l'ancienneté de leur amitié. Je repartis muni de cette pièce importante, mais, d'un autre côté, très-préoccupé de la nouvelle qu'il me donna de l'arrivée d'une princesse, fille du roi d'Angleterre, en Syrie où elle déployait un luxe royal, et où elle avait été reçue avec toutes sortes d'honneurs par les Turcs. Elle avait comblé de cadeaux magnifiques Méhanna el Fadel, et s'était fait escorter par lui à Palmyre, où elle avait répandu ses largesses avec profusion et s'était fait un parti formidable parmi les Bédouins, qui l'avaient proclamée reine[1]. Scheik-Ibrahim, à qui je communiquai cette nouvelle, en fut atterré, croyant y voir une intrigue pour ruiner nos projets.

[1] Cette prétendue princesse n'était autre que lady Esther Stanhope.

Le drayhy, s'étant aperçu de notre préoccupation, nous rassura en disant qu'on sèmerait des sacs d'or depuis Hama jusqu'aux portes de l'Inde, sans pouvoir détacher aucune tribu amie, de l'alliance solennelle qu'elle avait contractée. — « La parole « d'un Bédouin est sacrée, ajouta-t-il; poursuivez « votre projet, sans vous inquiéter de rien. Quant à « moi, j'ai fait mon plan de campagne. Je pars « pour le Horan afin de surveiller les démarches « d'Ebn-Sihoud ; lui seul est à craindre pour nous : « je reviendrai ensuite camper aux environs de « Homs. »

Scheik-Ibrahim, n'ayant plus ni argent ni marchandises, se décida à m'envoyer immédiatement à Coriétain d'où j'expédierais un messager à Alep pour y prendre un *groupe de talaris*. Je partis joyeusement, enchanté de revoir mes amis, et de me reposer quelque temps parmi eux. Le premier jour de mon voyage se passa sans accident; mais le lendemain, vers quatre heures, à un endroit nommé Cankoum, je tombai au milieu d'une tribu que je croyais amie, et qui se trouva être celle de Bargiass. Il n'était plus temps de reculer, et je me dirigeai vers la tente du scheik, précédé de mon nègre Fodda ; mais à peine eut-il mis pied à terre, qu'il fut massacré sous mes yeux, et je vis tous les glaives levés sur moi. Mon saisissement fut tel, que j'ignore ce qui suivit. Je me souviens seulement d'avoir crié : « Arrêtez; je ré- « clame la protection de la fille de Hédal, » et de m'être évanoui. Quand je rouvris les yeux, j'étais couché dans une tente, entouré d'une vingtaine de femmes qui s'efforçaient de me rappeler à la vie, en me faisant respirer du poil brûlé, du vinaigre et des oignons, pendant que d'autres m'inondaient d'eau, et introduisaient du beurre fondu entre mes lèvres sèches et contractées : dès que j'eus repris connaissance, la femme de Bargiass me prit la main en me disant : « Ne craignez rien, Abdallah ; vous êtes chez « la fille de Hédal ; personne n'a le droit de vous « toucher. »

Peu après Bargiass s'étant présenté à l'entrée de la tente pour faire, disait-il, sa paix avec moi : « Par « la tête de mon père, s'écria-t-elle, vous n'entrerez « chez moi que lorsque Abdallah sera entièrement « guéri ! »

Je restai trois jours sous la tente de Bargiass, soigné de la manière la plus affectueuse par sa femme qui, pendant ce temps, négociait une réconciliation avec son mari. Je lui gardais une si forte rancune de sa brutalité, que j'eus bien de la peine à lui pardonner. A la fin cependant, je consentis à oublier le passé, à la condition qu'il signerait le traité avec le drayhy. Nous nous embrassâmes, et nous jurâmes fraternité. Bargiass me donna un nègre en me disant : — « J'ai sacrifié votre argent, je vous donne en retour un bijou. » Jeu de mots sur les noms des deux nègres, Fodda, argent, et Giauhar, bijou. Puis il fit préparer un festin en honneur de notre réconciliation. Au milieu du repas, un courrier du drayhy arriva bride abattue apportant à Bargiass une déclaration de guerre à mort, pleine d'épithètes outrageantes « : Oh toi, traître, qui violes la loi sacrée des

« Bédouins ! lui disait-il ; toi, infâme, qui massacres tes
« hôtes, toi, osmanli au noir visage, sache que tout le
« sang de ta tribu ne suffira pas pour racheter celui de
« mon cher Abdallah. Prépare-toi au combat, mon
« coursier ne goûtera plus de repos que je n'aie dé-
« truit le dernier de ta race. » Je me hâtai de partir
pour prévenir tout conflit, et rassurer Scheik-Ibrahim et le drayhy. Je ne saurais dire avec quelle joie
je fus reçu : ils ne pouvaient en croire leurs yeux,
tant ma présence leur semblait miraculeuse. Je leur
racontai ce qui s'était passé.

Le lendemain je me remis en route pour Coriétain
où je restai vingt jours en attendant le retour du
messager que j'avais envoyé à Alep. J'avais grand
besoin de ce repos et de cette occasion de renouveler mon habillement qui tombait en lambeaux ;
mais je faillis y rester plus longtemps que je ne voulais, car la nouvelle se répandit que l'armée des
Wahabis avait envahi le désert de Damas, et ravagé
plusieurs villages, massacrant les hommes et les enfans jusqu'au dernier, et n'épargnant que les femmes,
mais après les avoir dépouillées. Le scheik de Coriétain, hors d'état de faire la moindre résistance, fit
fermer les portes de la ville, défendit d'en sortir, et
attendit les événemens en tremblant. Nous apprîmes
bientôt que l'ennemi ayant attaqué Palmyre, les habitans, retirés dans l'enceinte du temple, s'y étaient
défendus avec succès, et que les Wahabis, ne pouvant les y forcer, s'étaient contentés de tuer les cha-
meliers et d'enlever les troupeaux. De là ils étaient
allés piller le village d'Arack et s'étaient répandus

dans les environs. Ces sinistres nouvelles m'alarmèrent beaucoup sur le sort de mon messager, qui arriva cependant sain et sauf avec l'argent de Scheik-Ibrahim. Il s'était réfugié quelque temps à Saddad dont les habitans, ayant payé une assez forte contribution, n'avaient rien à craindre pour le moment. Je profitai de cette circonstance, et, quittant mes habits de Bédouin, je m'habillai comme un chrétien de Saddad, et gagnai ce village, où j'obtins des nouvelles du drayhy, campé à Ghaudat el Cham avec la tribu de Bargiass. Je me rendis auprès de lui le plus promptement possible, et j'appris là avec chagrin qu'une coalition redoutable s'était formée entre Méhanna el Fadel et la tribu du pays de Sarmacande. Ils avaient noué des intrigues avec les gouverneurs de Homs et de Hama, se réunissant ainsi, Turcs et Bédouins, contre nous. Dans cette situation critique, je songeai à notre ami le pacha Soliman, et j'engageai Scheik-Ibrahim à aller à Damas conférer avec lui. Nous partîmes de suite, et descendîmes chez son premier ministre, Hagim, qui nous apprit le nom de la prétendue princesse anglaise, et nous dit que c'était par l'influence et les cadeaux de lady Stanhope que Méhanna s'était fait un parti puissant parmi les Turcs. Ces détails nous confirmèrent dans l'idée que l'Angleterre, instruite de nos projets, soldait les Wahabis d'un côté, pendant que de l'autre elle cherchait à réunir les Bédouins de Syrie avec les Turcs, par l'entremise de lady Stanhope. La rencontre que nous fîmes chez M. Chabassan d'un Anglais prenant le nom de Scheik-Ibrahim, venait encore à l'appui de ces conjectures. Il chercha à nous questionner, mais nous étions trop bien sur nos gardes. Ayant obtenu de Soliman-Pacha ce que nous désirions, nous nous hâtâmes de regagner notre tribu.

Le courage du drayhy ne faiblissait pas : il nous assura qu'il tiendrait tête à bien plus forte partie. Le bouyourdi que nous avait accordé Soliman-Pacha portait que les gouverneurs de Homs et de Hama eussent à respecter son fidèle ami et fils bien-aimé, le drayhy Ebn Challan, qui devait être obéi, étant chef suprême du désert de Damas, et que toute alliance contre lui était opposée à la volonté de la Porte. Munis de cette pièce, nous nous avançâmes vers Hama, et quelques jours après, Scheik-Ibrahim reçut une invitation de lady Esther Stanhope, pour se rendre auprès d'elle ainsi que sa femme, madame Lascaris, qui était restée à Acre. Cette invitation le contraria d'autant plus, que depuis trois ans il avait évité de donner de ses nouvelles à sa femme, pour laisser ignorer le lieu de son séjour et son intimité avec les Bédouins ; il fallait pourtant répondre à lady Stanhope. Il lui écrivit qu'il aurait l'honneur de se rendre chez elle aussitôt que les circonstances le lui permettraient, et en même temps dépêcha un courrier à sa femme en lui disant de refuser l'invitation pour sa part ; mais il était trop tard. Inquiète sur l'existence de son mari, madame Lascaris s'était rendue immédiatement à Hama, chez lady Stanhope, espérant par elle découvrir ses traces. M. Lascaris se vit ainsi forcé d'aller la rejoindre.

Sur ces entrefaites, Méhanna s'approchait de plus

en plus, se croyant sûr de la coopération des osmanlis ; le drayhy, jugeant alors que l'instant était venu de produire le bouyourdi du pacha, envoya son fils Saher à Homs et à Hama, où il fut reçu avec les plus grands honneurs. A la vue de l'ordre dont il était porteur, les deux gouverneurs mirent leurs troupes à sa disposition, déclarant Méhanna traître, pour avoir appelé les Wahabis, les ennemis les plus acharnés des Turcs.

Lady Esther Stanhope ayant invité Saher à venir chez elle, le combla de présens, tant pour lui que pour sa femme et sa mère, donna un machlah et des bottes à chaque cavalier de sa suite, et annonça le projet d'aller sous peu visiter sa tribu. M. Lascaris ne se tira pas aussi agréablement de son séjour auprès d'elle. Lady Stanhope, par des questions adroites, ayant vainement essayé d'obtenir de lui quelques éclaircissemens sur ses relations avec les Bédouins, prit à la fin un ton d'autorité qui donna à M. Lascaris prétexte de rompre. Il renvoya sa femme à Acre, et quitta lady Stanhope, complètement brouillé avec elle.

Méhanna se préparait à commencer la lutte ; mais, voyant que le drayhy n'était nullement intimidé à son approche, il jugea prudent de s'assurer d'un renfort d'osmanlis, et envoya son fils Fares à Homs, réclamer la promesse du gouverneur ; mais celui-ci, au lieu de l'investir du commandement d'un corps de troupes, le fit charger de fers et jeter en prison. Méhanna, consterné de cette fâcheuse nouvelle, se vit en un moment tomber du commandement suprême dans la triste et humiliante nécessité, non-seulement de se soumettre au drayhy, mais encore de solliciter sa protection contre les Turcs. Ce pauvre vieillard, accablé de ce revers inattendu, se trouva forcé d'aller implorer la médiation d'Assaf, scheik de Saddad, qui lui promit de négocier la paix. Effectivement, il partit avec cent cavaliers pour l'accompagner, et, le laissant avec son escorte à quelque distance du camp, il s'avança seul jusqu'à la tente du drayhy, qui le reçut en ami, mais refusa d'abord la soumission de Méhanna. Nous nous interposâmes alors en sa faveur. Scheik-Ibrahim fit valoir l'hospitalité avec laquelle il nous avait reçus à notre arrivée dans le désert, et Saher, baisant deux fois la main de son père, joignit ses sollicitations aux nôtres. Le drayhy ayant fini par céder, les principaux de la tribu se mirent en marche pour aller au-devant de Méhanna, selon les égards dus à son âge et à son rang. Lorsqu'il eut mis pied à terre, le drayhy le fit asseoir à la place d'honneur, au coin de la tente, et ordonna d'apporter le café. Alors Méhanna se levant : « Je « ne boirai de ton café, dit-il, que lorsque nous se-« rons complètement réconciliés, et que nous aurons « enterré les sept pierres. » A ces mots, le drayhy s'étant levé également, ils tirèrent leurs sabres et se les présentèrent mutuellement à baiser ; ils s'embrassèrent ensuite ainsi que tous les assistans. Méhanna fit avec sa lance, au milieu de la tente, un creux en terre de la profondeur d'un pied, et ayant choisi sept petites pierres, il dit au drayhy : « Au nom du Dieu « de paix, pour ta garantie et pour la mienne, nous

« enterrons ainsi à jamais notre discorde. » A mesure qu'ils jetaient les pierres dans le trou, les deux scheiks les recouvraient, et foulaient la terre avec leurs pieds, tandis que les femmes poussaient des cris de joie assourdissans. Cette cérémonie terminée [1], ils reprirent leurs places, et l'on servit le café. De ce moment il n'était plus permis de revenir sur le passé et de parler de guerre. On m'assura qu'une réconciliation, pour être en règle, devait toujours se faire de la sorte. Après un repas copieux je fis la lecture du traité, auquel Méhanna et quatre autres chefs de tribus apposèrent leur cachet [2]. Leurs forces réunies se montaient à sept mille six cents tentes, et, ce qui était encore bien plus important, le drayhy devenait par là chef de tous les Bédouins de la Syrie, où il ne lui restait plus un seul ennemi. Saher alla à Homs solliciter la délivrance de Fares, qu'il ramena, vêtu d'une pelisse d'honneur, prendre part aux réjouissances générales ; après quoi les tribus se dispersèrent, et occupèrent tout le pays depuis le Horan jusqu'à Alep.

Nous n'attendions plus que la fin de l'été pour repartir pour le levant, afin de terminer les affaires que nous avions commencées l'année précédente avec les tribus de Bagdad et de Bassora. Ce temps de calme et de loisir fut rempli par les préparatifs d'un mariage entre Giarah, fils de Fares, chef de la

[1] Cette cérémonie s'appelle basnat.
[2] Ces chefs étaient : Zarack Ebn Fahrer, chef de la tribu El-Gioullan; Giarah Ebn Meghiel, chef de la tribu El-Giahma; Ghaleb Ebn Ramdoun, chef de la tridu El-Ballahiss; et Faress Ebn Nedged, chef de la tribu El Maslekher.

tribu El Harba, et Sabha, fille de Bargiass, la plus belle fille du désert. J'y prenais un intérêt tout particulier, ayant connu la fiancée pendant mon séjour auprès de sa mère. Fares pria le drayhy de l'accompagner chez Bargiass, pour faire la demande de mariage. Les principaux de la tribu, dans leurs plus riches habits, les accompagnèrent. Nous arrivâmes à la tente de Bargiass sans que personne vînt au-devant de nous. Bargiass ne se leva pas même pour nous recevoir : tel est l'usage dans cette circonstance; le moindre empressement serait considéré comme une inconvenance. Après quelques momens, le drayhy, prenant la parole : « Pourquoi, dit-il, nous faites-
« vous si mauvais accueil? Si vous ne voulez pas
« nous donner à manger, nous retournerons chez
« nous. » Pendant ce temps, Sabha, retirée dans la partie de la tente réservée aux femmes, regardait son prétendu à travers l'ouverture de la toile. Avant d'entamer la négociation, il faut que la jeune fille ait fait signe qu'elle agrée celui qui se présente; car si, après l'examen secret dont je viens de parler, elle fait connaître à sa mère que le futur ne lui plaît pas, les choses en restent là; mais cette fois c'était un beau jeune homme, à l'air noble et fier, qui se présentait, et Sabha fit le signe de consentement à sa mère, qui répondit alors au drayhy :
« Vous êtes les bienvenus ! Non-seulement nous vous
« donnerons à manger de bon cœur, mais encore
« nous vous accorderons tout ce que vous désirerez.
« — Nous venons, reprit le drayhy, demander votre
« fille en mariage pour le fils de notre ami; que

« voulez-vous pour sa dot? — Cent nakas[1], répon-
« dit Bargiass, cinq chevaux de la race de Neggde,
« cinq cents brebis, trois nègres et trois négresses
« pour servir Sabha; et pour le trousseau, un ma-
« chlah brodé d'or, une robe de soie de Damas, dix
« bracelets d'ambre et de corail, et des bottes jaunes. »
Le drayhy lui fit quelques observations sur cette demande exorbitante, disant : « Tu veux donc justi-
« fier le proverbe arabe : *Si vous ne voulez pas ma-
« rier votre fille, renchérissez son prix.* Sois plus
« raisonnable si tu désires que ce mariage se fasse. »
Enfin la dot fut réglée à cinquante nakas, deux
chevaux, deux cents brebis, un nègre et une négresse.
Le trousseau resta tel que Bargiass l'avait demandé;
on y ajouta même des machlahs et des bottes jaunes
pour la mère et plusieurs autres personnes de la famille. Après avoir écrit ces conventions, j'en fis la
lecture à haute voix. Ensuite les assistans récitèrent la
prière *Faliha*, le *Pater* des Musulmans, qui donne,
pour ainsi dire, la sanction au contrat, et l'on servit
à boire du lait de chameau, comme on aurait servi de
la limonade dans une ville de Syrie. Après le repas,
les jeunes gens montèrent à cheval pour se livrer aux
jeux du djerid[2] et autres. Giarah se distingua, pour
plaire à sa fiancée, qui remarqua avec plaisir son agi-
lité et sa bonne grâce. Nous nous séparâmes à l'entrée
de la nuit, et chacun ne songea plus qu'aux préparatifs de la noce.

[1] Femelles de chameaux de la plus belle espèce.
[2] Exercice équestre avec des bâtons qui se lancent comme des javelots. Ces bâtons s'appellent *djerids*.

Au bout de trois jours, la dot, ou plutôt le prix de Sabha, était préparé ; un immense cortége se mit en route dans l'ordre suivant : en tête marchait un cavalier avec un drapeau blanc au bout de sa lance ; il criait : Je porte l'honneur sans tache de Bargiass. Après lui venaient les chameaux, ornés de guirlandes de fleurs et de feuillage, accompagnés de leurs conducteurs ; puis le nègre à cheval, richement vêtu, entouré d'hommes à pied, et chantant des airs populaires. Derrière eux marchait une troupe de guerriers, armés de fusils qu'ils déchargeaient continuellement. Une femme suivait, portant un grand vase de feu dans lequel elle jetait de l'encens. Puis les brebis à lait, conduites par les bergers chantant ainsi que faisait Chibouk, le frère d'Antar, il y a près de deux mille ans, car les mœurs des Bédouins ne changent jamais. Venait ensuite la négresse, à cheval, et entourée de deux cents femmes à pied ; ce groupe n'était pas le moins bruyant, car les cris de joie et le chant de noce des femmes arabes sont plus aigus qu'on ne saurait l'exprimer. La marche était fermée par le chameau qui portait le trousseau ; les machlabs brodés d'or étaient étendus de tous côtés, et couvraient l'animal. Les bottes jaunes pendaient autour de ses flancs, et les objets de prix, arrangés en festons et établis avec art, formaient le coup d'œil le plus somptueux. Un enfant de la famille la plus distinguée, monté sur un chameau, disait à haute voix :
— « Puissions-nous être toujours victorieux ! puisse « le feu de nos ennemis s'éteindre à jamais ! » D'autres enfans l'accompagnaient en criant : « Amen. »

Quant à moi je courais de côté et d'autre pour mieux jouir de ce spectacle.

Bargiass, cette fois, vint à notre rencontre avec les cavaliers et les femmes de sa tribu; ce fut alors que les cris et les chants devinrent vraiment assourdissants; puis les chevaux, lancés de tous côtés, nous eurent bientôt enveloppés d'un tourbillon de poussière.

Lorsque les cadeaux furent étalés et rangés en ordre autour de la tente de Bargiass, on fit le café dans une grande chaudière, et chacun en prit en attendant le festin.

Dix chameaux, trente moutons et une immense quantité de riz formaient le fonds du repas, après lequel on vida une seconde chaudière de café. La dot acceptée, on termina la cérémonie en récitant de nouveau la prière; et il fut convenu que Giarah viendrait chercher sa fiancée dans trois jours. Avant de partir, je fus dans l'appartement des femmes pour faire connaître plus particulièrement Scheik-Ibrahim à la femme de Bargiass, et la remercier de nouveau des soins qu'elle avait eus de moi. Elle me répondit qu'elle voulait encore accroître mes obligations en me donnant sa nièce en mariage; mais Scheik-Ibrahim remit à l'année prochaine à profiter de sa bonne volonté à mon égard.

La veille du jour fixé pour la noce, le bruit se répandit qu'une armée formidable de Wahabis avait paru dans le désert; les courriers volaient de tribu en tribu, les engageant à se réunir trois ou quatre ensemble, afin que, sur tous les points, l'ennemi pût les trouver prêtes à le recevoir; et peu s'en fallut que la noce ne commençât par un combat à mort, au lieu d'un combat simulé, ainsi qu'il est d'usage.

Le drayhy et les autres chefs sortirent, de grand matin, avec mille cavaliers et cinq cents femmes pour aller conquérir la belle Sabha. A une petite distance du camp, le cortége s'arrêta: les vieillards et les femmes mettent pied à terre, et attendent l'issue d'un combat entre les jeunes gens qui viennent enlever la fiancée, et ceux de la tribu qui s'opposent à leur dessein; ce combat a quelquefois des suites funestes, mais il n'est pas permis à l'époux d'y prendre part, sa vie pouvant se trouver exposée par suite des complots de ses rivaux. Cette fois, les combattans en furent quittes pour une vingtaine de blessures, et la victoire, comme de raison, resta aux nôtres qui enlevèrent la fiancée, et la consignèrent aux femmes de notre tribu. Sabha était accompagnée d'une vingtaine de jeunes filles, et suivie de trois chameaux chargés. Le premier portait son haudag, couvert en drap écarlate, garni de franges et de houpes de laine de diverses couleurs, et orné de plumes d'autruche. Des festons de coquilles et des bandelettes de verre de couleur ornaient l'intérieur, et encadraient de petits miroirs qui, placés de distance en distance, réfléchissaient la scène de tous côtés. Des coussins de soie étaient préparés pour recevoir la mariée; le second chameau était chargé de sa tente, et le troisième de ses tapis et de ses ustensiles de cuisine. La mariée placée dans son haudag et entourée des femmes des chefs, montées sur leurs chameaux, et

des autres femmes à pied, la marche commença. Des cavaliers, caracolant en avant, annonçaient son arrivée aux tribus que nous devions rencontrer, et qui venaient au-devant de nous, jetant de l'encens et égorgeant des moutons sous les pieds des chameaux de la mariée. Rien ne peut donner une idée exacte de cette scène, ni de celle qui dura tout le jour et toute la nuit. Il serait impossible de dépeindre les danses, les chants, les feux de joie, les banquets, les cris de toute espèce, le tumulte, qui suivirent son arrivée. Deux mille livres de riz, vingt chameaux et cinquante moutons furent dévorés au repas des chefs. Huit tribus entières furent rassasiées par l'hospitalité de Fares, et l'on criait encore, au milieu de la nuit :
— « Que celui qui a faim vienne manger. » Ma réputation était si grande parmi eux, que Giarah me demanda un talisman pour assurer le bonheur de cette union; j'écrivis son chiffre et celui de sa femme en caractères européens, et le lui remis avec solennité; personne ne douta de l'efficacité de ce charme en voyant le contentement des deux époux.

Quelques jours après, ayant appris que les Wahabis, forts de dix mille combattans, assiégeaient Palmyre, le drayhy donna l'ordre d'aller à leur rencontre, et nous les rejoignîmes à El Dauh. On échangea de part et d'autre quelques coups de fusil, jusqu'à la tombée de la nuit, mais sans engager le combat sérieusement. J'eus le loisir d'apprécier l'avantage des mardouffs dans ces guerres du désert, où il faut porter l'approvisionnement de l'armée pour un temps souvent prolongé. Ces chameaux, montés par deux hommes, sont comme des forteresses ambulantes, pourvues de tout ce qui leur est nécessaire pour leur nourriture et leur défense. Une outre d'eau, un sac de farine, un sac de dattes sèches, une jarre de beurre de brebis, et les munitions de guerre, forment comme une tour carrée sur le dos de l'animal. Les hommes, commodément placés de chaque côté sur des siéges de cordages, n'ont besoin de recourir à personne. Lorsqu'ils ont faim, ils pétrissent un peu de farine avec du beurre, et la mangent ainsi sans la faire cuire ; quelques dattes et un peu d'eau complètent le repas de ces hommes sobres ; pour dormir ils ne quittent pas leur place, mais se renversent sur le chameau, ainsi que je l'ai déjà expliqué.

Le combat fut plus sérieux le lendemain ; nos Bédouins se battirent avec plus d'acharnement que leurs adversaires, parce qu'ils avaient derrière eux leurs femmes et leurs enfans, tandis que les Wahabis, loin de leur pays et ne cherchant que le pillage, étaient peu disposés à risquer leur vie lorsqu'il n'y avait rien à gagner. La nuit sépara les combattans ; mais à l'aube du jour la bataille recommença avec fureur ; enfin, sur le soir, la victoire se décida en notre faveur ; nous avions tué soixante des leurs, fait vingt-deux prisonniers, et pris quatorze belles jumens et soixante chameaux. Le reste prit la fuite, et nous laissa maîtres du champ de bataille. Cette victoire augmenta encore la réputation du drayhy, et combla de joie Scheik-Ibrahim qui s'écria : « Grâces « à Dieu, nos affaires vont bien. »

N'ayant plus d'ennemis à craindre dans le désert

de Syrie, Scheik-Ibrahim se sépara pour quelque temps du drayhy, et fut à Homs acheter des marchandises et écrire en Europe. Pendant notre séjour en cette ville, il me laissa liberté entière de me divertir et de me reposer de toutes mes fatigues; je faisais chaque jour des parties de campagne avec des jeunes gens de mes amis, et jouissais doublement de cette vie de plaisir, par le contraste de celle que j'avais menée chez les Bédouins. Mais hélas! ma joie devait être de courte durée et se changer promptement en tristesse amère! Un messager, qui avait été à Alep chercher de l'argent pour M. Lascaris, me rapporta une lettre de ma mère plongée dans la plus grande affliction par suite de la mort de mon frère aîné, emporté par la peste. Sa lettre était incohérente à force de douleur. Elle ne savait ce que j'étais devenu depuis près de trois ans, et me conjurait, si j'étais encore en vie, d'aller la trouver. Cette affreuse nouvelle me priva de l'usage de mes sens, et je restai trois jours sans savoir où j'étais, et sans vouloir prendre aucune nourriture; grâce aux soins de M. Lascaris, peu à peu je repris connaissance; mais tout ce que je pus obtenir de lui, fut d'écrire à ma pauvre mère; et encore ne pus-je lui envoyer ma lettre que la veille de notre départ, de peur qu'elle ne vînt elle-même me trouver. Mais je passe sur les détails de mes sentimens personnels, qui ne peuvent intéresser le lecteur, pour revenir à notre voyage. Le drayhy nous ayant avertis qu'il partirait bientôt pour le levant, nous nous hâtâmes de nous mettre en route pour le rejoindre; il avait mis à notre disposition trois chameaux, deux jumens et quatre guides. Le jour de notre départ de Homs, je sentis un serrement de cœur si extraordinaire, que je fus tenté de le prendre pour un funeste pressentiment. Il me semblait que je marchais à une mort prématurée ; je me raisonnai pourtant de mon mieux, et finis par me persuader que ce que j'éprouvais était le résultat de l'abattement dans lequel m'avait plongé la douloureuse lettre de ma mère ; enfin nous partîmes, et après avoir marché toute la journée, nos guides nous persuadèrent de continuer notre route la nuit, n'ayant que vingt heures de trajet. Il ne nous arriva rien de particulier jusqu'à minuit. Le mouvement monotone de la marche commençait à nous assoupir, lorsque le guide qui était en avant s'écria :

— « Ouvrez bien les yeux, et prenez garde à vous, « car nous sommes au bord d'un précipice pro- « fond. »

Le chemin n'avait qu'un pied de large, à droite une montagne à pic, à gauche le précipice appelé Wadi-el-Hail. Je me réveillai en sursaut, me frottai les yeux et repris la bride que j'avais laissé flotter sur le cou de ma jument ; mais cette précaution qui devait me sauver fut précisément ce qui faillit causer ma mort, car, l'animal ayant buté contre une pierre, la peur me fit tirer les rênes trop brusquement ; il se cabra, et en voulant reprendre terre perdit la trace de la route, ne trouva que le vide, et culbuta avec moi au fond du précipice. Ce qui se passa après ce moment d'angoisses, je l'ignore ; voici ce que Scheik-Ibrahim m'a raconté depuis. Saisi de terreur, il descendit de cheval, et chercha à distinguer le gouffre dans lequel j'avais disparu; mais la nuit était trop obscure, le bruit seul de ma chute l'avait averti, et il ne vit rien qu'un noir abîme sous ses pieds. Alors il se prit à pleurer, et à conjurer les guides de descendre dans le précipice; mais ils le jugèrent impraticable dans l'obscurité, assurant d'ailleurs que c'était peine inutile, puisque je devais être non-seulement mort, mais broyé par les pointes des rochers; alors il déclara ne vouloir pas bouger de ce lieu avant que la clarté du jour permît de faire des recherches, et promit cent talaris à celui qui rapporterait mon corps, quelque mutilé qu'il fût, ne pouvant, disait-il, consentir à le laisser en proie aux bêtes féroces; puis il s'assit au bord du gouffre, attendant, dans un morne désespoir, les premières lueurs du jour.

Sitôt qu'il parut, les quatre hommes descendirent, non sans peine, et me trouvèrent sans connaissance, suspendu par ma ceinture, la tête en bas. La jument morte gisait à quelques toises plus bas, au fond du ravin. J'avais dix blessures à la tête; le bras gauche entièrement dépouillé, les côtes enfoncées, et les jambes écorchées jusqu'à l'os. Lorsqu'on me déposa aux pieds de Scheik-Ibrahim, je ne donnais aucun signe de vie. Il se jeta sur moi en pleurant; mais, ayant des connaissances en médecine, et ne voyageant jamais sans une petite pharmacie, il ne s'abandonna pas longtemps à un chagrin stérile. Il s'assura d'abord, par des spiritueux appliqués aux narines, que je n'étais pas complètement mort, me plaça avec précaution sur un chameau, et revint sur ses pas jusqu'au village El Habedin. Pendant ce court trajet, mon corps s'enfla prodigieusement, sans donner d'autre signe de vie. Le scheik du village me fit déposer sur un matelas, et envoya chercher un chirurgien à Homs. Je restai neuf heures entières sans montrer la plus légère sensibilité. Au bout de ce temps, j'ouvris les yeux, sans avoir aucune perception de ce qui se passait autour de moi, ni le moindre souvenir de ce qui m'était arrivé. Je me trouvais comme sous l'influence d'un songe, n'éprouvant aucune douleur. Je restai ainsi vingt-quatre heures, et ne sortis de cette léthargie que pour ressentir des douleurs inouies; mieux eût valu cent fois rester au fond du précipice.

Scheik-Ibrahim ne me quittait pas un instant, et s'épuisait en offres de récompenses au chirurgien s'il parvenait à me sauver. Il y apportait bien tout le zèle possible, mais il n'était pas très-habile, et, au bout de trente jours, mon état empira tellement qu'on craignit la gangrène. Le drayhy était venu me voir dès qu'il avait appris mon accident; lui aussi pleura sur moi, et offrit de riches présens au chirurgien pour activer son zèle; mais, au plus fort de sa sensibilité, il ne pouvait s'empêcher de témoigner ses regrets de la perte de sa jument Abaïge, qui était de pur sang, et valait dix mille piastres. Au reste, ainsi qu'Ibrahim, le chagrin le mettait hors de lui; tous deux craignaient non-seulement de me perdre, car ils m'étaient véritablement attachés, mais encore de voir échouer toutes leurs opérations, par suite de ma mort. Je tâchais de les rassurer, leur disant que je ne croyais pas mourir; mais rien n'annonçait que je serais en état de voyager de bien longtemps, quand même je ne succomberais pas.

Le drayby fut obligé de prendre congé de nous pour continuer sa migration vers l'orient où il allait passer l'hiver. Scheik-Ibrahim se désespérait en voyant mon état empirer chaque jour. Enfin, ayant appris qu'un chirurgien plus habile que le mien demeurait à El Daïr Attié, il le fit appeler; mais il refusa de venir, exigeant que le malade fût transporté chez lui; en conséquence, on me fit une espèce de litière du mieux que l'on put, et l'on m'y porta, au risque de me voir expirer en route. Ce nouveau chirurgien changea entièrement l'appareil de mes blessures, et les lava avec du vin chaud; je restai trois mois chez lui, souffrant le martyre, et regrettant mille fois la mort à laquelle j'avais échappé; je fus ensuite transporté au village de Nabek où je gardai le lit pendant cinq autres mois. Ce ne fut qu'au bout de ce temps que commença véritablement ma convalescence; encore fut-elle souvent interrompue par des rechutes; lorsque je voyais un cheval, par exemple, je pâlissais et tombais évanoui; cet état nerveux dura près d'un mois. Enfin, peu à peu je parvins à me vaincre à cet égard; mais je dois avouer qu'il m'est toujours resté un frisson désagréable à la vue de cet animal, et je jurai de ne jamais monter à cheval sans une nécessité absolue.

Ma maladie coûta près de cinq cents talaris à Scheik-Ibrahim; mais comment évaluer ses soins et ses attentions paternelles! je lui dois certainement la vie.

Pendant ma convalescence, nous apprîmes que notre ami, le pacha de Damas, était remplacé par un autre, Soliman Selim. Cette nouvelle nous contraria beaucoup, nous faisant craindre de perdre notre crédit sur les Turcs.

Dix mois s'étaient écoulés, un second printemps était venu, et nous attendions avec impatience l'arrivée de nos amis les Bédouins, lorsqu'un courrier vint heureusement nous annoncer leur approche. Nous nous hâtâmes de le renvoyer au drayhy, qui le récompensa largement de la bonne nouvelle qu'il lui apportait de mon rétablissement ; elle causa une joie universelle au camp, où l'on me croyait mort depuis longtemps. Nous attendîmes encore quelques jours que la tribu se fût approchée davantage. Dans cet intervalle, une histoire singulière vint à ma connaissance ; je la crois digne d'être racontée comme détail de mœurs.

Un négociant de l'Anatolie, escorté de cinquante hommes, menait dix mille moutons pour les vendre à Damas. En route il fit connaissance avec trois Bédouins, et se lia d'amitié avec l'un d'eux ; au moment de se séparer, celui-ci proposa de lier fraternité avec lui. Le négociant ne voyait pas trop à quoi lui servirait d'avoir un frère parmi de pauvres Bédouins, lui propriétaire de dix mille moutons, et escorté de cinquante soldats ; mais le Bédouin, nommé Chatti, insistant, pour se débarrasser de son importunité, il consentit à lui donner deux piastres et une poignée de tabac, comme gages de fraternité. Chatti partagea les deux piastres entre ses compagnons, leur disant :

— « Soyez témoins que cet homme est devenu « mon frère. » Puis ils se séparèrent, et le marchand n'y pensa plus. Arrivé dans un lieu nommé Ain el Alak, un parti de Bédouins, supérieur en nombre, attaqua son escorte, la mit en déroute, s'empara de ses moutons et le dépouilla entièrement, ne lui laissant que sa chemise; il arriva à Damas dans ce piteux état, maudissant les Bédouins et son prétendu frère Chatti, qu'il accusait de l'avoir trahi et vendu.

Cependant la nouvelle de cette riche capture se répandit dans le désert, et parvint aux oreilles de Chatti qui, ayant été chercher ses deux témoins, vint avec eux devant Soultan el Brrak, chef de la tribu El-Ammour, lui déclara qu'il était frère du négociant qui venait d'être dépouillé, et le somma de lui faire rendre justice, afin qu'il pût remplir les devoirs de la fraternité. Soultan, ayant reçu la déposition des deux témoins, fut obligé d'accompagner Chatti chez le scheik de la tribu El-Nahimen, qui s'était emparée des moutons, et de les réclamer selon leurs lois. Le scheik se vit contraint de les rendre; et Chatti, après s'être assuré qu'il n'en manquait aucun, se mit en route pour Damas, avec les bergers et les troupeaux.

Les ayant laissés en dehors de la ville, il y entra pour chercher son frère, qu'il trouva tristement assis devant un café du bazar. Il alla droit à lui d'un air joyeux; mais celui-ci se détourna avec colère, et Chatti eut bien de la peine à s'en faire écouter, et plus encore à lui persuader que ses moutons l'attendaient hors des portes. Il craignait un nouveau piége, et ne consentit que difficilement à suivre le Bédouin. Enfin, convaincu à l'aspect de son troupeau, il se jette au cou de Chatti, et après lui avoir exprimé toute sa reconnaissance, cherche vainement à lui faire accepter une récompense proportionnée à un tel service. Le Bédouin ne voulut jamais recevoir qu'une paire de bottes et un *cafié* (mouchoir) valant au plus un talari, et après avoir *mangé* avec son ami, il repartit pour sa tribu.

Notre première entrevue avec le drayhy fut vraiment touchante. Il vint lui-même, avec les principaux de sa tribu, nous chercher au village de Nabek, et nous ramena pour ainsi dire en triomphe au camp. Chemin faisant, il nous raconta les guerres qu'il avait soutenues dans le territoire de Samarcande, et le bonheur qu'il avait eu de vaincre quatre des principales tribus [1], et de les amener ensuite à signer le traité. Il était important d'avoir détaché à temps ces tribus de l'alliance des Wahabis dont ils étaient jadis tributaires, car le bruit courait que nos ennemis préparaient une armée formidable, et se flattaient de se rendre maîtres de toute la Syrie. Bientôt après nous apprîmes que cette armée était en route, répandant partout sur son passage la terreur et la dévastation.

Le pacha de Damas envoya ordre aux gouverneurs

---

[1] La tribu El-Krassa, chef Zahouran Ebn Houad; la tribu El-Mahlac, chef Nabac Ebn Habed; la tribu El-Meraikhrat, chef Roudan Ebn Abed; enfin la tribu El-Zecker, chef Matlac Ebn Fayhan.

de Homs et de Hama de faire monter la garde jour et nuit, et de tenir leurs troupes prêtes pour le combat. Les habitans fuyaient vers la côte, pour échapper aux sanguinaires Wahabis dont le nom seul suffisait pour leur faire abandonner leurs foyers.

Le drayhy reçut du pacha l'invitation de venir à Damas conférer avec lui; mais, craignant quelque trahison, il s'excusa sous prétexte de ne pouvoir quitter son poste dans cet instant critique. Il lui demanda même quelques troupes comme auxiliaires, espérant avec elles pouvoir tenir tête à l'ennemi. En attendant ce renfort, le drayhy fit faire l'annonce solennelle de la guerre, selon la coutume des Bédouins dans les grandes occasions; voici comment : on choisit une chamelle blanche qu'on noircit entièrement avec du noir de fumée et de l'huile; on lui mit un licou de poil noir, et on la fit monter par une jeune fille habillée de noir, le visage et les mains également noircis. Dix hommes la conduisirent de tribu en tribu; en arrivant elle criait trois fois :

— « Renfort! renfort! renfort! Qui de vous blan-
« chira cette chamelle? Voilà un morceau de la tente
« du drayhy qui menace ruine. Courez, courez,
« grands et généreux défenseurs. Le Wahabi arrive,
« il enlèvera vos alliés et vos frères; vous tous qui
« m'entendez, adressez vos prières aux prophètes
« Mahomet et Ali, le premier et le dernier. »

En disant ces mots, elle distribuait des poignées de poil noir, et des lettres du drayhy qui indiquaient le lieu du rendez-vous aux bords de l'Oronte. En peu de temps notre camp fut grossi de trente tribus réunies dans une même plaine : les cordes des tentes se touchaient.

Le pacha de Damas envoya à Hama six mille hommes, commandés par son neveu Ibrahim-Pacha, pour y attendre d'autres troupes que devaient fournir les pachas d'Acre et d'Alep. Elles étaient à peine réunies, qu'on apprit l'arrivée des Wahabis à Palmyre, par les habitans qui venaient se réfugier à Hama; Ibrahim-Pacha écrivit au drayhy qui se rendit auprès de lui, et ils convinrent ensemble de leur plan de défense. Le drayhy, qui m'avait amené avec lui comme conseiller, m'ayant fait connaître ses conventions, je lui fis observer que celle qui réunissait les Bédouins et les Turcs en un seul camp était fort dangereuse; ces derniers, au moment de la mêlée, n'ayant aucun moyen de distinguer leurs amis de leurs ennemis. En effet, tous les Bédouins, vêtus de même ne se reconnaissent entre eux, au fort du combat, que par leurs cris de guerre; chaque tribu répète continuellement le sien : Khraïl el Allia Douatli, Khraïl el Biouda Hassny, Khraïl el Hamra Daffiry, etc. Khraïl signifie cavaliers, Allia, Bionda, Hamra, indiquent la couleur de quelque jument favorite; Doualli, Hassny, Daffiry, sont les noms de la tribu; c'est comme si l'on disait : *cavalier de la jument rouge de Daffir*, etc. D'autres invoquent leur sœur ou quelque autre beauté; ainsi le cri de guerre du drayhy est Ana Akhron Rabda : moi le frère de Rabda; celui de Méhanna, moi le frère de Fodda; tous deux ont des sœurs renommées pour leur beauté. Les Bédouins mettent beaucoup d'orgueil dans leur cri de guerre, et traiteraient de lâche celui qui n'oserait prononcer le sien au moment du danger. Le drayhy se rendit à mes raisons, et fit consentir, quoique avec peine, Ibrahim-Pacha à une division de leurs forces.

Le lendemain nous revînmes au camp, suivis de l'armée musulmane composée de Dalatis, d'Albanais, de Mogrebins, de Houaras et d'Arabes; en tout quinze mille hommes. Ils avaient avec eux quelques pièces de canon, des mortiers et des bombes; ils dressèrent leurs tentes à une demi-heure des nôtres; la fierté de leur aspect, la variété et la richesse de leurs costumes, leurs drapeaux, formaient un coup d'œil magnifique; mais, malgré leur belle apparence, les Bédouins se moquaient d'eux, et disaient qu'ils seraient les premiers à fuir.

Dans l'après-midi du second jour, nous aperçûmes du côté du désert un grand nuage qui s'étendait comme un brouillard épais, aussi loin que l'œil pouvait atteindre; peu à peu ce nuage s'éclaircit, et nous vîmes paraître l'armée ennemie.

Cette fois ils avaient amené leurs femmes, leurs enfans et leurs troupeaux : ils établirent leur camp à une heure du nôtre; il était composé de cinquante tribus, formant en tout soixante-quinze mille tentes. Autour de chacune étaient attachés des chameaux, un grand nombre de moutons qui, joints aux chevaux et aux guerriers, formaient une masse formidable à l'œil. Ibrahim-Pacha en fut épouvanté, et envoya en toute hâte chercher le drayhy, qui, après avoir un peu remonté son courage, revint au camp faire faire les retranchemens nécessaires. A cet effet on réunit tous les chameaux, on les lia ensemble par les genoux, et on les plaça sur deux rangs, devant les tentes. Pour compléter ce rempart, un fossé fut creusé derrière eux. L'ennemi en fit autant de son côté. Le drayhy ordonna ensuite de préparer le Hatfé. Voici en quoi consiste cette singulière cérémonie : on choisit la plus belle parmi les filles des Bédouins; on la place dans un haudag richement orné, que porte une grande chamelle blanche. Le choix de la fille qui doit occuper ce poste honorable, mais périlleux, est fort important, car le succès de la bataille dépend presque toujours d'elle. Placée en face de l'ennemi, entourée de l'élite des guerriers, elle doit les exciter au combat ; l'action principale se passe toujours autour d'elle, et des prodiges de valeur la défendent. Tout serait perdu si le Hatfé tombait au pouvoir de l'ennemi : aussi, pour éviter ce malheur, la moitié de l'armée doit toujours l'environner. Les guerriers se succèdent sur ce point où le combat est le plus vif, et chacun vient demander de l'enthousiasme à ses regards. Une jeune fille, nommée Arkié, qui réunissait à un haut degré le courage, l'éloquence et la beauté, fut choisie pour le Hatfé. L'ennemi prépara aussi le sien, et bientôt après la bataille commença. Les Wahabis se divisèrent en deux corps; le premier et le plus considérable, commandé par Abdallah-el-Hédal, le général en chef, était devant nous; le second, commandé par Abou-Nocta, devant les Turcs. Le caractère de ceux-ci et leur manière de combattre sont diamétralement opposés à ceux des Bédouins. Le Bédouin, prudent et de sang-froid, commence d'abord avec calme, puis, s'animant peu à peu, bientôt il devient furieux et irrésistible. Le Turc, au contraire, orgueilleux et suffisant, fond avec impétuosité sur l'ennemi, et croit qu'il n'a qu'à paraître pour vaincre; il jette ainsi tout son feu dans le premier choc.

Le pacha Ibrahim, voyant les Wahabis attaquer froidement, se crut assez fort pour disperser à lui seul leur armée entière; mais, avant la fin de la journée, il avait appris à ses dépens à respecter son adversaire : force lui fut de faire replier ses troupes, et de nous laisser tout le poids de l'action.

Le coucher du soleil suspendit le combat, mais il y eut beaucoup de monde tué de part et d'autre.

Le lendemain nous reçûmes un renfort; la tribu El-Hadidi arriva. Elle était forte de quatre mille hommes, tous montés sur des ânes et armés de fusils. Nous fîmes le dénombrement de nos forces : elles s'élevaient à quatre-vingt mille hommes; les Wahabis en avaient cent cinquante mille, aussi le combat du lendemain fut-il à leur avantage, et le bruit de notre défaite, exagérée comme il arrive toujours en pareil cas, se répandit à Hama, et jeta l'épouvante parmi les habitans. Le surlendemain ils furent rassurés sur notre compte, et durant vingt jours, des alternatives de bonne et de mauvaise fortune éprouvèrent notre constance. Les combats devenaient plus terribles de jour en jour. Le quinzième, nous eûmes à combattre un nouvel ennemi plus redoutable que les Wahabis : la famine. La ville de Hama, qui seule pouvait fournir à la subsistance des deux armées, s'épuisait ou cachait ses ressources. Les Turcs prenaient la fuite; nos alliés se dispersaient pour ne pas mourir de faim. Les chameaux, formant les remparts du camp, se dévoraient entre eux. Au milieu de ces affreuses calamités, le courage d'Arkié ne faiblit pas un instant. Les plus braves de nos guerriers se faisaient tuer à ses côtés. Elle ne cessait de les encourager, de les exciter, et d'applaudir à leurs efforts. Elle animait les vieillards en louant leur valeur et leur expérience; les jeunes gens, par la promesse d'épouser celui qui lui apporterait la tête d'Abdallah-el-Hédal. Me tenant continuellement près de son haudag, je voyais tous les guerriers se présenter à elle pour avoir des paroles d'encouragement, et s'élancer ensuite dans la mêlée, enthousiasmés par son éloquence. J'avoue que je préférais entendre ses complimens, à les recevoir, car ils étaient presque toujours les avant-coureurs de la mort. Je vis un jour un beau jeune homme, un de nos plus braves cavaliers, se présenter devant le haudag. « Arkié, dit-il, ô « toi la plus belle parmi les belles! laisse-moi voir « ton visage, je vais combattre pour toi. » Arkié se montrant, répondit : « Me voici, ô toi le plus vail-« lant! tu connais mon prix, c'est la tête d'Abdallah. » Le jeune homme brandit sa lance, pique son coursier, et s'élance au milieu des ennemis. En moins de deux heures il avait succombé couvert de blessures.

— « Dieu vous conserve, dis-je à Arkié, le brave a « été tué. »

— « Il n'est pas le seul qui ne soit point revenu, » répondit-elle tristement.

Dans ce moment parut un guerrier cuirassé de la tête aux pieds ; ses bottes mêmes étaient garnies d'acier, et son cheval couvert d'une cotte de mailles (les Wahabis comptaient vingt de ces guerriers parmi eux ; nous en avions douze). Il s'avança vers notre camp, appelant le drayhy en combat singulier. Cet usage est de toute antiquité chez les Bédouins : celui qui est ainsi défié ne peut, sous peine de déshonneur, refuser le combat. Le drayhy, entendant son nom, se préparait à répondre à l'appel ; mais ses parens se réunirent à nous pour l'en empêcher : sa vie était d'une trop haute importance pour la risquer ainsi ; sa mort aurait entraîné la ruine totale de notre cause, et la destruction des deux armées alliées. La persuasion devenant inutile, nous fûmes obligés d'employer la force. Nous le liâmes avec des cordes, pieds et mains, contre des pieux fixés en terre, au milieu de sa tente ; les chefs les plus influens le maintenaient et l'exhortaient à se calmer, lui montrant l'imprudence d'exposer le salut de l'armée pour répondre à l'insolente bravade d'un sauvage wahabi. Cependant celui-ci ne cessait de crier :

— « Qu'il vienne le drayhy ! voici son dernier « jour ; c'est moi qui veux terminer sa carrière. »

Le drayhy, qui l'entendait, furieux de plus en plus, écumait de rage, rugissait comme un lion ; les yeux, rouges de sang, lui sortaient de la tête ; il se débattait contre ses liens avec une force effrayante. Ce tumulte attirait un rassemblement considérable autour de sa tente. Tout à coup un Bédouin, se faisant jour à travers la foule, se présente devant le drayhy. Une chemise liée sur ses reins par une ceinture de cuir, et un caffié sur la tête, formaient son unique vêtement. Monté sur un cheval alezan, et n'ayant pour toute arme qu'une lance, il venait demander à combattre le Wahabi à la place du scheik, en récitant les vers suivans :

« Aujourd'hui, moi, Téhaisson, je suis devenu
« maître du cheval Hadidi ; je le désirais depuis long-
« temps. Je voulais recevoir *sur son dos* les louanges
« dues à ma valeur. Je vais combattre et vaincre le
« Wahabi pour les beaux yeux de ma fiancée, et pour
« être digne de la fille de celui qui a toujours battu
« l'ennemi. »

Il dit, et s'élance au combat contre le guerrier ennemi. Nul ne croyait qu'il pût résister une demi-heure à son redoutable adversaire, que son armure rendait invulnérable ; mais s'il ne lui porta pas de coups bien meurtriers, il sut, avec une adresse merveilleuse, éviter les siens pendant deux heures que dura la lutte. Tout était en suspens. Le plus vif intérêt se manifestait de part et d'autre. A la fin, notre champion tourne bride et paraît fuir. Tout espoir est désormais perdu ; l'ennemi va proclamer son triomphe. Le Wahabi le poursuit, et, d'une main affermie par la confiance du succès, lui jette sa lance ; mais Téhaisson, prévoyant le coup, se baisse jusqu'à l'arçon de la selle, et l'arme passe en sifflant au-dessus de sa tête ; alors, se retournant brusquement, il enfonce son fer dans la gorge de son adversaire, profitant de l'instant où celui-ci, forcé d'arrêter subitement son cheval devant le sien, lève la tête. Ce mouvement, laissant un intervalle entre le casque et la cuirasse, au-dessous du menton, la lance traversa de part en part, et le tua raide; mais, maintenu en selle par son armure, le cadavre fut emporté par le cheval jusqu'au milieu des siens, et Téhaisson revint triomphant à la tente du drayhy, où il fut reçu avec enthousiasme. Tous les chefs l'embrassèrent, le comblant d'éloges et de présens, et Scheik-Ibrahim ne fut pas un des derniers à lui témoigner sa reconnaissance.

Cependant, la guerre et la famine duraient toujours : nous restâmes deux jours sans rien manger sous la tente du drayhy. Le troisième il reçut trois couffes de riz que Mola Ismaël, chef des Dalatis, lui envoyait en cadeau. Au lieu de le ménager comme une dernière ressource, il donna ordre de le faire cuire en totalité, et engagea à souper tous ceux qui étaient présens. Son fils Sahep ne voulut pas se mettre à table; mais, pressé par son père, il demanda qu'on lui remît sa portion, et il la porta à sa jument, disant qu'il aimait mieux souffrir lui-même que de la voir manquer de nourriture.

Nous étions au trente-septième jour depuis le commencement de la guerre; le trente-huitième le combat fut terrible. Le camp des osmanlis fut pris et saccagé : le pacha eut à peine le temps de rentrer dans Hama, poursuivi par les Wahabis qui y mirent le siége.

La défaite des Turcs nous était d'autant plus funeste, qu'elle laissait le second corps d'armée de l'ennemi, commandé par le fameux nègre Abou-

Nocta, libre de se joindre à Abdallah pour nous attaquer de concert. Le lendemain commença une lutte affreuse : les Bédouins étaient tellement mêlés, qu'on ne distinguait plus rien. Ils s'attaquaient corps à corps avec le sabre ; la plaine entière ruisselait de sang, la couleur du terrain avait totalement disparu ; jamais, peut-être, il n'y eut pareille bataille : elle dura huit jours sans discontinuer. Les habitans de Hama, persuadés que nous étions tous exterminés, ne nous envoyaient plus ces rares provisions qui, de loin en loin, nous avaient préservés de mourir de faim. Enfin, le drayhy, voyant le mal à son comble, assemble les chefs et dit :

« Mes amis, il faut tenter un dernier effort. De-
« main il faut vaincre ou mourir. Demain, si Dieu
« le permet, je détruirai le camp ennemi : demain
« nous nous gorgerons de ses dépouilles. »

— Un sourire d'incrédulité accueillit sa harangue ; cependant quelques-uns plus courageux répondirent :

— « Dites toujours, nous vous obéirons. »

— « Cette nuit, continua-t-il, il faut faire passer,
« sans bruit, vos tentes, vos femmes et vos enfans,
« de l'autre côté de l'Oronte. Que tout ait disparu
« avant le lever du soleil, sans que l'ennemi s'en
« aperçoive. Ensuite, n'ayant plus rien à ménager,
« nous tomberons sur lui en désespérés, et l'exter-
« minerons ou périrons tous. Dieu sera pour nous,
« nous vaincrons. »

Tout fut exécuté ainsi qu'il l'avait dit, avec un ordre, une célérité et un silence incroyables. Le lendemain il ne restait plus que les combattans. Le drayhy les partagea en quatre corps, ordonnant l'attaque du camp ennemi de quatre côtés à la fois. Ils se jetèrent sur leur proie comme des lions affamés. Ce choc, impétueux et simultané, eut tout le succès qu'on pouvait en attendre. La confusion et le désordre se mirent parmi les Wahabis, qui prirent la fuite, abandonnant femmes, enfans, tentes et bagages. Le drayhy, sans donner aux siens le temps de s'emparer du butin, les força de poursuivre les fuyards jusqu'à Palmyre, et ne les laissa reposer qu'après la dispersion totale de l'ennemi.

Dès que la victoire se fut déclarée pour nous, je partis avec Scheik-Ibrahim pour annoncer cette heureuse nouvelle à Hama; mais personne ne voulut y croire, et peu s'en fallut qu'on ne nous traitât nous-mêmes de fuyards. Les habitans étaient dans l'agitation la plus extrême. Les uns couraient sur les hauteurs, d'où ils n'apercevaient que des nuages de poussière, les autres préparaient leurs mulets pour fuir vers la côte; mais bientôt, la défaite des Wahabis se confirmant, les démonstrations de la joie la plus extravagante succédèrent à cette grande terreur. Un Tartare fut expédié à Damas, et revint accompagné de quarante charges de blé, vingt-cinq mille piastres, un sabre et une pelisse d'honneur pour le drayhy, qui fit son entrée triomphale à Hama, escorté de tous les chefs des tribus alliées. Il fut reçu par le gouverneur, les agas, le pacha et toute sa cour, d'une manière splendide.

Après quatre jours de réjouissances, nous quittâmes Hama pour rejoindre nos tribus, et les conduire au levant à l'approche de l'hiver. Le drayhy partit avec douze d'entre elles : les autres, réunies en groupes de cinq ou six, se dispersèrent dans le désert de Damas. — Notre premier séjour fut à Tall-el-Déhab, dans le territoire d'Alep, où nous trouvâmes quatre tribus qui n'avaient pas pris part à la guerre. Les chefs vinrent au-devant du drayhy, pénétrés de respect pour ses récens exploits, et sollicitant la faveur d'être admis à signer notre traité d'alliance [1]. De là nous marchâmes sans nous arrêter pour rejoindre notre ami l'émir Faher, qui nous reçut avec les plus vives démonstrations de joie. Nous traversâmes l'Euphrate avec lui et plusieurs autres tribus qui entraient comme nous en Mésopotamie, et allaient, les unes du côté de Hamad, les autres au désert de Bassora.

Nous reçûmes en route une lettre de Fares el Harba, nous annonçant que six des grandes tribus qui avaient combattu contre nous avec les Wahabis, étaient campées dans le Hébassie, près de Machadali; qu'elles étaient assez disposées à faire alliance avec nous, et que si le drayhy voulait m'envoyer auprès de lui avec plein pouvoir de traiter, il se croyait sûr du succès. Je ne perdis pas un moment pour me rendre à son invitation, et, après six jours de marche, j'arrivai chez lui sans accident. Fares el Harba, ayant

---

[1] Fares Ebn Aggib, chef de la tribu El-Bechakez, 500 tentes; Cassan Ebn Urkban, chef de la tribu El-Chiamssi, 1,000 tentes; Selamé Ebn Nahssan, chef de la tribu El-Fuaher, 600 tentes; Méliahna El-Saneh, chef de la tribu El-Salha, 800 tentes.

aussitôt fait lever le camp, me conduisit à une journée de ces tribus[1]. Alors j'écrivis en son nom à l'émir Douackhry, le chef de la tribu El-Fedhan, pour l'engager à faire alliance avec le drayhy, lui promettant l'oubli du passé. Douackhry vint en personne chez Fares el Harba, et nous fûmes bientôt d'accord; mais il nous dit ne pouvoir répondre que de sa tribu, regardant comme très-difficile de réussir auprès des cinq autres. Il me proposa cependant de l'accompagner chez lui, m'offrant de réunir les chefs, et d'user de toute son influence auprès d'eux. Ayant accepté, je partis avec lui. Arrivé au milieu de ce qui devait être un campement, je fus péniblement affecté de voir des hordes innombrables de Bédouins accroupis au gros soleil; ayant perdu leurs tentes et leurs bagages dans la bataille, ils n'avaient pas d'autres lits que la terre, d'autre couverture que le ciel. Quelques haillons, suspendus çà et là, sur des piquets, donnaient un peu d'ombre à ces malheureux qui s'étaient dépouillés de leur unique vêtement pour se procurer ce faible abri contre l'ardeur du soleil, et qui gisaient le corps nu, exposés à la piqûre des insectes et aux pointes épineuses de la plante que broutent les chameaux. Plusieurs même n'avaient aucune défense contre la chaleur du jour et la fraîcheur de la nuit dont le contraste est meurtrier dans cette saison, où l'hiver commençait à se faire sentir.

Jamais je n'avais eu l'idée d'une misère si com-

---

[1] La tribu El-Fedhân, composée de 5,000 tentes; celle de El-Sabha, 4,000 tentes; celle de El-Fekaka, 1,500; celle de El-Messahid, 3,500; celle de El-Salca, 3,000; enfin celle de Benni Dehabb, 5,000.

plète. Ce triste spectacle me serra le cœur et m'arracha des larmes, et je fus quelque temps à me remettre du saisissement qu'il m'avait occasionné.

Le lendemain Douackhry assembla les chefs et les vieillards; ils étaient au nombre de cinq cents. Seul au milieu d'eux, je désespérai de m'en faire entendre, et surtout de pouvoir les réunir dans un même sentiment. Ces hommes de caractère et de mœurs indépendantes, aigris par le malheur, ouvraient tous des avis différens, et si aucun n'espérait de faire prévaloir le sien, au moins tenait-il à honneur de le soutenir obstinément, laissant chacun libre d'en faire autant. Les uns voulaient aller au pays de Nedgde; d'autres se retirer à Samarcande; ceux-ci vociféraient des imprécations contre Abdallah, chef de l'armée des Wahabis; ceux-là accusaient le drayhy de tous leurs maux. Au milieu de ce conflit, je m'armai de courage, et cherchai à réfuter les uns et les autres. Je commençai d'abord par ébranler leur confiance dans les Wahabis, leur disant qu'Abdallah était nécessairement devenu leur ennemi depuis qu'il l'avait abandonné au jour du dernier combat, et qu'il chercherait à s'en venger. Qu'en allant dans le Nedgde, ils se précipitaient volontairement sous la domination d'Ebn-Sihoud qui les écraserait de contributions, et chercherait à leur faire supporter tout le poids d'une guerre désastreuse. Qu'ayant une fois déserté sa cause et s'étant tirés de ses griffes, il ne fallait pas faire comme l'oiseau qui, échappé au fusil du chasseur, va tomber dans le filet de l'oiseleur. Enfin je m'avisai de la fable du faisceau, pensant que cette simple démonstration aurait de l'effet sur ces âmes naïves, et je me déterminai à en faire devant eux l'application. Les ayant exhortés à se réunir pour résister à toute oppression, je pris des mains des scheiks une trentaine de djérids, et j'en présentai un à l'émir Farès, le priant de le rompre, ce qu'il fit aisément. Je lui en présentai successivement deux, et puis trois qu'il rompit de même, car c'était un homme d'une grande force musculaire. Ensuite je lui présentai tout le faisceau, qu'il ne put ni rompre ni plier. « Machalla, lui dis-je, tu n'as pas « de force, » et je passai les bâtons à un autre qui ne réussit pas davantage. Alors un murmure général s'élevant dans l'assemblée :

« Qui donc pourrait briser une telle masse ? » s'écrièrent-ils d'un commun accord.

— « Je vous prends par vos paroles, » répondis-je ; et dans le langage le plus énergique, je leur fis l'application de l'apologue, ajoutant que j'avais tant souffert de les voir sans abri et sans vêtemens, que je m'engageais à solliciter du drayhy la restitution de leurs bagages et de leurs tentes ; et que je connaissais assez sa magnanimité pour répondre du succès de ma demande, s'ils entraient franchement dans l'alliance dont je venais de leur prouver les avantages. Et tous d'une seule voix s'écrièrent : « Tu as vaincu, Abdal-« lah, nous sommes à toi à la vie, à la mort ! » Et tous vinrent m'embrasser. Ensuite il fut convenu qu'ils donneraient rendez-vous au drayhy dans la plaine de Halla pour apposer leur cachet au traité.

Le lendemain, ayant de nouveau traversé l'Euphrate, je rejoignis notre tribu que je rencontrai le cinquième jour. Mes amis étaient en peine de ma longue absence, et le récit de mon heureuse négociation les combla de joie. J'ai si souvent raconté les réunions, les repas et les réjouissances de toutes sortes, que je ne décrirai pas de nouveau ce qui eut lieu à la signature du traité de paix. L'émir Douackhry enterra les sept pierres et consomma ainsi l'alliance. Après le dîner, il y eut une cérémonie que je n'avais pas encore vue, celle de prêter serment de fidélité sur le pain et le sel. Ensuite le drayhy déclara qu'il était prêt à remplir l'engagement que j'avais pris en son nom, en rendant le butin fait sur les six tribus qui venaient de s'unir à lui. Mais il ne suffisait pas d'avoir cette généreuse volonté ; il fallait encore trouver le moyen de l'exécuter. Dans le pillage du camp des Wahabis et de leurs alliés, les dépouilles de cinquante tribus étaient confondues ; y reconnaître la propriété de chacun n'était pas chose facile. Il fut décidé que les femmes seules pouvaient y réussir, et l'on ne saurait se faire une idée de la fatigue et de l'ennui des cinq journées qui furent employées à leur faire reconnaître le bétail, les tentes et les bagages des diverses tribus. Chaque chameau et chaque mouton a sur la cuisse deux chiffres marqués avec un fer chaud, celui de la tribu et celui du propriétaire. Mais pour peu que les chiffres se ressemblent, ou soient à moitié effacés, ainsi qu'il arrive constamment, la difficulté devient extrême, et il fallait plus que de la générosité pour s'exposer à subir ces contestations, et s'exténuer à mettre d'accord les prétentions des uns et des autres. Aussi étais-je tenté de me repentir de mon élan de compassion et de ma promesse imprudente.

A cette époque, une grande caravane, allant de Bagdad à Alep, vint à passer, et fut dépouillée par les Fedans et les Sabhas. Elle était très-richement chargée d'indigo, café, épices, tapis de Perse, cachemires, perles, et autres objets précieux; nous l'évaluâmes à dix millions de piastres. Dès que cette capture fut connue, des marchands arrivèrent, quelques-uns de fort loin, pour troquer ou acheter ces richesses des Bédouins, qui les vendaient, ou plutôt les donnaient presque pour rien. Ainsi, ils échangeaient une mesure d'épices contre une mesure de dattes; un cachemire de mille francs contre un *machlah* noir; une caisse d'indigo contre une robe de toile; des pièces entières de foulards de l'Inde contre une paire de bottes. Un marchand de Moussoul acheta, pour une *chemise*, un *machlah* et une paire de bottes, des marchandises valant plus de quinze mille piastres, et une bague de diamans fut donnée pour un *rotab* de tabac. J'aurais pu faire ma fortune dans cette occasion, mais M. Lascaris me défendit de rien acheter ou recevoir en cadeau, et j'obéis scrupuleusement.

De jour en jour, il nous arrivait du pays de Nedgde, des tribus qui abandonnaient les Wahabis pour se joindre à nous : les unes attirées par la grande réputation du drayhy, les autres par suite de querelles avec le roi Ebn-Sihoud. Une circonstance de ce genre nous amena à la fois cinq tribus. L'émir de la tribu Beny-Tay avait une fille fort belle, nommée Camare (Lune). Fehrab, fils du chef d'une tribu voisine et parent du Wahabi, en devint épris, et sut gagner son affection. Le père de la jeune fille s'en étant aperçu, lui défendit de parler au prince, refusant lui-même de le recevoir, et d'écouter ses propositions de mariage, Camare étant destinée à son cousin Tamer. C'est un usage chez les Bédouins, et qui rappelle ceux qui nous sont transmis par la Bible, que le plus proche parent soit préféré à tout autre lorsqu'il y a une jeune fille à marier. Mais Camare, sans se laisser influencer par cette coutume de son pays, ni intimider par les menaces de son père, refusa positivement d'épouser son cousin, et son amour augmentant en raison des obstacles qu'on y opposait, elle ne cessa de profiter de toutes les occasions de correspondre avec son amant. Cependant celui-ci, ne voyant aucun espoir de l'obtenir de ses parens, résolut de l'enlever, et lui en fit faire la proposition par une vieille femme qu'il avait gagnée. Ayant son consentement, il s'introduisit dans la tribu Beny Tay, déguisé en mendiant, et convint avec elle de l'heure et des circonstances de l'enlèvement. Au milieu de la nuit, la jeune fille sortit furtivement de la tente de son père, rejoignit le prince qui l'attendait à l'entrée du camp. Il la plaça en croupe sur sa jument et s'élança dans la plaine. Mais la célérité de la fuite n'avait pu la dérober à l'œil jaloux de Tamer ; amoureux de sa cousine et déterminé à soutenir ses droits, il surveillait depuis longtemps les démarches de son rival, et montait lui-même la garde toutes les nuits auprès de la tente de Camare. Il faisait sa ronde autour du camp lorsque les amans s'échappèrent ; il les aperçut et se mit à leur poursuite. La jument de Fehrab, qui avait la vitesse naturelle à la race de Nedgdié, pressa encore sa course, stimulée de toute l'impatience de son maître; mais chargée du poids de deux personnes, le moment arriva où elle n'eut plus la force d'obéir aux coups redoublés de l'étrier : elle tombe. Fehrab voit Tamer près de l'atteindre, il dépose à terre son amante et s'apprête à la défendre. Le combat fut terrible et l'issue tragique. Tamer vainqueur tue Fehrab et s'empare de sa cousine ; mais, épuisé de fatigue et désormais plein de sécurité, il s'endort un moment à ses côtés; Camare, qui épie son sommeil, saisit le sabre teint du sang de son amant, coupe la tête à son ravisseur, se précipite elle-même sur le fer de sa lance et se perce le cœur. Tous trois furent trouvés ainsi par ceux qui étaient allés à leur recherche. Une guerre meurtrière entre les deux tribus suivit ce triste événement; celle de Fehrab, soutenue par les Wahabis, força à la retraite celle de Beny Tay[1] qui vint avec quatre autres tribus alliées demander protection au drayhy, dont la puissance n'avait plus désormais de rival. Cinq cent mille Bédouins, ralliés à notre cause, ne formaient qu'un seul camp, et couvraient la Mésopotamie comme une nuée de sauterelles.

Pendant que nous étions aux environs de Bagdad,

---

[1] La tribu Beny Tay, composée de 4,000 tentes; celle de El-Hamarnid, 1,500 tentes ; celle de El-Daffir, 2,500 tentes ; celle de El-Hegiager, 800 tentes ; enfin celle de El-Khresael 3,000 tentes.

une autre caravane venant d'Alep fut dépouillée par nos alliés. Elle était chargée de produits des manufactures d'Europe : des draps, des velours, des satins, de l'ambre, du corail, etc. Bien que le drayhy ne prît aucune part à cette spoliation, elle était trop dans les mœurs des Bédouins pour qu'il songeât à s'y opposer. — Le pacha de Bagdad demanda satisfaction, mais n'en obtint pas, et, voyant qu'il lui faudrait une armée de cinquante mille hommes au moins pour se faire justice, il renonça à ses prétentions, heureux de rester ami des Bédouins à tout prix.

Scheik-Ibrahim voyait ainsi se réaliser ses espérances au-delà même de ses plus brillantes prévisions ; mais tant qu'il restait quelque chose à faire, il ne voulait prendre aucun repos. Ainsi ayant traversé le Tigre à Abou el Ali, nous continuâmes notre marche et entrâmes en Perse. Là encore la réputation du drayhy l'avait précédé, et des tribus du pays venaient continuellement fraterniser avec nous ; mais dans notre vaste plan ce n'était pas assez de ces alliances partielles, il fallait encore s'assurer de la coopération du grand prince, chef de toutes les tribus persanes, l'émir Sabid el Bokhrari, qui commande jusqu'aux frontières de l'Inde. La famille de ce prince est, depuis plusieurs siècles, souveraine des tribus errantes de Perse, et prétend descendre des rois Beni el Abass qui conquirent l'Espagne, et dont les descendans s'appellent encore les Bokhranis. Nous apprimes qu'il était dans une province fort éloignée. Le drayhy ayant convoqué tous les chefs en conseil général, on se décida à traverser la Perse, en passant

le plus près possible des côtes de la mer, afin d'éviter
les montagnes dont l'intérieur du pays est hérissé,
et de trouver des pâturages, bien que l'eau dût y
être plus rare. Dans l'itinéraire d'une tribu, l'herbe
est plus importante à rencontrer sur la route que
l'eau, car celle-ci peut se transporter, mais rien ne
saurait suppléer au manque de nourriture pour les
troupeaux dont dépend l'existence même de la tribu.

Ce voyage dura cinquante et un jours. Pendant
tout ce temps nous ne rencontrâmes aucun obstacle
de la part des habitans, mais notre marche fut souvent fort pénible, surtout à cause de la rareté de
l'eau. Dans une de ces occasions, Scheik-Ibrahim
ayant observé la nature du sol et la fraîcheur de
l'herbe, conseilla au drayhy de faire creuser pour en
chercher. Les Bédouins du pays traitèrent cette tentative de folie, disant que jamais il n'y en avait eu
dans cet endroit, et qu'il fallait en envoyer prendre
à six heures de là. Mais le drayhy insistait toujours :

— « Scheik-Ibrahim, disait-il, est un prophète, il
« faut lui obéir en tout. »

On creusa donc sur plusieurs points, et effectivement, à quatre pieds de profondeur, on trouva une
eau excellente. En voyant cette heureuse réussite, les
Bédouins proclamèrent avec acclamations Scheik-
Ibrahim un vrai prophète, sa découverte un miracle,
et peu s'en fallut, dans l'excès de leur reconnaissance,
qu'ils ne l'adorassent comme un dieu.

Après avoir parcouru les montagnes et les vallées
du Karman pendant plusieurs jours, nous arrivâmes
à la rivière de Karassan, rapide et profonde; l'ayant

traversée, nous nous dirigeâmes vers les côtes où le chemin devient moins difficile. Nous fîmes connaissance avec les Bédouins de l'Agiam Estan, qui nous accueillirent fort bien, et, le quarante-deuxième jour de marche depuis notre entrée en Perse, nous arrivâmes à El-Hendouan, où était campée une de leurs plus grandes tribus, commandée par Hebiek el Mahdan. — Nous espérions que notre voyage tirait à sa fin, mais le scheik nous apprit que l'émir Sahid était encore à neuf grandes journées de là, à Mérah-Famés, sur les frontières de l'Inde, nous offrant des guides pour nous y conduire, et nous indiquer les endroits où il fallait faire provision d'eau. Sans cette précaution nous eussions été exposés à périr dans ce dernier trajet.

Des courriers prirent les devans pour avertir le grand prince de notre approche, et de nos intentions pacifiques. Le neuvième jour il vint à notre rencontre, à la tête d'une armée de formidable apparence. Dans le premier moment, nous ne savions pas trop si ce déploiement de forces était pour nous faire honneur ou pour nous intimider. Le drayhy commençait à se repentir de s'être aventuré si loin de ses alliés. — Cependant il fit bonne contenance, plaça les femmes et les bagages derrière les troupes, et s'avança avec l'élite de ses guerriers, accompagné de son ami le scheik Saker (celui à qui il avait, l'année précédente, délégué le commandement au désert de Bassora, et qui avait préparé toutes nos alliances pendant notre voyage en Syrie).

Ils furent bientôt rassurés sur les intentions du

prince qui, se détachant des siens, s'avança, avec quelques cavaliers, jusqu'au milieu de la plaine qui séparait les deux armées. Le drayhy en fit autant, et les deux chefs se rencontrèrent à moitié chemin, descendirent de cheval, et s'embrassèrent avec les démonstrations de la plus cordiale amitié.

Si je n'avais si souvent décrit l'hospitalité du désert, j'aurais bien des choses à raconter sur la réception que nous fit l'émir Sahid, et les trois jours qui se passèrent en festins; mais pour éviter les répétitions, je n'en parlerai pas, et dirai seulement que les Bédouins de Perse, plus pacifiques que ceux d'Arabie, entrèrent facilement dans nos vues, et comprirent à merveille l'importance des résultats commerciaux que nous voulions établir avec l'Inde. — C'était tout ce qu'il était nécessaire de leur apprendre au sujet de notre entreprise. L'émir promit la coopération de toutes les tribus de Perse qui sont sous sa domination, et offrit son influence pour nous concilier celles de l'Inde, qui ont une grande considération pour lui à cause de l'ancienneté de sa race, et de sa réputation personnelle de sagesse et de générosité. Il fit avec nous un traité particulier conçu en ces termes :

« Au nom du Dieu clément et miséricordieux, moi Sahid, fils de Bader, fils d'Abdallah, fils de Barakat, fils d'Ali, fils de Bokhrani, de bienheureuse mémoire; je déclare avoir donné ma parole sacrée au puissant drayhy Ebn Chahllan, au scheik Ibrahim et à Abdallah-el-Kratib. — Je me déclare leur fidèle allié; j'accepte toutes les conditions qui sont spécifiées dans le traité général qui est entre leurs mains. — Je m'engage à les aider et soutenir dans tous leurs projets, et à leur garder un secret inviolable. — Leurs ennemis seront mes ennemis; leurs amis, mes amis. — J'invoque le grand Ali, le premier parmi les hommes, et le bien-aimé de Dieu, en témoignage de ma parole.

« Salut. »

— Signé et cacheté.

Nous restâmes encore six jours avec la tribu de Sahid, et nous eûmes occasion de remarquer la différence qui existe entre les mœurs de ces Bédouins et les nôtres; ils sont plus doux, plus sobres, plus patiens, mais moins braves, moins généreux, et surtout moins respectueux pour les femmes; ils ont beaucoup plus de préjugés religieux, et suivent les préceptes de la secte d'Ali. Outre la lance, le fusil et le sabre, ils ont encore une hache d'armes.

Le prince Sahid envoya au drayhy deux belles jumens persanes, conduites par deux nègres; celui-ci, en retour, lui fit présent d'une jument noire de la race de Nedgdié, appelée Houban-Heggin, d'une grande valeur; il y ajouta quelques ornemens pour ses femmes.

Nous étions campés non loin de Ménouma, la dernière ville de Perse, à vingt lieues de la frontière des Indes orientales, au bord d'une rivière que les Bédouins nomment El-Gitan.

Le septième jour, ayant pris congé de Sahid, nous nous remîmes en marche pour regagner la Syrie avant les chaleurs de l'été. Nous marchions rapidement et sans précautions, lorsqu'un jour, dans la province de Karman, nos bestiaux furent enlevés, et le lendemain nous fûmes attaqués nous-mêmes par une tribu puissante, commandée par l'émir Redaini, qui s'institue le gardien du kalifat de Perse ; c'est un homme impérieux et jaloux de son autorité. Ces Bédouins, fort supérieurs en nombre, nous étaient de beaucoup inférieurs en courage et en tactique ; nos troupes se trouvaient bien mieux commandées. La position du drayhy était extrêmement critique. Nous étions perdus si l'ennemi obtenait le moindre avantage : tous ces Bédouins du Karman nous auraient entourés comme d'un réseau, dont il n'aurait pas été possible de s'échapper. Il vit donc la nécessité d'imprimer le respect par une victoire décisive qui leur ôtât à l'avenir l'envie de se mesurer avec lui ; il prit les dispositions les plus habiles et les mieux combinées pour faire triompher le courage sur le nombre ; il déploya toutes les ressources de son génie militaire et de sa longue expérience, et fit lui-même des prodiges de valeur : jamais il n'avait été plus calme dans le commandement et plus impétueux dans le combat. Aussi l'ennemi, vaincu, fut-il obligé de battre en retraite, nous laissant libres de continuer notre voyage. Toutefois le drayhy, pensant qu'il ne serait pas prudent de laisser derrière lui une tribu hostile, quoique battue, ralentit sa marche, et envoya un courrier à l'émir Sahid pour l'instruire de ce ce qui venait de se passer. Ce messager nous rejoignit au bout de quelques jours, rapportant au drayhy une lettre fort amicale, qui en contenait une seconde adressée à Redaini, conçue en ces termes :

« Au nom de Dieu, le créateur suprême. Hom-
« mages et prières respectueuses soient adressées au
« plus grand, plus puissant, plus honorable, plus
« savant et plus beau des prophètes ; le courageux
« des courageux, le grand des grands, le calif des
« califs ; le maître du sabre, le rubis rouge, le con-
« vertisseur des âmes, l'Iman Ali. Cette lettre est de
« Sahid el Bokrari, le grand des deux mers et des deux
« Perses, à son frère l'émir Redaini, le fils de Krou-
« kiar. Nous vous faisons savoir que notre frère l'émir
« drayhy Ebn-Chahllan, du pays de Bagdad et de
« Damas, est venu de loin pour nous visiter et faire
« alliance avec nous. Il a marché sur notre terre et
« mangé notre pain. Nous lui avons accordé notre
« amitié, et de plus nous avons pris des engagemens
« particuliers avec lui d'où il résultera un grand bien
« et une tranquillité générale. — Nous désirons que
« vous en fassiez autant ; gardez-vous d'y manquer :
« car vous perdriez notre estime, et vous agiriez contre
« la volonté de Dieu et du glorieux Iman Ali. »

Ici suivaient plusieurs citations de leurs livres saints, le Giaffer-el-Giameh, et les saluts d'usage.

Nous envoyâmes cette lettre à l'émir Redaini, qui vint nous trouver accompagné de cinq cents cavaliers, tous très-richement vêtus d'étoffes brochées en or ; leurs armes étaient montées en argent ciselé, et les lames de leurs sabres merveilleusement damasquinées. Des explications amicales ayant eu lieu, Redaini copia de sa main le traité particulier de l'émir Sahid, et y souscrivit ; ensuite il prit le café, mais refusa de dîner avec nous, les fanatiques de la secte d'Ali ne pouvant manger ni chez les chrétiens ni chez les Turcs. Pour ratifier le contrat, il prêta serment sur le pain et sur le sel ; puis il embrassa le drayhy avec de grandes protestations de fraternité. Sa tribu, appelée El-Mehaziz, contient dix mille tentes. Ayant pris congé de lui, nous continuâmes notre voyage à marches forcées, faisant quinze lieues par jour sans arrêter. Enfin nous arrivâmes devant Bagdad, et Scheik-Ibrahim y entra pour prendre de l'argent ; mais la saison nous pressant, nous perdîmes le moins de temps possible. En Mésopotamie, nous eûmes des nouvelles du Wahabi. Ebn Sihoud avait fort mal reçu son général Hédal après sa défaite, et avait fait serment d'envoyer une armée plus puissante que la dernière, sous le commandement de son fils, pour tirer vengeance du drayhy et exterminer les Bédouins de la Syrie ; mais après s'être mieux informé des ressources que le drayhy avait à lui opposer, et surtout de sa réputation personnelle, il changea de langage, et résolut de l'attirer à lui pour conclure une alliance. Les événemens extérieurs, qui se compliquaient, donnaient beaucoup de probabilités à ce bruit ; car le pacha d'Égypte, Méhémet-Ali, préparait une expédition pour envahir l'Arabie-Pétrée et s'emparer des richesses de la Mecque qui étaient entre les mains d'Ebn-Sihoud. Nous accueillîmes avec plaisir l'espoir, soit de faire la paix avec lui, soit de le voir affaibli par une puissance étrangère. Nous rencontrions continuellement sur notre route des tribus qui n'avaient pas encore eu occasion de signer le traité, et qui en profitaient avec empressement[1]. En arrivant en Syrie, nous reçûmes un courrier du roi des Wahabis, qui nous apportait un petit morceau de papier large de trois doigts et long de six à peu près ; ils affectent d'employer ainsi la forme la plus exiguë, pour contraster avec les Turcs qui écrivent leurs firmans sur de grandes feuilles. Les caractères arabes prennent si peu de place que sur ce petit chiffon était écrite une lettre très-longue et assez impérieuse ; elle commençait par une sorte d'acte de foi ou déclaration que Dieu est unique et sans pareil ; qu'il est *un*, universel ; qu'il n'a point de semblable ; ensuite venaient tous les titres du roi, que Dieu a investi de son sabre pour soutenir son unité contre les idolâtres (les chrétiens), qui disent le contraire. Il continuait ainsi :

« Nous, Abdalla, fils d'Abdel Aziz, fils d'Abdel
« Wahabs, fils de Sihoud. — Nous vous faisons savoir,
« ô fils de Chahllan (puisse le Dieu seul adorable
« vous diriger dans le droit chemin), que, si vous
« croyez en Dieu, vous devez obéir à son esclave
« Abdalla, à qui il a délégué son pouvoir, et venir
« chez nous sans crainte. — Vous serez notre bien-
« aimé fils ; nous vous pardonnerons le passé, et
« vous serez traité comme un de nous. — Mais gar-

[1] A Makial El-Abed, nous rencontrâmes deux tribus, celle de Bercaje, commandée par Sahdoum Ebn Wuali, forte de 1,300 tentes, et celle de Mahimen, commandée par Fahed Ebn Salche, de 300 tentes. En traversant l'Euphrate devant Haïff, nous fîmes également alliance avec Alayan Ebn Nadjed, chef de la tribu Bonarba, composée de 500 tentes.

« dez-vous de l'entêtement et de la résistance à notre
« appel : car celui qui nous écoute est compté au
« nombre des habitans du paradis.

« Salut.   « *Signé* :

« El Manhould Menalla Ebn-Sihoud Abdalla. »

A la réception de cette lettre, nous tînmes un grand conseil de guerre ; et après avoir mûrement pesé tous les périls du voyage contre tous les avantages de l'alliance d'Ebn-Sihoud, le drayhy résolut de se rendre à son invitation. Scheik-Ibrahim m'ayant demandé si je me sentais le courage d'aller voir ce fanatique :

« Je sais bien, lui répondis-je, que je risque plus
« que tout autre, à cause de sa haine pour les chré-
« tiens ; mais je place ma confiance en Dieu. Devant
« mourir une fois, et ayant déjà fait le sacrifice de
« ma vie, je suis prêt à le faire encore pour con-
« duire jusqu'au bout l'entreprise que j'ai commen-
« cée. » Le désir de voir un pays si curieux et cet homme extraordinaire excitait mon courage. Aussi, ayant bien recommandé ma pauvre mère à M. Lascaris, dans le cas où je viendrais à mourir, je partis avec le drayhy, son second fils Sahdoun, son neveu, son cousin, deux des principaux chefs et cinq nègres, tous montés sur des dromadaires. Pendant l'absence de son père, Saher devait commander la tribu et la conduire au Horan à la rencontre du drayhy, qui comptait revenir par le Hégiaz. Nous fîmes notre première halte chez les Bédouins Beny-Toulab, qui ne possèdent pour tout bien que quelques ânes, et

vivent de la chasse des gazelles et des autruches ; ils se vêtent de peaux de gazelles grossièrement cousues ensemble et formant une longue robe à manches très-larges ; la fourrure est en dehors, ce qui leur donne l'apparence de bêtes fauves. Je n'ai jamais rien vu de si sauvage que leur aspect. Ils nous donnèrent le divertissement d'une chasse aux autruches, qui m'intéressa beaucoup. La femelle de l'autruche dépose ses œufs dans le sable, et s'établit à quelque distance, le regard fixé sur eux ; elle les couve, pour ainsi dire, des yeux, qu'elle ne détourne jamais du nid. Elle reste ainsi immobile la moitié de la journée, jusqu'à ce que le mâle vienne la relever ; alors elle va chercher sa nourriture, pendant que celui-ci fait la garde à son tour. Le chasseur, lorsqu'il a découvert des œufs, forme une espèce d'abri en pierre pour se cacher, et attend derrière le moment favorable. Lorsque la femelle est seule, et que le mâle est assez loin pour ne pas prendre l'alarme au coup de fusil, il tire à balle, court ramasser l'oiseau atteint du coup mortel, essuie son sang, et le replace dans la même position, près des œufs. Quand le mâle revient, il s'approche sans défiance pour commencer sa faction. Le chasseur, resté en embuscade, le tue, et emporte ainsi une double proie. Si le mâle a eu quelque sujet d'alarme, il s'éloigne en courant avec rapidité : on le poursuit alors, mais il se défend en lançant des pierres derrière lui, à la distance d'une portée de fusil, et avec une grande force. Il serait d'ailleurs dangereux de l'approcher trop quand il est en colère ; car son extrême vigueur et sa taille élevée rendraient le combat périlleux, surtout pour les yeux du chasseur.

Lorsque la saison de la chasse des autruches est passée, les Bédouins montent sur leurs ânes, et vont vendre leurs plumes à Damas et jusqu'à Bagdad.

Lorsqu'un d'eux veut se marier, il engage la moitié de sa chasse de l'année au père de sa fiancée, pour payer sa dot. Ces Bédouins ont une grande vénération pour la mémoire d'Antar, dont ils se prétendent les descendans; mais je ne sais jusqu'à quel point on peut ajouter foi à cette prétention. Ils nous récitèrent plusieurs fragmens de son poëme.

Ayant pris congé d'eux, nous marchâmes au grand pas des dromadaires, et vînmes camper sur les bords d'un lac d'une grande étendue, appelé Raam-Beni-Hellal. Il reçoit ses eaux d'une colline que nous avions côtoyée.

Le lendemain, arrivés au milieu d'un désert aride, nous aperçûmes une petite oasis, formée d'un arbuste appelé jorfé; nous n'en étions plus qu'à quelques pas, lorsque nos dromadaires s'arrêtèrent court; nous crûmes d'abord qu'ils voulaient se reposer dans un endroit où un retour de végétation semblait leur annoncer de l'eau; mais nous reconnûmes bientôt que leur répugnance venait d'un effroi instinctif qui se manifestait par tous les signes d'une invincible terreur; ni caresses ni menaces ne pouvaient les faire avancer. Ma curiosité se trouvant excitée au plus haut degré, je mis pied à terre pour connaître la cause de leur épouvante; mais, à peine entré dans le bosquet, je reculai moi-même involontairement.

La terre était jonchée de peaux de serpens de toute grandeur et de toute espèce. Il y en avait des milliers; quelques-unes grosses comme des câbles de vaisseau, d'autres minces comme des anguilles; nous nous éloignâmes précipitamment de cet endroit, rendant grâces à Dieu de n'avoir trouvé que les peaux de ces reptiles venimeux. Le soir, ne pouvant joindre aucun abri, il nous fallut passer la nuit au milieu du désert; mais j'avoue que mon imagination, frappée du spectacle horrible du bosquet, m'empêcha de fermer l'œil; je m'attendais à chaque instant à voir un énorme serpent se glisser sous ma tente, et dresser sa tête menaçante à mon chevet.

Le lendemain nous atteignîmes une tribu considérable tributaire des Wahabis; elle venait de Samarcande; nous cachâmes soigneusement nos pipes, car Ebn-Sihoud défend sévèrement de fumer, et punit de mort toute infraction à ses ordres. L'émir Médjioun nous donna l'hospitalité, mais ne put contenir sa surprise de notre hardiesse à nous mettre ainsi à la merci du Wahabi, dont il nous peignit le caractère féroce en termes effrayans. Il ne nous dissimula pas que nous courions de grands dangers, Ebn-Sihoud ne se faisant aucun scrupule d'employer de fausses promesses pour user ensuite de trahison infâme. Le drayhy qui, plein de loyauté, s'était avancé sur la foi de l'invitation du roi, sans s'imaginer qu'on pût manquer à sa parole, commença à se repentir de sa crédule confiance; mais, sa fierté l'empêchant de reculer, nous continuâmes notre voyage. Nous eûmes bientôt atteint le Nedgde, pays entrecoupé de vallons et de montagnes, et couvert de villes et de villages, outre une multitude de tribus errantes. Les villes paraissent fort anciennes et attestent une population primitivement plus nombreuse et plus riche que celle qui les occupe maintenant. Les villages sont peuplés de Bédouins cultivateurs ; le sol produit en abondance du blé, des légumes et surtout des dattes. On nous raconta que les premiers habitans de ce pays l'abandonnèrent pour aller s'établir en Afrique sous la conduite d'un de leurs princes, nommé Beni Hétal.

Nous trouvâmes partout une franche hospitalité, mais partout aussi nous entendîmes des plaintes interminables sur la tyrannie d'Ebn-Sihoud. La crainte seule retenait ces peuples sous sa domination. Enfin, après quatorze jours de marche au pas des dromadaires, ce qui suppose une distance triple de celle d'une caravane dans le même espace de temps, nous arrivâmes dans la capitale des Wahabis : la ville est entourée d'un bois de dattiers ; les arbres se touchent et laisssent à peine le passage d'un cavalier entre leurs troncs ; aussi la ville se dérobe-t-elle derrière ce rempart, appelé les dattiers de Darkisch. Ayant traversé ce bois, nous trouvâmes comme un second retranchement de monticules formés de noyaux de dattes amoncelés, ressemblant à une digue de petites pierres, et derrière, la muraille de la ville que nous longeâmes pour arriver à une porte d'entrée qui nous conduisit au palais du roi. Ce palais, fort grand et à deux étages, est bâti en belles pierres de taille blanches. Informé de notre arrivée, Ebn-Sihoud nous fit conduire dans un de ses appartemens, élégant et bien meublé, où l'on nous servit un repas copieux. Nous trouvâmes ce début de bon augure, et nous nous applaudîmes de n'avoir pas cédé aux défiances qu'on avait voulu nous inspirer. Le soir, ayant mis ordre à notre habillement, nous fûmes nous présenter au roi ; nous vîmes un homme de quarante-cinq ans environ, l'œil dur, le teint bronzé et la barbe très-noire ; il était vêtu d'une gombas attachée autour des reins par une ceinture blanche, un turban rayé rouge et blanc sur la tête, un machlah noir jeté sur l'épaule gauche, tenant dans la main droite la baguette du roi Mahlab, insigne de son autorité : il était assis au fond d'une grande salle d'audience assez richement meublée de nattes, de tapis et de coussins. Les grands de sa cour l'entouraient. L'ameublement ainsi que les habillemens étaient en coton ou en laine du Yémen, la soie étant défendue dans ses états, ainsi que tout ce qui rappelle le luxe et les usages des Turcs. J'eus le loisir de faire mes observations, car Ebn-Sihoud ayant répondu brièvement et d'un ton glacial au compliment du drayhy, nous nous assîmes et attendîmes en silence qu'il entamât la conversation. Cependant, au bout d'une demi-heure, le drayhy, voyant qu'il ne commandait pas le café et ne se déridait pas, prit la parole et dit :

« Je vois, ô fils de Sihoud, que vous ne nous rece-
« vez pas comme nous avions droit de nous y attendre.
« Nous avons marché sur vos terres et nous sommes

« entrés sous votre toit d'après votre invitation ; si
« vous avez quelque chose contre nous, parlez, ne
« nous cachez rien. »

Ebn-Sihoud, lui lançant un regard de feu :

« Oui certes, répondit-il, j'ai beaucoup de choses
« contre vous ; vos crimes sont impardonnables !
« vous vous êtes révolté contre moi, et vous avez
« refusé de m'obéir ; vous avez dévasté la tribu de
« Sachrer en Galilée, sachant qu'elle m'appartenait.

« Vous avez corrompu les Bédouins et vous les
« avez réunis contre moi et contre mon autorité.

« Vous avez détruit mes armées, pillé mes camps
« et soutenu mes mortels ennemis, les Turs, ces ido-
« lâtres, ces profanateurs, ces scélérats, ces débau-
« chés. »

Puis, s'animant de plus en plus et accumulant invectives sur invectives, sa rage ne connut plus de bornes, et il finit pour nous ordonner de sortir de sa présence, pour attendre son bon plaisir.

Je voyais les yeux du drayhy s'enflammer, ses narines se gonfler ; je craignais à chaque instant une explosion d'impuissante colère, qui n'aurait servi qu'à pousser le roi aux dernières extrémités ; mais, se voyant entièrement sans défense, il se contint, et, se levant avec dignité, se retira lentement pour réfléchir à ce qu'il devait faire. Tout tremblait devant les fureurs d'Ebn-Sihoud ; nul n'aurait osé s'opposer à ses volontés. Nous restâmes deux jours et deux nuits dans notre appartement, sans entendre parler de rien ; personne ne se souciait de nous approcher ; ceux qui avaient paru les plus empressés lors de notre arrivée, nous fuyaient, ou se moquaient de notre crédule confiance dans la foi d'un homme si connu pour son caractère perfide et sanguinaire. Nous nous attendions à chaque instant à voir arriver les satellites du tyran pour nous massacrer, et nous cherchions en vain quelques moyens de nous tirer de ses griffes. Le troisième jour, le drayhy, s'écriant qu'il aimait mieux la mort que l'incertitude, envoya chercher un des ministres du Wahabi, nommé Abou-el-Salem, et lui dit : « Allez de ma part porter ces paroles à votre maître :

« *Ce que vous voulez faire, faites-le promptement;*
« *je ne vous le reprocherai pas ; je ne m'en pren-*
« *drai qu'à moi-même de m'être livré entre vos*
« *mains.*

El-Sallem obéit, mais ne revint pas, et, pour toute réponse, nous vîmes vingt-cinq nègres armés se ranger auprès de notre porte. Nous étions donc décidément prisonniers! Combien je maudissais la folle curiosité qui m'avait jeté dans un péril si gratuit! Le drayhy ne craignait pas la mort, mais la contrainte lui était insupportable; il se promenait à grands pas de long en large, comme un lion devant les barreaux de sa cage. Il me dit enfin :

« Je veux en finir; je veux parler à Ebn-Sihoud, et
« lui reprocher sa perfidie; je vois que la douceur et
« la patience sont inutiles, je veux au moins mourir
« avec dignité. »

Il fit de nouveau demander El-Sallem, et dès qu'il l'aperçut :

« Retournez auprès de votre maître, lui dit-il;
« annoncez-lui que, par la foi des Bédouins, je ré-
« clame le droit de parler; il sera toujours à temps
« d'user de son bon plaisir, après qu'il m'aura
« entendu. »

Le Wahabi ayant accordé une audience, El-Sallem
nous introduisit; arrivés en sa présence, le roi nous
laissa debout, et sans répondre au salut d'usage :

« Que voulez-vous? » dit-il brusquement.

Le drayhy, se redressant avec dignité, répondit :

« Je suis venu chez vous, ô fils de Sihoud, sur la foi
« de vos promesses, n'ayant qu'une suite de dix
« hommes, moi qui commande à des milliers de
« guerriers. Nous sommes sans défense entre vos
« mains; vous êtes au centre de votre puissance,
« vous pouvez nous broyer comme la cendre; mais
« sachez que, depuis la frontière de l'Inde jusqu'à la
« frontière du Nedgde, dans la Perse, à Bassora, dans
« la Mésopotamie, le Hemad, les deux Syrie, la Gali-
« lée et le Horan, tout homme qui porte le cafié vous
« redemandera mon sang, et tirera vengeance de ma
« mort. Si vous êtes roi des Bédouins, comme vous
« le prétendez, comment vous abaissez-vous à la tra-
« hison? C'est le vil métier des Turcs. La trahison
« n'est pas pour le fort, mais pour le faible ou le
« lâche. Vous qui vantez vos armées, et qui préten-
« dez tenir votre puissance de Dieu même, si vous
« voulez ne pas ternir votre gloire, rendez-moi à mon
« pays et combattez-moi à force ouverte : car, en
« abusant de ma bonne foi, vous vous déshonorez,
« vous vous rendez l'objet du mépris de tous, et cau-

« serez la ruine de votre royaume. J'ai dit : mainte-
« tenant faites ce qu'il vous plaira ; vous vous en
« repentirez un jour. Je ne suis qu'un sur mille ; ma
« mort ne diminuera pas ma tribu, n'éteindra pas la
« race des Chalân. Mon fils Sahen me remplacera ;
« il reste pour conduire mes Bédouins et tirer ven-
« geance de mon sang. Soyez donc averti, et que vos
« yeux s'ouvrent à la vérité. »

Pendant ce discours le roi jouait avec sa barbe et se calmait peu à peu. Enfin, après un moment de silence :

« Allez en paix, dit-il, il ne vous arrivera rien que
« de bien. »

Nous nous retirâmes alors, mais sans cesser d'être gardés à vue.

Ce premier succès rassura les courtisans qui avaient entendu avec terreur les paroles hardies du drayhy, et s'étonnaient de la manière dont le tyran les avait supportées. Ils commencèrent à se rapprocher de nous, et Abou-el-Sallem nous fit dîner chez lui. Cependant je n'étais pas très-rassuré pour mon compte ; je pensais à la vérité qu'Ebn-Sihoud n'oserait pas pousser les choses aux dernières extrémités avec le drayhy, mais je craignais qu'il ne vînt à rejeter les torts sur mes conseils, et à me sacrifier, moi, obscur giaour, à son ressentiment. Je fis part de mes craintes au drayhy, qui me rassura en jurant qu'on n'arriverait à moi qu'en passant sur son cadavre, et que je sortirais le premier des portes de Darkisch.

Le lendemain, Ebn-Sihoud nous ayant fait appeler, nous reçut très-gracieusement et fit apporter le café. Bientôt il se mit à questionner le drayhy sur les personnes qui l'accompagnaient. Voici mon tour qui arrive, pensai-je, et le cœur me battit un peu ; je me remis cependant, et lorsque le drayhy m'eut nommé, le roi, se tournant vers moi :

« C'est donc vous, dit-il, qui êtes Abdallah le « chrétien ? »

Et sur ma réponse affirmative :

« Je vois, continua-t-il, que vos actions sont « beaucoup plus grandes que votre personne. »

— « La balle d'un fusil est petite, lui dis-je, elle « tue pourtant de grands hommes. »

Il sourit :

« J'ai bien de la peine, reprit-il, à croire tout ce « qu'on a dit de vous : je veux que vous me répon- « diez franchement : Quel est le but de cette alliance « à laquelle vous travaillez depuis plusieurs années ?

« — Ce but est bien simple, répondis-je. Nous « avons voulu réunir tous les Bédouins de la Syrie « sous le commandement du drayhy, pour résister « aux Turcs ; vous voyez que nous formions ainsi « une barrière impénétrable entre vous et vos en- « nemis.

« — Fort bien, dit-il ; mais, s'il en est ainsi, pour- « quoi avez-vous cherché à détruire mes armées « devant Hama ?

« — Parce que vous étiez un obstacle à nos pro- « jets, repris-je : ce n'était pas pour vous, mais pour « le drayhy que nous travaillions ; son pouvoir une « fois affermi dans la Syrie, la Mésopotamie et jus- « qu'à la Perse, nous voulions faire alliance avec

« vous, et devenir, par ce moyen, invulnérables dans
« la possession de notre liberté absolue. Enfans de
« la même nation, nous devons défendre la même
« cause ; c'est à cette fin que nous sommes venus ici
« pour former avec vous une union indissoluble.
« Vous nous avez reçus d'une manière offensante, et
« le drayhy vous l'a reproché en termes offensans à
« son tour ; mais nos intentions sont franches, et
« nous l'avons prouvé en venant sans armes nous
« confier à votre loyauté. »

La physionomie du roi s'éclaircissait à mesure
que je parlais, et lorsque j'eus fini il me dit :

« Je suis content. »

Puis, se tournant vers ses esclaves, il ordonna
trois cafés. Je remerciai Dieu intérieurement de m'avoir si bien inspiré. Le reste de la visite se passa au
mieux, et nous nous retirâmes fort satisfaits. Le soir,
nous fûmes invités à un grand souper chez un des
ministres, appelé Adramouti, qui nous entretint en
confidence des cruautés de son maître, et de l'exécration dans laquelle il était tombé généralement. Il
nous parla aussi de ses immenses richesses; celles
dont il s'est emparé lors du pillage de la Mecque sont
incalculables. Depuis les premiers temps de l'Hégire,
les princes musulmans, les califes, les sultans et les
rois de Perse envoient tous les ans au tombeau du
prophète des présens considérables en bijoux,
lampes, candélabres d'or, pierres précieuses, etc.,
outre les offrandes du commun des fidèles. Le trône
seul, cadeau d'un roi de Perse, en or massif, incrusté
de perles et de diamans, était d'une valeur inesti-

mable. Chaque prince envoie une couronne d'or, enrichie de pierres précieuses, pour suspendre à la voûte de la chapelle; il y en avait d'innombrables lorsque Ebn-Sihoud la dépouilla; un seul diamant de la grosseur d'une noix, placé sur la tombe, était regardé comme inappréciable. Lorsqu'on pense à tout ce que les siècles avaient accumulé sur ce point unique, on ne s'étonne plus que le roi ait emmené quarante chameaux chargés de pierreries, en outre des objets d'or et d'argent massifs. En calculant ces trésors immenses, et les dîmes qu'il lève tous les ans sur ses alliés, je crois qu'on peut le regarder comme le monarque le plus riche de la terre, surtout si l'on considère qu'il n'a presque aucune dépense à faire; qu'il défend sévèrement le luxe, et qu'en temps de guerre chaque tribu fournit à la subsistance de ses armées et supporte tous les frais et pertes, sans jamais obtenir le moindre dédommagement.

Le lendemain, je me sentis si content d'avoir recouvré ma liberté, que j'allai me promener toute la journée, et visiter en détail Darkisch et ses environs. La ville, bâtie en pierres blanches, contient sept mille habitans, presque tous parens, ministres, ou généraux d'Ebn-Sihoud. On n'y voit pas d'artisans. Les seuls métiers qui s'y exercent sont ceux d'armurier et de maréchal ferrant; encore sont-ils en petit nombre; on ne trouve rien à acheter, pas même sa nourriture. Chacun vit de son avoir; c'est-à-dire, d'une terre ou jardin qui produit du blé, des légumes et des fruits, et nourrit quelques poulets; leurs nombreux troupeaux paissent dans la plaine, et tous les mercredis, les habitans de l'Yemen et de la Mecque viennent échanger leurs marchandises contre des bestiaux. Cette espèce de foire est l'unique commerce du pays. Les femmes sortent sans voile, mais elles mettent leur machlah noir sur leur tête, ce qui est extrêmement disgracieux ; du reste, elles sont généralement laides et brunes à l'excès. Les jardins, situés dans un charmant vallon près de la ville, du côté opposé à celui par lequel nous étions arrivés, produisent les plus beaux fruits du monde : des bananes, oranges, grenades, figues, pommes, melons, etc., entremêlés d'orge et de maïs ; ils sont arrosés avec soin.

Le lendemain le roi nous ayant fait appeler de nouveau, nous reçut très-gracieusement, et me questionna beaucoup sur les divers souverains d'Europe, surtout sur Napoléon, pour lequel il avait une grande vénération. Le récit de ses conquêtes faisait ses délices ; heureusement mes fréquens entretiens avec M. Lascaris m'avaient mis à même de lui donner beaucoup de détails. A chaque bataille, il s'écriait :

« Sûrement, cet homme est un envoyé de Dieu ;
« je suis persuadé qu'il est en communication in-
« time avec son Créateur, puisqu'il en est ainsi fa-
« vorisé. »

Puis se montrant de plus en plus affable envers moi, et changeant de sujet :

« Abdallah, continua-t-il, je veux que vous me
« disiez la vérité : quelle est la base du christia-
« nisme? »

Connaissant les préjugés du Wahabi, je tremblai à cette question; mais ayant prié Dieu de m'inspirer:

« La base de toute religion, ô fils de Sihoud, lui
« dis-je, est la croyance en Dieu; les chrétiens pen-
« sent, comme vous, qu'il n'y a qu'un Dieu, créa-
« teur de l'univers, qui punit les méchans, par-
« donne aux repentans, et récompense les bons; que
« lui seul est grand, miséricordieux et tout-puissant.

« — C'est bien, dit-il, mais comment priez-
« vous? »

Je lui récitai le *Pater;* il le fit écrire sous ma dictée par son secrétaire, le relut, et le plaça dans sa veste; puis, continuant son interrogatoire, il me demanda de quel côté nous nous tournions pour prier.

« Nous prions de tous les côtés, répondis-je, car
« Dieu est partout.

« — En cela je vous approuve tout à fait, dit-il;
« mais vous devez avoir des préceptes aussi bien que
« des prières. »

Je récitai les dix commandemens donnés par Dieu à son prophète Moïse; il parut les connaître, et poursuivant ses questions:

« Et Jésus-Christ, comment le considérez-vous?

« — Comme la parole de Dieu incarnée, comme
« le verbe divin.

« — Mais il a été crucifié.

« — Comme verbe il n'a pas pu mourir, mais
« comme homme il a souffert de la part des mé-
« chans.

« — C'est à merveille: et le livre sacré que Dieu a

« inspiré à Jésus-Christ, est-il révéré parmi vous?
« Suivez-vous exactement sa doctrine?

« — Nous le conservons avec le plus grand respect;
« et nous obéissons en tout à ses enseignemens.

« — Les Turcs, dit-il, ont fait un dieu de leur
« prophète, et prient sur son tombeau comme des
« idolâtres; maudits soient ceux qui donnent au
« Créateur un égal; que le sabre les extermine! »

Et se répandant de plus en plus en invectives contre les Turcs, il blâma l'usage de la pipe, du vin et des viandes impures. Je me trouvai trop heureux de m'être tiré adroitement de questions périlleuses, pour oser le contredire sur des points insignifians, et je le laissai croire que je méprisais l'usage de cette mauvaise herbe (c'est ainsi qu'il appelait le tabac); ce qui fit sourire le drayby, qui savait bien que pour moi le plus grand sacrifice possible était la privation de fumer, et que je profitais de tous les instans où je pouvais impunément tirer ma bien-aimée pipe de sa cachette; ce jour-là surtout, j'en sentais un extrême besoin, ayant beaucoup parlé et pris du café moka très-chargé.

Le roi parut enchanté de notre conversation, et me dit :

« Je vois qu'on apprend toujours quelque chose.
« J'avais cru, jusqu'ici, que les chrétiens étaient les
« plus superstitieux des hommes, et maintenant je
« suis convaincu qu'ils approchent beaucoup plus de
« la vraie religion que les Turcs. »

A tout prendre, Ebn-Sihoud est un homme instruit et d'une rare éloquence, mais fanatique dans ses opinions religieuses ; il a une femme légitime et une esclave, deux fils mariés et une fille jeune encore. Il ne mange que des alimens préparés par ses femmes, de peur d'être empoisonné ; la garde de son palais est confiée à une troupe de mille nègres bien armés. Il peut, du reste, réunir dans ses états quinze cent mille Bédouins capables de porter les armes. Lorsqu'il veut nommer un gouverneur de province, il fait appeler celui auquel il destine ce poste, et l'invite à manger avec lui ; après le repas ils font ensemble les ablutions et la prière ; ensuite, le roi, l'armant d'un sabre, lui dit :

« Je vous ai élu, par ordre de Dieu, pour gouver-
« ner ses esclaves; soyez humain et juste ; recueillez
« exactement la dîme, et faites couper les têtes des
« Turcs et infidèles qui disent que Dieu a un égal ;
« n'en laissez aucun s'établir dans votre pays. Puisse
« le Seigneur donner la victoire à ceux qui croient à
« son unité ! »

Ensuite il lui remet un petit écrit qui enjoint aux habitans d'obéir en tout au gouverneur, sous peine de sévères punitions.

Le jour suivant, nous visitâmes les écuries du roi ; il est impossible, je crois, pour un amateur de chevaux, de rien voir de plus beau. Je remarquai d'abord quatre-vingts jumens blanches, rangées sur une seule file ; elles étaient d'une beauté incomparable et si exactement pareilles, qu'on ne pouvait reconnaître l'une de l'autre ; leur poil, brillant comme l'argent, éblouissait les yeux. Cent vingt autres de diverses robes, mais également belles de formes, occupaient un autre bâtiment; aussi, malgré mon antipathie pour les chevaux depuis l'accident qui avait pensé me coûter la vie, je ne fus pas moins saisi d'admiration en parcourant ces écuries.

Ce soir-là, nous soupâmes chez le général en chef Hédal, qui se réconcilia avec le drayhy. Le fameux Abou-Nocta, qui s'y trouvait, lui fit aussi beaucoup de politesses. Nous restâmes pendant plusieurs jours réunis en assemblées secrètes pour traiter de nos affaires avec Ebn-Sihoud. Le détail en serait superflu. Il suffira de dire qu'une alliance fut conclue entre lui et le drayhy, à leur satisfaction réciproque, et le roi déclara *que leurs deux corps n'étaient plus dirigés que par une seule âme.* Le traité terminé, il nous fit pour la première fois manger avec lui, et goûta chaque plat avant de nous l'offrir. Comme il n'avait jamais vu manger autrement qu'avec ses doigts, je fis une cuiller et une fourchette avec un morceau de bois, j'étalai mon mouchoir en guise de nappe, et je me mis à manger à la manière européenne, ce qui le divertit beaucoup.

« Grâces à Dieu, dit-il, chaque nation croit ses
« usages les meilleurs possible, et chacun est ainsi
« content de sa condition. »

Notre départ étant fixé pour le jour suivant, le roi nous envoya en présent sept de ses plus belles jumens, conduites en laisse par autant d'esclaves noirs montés sur des chameaux hegui, et lorsque chacun de nous eut fait son choix, on nous présenta un sabre dont la lame était fort belle, mais le fourreau sans aucun ornement. Il fit donner également à nos serviteurs des sabres plus ordinaires, des *machlahs* et cent *talaris*. Nous prîmes congé d'Ebn-Sihoud avec les cérémonies d'usage, et nous fûmes accompagnés hors des murs par tous les officiers de sa cour. Arrivés aux portes de la ville, le drayhy s'arrêta, et se tournant vers moi, m'invita à passer le premier, voulant, me dit-il en souriant, tenir sa promesse. Et je l'avoue, malgré toutes les politesses que nous avions reçues à la fin de notre séjour, les angoisses que j'avais éprouvées au commencement m'avaient fait une telle impression que je franchis le seuil avec délices.

Nous prîmes le chemin du pays de Heggias, couchant chaque nuit dans les tribus qui couvraient le désert. Le cinquième jour, après avoir passé la nuit sous les tentes de El-Henadi, nous nous levâmes avec le soleil, et sortîmes pour seller nos dromadaires, qu'à notre grand étonnement nous trouvâmes la tête enterrée dans le sable d'où il nous fut impossible de les faire sortir. Nous appelâmes à notre aide les Bédouins de la tribu, qui nous apprirent que l'instinct des chameaux les portait à se cacher ainsi pour éviter le *simoun;* que c'était un présage de ce terrible vent du désert qui ne tarderait pas à éclater, et que nous ne pouvions nous mettre en route sans courir à une mort certaine. Les chameaux, qui sentent deux ou trois heures à l'avance l'approche de ce terrible fléau, se tournent du côté opposé au vent, et s'enfoncent dans le sable. Il serait impossible de leur faire quitter cette position pour manger ou boire, pendant toute la tempête, durât-elle plusieurs jours. La Providence leur a donné cet instinct de conservation qui ne les trompe jamais. Lorsque nous apprîmes de quoi nous étions menacés, nous partageâmes la terreur générale, et nous hâtâmes de prendre toutes les précautions qu'on nous indiqua. Il ne suffit pas de mettre les chevaux à l'abri, il faut encore leur couvrir la tête et leur boucher les oreilles, autrement ils seraient suffoqués par les tourbillons d'un sable fin et subtil que le vent balaie avec fureur devant lui. Les hommes se rassemblent sous les tentes, en bouchent les ouvertures avec un soin extrême, après s'être pourvus d'eau qu'ils placent à portée de la main ; ensuite ils se couchent par terre, la tête couverte de leur *machlah*, et restent ainsi tout le temps que dure l'ouragan dévastateur.

Ce matin-là, tout fut en tumulte dans le camp, chacun cherchant à pourvoir à la sûreté de son bétail, et se retirant ensuite précipitamment sous sa tente. Nous avions à peine abrité nos belles jumens nedgdis, que la tourmente commença. Des rafales furieuses amenaient des nuages d'un sable rouge et brûlant qui tourbillonnait avec impétuosité, et renversait tout ce qui se trouvait sur son passage : s'amoncelant en collines, il enterrait tout ce qui avait la force de lui résister. Si dans ces momens-là quelques parties du corps se trouvent atteintes, la chair s'enflamme comme si un fer chaud l'avait touchée. L'eau qui devait nous rafraîchir était devenue bouillante ; et la température de la tente surpassait celle d'un bain turc. La tempête dura dix heures dans sa plus grande furie, et diminua ensuite graduellement pendant six heures : une heure de plus, et nous étions

tous suffoqués. Lorsque nous nous hasardâmes à
sortir de nos tentes, un affreux spectacle nous attendait : cinq enfans, deux femmes et un homme, gisaient morts sur le sable encore brûlant, et plusieurs
Bédouins avaient le visage noirci et entièrement calciné, comme par la bouche d'une fournaise ardente.
Lorsque le vent du *simoun* atteint un malheureux à
la tête, le sang lui coule à flots par la bouche et les
narines, son visage se gonfle, devient noir, et bientôt
il meurt étouffé. Nous remerciâmes le Seigneur de
n'avoir pas été nous-mêmes surpris par ce terrible
fléau, au milieu du désert, et d'avoir été ainsi préservés de cette mort affreuse.

Lorsque le temps nous permit de quitter le camp
de Henadi, douze heures de marche nous ramenèrent
à notre tribu, où j'embrassai Scheik-Ibrahim avec
un véritable amour filial; nous passâmes plusieurs
jours à raconter nos aventures, et quand je fus parfaitement remis de mes fatigues, M. Lascaris me dit :

« Mon cher fils, nous n'avons plus rien à faire ici;
« grâce à Dieu, tout est terminé, et mon entreprise
« a réussi au-delà même de mes espérances : il faut
« aller maintenant rendre compte de notre mission. »

Nous quittâmes nos amis avec l'espoir de les revoir
bientôt à la tête de l'expédition à laquelle nous avions
ouvert la route et aplani les voies. Passant par Damas, Alep et la Caramanie, nous arrivâmes à Constantinople, au mois d'avril, après quatre-vingt-dix
jours de marche, souvent à travers les neiges. Dans ce
voyage fatigant, je perdis ma belle jument nedgdié, cadeau d'Ebn-Sihoud, que je comptais vendre au moins

trente mille piastres ; mais ce n'était qu'un avant-coureur des malheurs qui nous attendaient. La peste ravageait Constantinople ; le général Andréossi nous fit loger à Keghat-Keni où nous passâmes trois mois en quarantaine. Ce fut pendant ce temps que nous apprîmes la funeste catastrophe de Moscou, et la retraite de l'armée française sur Paris. M. Lascaris était au désespoir et ne savait quel parti prendre. Après deux mois d'incertitude, il se décida à retourner en Syrie, attendre l'issue des événemens. Nous nous embarquâmes sur un bâtiment chargé de blé ; une tempête affreuse nous jeta à Chios, où nous retrouvâmes la peste. M. de Bourville, consul de France, nous procura un logement où nous restâmes enfermés deux mois. Ayant perdu presque tous nos effets dans la tempête, et ne pouvant communiquer au dehors, à cause de la contagion, nous nous trouvâmes sans vêtemens, exposés à de grandes privations.

Enfin les communications se rouvrirent. M. Lascaris, ayant reçu une lettre du consul-général de Smyrne, qui l'invitait à aller conférer avec les généraux Lallemand et Savari, se décida à s'y rendre, et me permit d'aller passer quelque temps auprès de ma pauvre mère que je n'avais pas vue depuis six ans.

Mes voyages n'ayant plus rien d'intéressant, je passe sur l'intervalle qui s'écoula depuis ma séparation d'avec M. Lascaris jusqu'à mon retour en Syrie, et j'arrive au triste dénouement.

Étant à Latakié auprès de ma mère, et attendant chaque jour qu'un bâtiment pût me transporter en

Égypte, où M. Lascaris m'avait ordonné de le rejoindre, je vois arriver un brick de guerre français ; je cours chercher mes lettres, et j'apprends la désolante nouvelle de la mort de mon bienfaiteur, décédé au Caire. Rien ne peut donner une idée de mon désespoir ; j'avais pour M. Lascaris l'amour d'un fils, et je perdais d'ailleurs avec lui tout mon avenir. M. Drovetti, consul de France à Alexandrie, m'écrivait de me rendre le plus tôt possible auprès de lui ; je fus quarante jours avant de pouvoir trouver l'occasion de m'embarquer, et lorsque j'arrivai à Alexandrie, M. Drovetti était parti pour la Haute-Égypte ; je l'y suivis, et le rejoignis à Asscout. Il m'apprit que, M. Lascaris étant arrivé en Égypte avec un passeport anglais, M. Salt, consul d'Angleterre, s'était emparé de tous ses effets. Il m'engagea à m'adresser à lui pour être payé des appointemens (cinq cents talaris par an) qui m'étaient dus depuis six ans environ, et me recommanda surtout d'insister fortement pour obtenir le manuscrit du voyage de M. Lascaris, document d'une haute importance.

Je retournai immédiatement au Caire ; M. Salt me reçut très-froidement, et me dit que, M. Lascaris étant mort sous protection anglaise, il avait envoyé ses effets et ses papiers en Angleterre. Toutes mes démarches furent inutiles. Je restai longtemps au Caire, dans l'espoir de me faire payer de mes appointemens, et d'obtenir les papiers de M. Lascaris. A la fin M. Salt menaça de me faire arrêter par les autorités égyptiennes, et ce fut grâce à la généreuse protection de M. Drovetti, que j'échappai à ce péril. Enfin, las de cette lutte infructueuse, je quittai l'Égypte, et revins à Latakié auprès de ma famille, plus malheureux et moins riche que lorsque je l'avais quittée en partant d'Alep pour la première fois.

FRAGMENS
DU POEME D'ANTAR.

PREMIER FRAGMENT.

Un jour Antar étant venu chez son oncle Mallek, fut agréablement surpris de l'accueil favorable qu'il en reçut. Il devait cet accueil, nouveau pour lui, aux vives remontrances du roi Zohéir qui, le matin même, avait fortement engagé Mallek à se rendre enfin aux désirs de son neveu en lui accordant sa cousine Ablla qu'il aimait passionnément. On parla des préparatifs de la noce, et Ablla ayant voulu savoir de son cousin quels étaient ses projets, « Je compte, « lui dit-il, faire tout ce qui pourra vous convenir. » — « Mais, reprit-elle, je ne demande pour moi que « ce qui a eu lieu pour d'autres : ce qu'a fait Kaled-« Eben-Mohareb lors de son mariage avec sa cousine « Djida. » — « Insensée ! s'écria son père d'un air « courroucé, qui vous en a fait le récit ?... Non, mon « neveu, ajouta-t-il, nous ne voulons pas suivre cet « exemple. » Mais Antar, heureux de voir pour la première fois son oncle si bienveillant à son égard, et désirant satisfaire sa cousine, la pria de lui raconter les détails de cette noce. — « Voici, dit-elle, ce

« que m'ont rapporté les femmes qui sont venues me
« complimenter sur votre retour : Kaled, le jour de
« son mariage, a tué mille chameaux et vingt lions,
« ces derniers de sa propre main. Les chameaux ap-
« partenaient à Malaeb-El-Assené, émir renommé
« parmi les plus vaillans guerriers. Il a nourri pen-
« dant trois jours trois grandes tribus qu'il avait con-
« viées. Chaque plat contenait un monceau de la
« chair des lions. La fille du roi Eben-el-Nazal con-
« duisait par son licou la naka[1] que montait Djida. »
— « Quoi donc de si admirable dans tout cela? reprit
« Antar. Par le roi de Lanyam et le Hattim, nulle
« autre ne conduira votre naka que Djida elle-même,
« la tête de son mari dans un sac pendu à son cou. »

Mallek gronda sa fille d'avoir entamé ce sujet, feignant d'en être mécontent; tandis que c'était lui qui,
secrètement, avait engagé ces femmes à donner tous
ces détails à Ablla, pour jeter Antar dans l'embarras.
Après le serment de son neveu, satisfait et désirant
rompre la conversation, il lui fit verser du vin, espérant qu'il s'engagerait de plus en plus vis-à-vis de sa
fille.

A la fin de la soirée, comme Antar allait se retirer,
Mallek le pria d'oublier les demandes d'Ablla, voulant
ainsi les lui rappeler indirectement. Rentré chez lui,
Antar dit à son frère Chaiboud de lui préparer son
cheval, El Abgea, et il partit aussitôt après, se diri-
geant vers la montagne de Beni-Touailek. Chemin
faisant, il raconta à Chaiboud ce qui s'était passé le
soir même chez Ablla. — « Maudit soit votre oncle!

[1] Chamelle.

« s'écria son frère. Quel méchant homme! De qui
« Ablla tenait-elle ce qu'elle vous a raconté, si ce
« n'est de son père qui veut se débarrasser de vous,
« en vous précipitant dans de si grands dangers? »
— Antar, sans faire la moindre attention aux pa-
« roles de Chaiboud, lui dit de hâter sa marche, afin
d'arriver un jour plus tôt : tant il était pressé de remplir son engagement; puis il récita les vers suivans :

« Je parcours les mauvais chemins pendant l'obscurité de la nuit. Je marche à travers le désert, plein
de la plus vive ardeur, sans autre compagnon que
mon sabre, ne comptant jamais les ennemis. Lions,
suivez-moi!.... vous verrez la terre jonchée de cadavres servant de pâture aux oiseaux du ciel.

« Kaled[1] n'est plus bien nommé depuis que je le
cherche. Djida n'a plus lieu de se glorifier.

« Leur pays n'est plus en sûreté : bientôt les tigres
seuls l'habiteront.

« Ablla! recevez d'avance mes félicitations sur tout
ce qui doit orner votre triomphe!

« O vous! dont les regards, semblables aux flèches
meurtrières, m'ont fait d'inguérissables blessures,
votre présence est un paradis, votre absence est un
feu dévorant.

« O Allan-el-Fandi! soit bénie par le Dieu tout-
puissant.

« J'ai bu d'un vin plus doux que le nectar; car il
m'était versé par la main de la beauté.

« Tant que je verrai la lumière, je célébrerai son

[1] Heureux.

mérite; et si je meurs pour elle, mon nom ne périra pas. »

Quand il eut fini, le jour commençait à paraître. Il continua sa route vers la tribu de Beni-Zobaïd. Kaled, le héros de cette tribu, y jouissait de plus de considération que le roi lui-même. Il était si redoutable à la guerre que son nom seul faisait trembler les tribus voisines. Voici son histoire et celle de sa cousine Djida.

Deux émirs, Mohareb, père de Kaled, et Zaher, père de Djida, gouvernaient les Bédouins appelés Beni-Aumaya, renommés par leur bravoure. Ils étaient frères. L'aîné, Mohareb, commandait en chef; Zaher servait sous ses ordres. Un jour, à la suite d'une vive querelle, Mohareb leva la main sur son frère, qui revint chez lui le cœur plein de ressentiment. Sa femme, apprenant le motif de l'état violent dans lequel elle le voyait, lui dit : — « Vous ne deviez
« pas souffrir un tel affront, vous le plus vaillant guer-
« rier de la tribu; vous renommé pour votre force et
« votre courage. » — « J'ai dû, répondit-il, respecter
« un frère aîné. » — « Eh bien ! quittez-le, ajouta sa
« femme; allez ailleurs établir votre demeure : ne
« restez pas ici dans l'humiliation : suivez les pré-
« ceptes d'un poëte dont voici les vers :

« Si vous éprouvez des contrariétés ou des malheurs dans un endroit, éloignez-vous et laissez la maison regretter celui qui l'a bâtie.

« Votre subsistance est la même partout; mais

votre âme une fois perdue, vous ne sauriez la retrouver.

« Il ne faut jamais charger un autre de ses affaires; on les fait toujours mieux soi-même.

« Les lions sont fiers parce qu'ils sont libres.

« Tôt ou tard l'homme doit subir sa destinée; qu'importe le lieu où il meurt?

« Suivez donc les conseils de l'expérience. »

Ces vers firent prendre à Zaher la résolution de s'éloigner avec tout ce qui lui appartenait; et, prêt à partir, il récita les vers suivans :

« J'irai loin de vous à une distance de mille années, chacune longue de mille lieues. Quand vous me donneriez, pour rester, mille Égyptes, chacune arrosée de mille Nils, je préférerais m'éloigner de vous et de vos terres, disant, pour justifier notre séparation, un couplet qui n'aura pas de second : L'homme doit fuir les lieux où règne la barbarie. »

Zaher s'étant mis en route, alla jusqu'à la tribu de Beni-Assac, où il fut reçu à merveille et choisi pour chef. Zaher reconnaissant s'y fixa. Quelque temps après il eut une fille nommée Djida qu'il fit passer pour un garçon, et qui grandit sous le nom de Giaudar. Son père la faisait monter à cheval avec lui, l'exerçait aux combats, et développait ainsi ses dispositions naturelles et son courage. Un savant de la tribu lui enseignait l'art de lire et d'écrire, dans lequel elle fit de rapides progrès; c'était une perfection, car elle joignait à toutes ces qualités une admirable beauté. Aussi disait-on de toute part : Heureuse la femme qui épousera l'émir Giaudar !

Son père étant tombé dangereusement malade, et se croyant près de mourir, fit appeler sa femme et lui dit : — « Je vous en conjure, après ma mort ne
« contractez pas un nouveau mariage qui vous sépa-
« rerait de votre fille; mais faites en sorte qu'elle
« continue de passer pour un homme. Si, après moi,
« vous ne jouissez pas ici de la même considération,
« retournez chez mon frère : il vous recevra bien, j'en
« suis sûr. Conservez avec soin vos richesses. L'ar-
« gent vous fera considérer partout. Soyez généreuse
« et affable, vous en serez récompensée; enfin agis-
« sez toujours comme vous le faites présentement. »

Après quelques jours de maladie, Zaher se rétablit; Giaudar continua ses excursions guerrières et fit preuve de tant de valeur en toute circonstance, qu'il était passé en proverbe de dire : « Gardez-vous d'ap-
« procher la tribu de Giaudar. »

Quant à Kaled, il suivait son père Mohareb, dans ses exercices journaliers auxquels prenaient part les plus courageux de la tribu. C'était une guerre véritable, ayant chaque fois ses blessés; Kaled y trouvait un motif d'émulation à devenir un guerrier redoutable, émulation qu'augmentait encore la réputation de valeur de son cousin : il mourait d'envie d'aller le voir, mais n'osait le faire, connaissant les dissensions qui existaient entre leurs parens. A l'âge de quinze ans, Kaled était devenu le plus vaillant guerrier de sa tribu, lorsqu'il eut le malheur de perdre son père ; il fut choisi pour le remplacer, et comme il montrait les mêmes vertus que lui, il ne tarda pas à gagner l'estime et la considération générales. Ayant un jour proposé à sa mère d'aller voir son oncle, ils se mirent en route, suivis de riches présens en chevaux, harnais, armes, etc.; Zaher les reçut à merveille et combla de soins et de prévenances son neveu, dont la réputation était arrivée jusqu'à lui ; Kaled embrassa tendrement son cousin Giaudar, et prit pour lui un vif attachement pendant le peu de temps qu'il passa chez son oncle ; chaque jour il se livrait à ses exercices militaires, et charmait Giaudar, qui voyait en lui un guerrier accompli, plein de courage et de générosité, affable, éloquent et d'une mâle beauté ; ils passaient ensemble les journées entières et même la plus grande partie des nuits. A la fin Giaudar s'attacha tellement à Kaled, qu'un jour il entra chez sa mère et lui dit : Si mon cousin retourne à sa tribu sans moi, j'en mourrai de chagrin, car je l'aime éperdument. — Je suis loin de vous désapprouver, lui répondit sa mère, vous avez raison de l'aimer, car il a tout pour plaire ; c'est votre cousin ; vous êtes du même sang, presque du même âge, jamais il ne pourra trouver un meilleur parti que vous ; mais laissez-moi d'abord parler à sa mère, que je lui apprenne votre sexe; attendons jusqu'à demain ; quand elle viendra chez moi, comme de coutume, je l'instruirai de tout; nous arrangerons votre mariage, et nous partirons ensemble.

Le lendemain, elle se mit à lui peigner les cheveux à l'heure à laquelle venait ordinairement la mère de

Kaled, et quand celle-ci, entrant dans la tente, lui eut demandé quelle était cette belle fille, elle lui raconta l'histoire de Djida et la volonté de son père de la laisser cachée sous des habits d'homme. — Je vous découvre ce secret, ajouta-t-elle, parce que je veux la donner en mariage à votre fils. — J'y consens volontiers, répondit la mère de Kaled. Quel honneur pour mon fils de posséder cette beauté unique! — Puis, allant trouver Kaled, elle lui raconta cette histoire, affirmant qu'il n'existait pas une femme dont la beauté pût être comparée à celle de sa cousine. Allez donc, lui dit-elle, la demander en mariage à votre oncle, et s'il veut bien vous l'accorder, vous serez le plus heureux des mortels.

— J'étais décidé, répondit son fils, à ne plus me séparer de mon cousin Giaudar, tant je lui étais attaché; mais puisque c'est une fille, je ne veux plus rien avoir de commun avec elle; je préfère la société des guerriers, les combats, la chasse aux éléphans et aux lions, à la possession de la beauté; qu'il ne soit donc plus question de ce mariage, car je veux partir à l'instant même. — En effet, il ordonna les préparatifs du départ et fut prendre congé de son oncle, qui lui demanda ce qui le pressait tant, le priant de rester quelques jours de plus. — Impossible, répondit Kaled, ma tribu est sans chef; il faut que j'y retourne. A ces mots, il se mit en route avec sa mère, qui avait fait ses adieux à celle de Djida, et l'avait instruite de sa conversation avec son fils.

En apprenant le refus de son cousin, Djida se livra à la plus vive douleur, ne pouvant ni manger

ni dormir, tant était grande sa passion pour Kaled.
Son père, la voyant en cet état, la crut malade et
cessa de l'emmener avec lui dans ses excursions. Un
jour qu'il était allé au loin surprendre une tribu
ennemie, elle dit à sa mère : — Je ne veux pas mourir pour une personne qui m'a traitée avec si peu
d'égards ; avec l'aide de la Providence, je saurai à
mon tour lui faire éprouver toutes les souffrances,
même celle de l'amour. Puis, se levant avec la fureur
d'une lionne, elle monta à cheval, disant à sa mère
qu'elle allait à la chasse, et partit pour la tribu de
son cousin, sous le costume d'un Bédouin de Kégiaz.
Elle fut loger chez un des chefs, qui l'ayant prise
pour un guerrier, la reçut de son mieux. Le lendemain elle se présenta à l'exercice militaire commandé par son cousin, et commença avec lui une
lutte qui dura jusqu'à midi. Le combat de ces deux
héros fit l'admiration de tous les spectateurs. Kaled,
étonné au dernier point de rencontrer un guerrier
qui pût lui tenir tête, ordonna d'avoir pour lui tous
les égards possibles. Le lendemain revit la même
lutte, qui continua le troisième et le quatrième jour.
Pendant tout ce temps, Kaled fit l'impossible pour
connaître cet étranger, sans pouvoir y réussir. Le
quatrième jour, le combat dura jusqu'au soir, sans
que, pendant tout ce temps, l'un pût parvenir à
blesser l'autre ; quand il fut terminé, Kaled dit à
son adversaire : Au nom du Dieu qui vous a donné
tant de vaillance, faites-moi connaître votre pays et
votre tribu ? — Alors Djida, levant son masque, lui
dit : — Je suis celle qui, éprise de vous, voulait vous

épouser et que vous avez refusée, préférant, avez-vous dit, à la possession d'une femme, les combats et la chasse ; je suis venue pour vous faire connaître la bravoure et le courage de celle que vous avez repoussée. — Après ces paroles, elle remit son masque et revint chez elle, laissant Kaled triste, irrésolu, sans force et sans courage, et tellement épris qu'il finit par en perdre connaissance. Quand il revint à lui, son goût pour la guerre et la chasse des bêtes féroces avait fait place à l'amour ; il rentra chez lui, et fit part à sa mère de ce changement subit, en lui racontant son combat avec sa cousine. — Vous méritez ce qui vous arrive, lui répondit-elle ; vous n'avez pas voulu me croire autrefois ; votre cousine a agi comme elle le devait, en vous punissant de votre fierté à son égard. Kaled lui ayant fait remarquer qu'il n'était pas en état de supporter ses reproches et qu'il avait plutôt besoin de compassion, la supplia d'aller demander sa cousine pour lui. Elle partit aussitôt pour la tribu de Djida, tourmentée pour son fils qu'elle laissait dans un état déplorable.

Quant à Djida, après s'être fait connaître à son cousin, elle revint chez elle ; sa mère était inquiète de son absence ; elle lui conta son aventure et l'étonna par le récit de tant de bravoure. Trois jours après son retour, arriva la mère de Kaled, qui voulut sur-le-champ parler à Djida ; elle lui dit qu'elle venait de la part de son cousin pour les unir, et lui apprit en même temps dans quel triste état elle l'avait laissé. — Un tel mariage est désormais impossible, répondit Djida, je n'épouserai jamais celui qui m'a refusée, mais j'ai voulu lui donner une leçon et le punir de m'avoir tant fait souffrir. — Sa tante lui représentant que s'il lui avait causé quelque peine, il était en ce moment bien plus malheureux qu'elle :— Quand je devrais mourir, reprit Djida, je ne serai jamais sa femme. — Son père n'étant pas encore de retour, la mère de Kaled ne put lui parler. Voyant d'ailleurs qu'elle n'obtiendrait rien de Djida, elle revint chez son fils, qu'elle trouva malade d'amour et très-changé ; elle lui rendit compte du résultat de sa mission, ce qui augmenta son désespoir et ses maux. — Il ne vous reste plus qu'un moyen, dit-elle : prenez avec vous les chefs de votre tribu et ceux des tribus vos alliées, et allez vous-même la demander à son père ; s'il vous dit qu'il n'a pas de fille, racontez-lui votre histoire, il ne pourra nier plus longtemps, et sera forcé de vous l'accorder.

Kaled, à l'instant même, convoqua les chefs et les vieillards de la tribu, et leur fit part de ce qui lui était arrivé ; ce récit les frappa d'étonnement. « C'est une histoire merveilleuse, dit Mehdi Karab, « un d'eux ; elle mériterait d'être écrite à l'encre d'or. « Nous ignorions que votre oncle eût une fille ; nous « ne lui connaissions qu'un fils nommé Giaudar ; « d'où lui vient donc cette héroïne ? Nous vous ac- « compagnerons quand vous irez demander sa main; « personne n'en est plus digne que vous. »

Kaled ayant appris le retour de son oncle, partit accompagné des vingt principaux chefs de sa tribu et de cent cavaliers : il était suivi de riches présens. Zaher les accueillit de son mieux sans rien comprendre au prompt retour de son neveu, dont il ignorait la rencontre avec sa fille. Le quatrième jour de son arrivée, Kaled ayant baisé la main de son oncle, lui demanda sa cousine en mariage, le suppliant de revenir habiter avec lui, et comme Zaher affirmait n'avoir qu'un garçon nommé Giaudar, le seul enfant que Dieu lui eût donné, disait-il, Kaled lui raconta tout ce qui lui était arrivé avec sa cousine; à ce récit, Zaher troublé, garda quelques instans le silence, puis après : —Je ne croyais pas, dit-il, qu'un jour ce secret serait découvert, mais puisqu'il en est autrement, plus que tout autre vous pouvez prétendre à la main de votre cousine, et je vous l'accorde.—Le prix de Djida fut ensuite fixé devant témoins à mille chameaux roux chargés des plus belles productions du Yémen ; ensuite Zaher entrant chez sa fille, lui annonça l'engagement qu'il venait de prendre avec Kaled. —J'y souscris, répondit-elle, à condition que le jour de mon mariage, mon cousin tuera mille chameaux choisis parmi ceux de Mélaeb-el-Assené, de la tribu Beni-Hamer.—Son père, souriant à cette demande, engagea son neveu à l'accepter ; celui-ci, à force de prières, ayant décidé son oncle à revenir avec lui, ils se mirent tous en route le lendemain ; Zaher fut comblé de soins et d'égards dans son ancienne tribu, et y obtint le premier rang.

Le lendemain de son arrivée, Kaled, à la tête de mille guerriers choisis, fut surprendre la tribu de Beni-Hamer, lui livra un combat sanglant, blessa dangereusement Mélaeb, auquel il prit un plus grand nombre de chameaux que celui demandé par Djida,

et revint chez lui triomphant. A quelques jours de là, comme il priait son oncle de hâter son mariage, sa cousine lui dit qu'il ne la verrait jamais sous sa tente s'il ne lui amenait la femme ou la fille d'un des émirs les plus vaillans de Kail, pour tenir le licol de sa monture le jour de sa noce, car je veux, ajouta-t-elle, que toutes les jeunes filles me portent envie. Pour satisfaire à cette nouvelle demande, Kaled, à la tête d'une nombreuse armée, attaqua la tribu de Nihama Eben-el-Nazal, et, à la suite de plusieurs batailles, il finit par s'emparer d'Aniamé, fille de Nihama, qu'il ramena avec lui. Djida n'ayant plus rien à lui demander, il commença la chasse aux lions. L'avant-veille de son mariage, comme il se livrait à cette chasse, il rencontra un guerrier qui, s'avançant vers lui, lui cria de se rendre et de descendre de cheval à l'instant même, sous peine de la vie; Kaled, pour toute réponse, attaqua vivement cet ennemi inconnu; le combat devint terrible et dura plus d'une heure; enfin, fatigué de la résistance d'un adversaire qu'il ne pouvait vaincre : — « O fils de race maudite, dit
« Kaled, qui êtes-vous? quelle est votre tribu? et
« pourquoi venez-vous m'empêcher de continuer
« une chasse si importante pour moi? malédiction
« sur vous! Que je sache du moins si je me bats
« contre un émir ou contre un esclave. » Alors son adversaire, levant la visière de son casque, lui répondit en riant : — « Comment un guerrier peut-il
« parler de la sorte à une jeune fille? » Kaled, ayant reconnu sa cousine, n'osa pas lui répondre, tant il éprouvait de honte. — « J'ai pensé, continua Djida,

« que vous étiez embarrassé pour votre chasse ; et
« je suis venue vous aider. » — « Par le Tout-Puis-
« sant ! s'écria Kaled, je ne connais aucun guerrier
« aussi vaillant que vous, ô la reine des belles ! » Ils
se séparèrent alors en convenant de se réunir le soir
au même endroit, et s'y rejoignirent en effet, Kaled
ayant tué un lion et Djida un mâle et une femelle.
Ils se quittèrent de plus en plus charmés l'un de
l'autre.

La noce dura trois jours au milieu des réjouissances de toute espèce. Plus de mille chameaux et
vingt lions furent tués, ces derniers de la propre
main de Kaled, à l'exception des deux provenant de
la chasse de sa cousine. Aniamé conduisit par le licol
la naka que montait Djida. Les deux époux étaient
au comble du bonheur.

Zaher mourut quelque temps après ce mariage,
laissant le commandement suprême à ses deux enfans, Kaled et Djida. Bientôt ces deux héros réunis
devinrent la terreur du désert.

Revenons à Antar et à son frère. Quand ils furent
arrivés aux environs de la tribu, Antar envoya son
frère reconnaître la disposition du terrain et l'emplacement de la tente de Kaled, afin de prendre ses
mesures pour l'attaquer. Chaiboub revint le lendemain lui annoncer que son bonheur surpassait la
méchanceté de son oncle, puisque Kaled était absent.
— « Il n'y a dans la tribu, ajouta-t-il, que cent cava-
« liers avec Djida. Son mari est parti avec Mehdi-
« Karab, et c'est elle qui est chargée de veiller à la
« sûreté commune. Chaque nuit elle monte à cheval

« suivie d'une vingtaine de cavaliers, pour faire sa
« ronde, et s'éloigne quelquefois, d'après ce que
« m'ont dit les esclaves. » — Antar, charmé de cette
nouvelle, dit à son frère qu'il espérait faire Djida
prisonnière le soir même; que, quant à lui, sa tâche
serait d'arrêter ses compagnons au passage, afin
qu'aucun d'eux ne pût aller avertir la tribu, qui se
mettrait alors à leur poursuite. — « Si vous en laissez
« échapper un seul, ajouta-t-il, je vous coupe la
« main droite. » — « Je ferai tout ce que vous exige-
« rez, répondit Chaiboub, puisque je suis ici pour
« vous aider. » — Ils restèrent cachés toute la journée, et se rapprochèrent de la tribu après le coucher
du soleil. Bientôt ils virent venir à eux plusieurs cavaliers. Djida était à leur tête, et chantait les vers
suivans :

« La poussière des chevaux est bien épaisse, la
guerre est mon état.

« La chasse aux lions est une gloire et un triomphe
pour les autres guerriers, mais rien pour moi.

« Les astres savent que ma bravoure a effacé celle
de mes pères.

« Qui ose m'approcher quand je parcours de nuit
les montagnes et la plaine?

« Plus que personne j'ai acquis de la gloire en ter-
rassant les plus redoutables guerriers. »

Ayant entendu ces vers, Antar dit à son frère de
prendre sur la gauche, et lui-même se jetant vers la
droite, poussa son cri de guerre d'une voix tellement

forte, qu'il jeta la terreur parmi les vingt cavaliers de la suite de Djida. Antar, sans perdre de temps, se précipita sur elle, abattit son cheval d'un coup de sabre, et la frappa elle-même si violemment à la tête qu'elle en perdit connaissance. Il la quitta pour se mettre à la poursuite de ses compagnons, en tua douze en peu de temps, et mit les autres en fuite. Chaiboub, qui les attendait au passage, en abattit six à coups de flèche, et Antar, accourant à son aide, se défit des deux autres. Il dit alors à son frère de courir promptement lier Djida, avant qu'elle ne reprît ses sens, et d'emmener pour elle un des chevaux des cavaliers qu'ils venaient de tuer. Mais Djida, après être restée une heure sans connaissance, était revenue à elle, et, trouvant un cheval abandonné, s'en était emparée. Avertie par la voix d'Antar, elle tira son sabre et lui dit : « Ne vous flattez pas, fils de race « maudite, de voir Djida tomber en votre pouvoir. « Je suis ici pour vous faire mordre la poussière, et « jamais vous ne m'auriez vue à terre, si vous n'aviez « pas eu le bonheur de tuer mon cheval. » — A ces mots, elle se précipita sur Antar, avec la fureur d'une lionne qui a perdu ses petits. Celui-ci soutint bravement le choc, et un combat des plus terribles s'engagea entre eux. Il dura trois heures entières sans avantage marqué d'aucun côté. Tous deux étaient accablés de fatigue. Chaiboub veillait de loin à ce qu'aucun secours ne pût arriver à Djida qui, bien qu'affaiblie par sa chute et blessée en plusieurs endroits, faisait cependant une résistance opiniâtre, espérant en vain être secourue. Enfin, Antar se pré-

cipitant sur elle, la saisit à la gorge et lui fit perdre de nouveau connaissance. Il en profita pour la désarmer et lui lier les bras. Alors Chaiboub engagea son frère à partir avant que les événemens de la nuit parvinssent à la connaissance de la tribu de Djida et de ses alliés, qui se mettraient à leur poursuite. Mais Antar s'y refusa, ne voulant pas retourner à Beni-Abess sans butin. « Nous ne pouvons, dit-il, aban-
« donner ainsi les beaux troupeaux de cette tribu,
« car il faudrait revenir une seconde fois à l'époque
« de la noce d'Ablla. Attendons le jour, quand ils
« iront au pâturage, nous nous en emparerons, et
« retournerons alors à Beni-Abess. »

Le matin, les troupeaux étant venus paître, Antar s'empara de mille nakas et de mille chameaux avec leurs conducteurs, les confia à Chaiboub pour les emmener, et resta pour chasser les gardiens dont il fit un grand carnage. Ceux qui purent s'échapper coururent à la tribu dire qu'un seul guerrier nègre s'était emparé de tous les troupeaux, après avoir tué un grand nombre d'entre eux, et restait sur le champ de bataille, attendant qu'on vînt l'attaquer. Nous croyons, ajoutèrent-ils, qu'il a tué ou pris Djida. « Est-il au monde un guerrier qui puisse tenir tête à
« Djida, et à plus forte raison la vaincre ? » dit Giabe, un des chefs les plus renommés. Les autres, la sachant partie de la veille, et ne la voyant pas de retour, pensaient qu'elle était peut-être à la chasse. Ils convinrent, dans tous les cas, de partir sur-le-champ pour reprendre leurs troupeaux. Ils marchaient par vingt et par trente, et rejoignirent bientôt Antar qui,

à cheval et appuyé sur sa lance, attendait le combat. Tous lui crièrent à la fois : « Insensé ! qui êtes-vous « pour venir ainsi chercher une mort certaine ? » — Sans daigner répondre, Antar les attaqua avec impétuosité, et, malgré leur nombre (ils étaient quatre-vingts), il les mit facilement en déroute, après en avoir blessé plusieurs. Il pensa ensuite à rejoindre son frère, dans la crainte que les bergers ne vinssent à se défaire de lui ; mais comme il se mettait en chemin, il vit une grande poussière s'élever du milieu du désert, et pensant que c'était l'ennemi : « C'est au-« jourd'hui, dit-il, que l'homme doit se montrer. » — Il continuait sa route lorsqu'il rencontra Chaiboub qui revenait vers lui. Il lui demanda ce qu'il avait fait de Djida et des troupeaux : « Quand les « bergers ont aperçu cette poussière, répondit son « frère, ils se sont révoltés et n'ont pas voulu conti-« nuer de marcher, disant que c'était Kaleb qui re-« venait avec son armée. J'en ai tué trois, mais vous « sachant seul contre tous, je suis venu à votre se-« cours. Mieux vaut mourir ensemble que séparés. « — Misérable ! reprit Antar, vous avez eu peur et « avez abandonné Djida et les troupeaux ; mais, je le « jure par le Tout-Puissant, je ferai aujourd'hui des « prodiges qui seront cités dans les siècles à venir ! » — A ces mots, il se précipite sur les traces de Djida que les bergers avaient déliée après le départ de Chaiboub. Elle était à cheval, mais souffrante et sans armes. Antar, ayant tué quatre des bergers sans pouvoir arrêter les autres, poursuivit Djida qui cherchait à rejoindre l'armée qui s'avançait, la croyant de sa tribu. Mais quand elle fut au milieu des cavaliers, elle les entendit répéter ces paroles : « Antar, vaillant héros, nous venons vous aider, « quoique vous n'ayez pas besoin de notre secours. »

C'était en effet l'armée de Beni-Abess, commandée par le roi Zohéir en personne. Ce prince ne voyant plus Antar, et craignant que son oncle ne l'eût, comme d'habitude, engagé dans quelque périlleuse entreprise, avait envoyé chercher Chidad, son père, pour en avoir des nouvelles. Ne pouvant en obtenir par lui, il en avait fait demander à Mallek qui avait feint de n'être pas mieux instruit. Chidad alors avait interrogé Ablla dont il connaissait la franchise, et en ayant tout appris, en avait informé le roi, dont les fils, irrités contre Mallek, s'étaient sur-le-champ décidés à partir à la recherche d'Antar, disant que s'ils le trouvaient sain et sauf, ils célébreraient son mariage aussitôt son retour ; et que s'il était mort, ils tueraient Mallek, cause de la perte de ce héros si précieux à sa tribu. Instruit du projet de ses fils, Chass et Maalek, le roi avait résolu de se mettre lui-même à la tête de ses plus vaillans guerriers, et avait quitté la tribu suivi de quatre mille cavaliers au nombre desquels était Mallek. Pendant la route, celui-ci ayant demandé au roi quel était son dessein : — « Je veux, répondit Zohéir, aller tirer Antar du mau- « vais pas où vous l'avez engagé. » — « Je vous assure, « reprit Mallek, que je n'ai nulle connaissance de « cela. Ablla est la seule coupable : pour en finir, je « retourne chez moi lui trancher la tête. » — Chass, prenant la parole : « Sur mon honneur, Mallek, mieux

« vaudrait que vous fussiez mort : si ce n'était par
« respect pour mon père et par amitié pour Antar,
« je ferais voler votre tête de dessus vos épaules. »
— A ces mots, il le frappa violemment de son courbach, lui enjoignant de s'éloigner lui et les siens.

De retour à la tribu, Mallek, ayant réuni ses parens et ses amis, s'éloigna suivi de sept cents des siens. Le Rabek, un des chefs les plus renommés, et Héroné-Eben-el-Wuard l'accompagnèrent avec cent cavaliers de choix. Ils marchèrent tout le jour, et le soir dressèrent leurs tentes pour tenir conseil et décider où ils devaient aller, et à quelle tribu ils pourraient se joindre. « Nous sommes, dit le Rabek, plus de sept
« cents. Attendons ici des nouvelles d'Antar; s'il
« échappe aux dangers et revient à Beni-Abess, Zo-
« héir viendra bien certainement nous chercher;
« s'il périt, nous irons nous établir plus loin. » — Cet avis ayant prévalu, ils restèrent en cet endroit. Quant à Zohéir, il avait continué de marcher à la recherche d'Antar, qu'il venait enfin de rencontrer poursuivant Djida. Celle-ci, ayant obtenu la vie sauve, fut liée de nouveau et confiée à la garde de Chaiboub.

Dès qu'Antar aperçut le roi, il descendit de cheval et alla baiser sa sandale en disant : — « Seigneur!
« vous faites trop pour votre esclave; pourquoi
« prendre tant de peine pour moi? » — « Comment
« voulez-vous, répondit Zohéir, que je laisse un héros
« tel que vous seul dans un pays ennemi? Vous au-
« riez dû m'instruire des exigences de votre oncle :
« ou je l'aurais satisfait en lui donnant de mes propres

« troupeaux, ou je vous aurais accompagné dans
« votre entreprise. »

Antar l'ayant remercié alla saluer les deux fils du
roi, Chass et Maalek, et son père Chidad, qui lui
apprit ce qui était arrivé au père d'Ablla. — « Mon
« oncle, dit Antar, connaît mon amour pour sa fille
« et en abuse ; mais grâce à Dieu et à la terreur qu'in-
« spire notre roi Zohéir, je suis venu à bout de mon
« projet, et si j'avais eu avec moi seulement cinquante
« cavaliers, je me serais rendu maître de tous les
« troupeaux des trois tribus qui n'étaient défendus
« par personne ; mais, puisque je vous trouve ici,
« nous irons nous en emparer. Il ne sera pas dit que
« le roi se soit mis inutilement en campagne. Il faut
« qu'il se repose ici un jour ou deux, pendant que
« nous irons dépouiller ces tribus. »

Zohéir ayant approuvé ce projet, fit dresser les
tentes à l'endroit même, recommandant sur toutes
choses, aux guerriers qui faisaient partie de l'expédition, de respecter les femmes. Ils restèrent absens
trois jours, pendant lesquels ils firent, presque sans
combat, un butin si considérable que le roi en fut
tout émerveillé.

Le lendemain, l'ordre du départ ayant été donné,
l'armée reprit le chemin de la tribu à la satisfaction
de tous, si ce n'est de Djida, qui, entourée de plusieurs cavaliers, faisait la route montée sur un chameau que conduisait un nègre. A trois journées de
marche de la tribu, ils campèrent dans une vaste
plaine. Antar la trouvant heureusement disposée
pour livrer bataille, le roi lui fit observer qu'elle était

également propice à la chasse; — « Mais, répon-
« dit Antar, je n'aime que la guerre, et je souffre
« quand je reste longtemps sans combattre. » —
Quelques heures après, on aperçut une poussière
épaisse qui semblait se diriger vers le camp. Bientôt
on vit briller des fers de lance, puis on entendit des
pleurs et des cris de souffrance. Zohéir pensant que
c'était l'armée de Kaled qui avait été attaquer la tribu
de Beni-Amar, et qui revenait avec ses prisonniers,
dit à Antar de se préparer au combat. — « Soyez sans
« inquiétude, répondit celui-ci, sous peu tous ces
« guerriers seront en votre pouvoir. » — Aussitôt il
« ordonna tous les préparatifs, laissant dix cavaliers
« et plusieurs nègres pour garder le butin. Il brûlait
de se mesurer avec son ennemi.

Avant d'aller plus loin, il est nécessaire de faire
connaître au lecteur l'armée qui s'avançait. Kaled,
parti avec cinq mille guerriers et les deux chefs Kaiss-
Eben-Mouchek et Mehdi-Karab pour attaquer Beni-
Amar, avait trouvé le pays désert. Les habitans prévenus s'étaient retirés dans les montagnes avec leurs
richesses. Il n'avait donc fait aucun butin, et comme
il revenait sans avoir pu prendre un seul chameau,
ses compagnons l'avaient engagé à aller surprendre
la tribu Beni-Abess, la plus riche du pays. Kaled,
ayant pris la route de cette tribu, avait rencontré le
camp du père d'Ablla, l'avait attaqué, et, après un
jour entier de combat, s'était emparé des guerriers
qui le composaient, ainsi que des femmes et des troupeaux. Ablla, tombée au pouvoir de Kaled, se réjouissait d'un malheur qui la sauvait du mariage que son

père voulait la forcer de contracter avec un de ses parens, nommé Amara, aimant mieux être prisonnière que la femme d'un autre qu'Antar. Elle ne cessait de l'appeler en disant : — « Cher Antar, où « êtes-vous ? Que ne pouvez-vous voir dans quelle « position je me trouve ! » — Kaled ayant demandé à un des prisonniers quelle était cette femme qui prononçait si souvent le même nom, celui-ci, ennemi juré d'Antar, avait répondu qu'elle s'appelait Ablla et qu'elle avait exigé de son cousin qu'il lui amenât Djida pour tenir le licol de sa naka le jour de son mariage. — « Nous nous sommes séparés de notre « tribu, avait-il ajouté, ne voulant pas accompagner, « dans cette entreprise, le roi Zohéir qui est parti « avec tous les siens, moins trois cents restés pour « garder Beni-Abess, sous le commandement de « Warka, un de ses fils. » — A cette nouvelle, Kaleb furieux avait envoyé Medhi-Karab, à la tête de mille guerriers, pour s'emparer des femmes et des troupeaux de Beni-Abess, avec ordre de massacrer tous les hommes qu'il trouverait. Quant à lui, il avait continué sa route pour revenir à sa tribu, traitant fort mal ses prisonniers et vivement inquiet de Djida. Pour charmer ses ennuis, il dit les vers suivans :

« J'ai conduit des chevaux garnis de fer et portant des guerriers plus redoutables que des lions.

« J'ai été au pays de Beni-Kenab, de Beni-Amar et de Beni-Kelal. A mon approche les habitans ont fui dans les montagnes.

« Beni-Abess court de grands dangers ; ses habitans pleureront nuit et jour.

« Tous ceux qui ont échappé au carnage sont tombés en mon pouvoir.

« Que de filles dont les beaux yeux versent des larmes ! Elles appellent Beni-Abess à leur secours ; mais Beni-Abess est dans les fers.

« Zohéir est allé avec ses guerriers chercher la mort dans un pays où les femmes sont plus vaillantes que les hommes. Malheur à lui si l'on m'a dit vrai ! il a laissé le certain pour l'incertain.

« Le jour du combat prouvera lequel de nous deux s'est trompé.

« Mon glaive se réjouit dans ma main victorieuse. Le fer de mon ennemi verse des larmes de sang.

« Les guerriers les plus redoutables tremblent à mon aspect.

« Mon nom doit troubler leur sommeil, si la terreur leur permet de goûter quelque repos.

« Si je ne craignais d'être accusé de trop d'orgueil, je dirais que mon bras seul suffit pour ébranler l'univers. »

Kaled ayant continué sa route, se trouvait alors en présence de l'armée de Beni-Abess. Les pleurs et les cris des prisonniers étant parvenus aux oreilles d'Antar et de ses guerriers, ils crurent reconnaître des voix amies, et allèrent en prévenir Zohéir qui envoya sur-le-champ un cavalier nommé Abssi pour reconnaître l'ennemi. Kaled l'apercevant de loin s'écria : — « Voilà un envoyé de Beni-Abess qui vient

« me faire des propositions ; je ne veux en écouter
« aucune. J'entends faire une guerre d'extermination;
« tous les prisonniers seront esclaves ; mais d'où leur
« vient le butin qu'on aperçoit ? sans doute ils s'en
« seront emparés pendant que Djida était à la chasse
« aux lions. » Alors il envoya Zébaïde, un de ses
guerriers, à la rencontre de l'envoyé de Zohéir, avec
ordre de prendre connaissance de sa mission, et de
s'informer du sort de Djida. Quand ils se furent
joints, Zébaïde prenant la parole. — « O vous qui
« venez ici chercher la mort, dit-il, hâtez-vous
« de dire ce qui vous amène avant que votre tête
« roule dans la poussière. » — « Je méprise vos vaines
« menaces, répondit Abssi ; bientôt nous nous ren-
« contrerons sur le champ de bataille. Je viens ici
« pour trois choses : vous annoncer, vous prévenir,
« et m'informer. Je vous annonce que nous nous
« sommes emparés de vos femmes et de vos trou-
« peaux. Je vous préviens que nous allons vous livrer
« un combat terrible sous la conduite du vaillant
« Antar. Je viens m'informer du butin que vous avez
« fait, car nous savons que vous avez attaqué les trois
« tribus Beni-Kellab, Beni-Amar et Beni-Kélal ; j'ai
« dit ; répondez. » — « Ce butin, dit Zébaïde, nous
« est venu sans peine ; la terreur du nom de Kaled a
« suffi. » — Puis il raconta ce qu'on a lu plus haut
touchant le père d'Ablla, et ajoutant que mille guerriers avaient été envoyés pour surprendre Beni-Abess :
« A mon tour, continua-t-il, je vous demande des
« nouvelles de Djida. » — « Elle est prisonnière, ré-
« pondit Abssi, et souffrante de ses blessures. » —

« Qui donc a pu la vaincre, elle aussi brave que son mari? » dit l'envoyé de Kaled. — Un héros à qui « rien ne résiste, reprit Abssi, Antar, fils de Chidad. »

Les deux envoyés ayant rempli leur mission, revinrent en rendre compte à leurs chefs. Abssi en arrivant s'écria : — « O Beni-Abess, courez aux « armes pour laver l'affront que vous a fait Beni-« Zobaïd. » — Puis, s'adressant à Zohéir, il dit les vers suivans :

« Beni-Abess, surpris par l'ennemi, demeure dépeuplé. Un vent destructeur a balayé la place; l'écho seul est resté.

« On vous a dépouillé de vos biens; les hommes ont été massacrés; vos enfans et vos femmes sont au pouvoir de l'ennemi. Entendez leurs cris de détresse; ils appellent votre secours. Beni-Zobaïd est triomphant, courez à la vengeance.

« O Antar, si vous voyiez le désespoir d'Ablla! combien il surpasse celui de ses compagnes!

« Ses vêtemens sont trempés de larmes; la terre même en est inondée.

« Ablla, la belle parmi les belles.

« Courez donc aux armes! le jour est venu de vaincre ou de mourir. Que la mort suive les coups de vos bras redoutables. »

A ce récit Zohéir ne put s'empêcher de verser des pleurs. Son affliction fut partagée par tous les chefs qui l'entouraient. Antar seul éprouva une sorte de satisfaction en apprenant le triste sort de son oncle, cause de tous ses malheurs; mais son amour lui fit promptement oublier le plaisir de la vengeance.

L'envoyé de Kaled, arrivé en sa présence, déchira ses vêtemens en récitant ces vers :

« O Beni-Zobaïd, vous avez été surpris par les guerriers de Beni-Abess, portés sur des chevaux rapides comme le vent.

« Vos biens les plus précieux vous ont été ravis.

« Serez-vous généreux envers ceux qui ont enlevé jusqu'à vos femmes ?

« O Kaled ! si vous pouviez voir Djida les yeux baignés de larmes.

« O vous le plus redoutable des guerriers, courez le sabre à la main attaquer vos ennemis.

« La mort des braves est préférable à une vie sans honneur.

« Que les méchans ne puissent pas nous flétrir du nom de lâches. »

A ce récit, Kaled irrité donna l'ordre de marcher au combat. Zohéir, voyant ce mouvement, s'avança également suivi des siens. La plaine et les montagnes tremblèrent à l'approche des deux armées. Zohéir s'adressant à Antar : — « L'ennemi est nombreux, « dit-il, cette journée sera terrible. — Seigneur, ré- « pondit Antar, l'homme ne doit mourir qu'une fois. « Enfin voici le jour que j'ai tant désiré. Je délivre- « rai nos femmes et nos enfans, Kaled eût-il avec lui « César et le roi de Perse, ou je périrai. » — Puis il récita les vers suivans :

« L'homme, quelle que soit sa position, ne doit jamais supporter le mépris.

« L'homme généreux envers ses hôtes leur doit le secours de son bras.

« Il faut savoir supporter le destin, quand la valeur ne donne pas la victoire.

« Il faut protéger ses amis, et rougir sa lance dans le sang de son ennemi.

« L'homme qui n'a pas ces vertus ne mérite nulle estime.

« Je veux à moi seul tenir tête à l'ennemi.

« Ce qui nous a été ravi, je le reprendrai aujourd'hui.

« Le combat que je vais livrer fera trembler les plus hautes montagnes.

« Qu'Ablla se réjouisse, sa captivité va finir. »

En entendant ces vers, Chass s'écria : — « Que « votre voix se fasse toujours entendre, vous qui sur- « passez tous les savans en éloquence, et tous les « guerriers en valeur. »

Kaled, avant d'en venir aux mains, donna l'ordre de faire le plus de prisonniers possible.

Antar se porta du côté des captifs pour tâcher de délivrer Ablla; mais il les trouva gardés par un nombre considérable de cavaliers. Kaled s'approcha également du côté où se trouvait Djida, se flattant que Beni-Abess ne tiendrait pas une heure entière devant lui. Il commença par attaquer les guerriers qui entouraient Zohéir et parvint à blesser Chass. Son père se défendit comme un lion, et le combat dura jusqu'à

la fin de la journée; l'obscurité seule sépara les deux armées, qui regagnèrent leurs camps. Après des prodiges de valeur, Antar de retour apprit du roi que Kaled avait blessé son fils. « Par le Tout-Puissant,
« dit-il, demain je commencerai par vaincre Kaled ;
« j'aurais dû le faire aujourd'hui, mais j'ai cherché
« à délivrer Ablla sans pouvoir y réussir. Une fois
« Kaled tué ou prisonnier, son armée se dispersera
« promptement, et nous pourrons alors sauver nos
« malheureux amis. Beni-Zobaïd verra que nous le
« surpassons en valeur. — O le brave des braves, ré-
« pondit Zohéir, je ne doute pas du succès; mais je
« ne puis m'empêcher de frémir en pensant que
« Mehdi-Karab, à la tête de nombreux guerriers, est
« allé surprendre notre tribu, gardée seulement par
« mon fils Warka et un petit nombre des nôtres. Je
« crains qu'il ne parvienne à s'emparer de nos
« femmes et de nos enfans. Que deviendrons-nous
« si demain nous ne sommes pas vainqueurs? » — Antar ayant promis d'en finir le lendemain, ils prirent un léger repas, et se retirèrent dans leurs tentes pour y goûter quelque repos. Au lieu de s'y livrer comme les autres, Antar, ayant changé de cheval, partit pour faire sa ronde, accompagné de Chaiboub. à qui, chemin faisant, il raconta ses tentatives infructueuses pour délivrer Ablla. « Plus heureux que vous,
« lui dit Chaiboub, après bien des efforts, je suis
« parvenu à l'apercevoir aujourd'hui, et voici com-
« ment. Quand j'ai vu le combat engagé dans la
« plaine, j'ai pris un long détour, en traversant le
« désert, et je suis arrivé à l'endroit où se trouvaient

« les prisonniers. J'ai vu le Rabek, son frère Heroné-
« Eben-el-Wuard, votre oncle Mallek, son fils et les
« autres guerriers de notre tribu, liés en travers sur
« des chameaux : près d'eux étaient les femmes, et
« parmi elles Ablla, dont les beaux yeux versaient
« des torrens de larmes. Elle tendait les bras vers
« notre camp en s'écriant : — O Beni-Abess, n'est-il
« pas un de tes enfans qui vienne nous délivrer? pas
« un qui puisse instruire Antar du triste état dans
« lequel je suis? — Cent guerriers entouraient les
« captifs, comme une bague entoure le doigt. J'ai
« cependant tenté d'enlever Ablla, mais j'ai été re-
« connu, et poursuivi. En fuyant je leur décochais
« des flèches. J'ai passé ainsi tout le jour, revenant
« sans cesse à la charge, et toujours poursuivi. Je
« leur ai tué plus de quinze cavaliers. — Mais vous
« voyez la triste position d'Ablla. » — Ce récit arracha des larmes à Antar qui suffoquait de rage. Ayant fait un grand détour; ils arrivèrent enfin à leur destination.

Au point du jour, les deux armées, s'étant préparées au combat, n'attendaient pour en venir aux mains que les ordres des chefs, quand le bruit se répandit dans Beni-Abess qu'Antar avait disparu. Cette funeste nouvelle découragea les guerriers de Zohéir, qui se regardaient dès lors comme vaincus. Celui-ci allait faire demander une suspension d'armes pour attendre le retour d'Antar, lorsqu'on vit au loin s'élever une poussière épaisse qui augmentait en s'approchant. On finit par entendre des cris de désespoir et de souffrance. Cette troisième armée fixa l'attention des deux autres. Bientôt on put distinguer des cavaliers souples comme de jeunes branches, tout couverts de fer, accourant joyeusement au combat. A leur tête marchait un guerrier haut comme un cèdre, ferme comme un roc : la terre tremblait sous ses pas. Devant lui étaient des hommes liés sur des chameaux, et entourés de cavaliers conduisant plusieurs chevaux non montés. Ces cavaliers criaient : *Beni-Zobaïd ;* et leurs voix remplissaient le désert. C'était Mehdi-Karab, envoyé par Kaled pour dépouiller Beni-Abess. Il revenait après s'être heureusement acquitté de sa mission. En effet, arrivé à cette tribu au lever du soleil, il s'était aussitôt emparé de tous les chevaux, des meilleurs chameaux et de plusieurs filles des premières familles. Mais Warka, ayant réuni à la hâte le peu de guerriers qu'il avait, s'était mis à sa poursuite. Se voyant atteint, Mehdi-Karab, après avoir envoyé son butin en avant sous l'escorte de deux cents cavaliers, avait attaqué le le corps de Warka qui, bien que très-inférieur en nombre, avait soutenu le combat avec opiniâtreté jusqu'à la fin du jour. Alors Beni-Abess ayant perdu la moitié des siens et Warka ayant été pris le reste s'était dispersé. Mehdi-Karab, après cette affaire, s'était remis en route, et ayant hâté sa marche, il arrivait à temps pour prendre part à l'action qui allait commencer. Il se mit aussitôt en bataille. A cette vue Zohéir s'écria : — « Voilà mes craintes « réalisées! mais n'importe, que le sabre seul en « décide. Tout est préférable à la honte de voir nos

« femmes réduites en esclavage et devenir des corps
« sans âme. »

Reçu avec des transports de joie, Mehdi-Karab, après avoir raconté son expédition, s'informa de Kaled, et apprit avec étonnement qu'étant monté à cheval la veille au soir pour faire la garde, il n'était pas encore de retour. Cachant son inquiétude, il fondit avec impétuosité sur Beni-Abess, suivi de tous les siens poussant leur cri de guerre. Les guerriers de Zohéir soutinrent ce choc terrible en désespérés, aimant mieux mourir que de vivre séparés de leurs amies. Des flots de sang inondèrent le champ de bataille. A midi, la victoire était encore indécise, mais Beni-Abess commençait à faiblir. L'ennemi faisait un ravage affreux dans ses rangs. Zohéir, qui se trouvait à l'aile gauche avec ses enfans et les principaux chefs, voyant le centre et l'aile droite plier, était dans le plus grand embarras, ne sachant comment arrêter son armée prête à se disperser, quand il aperçut derrière l'ennemi un corps de mille guerriers de choix criant : *Beni-Abess*. Il était commandé par Antar qui, semblable à une tour d'airain, et couvert de fer, accourait en toute hâte, précédé de Chaiboud criant d'une voix forte : — « Malheur à vous,
« enfans de Beni-Zobaïd ! Cherchez votre salut dans
« la fuite. Dérobez-vous à la mort qui va pleuvoir
« sur vous. Si vous ne me croyez pas, levez les yeux,
« et voyez au bout de ma lance la tête de votre chef,
« Kaled-Eben-Mohareb. »

DEUXIÈME FRAGMENT.

Antar, pendant sa captivité en Perse, ayant rendu au roi de ce pays d'importans services, ce prince lui accorda la liberté, et le renvoya comblé de riches présens en argent, chevaux, esclaves, troupeaux et armes de toutes sortes ; Antar ayant rencontré sur sa route un guerrier renommé par sa valeur, qui s'était emparé d'Ablla, le tua et ramena sa cousine avec lui. Près d'arriver à sa tribu, il envoya prévenir ses parens, qui le croyaient mort depuis long-temps; l'annonce de son retour les combla de joie, et ils partirent pour aller à sa rencontre, accompagnés des principaux chefs et du roi Zohéir lui-même. En les apercevant, Antar, ivre de bonheur, mit pied à terre pour aller baiser l'étrier du roi, qui l'embrassa; les autres chefs, heureux de le revoir, le pressèrent dans leurs bras ; Amara, son rival dédaigné, paraissait seul mécontent.

Pour faire honneur à son souverain, Antar continua la route à ses côtés, confiant la garde de sa fiancée à dix nègres qui, pendant la nuit, s'endormirent sur leurs chameaux. Ablla, en ayant fait autant dans son haudag, fut alarmée, à son réveil, de se trouver loin du reste de la troupe; ses cris éveillèrent les nègres, qui s'aperçurent alors que leurs montures avaient changé de route. Pendant qu'ils s'étaient éloignés pour tâcher de retrouver leur chemin, Ablla, descendue de son haudag, se sentit saisir par un cavalier qui l'enleva et la plaça en croupe derrière lui ; c'était Amara qui, furieux de la considération qu'on témoignait à son rival, s'était éloigné, et, rencontrant sa cousine seule, avait pris le parti de s'emparer d'elle; comme elle lui reprochait cette lâcheté, indigne d'un émir : — « J'aime mieux, lui dit-il, « vous enlever que de mourir de chagrin en vous « voyant épouser Antar. » Puis, continuant sa route, il alla chercher un refuge dans une tribu puissante, ennemie de Beni-Abess. Pendant ce temps les nègres, ayant retrouvé leur route, étaient venus reprendre le haudag, ne se doutant pas qu'Ablla l'avait quitté. Antar ayant accompagné le roi jusque chez lui, revint au-devant de sa fiancée, qu'à son grand étonnement il ne trouva plus dans son haudag; ses informations auprès des nègres étant restées sans résultats, il remonta à cheval et courut à la recherche d'Ablla durant plusieurs jours, se lamentant de sa perte en disant les vers suivans :

« Le sommeil fuit ma paupière; mes larmes ont sillonné mes joues.

« Ma constance fait mon tourment, et ne me laisse aucun repos.

« Nous nous sommes vus si peu de temps, que mes souffrances n'ont fait qu'en augmenter.

« Cet éloignement, ces séparations continuelles, me déchirent le cœur. Beni-Abess, combien je regrette vos tentes !

« Que de pleurs inutiles versés loin de ma tendre amie !

« Je n'ai demandé pour rester heureux près de vous que le temps qu'accorderait un avare pour laisser voir son trésor. »

Antar, de retour après de longues et infructueuses recherches, se décida à faire partir son frère Chaiboub, caché sous un déguisement; celui-ci, à la suite d'une absence assez longue, revint lui apprendre qu'il avait découvert Ablla chez Mafarey-Eben-Hammarn, qui lui-même l'avait enlevé à Amara, dans le dessein de l'épouser; mais celle-ci, ne voulant pas y consentir, feignait la folie, et son ravisseur, pour la punir, la forçait de servir chez lui, où elle se trouvait en butte aux mauvais traitemens de la mère de Mafarey, qui l'employait aux travaux les plus rudes. Je l'ai entendue vous nommer, ajouta Chaiboub, en disant les vers que voici :

« Venez me délivrer, mes cousins, ou du moins instruisez Antar de ma triste position.

« Mes peines ont épuisé mes forces; tous les malheurs m'accablent depuis que je suis loin du lion.

« Un vent léger suffisait pour me rendre malade, jugez de ce que j'éprouve dans l'état de souffrance où je suis réduite

« Ma patience est à sa fin; mes ennemis doivent être contens; que d'humiliations depuis que j'ai perdu le héros de mon cœur !

« Ah ! s'il est possible, rapprochez-moi d'Antar ; le lion peut seul protéger la gazelle !

« Mes malheurs attendriraient des rochers. »

Antar, sans vouloir en entendre davantage, partit à l'instant, et, après de longs et sanglans combats, parvint à délivrer Ablla.

PENSÉES D'ANTAR.

« Que vos ennemis craignent votre glaive ; ne restez pas là où vous seriez dédaigné.

« Fixez-vous parmi les témoins de vos triomphes, ou mourez glorieusement les armes à la main.

« Soyez despotes avec les despotes, méchant avec les méchans.

« Si votre ami vous abandonne, ne cherchez pas à le ramener, mais fermez l'oreille aux calomnies de ses rivaux.

« Il n'est pas d'abri contre la mort.

« Mieux vaut mourir en combattant que vivre dans l'esclavage.

« Pendant que je suis compté au nombre des esclaves, mes actions traversent les nuages pour s'élever jusqu'aux cieux.

« Je dois ma renommée à mon glaive, non à la noblesse de ma naissance.

« Mes hauts faits feront respecter ma naissance aux guerriers de Beni-Abess qui seraient tentés de la dédaigner.

« Les guerriers et les coursiers eux-mêmes sont là pour attester les victoires de mon bras.

« J'ai lancé mon cheval au milieu de l'ennemi,

dans la poussière du combat, pendant le feu de l'action;

« Je l'en ai ramené taché de sang, se plaignant de mon activité sans égale;

« A la fin du combat, il n'était plus que d'une seule couleur.

« J'ai tué leurs plus redoutables guerriers, Ràbiha-Hafreban, Giaber-Eben-Mehalka, et le fils de Rabiha-Zabrkan est resté sur le champ de bataille.

« Zabiba[1] me blâme de m'exposer la nuit, elle craint que je ne succombe sous le nombre.

« Elle voudrait m'effrayer de la mort, comme s'il ne fallait pas la subir un jour.

« La mort, lui ai-je dit, est une fontaine à laquelle il faut boire tôt ou tard.

« Cessez donc de vous tourmenter, car si je ne meurs pas, je dois être tué.

« Je veux vaincre tous les rois qui déjà sont à mes genoux, craignant les coups de mon bras redoutable.

« Les tigres et les lions mêmes me sont soumis.

« Les coursiers restent mornes, comme s'ils avaient perdu leurs maîtres.

« Je suis fils d'une femme au front noir, aux jambes d'autruche, aux cheveux semblables aux grains de poivre.

« O vous qui revenez de la tribu, que s'y passe-t-il?

« Portez mes saluts à celle dont l'amour m'a préservé de la mort.

« Mes ennemis désirent mon humiliation; sort cruel! mon abaissement fait leur triomphe.

[1] Mère d'Antar.

« Dites-leur que leur esclave déplore leur éloignement pour lui.

« Si vos lois vous permettent de me tuer, satisfaites votre désir; personne ne vous demandera compte de mon sang. »

Antar s'étant précipité au milieu de l'ennemi, disparut aux yeux des siens qui, craignant pour sa vie, se disposaient à lui porter secours; lorsqu'il reparut tenant la tête du chef des ennemis, il dit les vers suivans :

« Si je ne désaltère pas mon sabre dans le sang de l'ennemi, s'il ne découle pas de son tranchant, que mes yeux ne goûtent aucun repos, même en renonçant au bonheur de voir Ablla dans mes songes.

« Je suis plus actif que la mort même, car je brûle de détruire ceux qu'elle consentirait à attendre.

« La mort, en voyant mes exploits, doit respecter ma personne. Les bras des Bédouins seront courts contre moi, le plus redoutable des guerriers; moi, le lion en fureur; moi, dont le glaive et la lance rendent aux âmes leur liberté.

« Quand j'apercevrai la mort, je lui ferai un turban de mon sabre, dont le sang relève l'éclat.

« Je suis le lion qui protége tout ce qui lui appartient.

« Mes actions iront à l'immortalité.

« Mon teint noir devient blanc, quand l'ardeur du combat vient embraser mon cœur; mon amour devient extrême, la persuasion alors n'a plus d'empire sur moi.

« Que mon voisin soit toujours triomphant, mon ennemi humilié, craintif et sans asile.

« Par le Tout-Puissant qui a créé les sept cieux et qui connaît l'avenir, je ne cesserai de combattre jusqu'à la destruction de mon ennemi, moi, le lion de la terre, toujours prêt à la guerre.

« Mon refuge est dans la poussière du champ de bataille.

« J'ai fait fuir les guerriers ennemis, en jetant à terre le cadavre de leur chef.

« Voyez son sang qui découle de mon sabre.

« O Beni-Abess! préparez vos triomphes et glorifiez-vous d'un nègre qui a un trône dans les cieux.

« Demandez mon nom aux sabres et aux lances, ils vous diront que je m'appelle Antar[1]. »

Le père d'Ablla ne voulant pas donner sa fille à Antar, avait quitté la tribu pendant son absence. A son retour, ce héros ne trouvant plus sa cousine, dit les vers suivans :

« Comment nier l'amour que je porte à Ablla, quand mes larmes témoignent de la douleur que me cause son absence? Loin d'elle, le feu qui me dévore devient chaque jour plus ardent; je ne saurais cacher des souffrances qui se renouvellent sans cesse.

« Ma patience diminue pendant que mon désir de la revoir augmente.

« A Dieu seul je me plains de la tyrannie de mon oncle, puisque personne ne me vient en aide.

[1] Courageux.

« Mes amis, l'amour me tue, moi, si fort, si redoutable.

« O fille de Mallek, je défends le sommeil à mon corps fatigué ; pourrait-il d'ailleurs s'y livrer sur un lit de braise ?

« Je pleure tant que les oiseaux mêmes connaîtront ma douleur, et pleureront avec moi.

« Je baise la terre où vous étiez ; peut-être sa fraîcheur éteindra-t-elle le feu de mon cœur.

« O belle Ablla, mon esprit et mon cœur sont égarés pendant que vos troupeaux restent en sûreté sous ma garde.

« Ayez pitié de mon triste état : je vous serai fidèle jusqu'à l'éternité.

« En vain mes rivaux se réjouissent, mon corps ne goûtera aucun repos. »

RÉSUMÉ POLITIQUE

DU

VOYAGE EN ORIENT.

Pendant dix-huit mois de voyages, de vicissitudes et de loisirs, l'esprit pense, même involontairement. Les faits innombrables qu'il a sous les yeux l'éclairent à son insu. Les différens aspects sous lesquels les choses humaines se présentent à lui, les groupent et les illuminent; en histoire, en philosophie, en religion, l'homme raisonne instinctivement ce qu'il a vu, senti, conclu; des vérités instinctives se forment en lui, et, quand il s'interroge lui-même, il se trouve, sous bien des rapports, un autre homme. Le monde lui a parlé, et il a compris : s'il en était autrement, à quoi serviraient au voyageur les peines, les périls, les longs ennuis des séparations, l'absence des amis et de la patrie? Les voyages seraient une brillante duperie. Ils sont l'éducation de la pensée par la nature et par les hommes. Mais l'homme cependant en voyageant ne se quitte pas soi-même; les pensées qui préoccupaient son siècle et son pays, quand il a quitté le toit paternel, le suivent et le travaillent encore en route. La politique étant l'œuvre du jour pour l'Europe, et surtout pour la France, j'ai beaucoup pensé politique en Orient. En ceci comme en histoire, comme en philosophie et en religion, des apparences plus justes, plus larges, plus vraies, ont résulté pour moi de l'examen et de la leçon des faits et des lieux; dans l'ordre politique quelque chose s'est résumé dans mon esprit, le voici. C'est la seule page de ces notes d'un voyageur, que je voudrais jeter à l'Europe, car elle contient une vérité à l'usage du jour, une vérité qu'il faut saisir pendant qu'elle est évidente et mûre, et qu'elle peut féconder l'avenir. Si elle est comprise et pratiquée, elle sauvera l'Europe et l'Asie, elle multipliera et améliorera la race humaine. Elle fera une époque dans l'existence laborieuse et progressive de l'humanité ; si elle est méconnue, repoussée parmi les rêves impraticables, pour quelques légères difficultés d'exécution, les passions bonnes et mauvaises de l'Europe feront explosion sur elle-même, et l'Asie restera ce qu'elle est, une branche morte et stérile de l'humanité. Deux mots donc :

Les idées humaines ont amené l'Europe à une de ces grandes crises organiques dont l'histoire n'a conservé qu'une ou deux dates dans sa mémoire, époques où une civilisation usée cède à une autre, où le passé ne tient plus, où l'avenir se présente aux masses, avec toutes les incertitudes, toutes les obscurités de l'inconnu ; époques terribles quand elles ne sont pas fécondes ; maladies climatériques de l'esprit humain, qui le tuent pour des siècles, ou le vivifient pour une nouvelle et longue existence. La révolution française a été le tocsin du monde. Plusieurs de ses phases sont accomplies, elle n'est pas finie ; rien ne finit dans ces mouvemens lents, intestins, éternels, de la vie morale du genre humain : il y a des temps de halte ; mais pendant ces haltes même les pensées mûrissent, les forces s'accumulent, et se préparent à une action nouvelle. Dans la marche des sociétés et des idées, le but n'est jamais qu'un nouveau point de départ. La révolution française, qu'on appellera plus tard la révolution européenne, car les idées prennent leur niveau comme l'eau, n'est pas seulement une révolution politique, une transformation du pouvoir, une dynastie à la place d'une autre, une république au lieu d'une monarchie ; tout cela n'est qu'accident, symptôme, instrument, moyen. L'œuvre est tellement plus grave et plus haute, qu'elle pourrait s'accomplir sous toutes les formes de pouvoir politique, et qu'on pourrait être monarchiste ou républicain, attaché à une dynastie ou à l'autre, partisan de telle ou telle combinaison constitutionnelle, sans être moins sincèrement et moins profondément révolutionnaire. On peut préférer un instrument à un autre pour remuer le monde et le changer de place; voilà tout. Mais l'idée de révolution, c'est-à-dire de changement et d'amélioration, n'en éclaire pas moins l'esprit, n'en échauffe pas moins le cœur. Quel est parmi nous l'homme pensant, l'homme de cœur et de raison, l'homme de religion et d'espérance, qui, mettant la main sur sa conscience et s'interrogeant devant Dieu en présence d'une société qui tombe d'anomalie et de vétusté, ne se réponde : Je suis révolutionnaire? Le temps emporte ceux qui lui résistent, comme ceux qui le devancent et l'aident de leurs vœux. C'est un courant si rapide et si invincible, que ceux qui rament le plus vigoureusement et qui croient le remonter ou neutraliser la pente des flots, se trouvent insensiblement portés bien loin de l'horizon qu'ils tenaient du regard et du cœur, et sont tout étonnés un jour de mesurer le chemin involontaire qu'ils ont fait. Il y a bientôt un demi-siècle que cette révolution, mûre dans les idées, a éclaté dans les faits. Elle n'a été d'abord qu'un combat, puis une ruine; la poussière de cette mêlée et de cette ruine a tout obscurci pendant longtemps ; on n'a su ni pourquoi, ni sur quel terrain, ni sous quels drapeaux on combattait. On a tiré, comme dans la nuit, sur ses amis et ses frères; les réactions ont suivi l'action ; des succès ont souillé toutes les couleurs; on s'est retiré avec horreur de la cause que le crime prétendait servir, et qu'il perdait, comme il les perd toutes ; on a passé d'un excès à l'autre ; on n'a plus rien compris aux mouvemens tumultueux, aux vicissitudes de la bataille ; c'était une bataille, c'est-à-dire confusion et désordre, triomphe et déroute, enthousiasme et découragement. Aujourd'hui on commence à saisir le plan providentiel de cette grande action entre les idées et les hommes. La poussière est retombée, l'horizon s'éclaircit. On voit les positions prises et perdues, les idées restées sur le champ de bataille, celles qui sont blessées à mort, celles qui vivent encore, celles qui triomphent ou triompheront; on comprend le passé ; on comprend le siècle; on entrevoit un coin de l'avenir. C'est un beau et rare moment pour l'esprit humain. Il a la conscience de lui-même et de l'œuvre qu'il accomplit; il fait presque jour sur l'horizon de son avenir.

Quand une révolution est enfin comprise, elle est achevée : le succès peut être lent, mais il n'est plus douteux. L'idée nouvelle, si elle n'a pas conquis son terrain, a du moins conquis son arme infaillible. Cette arme est la presse ; la presse, cette révélation quotidienne et universelle de tous par tous, est à l'esprit d'innovation et d'amélioration ce que la poudre à canon fut aux premiers qui s'en servirent : c'est la victoire assurée dans une faculté puissante. Pour les philosophes politiques, il ne s'agit donc plus de combattre, mais de modérer et de diriger l'arme invincible de la civilisation nouvelle. Le passé est écroulé, le sol est libre, l'espace est vide, l'égalité de droit est admise en principe ; la liberté de discussion est consacrée dans les formes gouvernementales, le pouvoir remonté à sa source ; l'intérêt et la raison de tous se résument dans des institutions qui ont plus à craindre la faiblesse que la tyrannie ; la parole parlée et écrite a le droit de faire partout et toujours son appel à l'intelligence de tous : ce grand tribunitiat de la raison domine et dominera de plus en plus tous les autres pouvoirs émanés de lui : elle remue et remuera toutes les questions sociales, religieuses, politiques, nationales, avec la force que l'opinion lui prêtera, au fur et à mesure de sa conviction, jusqu'à ce que la raison humaine, éclairée du rayon qu'il plaît à Dieu de lui prêter, soit rentrée en possession du monde social tout entier, et que, satisfaite de son œuvre logique, elle dise comme le Créateur : « Ce « que j'ai fait est bien, » et se repose quelques jours, si toutefois il y a repos dans le ciel et sur la terre.

Mais les questions sociales sont complexes. La solution des questions de politique intérieure nécessite la solution dans le même sens au dehors.—Tout se tient dans le monde, et toujours un fait réagit sur l'autre ; voyons donc, relativement à l'Orient, quels doivent être logiquement le plan et l'action de la politique européenne ; je dis européenne, car, bien que le système constitutionnel, ou mieux nommé rationnel, ne prévale encore, dans les formes, qu'en France, en Angleterre, en Espagne et en Portugal, il prévaut partout dans les idées : les penseurs sont partout de son parti : les peuples sont possédés de son esprit, et la révolution, commencée ou accomplie dans les mœurs, l'est bientôt dans les faits ; il n'y faut qu'une occasion, ce n'est qu'une affaire de temps. L'Europe a des formes diverses, mais n'a déjà qu'un même esprit, l'esprit de rénovation et de gouvernement des hommes selon la raison. La France et l'Angleterre sont les deux pays d'expérience, chargés, dans ces dernières époques, de promulguer et d'éprouver les idées. — Glorieuse et fatale mission. La France, plus hardie, a pris le pas ; elle est aujourd'hui bien loin en avant ; parlons donc d'abord d'elle.

La France a une grande gloire et de grands périls devant elle ; elle guide les nations, mais elle tente la route, et elle peut trouver l'abîme où elle cherche la voie sociale ; d'une part, toutes les haines du passé qui résistent en Europe, sont ameutées contre elle. En religion, en philosophie, en politique, tout ce qui a horreur de la raison a horreur de la France ; tous les vœux secrets des hommes rétrogrades ou cramponnés au passé sont pour sa ruine ; elle est pour eux le symbole de leur décadence, la preuve vivante de leur impuissance, et du mensonge de leurs prophéties ; si elle prospère, elle dément leurs doctrines ; si elle succombe, elle les vérifie ; toutes les tentations d'amélioration des institutions humaines succombent avec elle : un grand applaudissement s'élève ; le monde reste en possession de la tyrannie et du préjugé. Les hommes de préjugé et de tyrannie désirent donc passionnément sa subversion. A chaque mouvement qu'elle fait, ils l'annoncent ; à chaque occasion, ils l'espèrent ; mais la France est forte, bien plus par l'esprit de vie qui l'anime, que par le nombre de ses soldats. Elle seule a de la foi, et un instinct clair et généreux de la grande cause pour laquelle elle combat ; on lui oppose des machines belliqueuses, et elle jette des martyrs dans l'arène. Une conviction est plus forte qu'une armée ; la France, divisée, ruinée, tyrannisée, ensanglantée au dedans par des bourreaux, attaquée au dehors par ses propres enfans et par les armes de l'Europe entière, a montré au monde qu'elle ne périrait pas par les périls du dehors ; ceux du dedans sont plus graves ; ils résultent de sa situation nouvelle : une transition est toujours une crise, et les conséquences prévues ou imprévues d'un principe organique nouveau amènent inévitablement des phénomènes inattendus, dans la vie sociale d'un grand peuple. Les conséquences immédiates de la révolution en France et les conséquences accidentelles des crises qu'elle vient de traverser sont nombreuses ; je ne parlerai que des principales.

L'égalité de droit a produit l'égalité de prétentions et d'ambitions dans toutes les classes : l'aspiration au pouvoir, la concurrence indéfinie à tous les emplois, l'obstruction de toutes les carrières, la rivalité, la jalousie, l'envie entre tant d'hommes se pressant à la fois aux mêmes issues ; un coudoiement perpétuel des capacités, des cupidités, des amours-propres, à la porte de tous les services publics ; l'instabilité par conséquent, dans toutes les fonctions publiques, et une foule de forces rebutées et envenimées refluant sur la société, et toujours prêtes à se venger d'elle.

La liberté de discussion et d'examen, constituée dans la presse affranchie, a produit un esprit de contestation et de dispute sans bonne foi, une opposition de métier et d'attitude, un cynisme de paroles et de logique qui effarouche la vérité et la modération ; qui égare et ameute l'ignorance, qui déconsidère la première nécessité des peuples, le pouvoir, quel qu'il soit ; qui épouvante les hommes honnêtes, mais timides, et qui donne des armes à toutes les mauvaises passions du temps et du pays.

L'instruction répandue dans les masses, ce premier besoin des populations qui en ont été si longtemps sevrées, produit sur elles, au premier moment, une sorte d'éblouissement d'idées non encore comprises, un vertige d'esprit qui voit trop de jour à la fois ; elles sont comme l'homme qu'on tire des ténèbres où il a longtemps langui, et à qui on ne ménage pas le retour à la lumière ; comme l'homme affamé à qui on jette trop de nourriture à la fois : l'un est ébloui et reste aveugle un moment, l'autre périt quelquefois par l'aliment même qui doit le rendre à la vie. Il ne s'ensuit pas que le pain et la lumière soient des choses funestes ; c'est la transition qui est mauvaise Ainsi de l'instruction des masses ; elle produit, au premier moment, une surabondance de capacités qui demandent un emploi social ; un défaut de niveau entre les facultés et les occupations, qui peut et qui doit jeter, pendant un temps, une grave perturbation dans l'harmonie politique, jusqu'à ce que le niveau, élevé pour tous, se rétablisse pour chacun, et que ces capacités multipliées se créent à elles-mêmes leurs propres modes d'action.

Le mouvement industriel; — il arrache les populations aux mœurs et aux habitudes de famille, aux travaux paisibles et moralisans de la terre; il surexcite le travail par le gain qu'il élève tout à coup, et qu'il laisse retomber par saccades; il accoutume au luxe et aux vices des villes des hommes qui ne peuvent plus retourner à la simplicité et à la médiocrité de la vie rurale : de là des masses, aujourd'hui insuffisantes, demain sans emploi, et que leur dénûment jette en proie à la sédition et au désordre.

Les prolétaires; — classe nombreuse, inaperçue dans les gouvernemens théocratiques, despotiques et aristocratiques, où ils vivent à l'abri d'une des puissances qui possèdent le sol, et ont leurs garanties d'existence au moins dans leur patronage; classe qui, aujourd'hui, livrée à elle-même par la suppression de leurs patrons et par l'individualisme, est dans une condition pire qu'elle n'a jamais été, a reconquis des droits stériles, sans avoir le nécessaire, et remuera la société jusqu'à ce que le *socialisme* ait succédé à l'odieux individualisme.

C'est de la situation des prolétaires qu'est née la question de propriété qui se traite partout aujourd'hui; question qui se résoudrait par le combat et le partage si elle n'était résolue bientôt par la raison, la politique et la *charité sociale*. La charité, c'est le socialisme; — l'égoïsme, c'est l'individualisme. La charité, comme la politique, commande à l'homme de ne pas abandonner l'homme à lui-même, mais de venir à son aide, de former une sorte d'assurance mutuelle à des conditions équitables entre la société possédante et la société non possédante; elle dit au propriétaire : Tu garderas ta propriété, car, malgré le beau rêve de la communauté des biens, tenté en vain par le christianisme et par la philanthropie, la propriété paraît jusqu'à ce jour la condition *sine quâ non* de toute société; sans elle, ni famille, ni travail, ni civilisation. Mais elle lui dit aussi : Tu n'oublieras pas que ta propriété n'est pas seulement instituée pour toi, mais pour l'humanité tout entière ; tu ne la possèdes qu'à des conditions de justice, d'utilité, de répartition, d'accession pour tous ; tu fourniras donc à tes frères, sur le superflu de ta propriété, les moyens et les élémens de travail qui leur sont nécessaires pour posséder leur part à leur tour ; tu reconnaitras un droit au-dessus du droit de propriété, le droit d'humanité ! Voilà la justice et la politique ; c'est une même chose.

De tous ces faits de l'ordre nouveau, un besoin incontestable résulte pour la France et l'Europe, le besoin d'expansion ; il faut de nécessité absolue que l'expansion au dehors soit en rapport de l'immense expansion au dedans, produite par la révolution qui s'accomplit dans les choses. — Sans cette expansion au dehors, comment obvier aux périls que je viens de signaler, comment consacrer l'égalité en droit, et la nier dans les faits ? comment admettre l'examen, et résister à la raison et à son organe, la presse ? comment répandre l'instruction, et refouler les capacités qu'elle multiplie ? comment activer l'industrie, et pourvoir aux agglomérations de populations et aux subites cessations de travail et de salaire qu'elle amène ? comment enfin contenir ces masses de prolétaires qui s'accroissent sans cesse, armées, indisciplinées, ayant à lutter entre la misère et le pillage ? comment sauver la propriété des agressions de doctrines et de faits qu'elle aura de plus en plus à subir ? et si cette pierre angulaire de toute société venait à crouler, comment sauver la société elle-même ? et où serait le refuge contre une seconde barbarie ? Ces périls sont tels que, si la prévision des gouvernemens de l'Europe n'y trouve pas de préservatifs, la ruine du monde social connu est inévitable dans un temps donné.

Or, par une admirable prévoyance de la Providence qui ne crée jamais des besoins nouveaux sans créer en même temps des moyens de les satisfaire, il se trouve qu'au moment même où la grande crise civilisatrice a lieu en Europe, et où les nouvelles nécessités qui en résultent se révèlent aux gouvernemens et aux peuples, une grande crise d'un ordre inverse a lieu en Orient et en Asie, et qu'un grand vide s'offre là au trop plein des populations et des facultés européennes.

L'excès de vie qui va déborder chez nous peut et doit s'absorber sur cette partie du monde ; l'excès des forces qui nous travaille peut et doit s'employer dans ces contrées où la force est épuisée et endormie, où les populations croupissent et tarissent, où la vitalité du genre humain expire. L'empire turc s'écroule, et va laisser, d'un jour à l'autre, un vide à l'anarchie, à la barbarie désorganisée, des territoires sans peuples et des populations sans guides et sans maîtres ; et cette ruine de l'empire ottoman, il n'est pas nécessaire de la provoquer, de pousser du doigt le colosse ; elle s'accomplit d'elle-même providentiellement par sa propre action, par la nécessité de sa nature ; elle s'accomplit comme les choses fatales, sans qu'on puisse en accuser personne, sans qu'il soit possible, ni aux Turcs, ni à l'Europe, de la prévenir. La population, affaissée sur elle-même, expire par sa propre impuissance de vivre, ou plutôt elle n'est plus. La race musulmane est réduite à rien dans les soixante mille lieues carrées dont se compose son immense et fertile domaine ; excepté une ou deux capitales, il n'y a presque plus de Turcs. Parcourons de l'œil ces riches et admirables plages, et cherchons l'empire ottoman : nous ne le trouverons nulle part ; la stupide administration, ou plutôt la meurtrière inertie de la race conquérante des enfans d'Osman, a fait partout le désert, ou a laissé partout multiplier et grandir les races conquises, tandis qu'elle-même diminuait et s'éteignait tous les jours.

L'Afrique et son littoral ne se souvient plus même de son origine et de la domination turque. Les régences barbaresques sont indépendantes de fait, et n'ont plus même avec la Turquie cette fraternité, cette sympathie de la religion et des mœurs, qui constitue encore une ombre de nationalité. Le coup porté à Navarin ne retentit même pas à Tunis ; le coup porté à Alger ne retentit pas à Constantinople : la branche est séparée du tronc ; le littoral de l'Afrique n'est ni turc ni arabe, ce sont des colonies de brigands superposées à la terre, et ne s'y enracinant pas ; cela n'a ni titre, ni droit, ni famille parmi les nations ; cela appartient au canon ; c'est un vaisseau sans pavillon, sur lequel tout le monde peut tirer ; la Turquie n'est pas là.

L'Égypte, peuplée d'Arabes, dominée, tour à tour, par tous les maîtres de la Syrie, vient de se détacher de fait de l'empire. Méhémet-Ali tente la résurrection de l'empire des kalifes, mais le fanatisme d'un dogme nouveau qui brillait autour de leur sabre ne brille plus autour du sien. L'Arabie, divisée en tribus, sans cohésion, sans uniformité de mœurs et de lois, l'Arabie, accoutumée depuis des siècles au joug de tous les pachas, est bien loin de voir un libérateur dans Méhémet-Ali; elle n'y voit pas même un civilisateur qui la rappelle, de la barbarie et de l'impuissance, à la tactique et à l'indépendance; elle n'y voit qu'un esclave heureux et rebelle, qui veut agrandir le lot que la fortune lui a donné, s'enrichir seul des produits de l'Égypte et de la Syrie, et mourir sans maître. Après lui, elle sait qu'elle retombera sous un joug quelconque, peu lui importe.

Bagdad, aux confins du désert de Syrie, ne renferme qu'une population mêlée de juifs, de chrétiens, de Persans, d'Arabes; quelques milliers de Turcs, commandés par un pacha que l'on chasse ou qui se révolte tous les trois ou quatre ans, ne suffisent pas pour constituer la nationalité turque dans cette ville de deux cent mille âmes. Bagdad est de sa nature une ville libre, un karavansérail appartenant à toute l'Asie, pour le dépôt de son commerce intérieur; c'est une Palmyre du désert. Entre Bagdad et Damas règnent les vastes déserts de la Syrie et de la Mésopotamie, traversés par l'Euphrate; il n'y a là ni royaume, ni villes, ni dominations; il n'y a que des tentes, que les tribus inconnues et indépendantes promènent dans ces plaines; tribus qui n'ont de nationalité que dans leurs caprices, qui ne reconnaissent ni patrie, ni maître; enfans du désert, qui ont pour ennemis tous ceux qui veulent les soumettre, hier les Turcs, aujourd'hui les Égyptiens... Ce ne sont pas là des Turcs.

Damas, grande et magnifique ville, ville sainte, ville où le fanatisme musulman prévaut encore, a une population de cent à cent cinquante mille âmes; sur ce nombre trente mille sont chrétiens, sept ou huit mille sont juifs, et plus de cent mille sont Arabes. Une poignée de Turcs règne encore par l'esprit de conquête et de coreligion dans le pays; mais Damas, ville orageuse, indépendante, se révolte à chaque instant, massacre son pacha et chasse les Turcs. Il en est de même d'Alep, ville infiniment moins importante, d'où le commerce se retire, et qui expire sous les ruines de ses tremblemens de terre. Les villes de la Syrie proprement dite, depuis Gaza jusqu'à Alexandrette, y compris les deux villes de Homs et de Hama, sont également peuplées d'Arabes, de Grecs syriaques, de Juifs et d'Arméniens; la totalité des Turcs de ce beau et vaste territoire ne s'élève pas au-delà de trente à quarante mille. Les Maronites, nation saine, vigoureuse, spirituelle, guerrière et commerçante, occupent le Liban et dédaignent ou défient les Turcs. Les Druzes et les Métualis, tribus indépendantes et courageuses, forment, avec les Maronites, sous le gouvernement fédéral de l'émir Beschir, la population dominante et maîtresse en réalité de la Syrie et même de Damas, le jour où tout sera démembré et abandonné à la nature; là est le germe d'un grand peuple nouveau et civilisable; l'Europe n'a qu'à le couver de l'œil et à lui dire : Lève-toi !

Vient ensuite le mont Taurus, et cette immense Caramanie (Asie mineure) dont les provinces étaient sept royaumes, dont les rivages étaient des villes indépendantes, ou de florissantes colonies grecques et romaines. J'ai parcouru toutes ses côtes; je suis entré dans tous ses golfes, depuis Tarson jusqu'à Tchesmé; je n'ai vu que des plages fertiles, mais désertes, et quelques misérables bourgades habitées par des Grecs; l'intérieur renferme l'indomptable tribu des Turcomans, qui paissent leurs troupeaux sur les montagnes, et campent l'hiver dans les plaines. Adana, Konia, Kutaya, Angora, ses principales villes, sont peuplées chacune de quelques milliers de Turcs; Smyrne seule est un vaste centre de populations : environ cent mille âmes; mais plus de la moitié se compose de chrétiens, de Grecs, d'Arméniens et de juifs. Si nous remontons les rivages de l'Asie mineure, nous trouvons les belles îles grecques de Scio, de Rhodes et de Chypre. Chypre, à elle seule, est un royaume; elle a quatre-vingts lieues de long sur vingt de large; elle a nourri et nourrirait plusieurs millions d'habitans; c'est le ciel de l'Asie et le sol des tropiques; elle est peuplée d'environ trente mille Grecs, et soixante Turcs, enfermés dans une masure de fort, y représentent la nationalité ottomane ; ainsi de Rhodes, de Stanchio, de Samos, de Scio, de Mytilène. Jusqu'ici où sont donc les Turcs ? Voilà pourtant la plus belle moitié de l'empire.

Le bord de la mer de Marmara et le canal des Dardanelles sont peuplés, de même, de quelques petites villes, moitié turques, moitié grecques ; population rare et pauvre, disséminée, à de grandes distances, sur des côtes sans profondeur. On ne peut guère élever le nombre total de la population turque de ces contrées, à plus de cent mille âmes, en y comprenant Brousse.

Constantinople, comme toutes les capitales d'un peuple en décadence, offre seule une apparence de population et de vie ; à mesure que la vie des empires s'éloigne des extrémités, elle se concentre dans le cœur. Il y eut un jour aussi où tout l'empire grec fut dans Constantinople, et où la ville prise, il n'y eut plus d'empire. On n'est pas d'accord sur la population de Constantinople ; on diffère de trois cent mille âmes à un million : les recensemens manquent ; chacun juge sur des données particulières. Les miennes ne sont que le coup d'œil jeté sur l'immense développement de la ville, y compris Scutari, sur les rivages de la Corne d'Or, de la mer de Marmara et des côtes d'Asie et d'Europe. Je comprends tout cela sous le nom de Constantinople, car il n'y a pas interruption de maisons. Les dénominations de quartiers, de villes et de villages, sont arbitraires, ce n'est qu'un seul bloc de ville, un seul centre de population ; le développement continu des maisons, kiosques, palais ou villages, sur une profondeur quelquefois considérable, quelquefois d'une ou deux maisons seulement, est de quatorze lieues de France. Je crois que l'ensemble de cette population peut être porté de six à sept cent mille âmes ; un tiers seulement est turc, le reste est arménien, juif, chrétien, franc, grec, bulgare. —La population turque de Constantinople serait donc, selon moi, de deux à trois cent mille âmes. Je n'ai pas visité les bords du Pont-Euxin, mais, d'après l'excellent et consciencieux voyage de M. Fontanier, publié en 1834, les populations indigènes prédominent, et la population turque y est là en décadence comme dans les parties de l'empire que j'ai parcourues.

Dans la Turquie d'Europe, la seule grande ville est Andrinople ; on peut y compter trente à quarante mille Turcs : Philippopoli, Sophia, Nissa, Belgrade et les petites villes intermédiaires, autant. J'ajoute deux cent mille Turcs pour les parties de la Turquie que je n'ai pas visitées ; cela s'élève en tout à environ trois cent mille. Dans la Servie et la Bulgarie, il y a à peine un Turc par village ; je suppose qu'il en est de même dans les autres provinces de la Turquie d'Europe. En faisant la part des erreurs que j'ai pu commettre, et en attribuant à l'intérieur de l'Asie mineure une population turque bien supérieure à ce que les yeux et les relations en témoignent, je ne pense pas qu'en réalité la totalité de la population turque s'élève maintenant au-delà de deux ou trois millions d'âmes ; je suis même loin de penser qu'elle monte si haut. Voilà donc la race conquérante, partie des bords de la mer Caspienne, et fondue au soleil de la Méditerranée ; voilà donc la Turquie possédée par un si petit nombre d'hommes, ou plutôt déjà perdue par eux ; car pendant que le dogme de la fatalité, l'inertie qui en est la conséquence, l'immobilité d'institutions, et la barbarie d'administration, réduisent presque à rien les vainqueurs et les maîtres de l'Asie, les races slaves, les races chrétiennes du nord et du midi de l'empire, les races arméniennes, grecques, maronites et la race arabe conquise, grandissent et multiplient par l'effet de leurs mœurs, de leurs religions, de leur activité. Le nombre des esclaves surpasse immensément le nombre des oppresseurs ; les Grecs de la Morée, faible et misérable population, ont, dans un moment d'énergie, purgé seuls le Péloponèse de Turcs ; la Moldavie, la Valachie, ont secoué le joug ; les îles seraient toutes affranchies, sans le traité européen qui les garantit encore au sultan ; l'Arabie tout entière est disséquée en familles d'hommes inconnues les unes aux autres, tiraillées tour à tour par les Turcs et les Égyptiens, et travaillée, dans sa partie la plus énergique, par le grand schisme des Wahabis : les Arméniens sont, aux deux tiers, arrachés à la domination musulmane par les Russes et les Persans ; les Géorgiens sont Russes, les Maronites et les Druzes seront maîtres de la Syrie et de Damas le jour où ils le voudront sérieusement ; les Bulgares sont une nombreuse et saine population, tributaire encore, mais qui à elle seule, plus nombreuse et plus organisable que les Turcs, s'affranchira d'un mot; ce mot, les Serviens l'ont prononcé, et leurs magnifiques forêts commencent à se percer de routes, à se couvrir de villes et de villages; le prince Milosch, leur chef, n'admet plus quelques Turcs à Belgrade que comme alliés, et non comme maîtres. L'esprit de conquête, âme des osmanlis, s'est éteint; l'esprit de prosélytisme armé s'est évanoui depuis longtemps chez eux; leur force d'impulsion n'existe nulle part; leur force de conservation, qui serait dans une administration uniforme, éclairée et progressive, n'est que dans la tête de Mahmoud; le fanatisme populaire est mort avec les janissaires, et si les janissaires renaissaient, la barbarie renaîtrait avec eux; il faudrait un miracle de génie pour ressusciter l'empire; Mahmoud n'est qu'un homme de cœur : le génie lui manque; il assiste vivant à sa ruine, et rencontre des obstacles partout où un esprit plus vaste et plus ferme trouverait des instrumens; il en est réduit enfin à s'appuyer sur les Russes, ses ennemis immédiats. Cette politique de désespoir et de faiblesse le perd dans l'esprit de son peuple; il n'est plus que l'ombre d'un sultan, assistant au démembrement successif de l'empire; pressé entre l'Europe qui le protége et Méhémet-Ali qui le menace s'il résiste à l'humiliante protection des Russes, Ibrahim arrive et le renverse en paraissant; s'il combat Ibrahim, la France et l'Angleterre confisquent ses flottes et viennent camper aux Dardanelles; s'il s'allie à Ibrahim, il devient l'esclave de son esclave, et trouve la prison ou la mort dans son propre sérail; une énergie héroïque et une tentative de sublime désespoir peuvent seuls le sauver, et relever quelque temps la gloire ottomane : fermer des deux côtés les Dardanelles et le Pont-Euxin; faire un appel à l'Europe méridionale, et à ce qui reste de l'islamisme, et marcher lui-même sur Ibrahim et sur les Russes; mais en supposant le succès, l'empire, un moment glorifié, ne s'en décomposerait pas moins aussitôt après; sa chute seulement serait éclairée d'une auréole d'héroïsme, et la race d'Othman finirait comme elle a commencé, dans un triomphe.

Maintenant que nous avons vu l'état de l'Europe et celui

de l'empire ottoman, que doit faire une politique prévoyante, une politique d'humanité, et non pas d'aveugle et stupide égoïsme? que doit faire l'Europe? La routine diplomatique qui répète ses axiomes, une fois reçus, longtemps après qu'ils n'ont plus de sens, et qui tremble d'avoir une véritable et grave question à traiter, parce qu'elle n'a ni l'intelligence ni l'énergie de la résoudre, dit qu'il faut étayer de toutes parts l'empire ottoman, contre-poids nécessaire en Orient à la puissance russe. S'il y avait un empire ottoman, s'il y avait des Turcs capables de créer et d'organiser non-seulement des armées, mais un état qui pût veiller sur le revers de l'empire russe, et l'inquiéter sérieusement pendant que l'Europe méridionale le combattrait, peut-être cette politique serait-elle conservatrice. Il faudrait être bien hardi ou bien insensé pour dire à l'Europe : Effacez de la carte un empire existant et plein de vie; enlevez un poids immense de la balance si mal équilibrée du monde politique : le monde ne s'en apercevra pas; mais l'empire ottoman n'existe plus que de nom; sa vie est éteinte, son poids ne pèse plus; ce n'est plus qu'une vaste place vide que votre politique antihumaine veut laisser vide au lieu de l'occuper, au lieu de la remplir de populations saines et vivantes que la nature y a déjà semées, et que vous y sèmerez et multiplierez vous-mêmes. Ne précipitez pas la ruine de l'empire ottoman, ne prenez pas le rôle de la destinée, n'assumez pas la responsabilité de la Providence ; mais ne soutenez pas, par une politique illusoire et coupable, ce fantôme à qui vous ne pourrez jamais donner que l'apparence et l'attitude de la vie, car il est mort. Ne vous faites pas les auxiliaires de la barbarie et de l'islamisme contre la civilisation, la raison et les religions plus avancées qu'ils oppriment. Ne soyez pas les complices de la servitude et de la dépopulation des plus belles parties du monde; laissez s'accomplir la destinée ; regardez, attendez, tenez-vous prêts.

Le jour où l'empire s'écroulera de lui-même, sapé par Ibrahim, ou par un pacha quelconque, et tombera pièce à pièce au nord et au midi, vous aurez une question bien simple à décider : — Faut-il faire la guerre à la Russie pour l'empêcher d'hériter des bords de la mer Noire et de Constantinople? Faut-il faire la guerre à l'Autriche pour l'empêcher d'hériter de la moitié de la Turquie d'Europe? Faut-il faire la guerre à l'Angleterre pour l'empêcher d'hériter de l'Égypte et de sa route des Indes par la mer Rouge? à la France pour l'empêcher de coloniser la Syrie et l'île de Chypre? à la Grèce pour l'empêcher de se compléter par le littoral de la Méditerranée et par les belles îles qui portent sa population et son nom? à tout le monde enfin, de peur que quelqu'un ne profite de ces magnifiques débris? Ou bien faut-il nous entendre, et les partager à la race humaine, sous le patronage de l'Europe, pour que la race humaine y multiplie, y grandisse et que la civilisation s'y répande? Voilà les deux questions qu'un congrès des puissances de l'Europe aura à se poser. Certes, la réponse n'est pas douteuse.

Si vous faites la guerre, vous aurez la guerre avec tous les maux, toutes les ruines qu'elle comporte, vous ferez le mal de l'Europe et de l'Asie, et le vôtre; et, la guerre finie de lassitude, rien de ce que vous aurez voulu empêcher ne sera empêché; la force des choses, la pente irrésistible des événemens, l'influence des sympathies nationales et des religions, la puissance des positions territoriales, auront leur inévitable effet. La Russie occupera les bords de la mer Noire et Constantinople; la mer Noire est un lac russe dont Constantinople est la clef. L'Autriche se répandra sur la Servie, la Bulgarie et la Macédoine, pour marcher du même pas que la Russie; et la France, l'Angleterre et la Grèce, après s'être disputé quelque temps la route, occuperont l'Égypte, la Syrie, Chypre et les îles. L'effet sera le même; seulement des flots de sang auront été versés sur terre et sur mer. Des divisions forcées, arbitraires, faites par le hasard des batailles, auront été substituées à des divisions rationnelles de territoires; des colonisations utiles auront perdu des années, et pendant ces années, peut-être longues, la Turquie d'Europe et l'Asie auront été en proie à une anarchie et à des calamités incalculables. Vous y trouverez plus de déserts encore que les Turcs disparus n'en auront laissé. L'Europe aura reculé au lieu de suivre son mouvement accéléré de civilisation et de prospérité, et l'Asie sera restée plus longtemps morte dans son sépulcre. Si la raison préside aux destinées de l'Europe, peut-elle hésiter ? Et si elle hésite, que dira l'histoire de ses gouvernemens et de ses guides ? Elle dira que le monde politique a été conduit, au dix-neuvième siècle, par la folie et l'égoïsme suicide, et que les cabinets et les peuples ont rejeté à la Providence le plus magnifique présent qu'elle ait jamais offert aux nécessités d'une époque et aux progrès de l'humanité.

Voici ce qu'il y a à faire. Rassembler un congrès des principales puissances qui ont des limites sur l'empire ottoman, ou des intérêts sur la Méditerranée ; établir, en principe et en fait, que l'Europe se retire de toute action ou influence directe dans les affaires intérieures de la Turquie et l'abandonne à sa propre vitalité et aux chances de ses propres destinées, et convenir d'avance que, dans le cas de la chute de cet empire, soit par une révolution à Constantinople, soit par un démembrement successif, les puissances européennes prendront, chacune à titre de protectorat, la partie de l'empire qui lui sera assignée par les stipulations du congrès ; que ces protectorats, définis et limités, quant aux territoires, selon les voisinages, la sûreté de frontières, l'analogie de religions, de mœurs et d'intérêts, ne porteront pas atteinte aux droits de souverainetés locales, préexistans dans les provinces protégées, et ne consacreront que la suzeraineté des puissances. Cette sorte de suzeraineté définie ainsi, et consacrée comme droit européen, consistera principalement dans le droit d'occuper telle partie du territoire ou des côtes, pour y fonder, soit des villes libres, soit des colonies européennes, soit des ports et des échelles de commerce. Les nationalités diverses, les classifications de tribus, les droits préexistans de tout genre, seront reconnus et maintenus par la puissance protectrice. Ce n'est qu'une tutelle armée et civilisatrice, que chaque puissance exercera sur son protectorat ; elle garantira son existence et ses élémens de nationalité, sous le drapeau d'une nationalité plus forte ; elle la préservera des invasions, des démembremens, des déchiremens et de l'anarchie ; elle lui fournira les moyens pacifiques de développer son commerce et son industrie.

Ceci posé, le mode d'action et l'influence des protectorats

sur les parties de l'Orient qui leur échoiront, varieront selon les localités et les mœurs, et découleront des circonstances spéciales : voici comment les choses procéderont d'elles-mêmes.

On fondera d'abord une ou plusieurs villes libres européennes, sur un des points de la côte ou du territoire les plus favorisés par la nature et les circonstances. Ces villes, ouvertes, ainsi que leur territoire, à toutes les populations protégées, seront régies par la législation de la mère-patrie ou par des législations coloniales; en y entrant, les protégés acquerront le droit de cité, et bientôt après de nation ; ils cesseront d'être soumis aux législations oppressives et barbares de leur tribu ou de leur prince ; ils jouiront de la consécration du droit de propriété et de transmission qui leur manque presque partout, et qui est le premier levier de toute civilisation ; ils y auront les immunités de commerce, d'industrie, de milice, que la politique de l'état protecteur jugera convenable de leur conférer. — Les relations commerciales entre ces principaux centres de liberté, de propriété et de civilisation, s'étendront inévitablement de proche en proche; les villes, les villages, les tribus, ne tarderont pas à demander en masse la nationalité et les droits sociaux qui en résultent. Le pays protégé passera, en peu d'années, tout entier dans les cadres de la nation protectrice. L'uniformité de lois et d'avantages politiques et sociaux s'y établira promptement et librement : tous ces avantages y sont déjà vivement appréciés et désirés. Las de la tyrannie et de l'administration barbare et oppressive qui les décime, affamés surtout de liberté individuelle, de propriété et de commerce, il n'y a aucun doute que les premières villes ouvertes se rempliront immédiatement. La contagion de l'exemple, et la sécurité prospère dont jouiront ces villes et leurs territoires, entraîneront de proche en proche les populations entières. Il n'y a que deux choses à ménager et à respecter, la religion et les mœurs. Cela est facile, puisque la tolérance est la loi du bon sens et de l'Europe, et l'habitude invétérée de l'Orient. Tous les cultes doivent continuer à y vivre côte à côte, dans toute leur franchise et leur indépendance mutuelle. Quelques conditions purement civiles pourront seulement être graduellement imposées à ceux qui s'établiront dans les villes européennes, et les modifier en ce qui concerne la législation et non les croyances. La loi municipale et protectrice n'y reconnaîtra ni la pluralité des femmes ni l'esclavage, mais elle n'interdira rien de ce qui est seulement domaine privé de la famille ou de la conscience.

Il y aura deux sortes de législation dans chaque protectorat, une législation générale et en quelque sorte féodale, qui établira les rapports généraux des peuples et des tribus protégées entre elles, et avec la nation protectrice, comme le concours à l'impôt, à la milice, les limitations de territoires, et une législation européenne des villes libres européennes, analogue à la civilisation de la nation protectrice, législation modèle, sans cesse offerte en exemple et en émulation à la législation arriérée et barbare des tribus voisines. Il est indispensable de laisser subsister, de droit et de fait, les séparations. Ces races d'hommes en nations, en tribus, en religion et en mœurs existantes dans l'Orient, il faut les obliger seulement dans le pacte commun, surveillé par le protectorat, à vivre en paix ; les habituer à la communauté d'intérêts, les réunir, pour certains objets, en assemblées délibérantes par nation et par tribus ; puis leur faire nommer, dans leur sein, des mandataires pris parmi les plus éclairés d'entre eux, qui délibéreront, à leur tour, avec les mandataires des autres nations et tribus, sur des intérêts communs à tout le protectorat, afin de les accoutumer peu à peu à des rapports bienveillans, et les fondre insensiblement, par la force des mœurs et non par la force des lois. L'Orient est tellement préparé par ses habitudes municipales, et par l'immense diversité de ses races, à un semblable état de choses, que la nation protectrice n'éprouvera aucune difficulté, excepté dans une ou deux grandes capitales, comme Damas, Bagdad, le Caire et Constantinople. Ces difficultés ne devront point être résolues par la force, mais par la seule excommunication temporaire d'avec le reste des territoires protégés. La cessation du commerce est pour l'Orient la cessation de la vie. Le repentir amènera bien vite la réconciliation.

La possibilité, je dirai même la facilité extrême d'une

semblable organisation, est démontrée pour quiconque a parcouru ces contrées. L'excès de la servitude, de la ruine, de la dépopulation, l'absence du droit de propriété et de transmission légale, l'arbitraire d'un pacha, qui pèse sans cesse sur la fortune et sur la vie, ont tellement dénationalisé ces beaux pays, que tout drapeau qui y sera planté à ces conditions réunira bientôt la majorité des populations sous son ombre. La plupart de ces populations est mûre pour ce grand changement : toutes celles de la Turquie d'Europe, et toutes les populations grecques, arméniennes, maronites et juives, sont laborieuses, cultivatrices, commerçantes, et ne demandent que propriété, sécurité et liberté, pour se multiplier, et couvrir les îles et les deux continens. En vingt années, la mesure que je propose aura créé des nations prospères, et des millions d'hommes, marchant, sous l'égide de l'Europe, à une civilisation nouvelle.

Mais, me dira-t-on, que ferez-vous des Turcs? Je demanderai où seront les Turcs? Une fois l'empire écroulé, divisé et démembré, les Turcs, refoulés de toutes les populations insurgées, ou se confondront avec elles, ou fuiront à Constantinople, et dans quelques parties de l'Asie mineure où ils seront en majorité. Ils seront trop peu nombreux, trop pressés d'ennemis implacables, trop frappés du coup de la fatalité, pour reconquérir leur immense domination perdue. Ils formeront eux-mêmes une de ces nations garanties et protégées par la puissance européenne qui acceptera la suzeraineté du Bosphore, de Constantinople ou de l'Asie mineure, et seront trop heureux que cette égide les couvre contre la vengeance et les agressions des peuples qui leur furent soumis. Ils garderont leurs lois, leurs mœurs, leurs cultes, jusqu'à ce que le contact d'une civilisation plus avancée les amène insensiblement à la propriété, au travail, au commerce et à tous les bienfaits sociaux qui en découlent. Leur territoire, leur indépendance relative, et leur nationalité, resteront sous la tutelle de l'Europe, jusqu'à leur complète fusion dans les autres nations libres de l'Asie. Si le plan que je conçois et que je propose devait entraîner la violence, l'expatriation, l'expropriation forcée de ce débris d'une grande et généreuse nation, je regarderais ce plan comme un crime.

Les Turcs, par le vice irréformable de leur administration, de leurs mœurs, sont incapables de gouverner l'Europe et l'Asie, ou l'une ou l'autre de ces contrées. Ils l'ont dépeuplée, et se sont suicidés eux-mêmes par le lent suicide de leur gouvernement. Mais, comme race d'hommes, comme nation, ils sont encore, à mon avis, les premiers et les plus dignes parmi les peuplades de leur vaste empire ; leur caractère est le plus noble et le plus grand, leur courage est intact ; leurs vertus religieuses, civiles et domestiques, sont faites pour inspirer à tout esprit impartial l'estime et l'admiration. Leur noblesse est écrite sur leurs fronts et dans leurs actions : s'ils avaient de meilleures lois et un gouvernement plus éclairé, ils seraient un des premiers peuples du monde. Tous leurs instincts sont généreux. C'est un peuple de patriarches, de contemplateurs, d'adorateurs, de philosophes, et quand Dieu a parlé pour eux, c'est un peuple de héros et de martyrs. A Dieu ne plaise que je provoque l'extermination d'une pareille race d'hommes qui, selon moi, fait honneur à l'humanité. Mais ils ne sont plus, ou ne seront bientôt plus comme peuple. Il faut les sauver comme race d'hommes et comme nation, en sauvant aussi celles qu'ils oppriment et empêchent de naître, en prenant, au moment décisif, la tutelle de leur destinée et de celle de l'Asie. De quel droit? dira-t-on. Du droit d'humanité et de civilisation. Ce n'est pas le droit de la force que je sollicite, la force ne confère pas le droit, mais la force confère une faculté. L'Europe, réunie dans un but conservateur et civilisateur de l'espèce humaine, a incontestablement la faculté de régler le sort de l'Asie. C'est à elle à s'interroger et à se demander si cette faculté ne lui donne pas aussi un droit, et si même elle ne lui impose pas un devoir? Quant à moi, je suis pour l'affirmative. Il n'y a pas un coup de canon à tirer, pas une violence, pas une expropriation, pas un déplacement de population, pas une violation de religion ou de mœurs à autoriser. Il n'y a qu'une résolution à prendre, une protection à promulguer, un drapeau à envoyer, et, si vous ne le faites pas, il y a pour l'Europe vingt années de guerres inutiles, et pour l'Asie, anarchie, ruine, stagnation et dépopulation sans terme. Dieu a-t-il offert à l'homme ce magnifique domaine de la plus belle partie du monde, pour le laisser stérile, inculte ou ravagé par une éternelle barbarie?

Quant à l'Europe elle-même, son état convulsif, révolutionnaire, exubérant de population, d'industrie et de forces intellectuelles sans emploi, doit lui faire bénir la Providence, qui lui ouvre à propos une si immense carrière de pensée, d'activité, de noble ambition, de prosélytismes civilisateurs, de travail industriel et agricole, d'emplois et de rétributions de tout genre; des flottes et des armées à conduire, des ports et des villes à créer, des colonies intérieures à fonder, des déserts fertiles à exploiter, des industries nouvelles à organiser, des bras novices à employer, des routes à percer, des alliances à tenter, des populations saines et jeunes à guider, des législations à étudier et à éprouver, des religions à approfondir et à rationaliser, des fusions de mœurs et de peuples à consommer, l'Afrique, l'Asie et l'Europe à rapprocher et à unir par des communications nouvelles qui mettent les Indes à un mois de Marseille, et le Caire en rapport avec Calcutta. Les plus beaux climats de l'univers, les fleuves, les plaines de la Mésopotamie, offrant leurs ondes ou leurs routes à l'activité multipliée du commerce universel; les montagnes de Syrie fournissant un intarissable dépôt de houilles, au bord de la mer, à d'innombrables vaisseaux à vapeur; la Méditerranée, devenue le lac de l'Europe méridionale, comme le Pont-Euxin devient le lac russe, comme la mer Rouge et le golfe Persique deviennent des lacs anglais; des nations sans territoire, sans patrie, sans droits, sans lois, sans sécurité, se partageant, à l'abri des législations européennes, les lieux où elles campent maintenant, et couvrant l'Asie mineure, l'Afrique, l'Égypte, l'Arabie, la Turquie d'Europe et les îles, de peuples laborieux et affamés des lumières et des produits de l'Europe. Quel tableau, quel avenir pour les trois continens! Quelle sphère sans bornes d'activité nouvelle pour les facultés et les besoins qui nous rongent! Quel élément de pacification, d'ordre intérieur et de progrès réguliers pour notre orageuse époque! Eh bien! ce tableau n'est que la vérité, la vérité infaillible, facile, positive. Il ne faut à l'Europe qu'une idée juste et un sentiment généreux pour le réaliser; elle n'a qu'un mot à dire, et elle se sauve elle-même, en préparant un large avenir à l'humanité.

Je n'entrerai pas ici dans la discussion des limites des protectorats d'Europe et d'Asie, et des compensations que ces limitations pourraient amener dans l'Europe même ; c'est l'œuvre d'un congrès secret entre les agens des principales puissances seulement. Les nationalités établies sont en quelque sorte l'individualité des peuples. Il y faut toucher le moins possible dans les négociations ; la guerre seule y touche, et c'est assez. Ces compensations seraient donc peu de chose à accorder ; elles ne devraient pas entraîner ces interminables discussions, et les querelles multipliées qu'on objecte. Je le disais tout à l'heure, dans certains cas, les facultés sont un droit. Les petites puissances de l'Europe ne doivent point embarrasser les grandes, qui ont de fait la voix prépondérante et sans appel, dans le grand conseil européen. Quand la Russie, l'Autriche, l'Angleterre et la France se seront entendues, et auront promulgué une décision ferme et unanime, qui est-ce qui les empêchera d'exécuter ce que leur dignité, leurs intérêts et le salut du monde leur auront inspiré? Personne. Les petites diplomaties murmureront, intrigueront, écriront ; mais l'œuvre sera accomplie, et la force de l'Europe renouvelée.

CONTRE LA PEINE DE MORT.

AU PEUPLE DU 19 OCTOBRE 1830.

Vains efforts ! périlleuse audace !
Me disent des amis au geste menaçant,
    Le lion même fait-il grâce
    Quand sa langue a léché du sang ?
Taisez-vous ! ou chantez comme rugit la foule !
Attendez pour passer que le torrent s'écoule
    De sang et de lie écumant !
On peut braver Néron, cette hyène de Rome !
Les brutes ont un cœur ! le tyran est un homme :
    Mais le peuple est un élément ;

    Élément qu'aucun frein ne dompte,
Et qui roule semblable à la fatalité ;
    Pendant que sa colère monte,
    Jeter un cri d'humanité,
C'est au sourd Océan qui blanchit son rivage
Jeter dans la tempête un roseau de la plage,
    La feuille sèche à l'ouragan !
C'est aiguiser le fer pour soutirer la foudre,
Ou poser pour l'éteindre un bras réduit en poudre
    Sur la bouche en feu du volcan !

    Souviens-toi du jeune poëte,

Chénier! dont sous tes pas le sang est encor chaud,
  Dont l'histoire en pleurant répète
  Le salut triste à l'échafaud[1].
Il rêvait, comme toi, sur une terre libre
Du pouvoir et des lois le sublime équilibre ;
  Dans ses bourreaux il avait foi !
Qu'importe ! il faut mourir, et mourir sans mémoire :
Eh bien, mourons, dit-il ; vous tuez de la gloire ;
  J'en avais pour vous et pour moi !

  Cache plutôt dans le silence
Ton nom, qu'un peu d'éclat pourrait un jour trahir !
  Conserve une lyre à la France,
  Et laisse-les s'entre-haïr ;
De peur qu'un délateur à l'oreille attentive
Sur sa table future en pourpre ne t'inscrive
  Et ne dise à son peuple-roi :
C'est lui qui disputant ta proie à ta colère,
Voulant sauver du sang ta robe populaire,
  Te crut généreux : venge-toi !

  Non, le Dieu qui trempa mon âme
Dans des torrens de force et de virilité,
  N'eût pas mis dans un cœur de femme
  Cette soif d'immortalité.
Que l'autel de la peur serve d'asile au lâche,
Ce cœur ne tremble pas aux coups sourds d'une hache,
  Ce front levé ne pâlit pas ;
La mort qui se trahit dans un signe farouche

---

[1] Tout le monde connaît le mot d'André Chénier, sur l'échafaud : « C'est dommage, dit-il en se frappant le front, il y avait quelque chose là. »

En vain, pour m'avertir, met un doit sur sa bouche :
   . La gloire sourit au trépas.

   Il est beau de tomber victime,
Sous le regard vengeur de la postérité,
   Dans l'holocaute magnanime
   De sa vie à la vérité !
L'échafaud pour le juste est le lit de sa gloire :
Il est beau d'y mourir au soleil de l'histoire,
   Au milieu d'un peuple éperdu !
De léguer un remords à la foule insensée,
Et de lui dire en face une mâle pensée,
   Au prix de son sang répandu.

   Peuple, dirai-je, écoute ! et juge !
Oui, tu fus grand, le jour où du bronze affronté
   Tu le couvris comme un déluge
   Du reflux de la liberté !
Tu fus fort, quand, pareil à la mer écumante,
Au nuage qui gronde, au volcan qui fermente,
   Noyant les gueules du canon,
Tu bouillonnais semblable au plomb dans la fournaise,
Et roulais furieux sur une plage anglaise
   Trois couronnes dans ton limon !

   Tu fus beau, tu fus magnanime,
Le jour où, recevant les balles sur ton sein,
   Tu marchais d'un pas unanime
   Sans autre chef que ton tocsin ;
Où n'ayant que ton cœur et tes mains pour combattre,
Relevant le vaincu que tu venais d'abattre,

En l'emportant tu lui disais :
Avant d'être ennemis, le pays nous fit frères ;
Livrons au même lit les blessés des deux guerres ;
La France couvre le Français !

Quand dans ta chétive demeure,
Le soir, noirci du feu, tu rentrais triomphant
Près de l'épouse qui te pleure,
Du berceau nu de ton enfant !
Tu ne leur présentais pour unique dépouille
Que la goutte de sang, la poudre qui te souille,
Un tronçon d'arme dans ta main ;
En vain l'or des palais dans la boue étincelle,
Fils de la liberté, tu ne rapportais qu'elle :
Seule elle assaisonnait ton pain !

Un cri de stupeur et de gloire,
Sorti de tous les cœurs, monta sous chaque ciel,
Et l'écho de cette victoire
Devint un hymne universel :
Moi-même dont le cœur date d'une autre France,
Moi, dont la liberté n'allaita pas l'enfance,
Rougissant et fier à la fois,
Je ne pus retenir mes bravos à tes armes,
Et j'applaudis des mains, en suivant de mes larmes
L'innocent orphelin des rois !

Tu reposais dans ta justice
Sur la foi des sermens conquis, donnés, reçus ;
Un jour brise dans un caprice
Les nœuds par deux règnes tissus !

Tu t'élances bouillant de honte et de délire :
Le lambeau mutilé du gage qu'on déchire
      Reste dans les dents du lion.
On en appelle au fer ; il t'absout ! qu'il se lève
Celui qui jetterait ou la pierre ou le glaive
      A ton jour d'indignation !

      Mais tout pouvoir a des salaires
A jeter aux flatteurs qui lèchent ses genoux,
      Et les courtisans populaires
      Sont les plus serviles de tous !
Ceux-là des rois honteux pour corrompre les âmes
Offrent les pleurs du peuple, ou son or, ou ses femmes,
      Aux désirs d'un maître puissant ;
Les tiens, pour caresser des penchans plus sinistres,
Te font sous l'échafaud, dont ils sont les ministres,
      Respirer des vapeurs de sang !

      Dans un aveuglement funeste
Ils te poussent de l'œil vers un but odieux,
      Comme l'enfer poussait Oreste,
      En cachant le crime à ses yeux !
La soif de ta vengeance, ils l'appellent justice :
Eh bien, justice soit ! Est-ce un droit de supplice
      Qui par tes morts fut acheté ?
Que feras-tu, réponds, du sang qu'on te demande ?
Quatre têtes sans tronc, est-ce donc là l'offrande
      D'un grand peuple à sa liberté ?

      N'en ont-ils pas fauché sans nombre ?
N'en ont-ils pas jeté des monceaux, sans combler
      Le sac insatiable et sombre

> Où tu les entendais rouler ?
Depuis que la mort même, inventant ses machines,
Eut ajouté la roue aux faux des guillotines
> Pour hâter son char gémissant,
Tu comptais par centaine, et tu comptas par mille !
Quand on presse du pied le pavé de ta ville,
> On craint d'en voir jaillir du sang !

> — Oui, mais ils ont joué leur tête.
— Je le sais ; et le sort les livre et te les doit !
> C'est ton gage, c'est ta conquête ;
> Prends, ô peuple ! use de ton droit.
Mais alors jette au vent l'honneur de ta victoire ;
Ne demande plus rien à l'Europe, à la gloire,
> Plus rien à la postérité !
En donnant cette joie à ta libre colère,
Va-t'en ; tu t'es payé toi-même ton salaire :
> Du sang, au lieu de liberté !

> Songe au passé, songe à l'aurore
De ce jour orageux levé sur nos berceaux ;
> Son ombre te rougit encore
> Du reflet pourpré des ruisseaux !
Il t'a fallu dix ans de fortune et de gloire
Pour effacer l'horreur de deux pages d'histoire.
> Songe à l'Europe qui te suit,
Et qui dans le sentier que ton pied fort lui creuse
Voit marcher, tantôt sombre et tantôt lumineuse,
> Ta colonne qui la conduit !

> Veux-tu que sa liberté feinte
Du carnage civique arbore aussi la faux ?

Et que partout sa main soit teinte
De la fange des échafauds?
Veux-tu que le drapeau qui la porte aux deux mondes,
Veux-tu que les dégrés du trône que tu fondes,
Pour piédestal aient un remord?
Et que ton roi, fermant sa main pleine de grâces,
Ne puisse à son réveil descendre sur tes places,
Sans entendre hurler la mort?

Aux jours de fer de tes annales
Quels dieux n'ont pas été fabriqués par tes mains?
Des divinités infernales
Reçurent l'encens des humains!
Tu dressas des autels à la Terreur publique,
A la Peur, à la Mort, dieux de ta République;
Ton grand prêtre fut ton bourreau!
De tous ces dieux vengeurs qu'adora ta démence,
Tu n'en oublias qu'un, ô peuple! la Clémence!
Essayons d'un culte nouveau.

Le jour qu'oubliant ta colère
Comme un lutteur grandi, qui sent son bras plus fort,
De l'héroïsme populaire
Tu feras le dernier effort;
Le jour où tu diras : Je triomphe et pardonne!...
Ta vertu montera plus haut que ta colonne
Au-dessus des exploits humains;
Dans des temples voués à ta miséricorde
Ton génie unira la force et la concorde.
Et les siècles battront des mains!

« Peuple, diront-ils, ouvre une ère

« Que dans ses rêves seuls l'humanité tenta,
« Proscris des codes de la terre
« La mort que le crime inventa !
« Remplis de ta vertu l'histoire qui la nie,
« Réponds par tant de gloire à tant de calomnie !
« Laisse la pitié respirer !
« Jette à tes ennemis des lois plus magnanimes,
« Ou, si tu veux punir, inflige à tes victimes
« Le supplice de t'admirer !

« Quitte enfin la sanglante ornière
« Où se traîne le char des révolutions ;
« Que ta halte soit la dernière
« Dans ce désert des nations ;
« Que le genre humain dise en bénissant tes pages :
« C'est ici que la France a de ses lois sauvages
« Fermé le livre ensanglanté ;
« C'est ici qu'un grand peuple, au jour de la justice,
« Dans la balance humaine, au lieu d'un vil supplice,
« Jeta sa magnanimité. »

Mais le jour où le long des fleuves
Tu reviendras les yeux baissés sur tes chemins,
Suivi, maudit par quatre veuves,
Et par des groupes d'orphelins,
De ton morne triomphe en vain cherchant la fête,
Les passans se diront en détournant la tête :
Marchons, ce n'est rien de nouveau !
C'est, après la victoire, un peuple qui se venge ;
Le siècle en a menti ; jamais l'homme ne change :
Toujours, ou victime, ou bourreau !

DISCOURS.

SUR
L'ABOLITION DE LA PEINE DE MORT.

DISCOURS PRONONCÉ A L'HOTEL-DE-VILLE, A PARIS,

LE 18 AVRIL 1836,

A L'OCCASION DU CONCOURS OUVERT PAR LA SOCIÉTÉ DE LA MORALE CHRÉTIENNE SUR L'ABOLITION DE LA PEINE DE MORT.

Messieurs,

Longtemps avant que le législateur puisse formuler en loi une conviction sociale, il est permis aux philosophes de la discuter. Le législateur est patient, parce qu'il ne doit pas se tromper; son erreur retombe sur la société tout entière. On peut tuer une société à coups de principes et de vérités, comme on la sape avec l'erreur et le crime. Ne l'oublions jamais; ne nous irritons pas contre les timides lenteurs de l'application. Tenons compte au temps de ses mœurs, de ses habitudes, de ses préjugés même. Songeons que la société est une œuvre traditionnelle où tout se tient; qu'il n'y faut porter la main qu'avec scrupule et tremblement; que des millions de vies, de propriétés, de droits, reposent à l'ombre de ce vaste et séculaire édifice, et qu'une pierre détachée avant l'heure peut écraser des générations dans sa chute. Notre devoir est d'éclairer la société, et non de la maudire; celui qui la maudit ne la comprend pas. La plus sublime théorie sociale, qui enseignerait à mépriser la loi et à se révolter contre elle, serait moins profitable au monde que le respect et l'obéissance que le citoyen doit même à ce que le philosophe condamne.

Ceci, Messieurs, était nécessaire à dire pour bien établir notre situation. Nous ne sommes que des consciences individuelles cherchant à s'éclairer : nous faisons l'enquête de la peine de mort.

Le genre humain a une conscience comme l'individu. Cette conscience a, comme la nôtre, ses doutes, ses troubles, ses remords. Elle se replie de temps en temps sur elle-même, et se demande si les lois qui régissent l'instinct social sont en rapport avec les divines inspirations de la religion, de la philosophie, de la science. Et c'est là, Messieurs, que nous ne pouvons assez admirer cette toute-puissance des convictions innées que rien ne peut étouffer, qui se soulèvent en nous contre nous-mêmes, qui cherchent à agir ou dans les livres, ou dans les assemblées délibérantes, ou dans les sociétés libres comme celle-ci, et qui, pour des intérêts qui leur sont étrangers, où elles semblent complètement désintéressées, forcent des hommes d'opinions, de religions, de nations diverses, à s'entendre d'un bout de l'Europe à l'autre. C'est là ce qui devrait prouver aux plus incrédules qu'il y a dans l'homme quelque chose de plus fort, de plus irrésistible que la voix de son égoïsme ; quelque chose de surhumain qui crie en lui contre ses propres mensonges, et qui ne lui laisse aucun repos jusqu'à ce qu'il ait restauré dans ses lois le principe que Dieu a mis dans sa nature. Nous sommes à une de ces époques d'examen social. Il n'est donc pas étonnant que cette conscience publique recommence à s'interroger sur une des plus terribles anxiétés de sa législation, et qu'elle se demande s'il est vrai qu'il y ait une vertu sociale dans le sang versé ; s'il est vrai que le bourreau soit l'exécuteur d'une sorte de sacerdoce de l'humanité ; s'il est vrai que l'échafaud soit la dernière raison de la justice. Son horreur du sang, son mépris du bourreau, lui répondent : laissons-la réfléchir, ou plutôt aidons-la à réfléchir. Tel est l'objet du concours que vous avez établi et que vous allez juger.

Mais avant d'entrer dans l'examen rapide des nombreux et brillans travaux que ce concours a suscités, permettez à votre rapporteur d'établir sa pensée sur la peine de mort. Vous jugerez mieux des progrès que ce concours aura fait faire à vos propres convictions.

Nous ne voulons fausser aucune vérité pour en redresser une. Nous ne pensons pas que la société n'ait jamais eu ou cru avoir le droit de vie et de mort sur l'homme. Nous pensons, et il n'est pas besoin de vous dire que nos pensées ici sont tout individuelles, qu'elle ne l'a plus. La société étant, selon nous, nécessaire, elle a tous les droits nécessaires à son existence ; et, si dans les commencemens de son existence, dans les imperfections de son organisation primitive, dans son dénûment de moyens répressifs, elle a pensé que le droit de frapper le coupable était sa raison suprême, son seul moyen de préservation, elle a pu frapper sans crime, parce qu'elle frappait en conscience. En est-il de même aujourd'hui? et dans l'état actuel d'une société armée d'une force suffisante pour réprimer et punir sans verser le sang, éclairée d'une lumière suffisante pour substituer la sanction morale, la sanction corrective, à la sanction du meurtre, cette société peut-elle légitimement rester homicide? La nature, la raison, la science, répondent unanimement : Non. Les plus incrédules hésitent. Pour eux, au moins, il y a doute. Or, le jour où le législateur doute d'un droit si terrible, le jour où, en contemplant l'échafaud ensanglanté, il recule avec horreur et se demande si, pour punir un crime, il n'en a pas peut-être commis un lui-même, de ce jour la peine de mort ne lui appartient plus. Car qu'est-ce qu'un doute qui ne peut se résoudre qu'après que la tête a roulé sur l'échafaud? qu'est-ce qu'un doute auquel est suspendue la hache de l'exécuteur, et qui la laisse tomber sur une vie d'homme? Ce doute, Messieurs, s'il n'est pas encore un crime, il est bien près d'être un remords!...

L'homme peut tout faire, excepté créer. La raison, la science, l'association, lui ont soumis les élémens.

Roi visible de la création, Dieu lui a livré la nature; mais, pour lui faire sentir son néant, au milieu des témoignages de sa grandeur, Dieu s'est réservé à lui seul le mystère de la vie. En se réservant la vie, il a dit évidemment à l'homme : Je me réserve aussi la mort. Tu ne tueras pas, car tu ne peux restituer la vie. Tuer est un attentat à moi-même. C'est une usurpation de mon droit divin. C'est une violence faite à ma création. Tu pourras tuer, car tu es libre; mais pour mettre le sceau de la nature à cette inviolabilité de la vie humaine, je donne à la victime l'horreur de la mort, et un cri éternel au sang contre le meurtrier.

Cependant le sceau de la nature fut rompu par la première mort violente. Le meurtre devint le crime de l'homme pervers, et, il faut le dire, il devint la défense de l'homme juste. Comme droit de défense ou de préservation, il devint déplorablement légitime. Il appartint à l'homme contre l'homme, comme il appartient au tigre contre le tigre. La société venant à se former, et encore à ses premiers rudimens, en déposséda l'individu et se chargea de l'exercer elle-même. Ce fut un premier pas. Mais la société confondit, en s'emparant de ce droit, la vengeance avec la justice, et consacra cette loi brutale du talion qui punit le mal par le mal, qui lave le sang dans le sang, qui jette un cadavre sur un cadavre, et qui dit à l'homme : Regarde, je ne sais punir le crime qu'en le commettant! Et cependant cette loi fut juste; je me trompe, elle parut juste, tant que la conscience du genre humain n'en connut pas d'autre. Cette loi fut juste; mais fut-elle morale? Non, Messieurs, ce fut une loi charnelle ; une loi d'impuissance, une loi de désespoir. Elle ne fit qu'établir la société vengeresse de l'individu et meurtrière du meurtrier ; la société avait une mission plus sainte : préserver l'individu du crime sans donner l'exemple du meurtre ; faire respecter et triompher la loi morale sans violer la loi naturelle ; restaurer l'œuvre de Dieu et proclamer contre tous et contre elle-même ce grand, social et divin principe, ce dogme éternel de l'inviolabilité de la vie humaine.

Un instinct sourd lui révélait ce besoin de s'élever à la sociabilité morale, et de substituer le respect de la vie à la sanglante profanation du glaive. L'histoire est pleine de ces tentatives. Un adoucissement sensible des mœurs les signala partout. La Toscane, la Russie, le témoignent encore. Le christianisme enseigna enfin à l'humanité le dogme de sa spiritualisation. Le mal et le crime devinrent les seules victimes à immoler. La société, dans l'esprit du christianisme, remettant toute vengeance à Dieu, n'eut plus que deux actes à accomplir : garantir ses membres des atteintes ou des récidives du crime, et corriger le criminel en l'améliorant. Cette divine révélation du mystère social, dont le premier acte fut la miséricorde d'un juste pardonnant à ses meurtriers du haut d'une croix, n'a plus cessé depuis de pénétrer les mœurs, les institutions et les lois. Il y a lutte sans doute encore entre la chair et l'esprit, entre les ténèbres et la lumière ; mais l'esprit triomphe, mais la lumière va croissant ; et des tortures, des chevalets, jusqu'aux prisons pénitentiaires où le supplice n'est plus que l'impuissance de nuire et la nécessité de travailler et de réfléchir, il y a un immense espace, il y a un abîme que la charité a comblé. Cet espace, nous pouvons le contempler avec satisfaction pour le présent, avec espérance pour l'avenir. Les efforts que nous faisons nous-mêmes ici, secondés par tant de sympathies au dehors, sont un nouveau témoignage de cette impulsion unanime qui travaille la société dans le sens de sa complète moralisation. Les applications de la peine de la mort s'effacent de huit articles de nos codes, les supplices douloureux disparaissent; les échafauds, spectacle autrefois des rois et des cours, se construisent honteusement la nuit pour échapper à l'horreur du peuple; vos places, vos rues les vomissent, et de dégoûts en dégoûts, ils se replient jusque dans vos faubourgs les plus écartés, qui bientôt les repousseront encore. Que reste-t-il donc à la société, Messieurs, qui l'empêche de laver pour jamais ses mains? Ce qui lui reste! une erreur, un préjugé, un mensonge : l'opinion que la peine de mort lui est encore nécessaire.

Et d'abord, nous demanderons si ce qui est atroce est jamais nécessaire; si ce qui est infâme dans l'acte et dans l'instrument est jamais utile; si ce qui est irréparable devant un juge soumis à l'erreur est jamais juste; et enfin, Messieurs, si le meurtre de l'homme par la société est propre à consacrer devant les hommes l'inviolabilité de la vie humaine? Aucune voix ne s'élèvera pour nous répondre, excepté la voix paradoxale de ces glorificateurs du bourreau, qui, attribuant à Dieu la soif du sang, au sang répandu une vertu expiatoire et régénératrice, préconisent la guerre, ce meurtre en masse, comme une œuvre providentielle, et font du bourreau le prêtre de la chair, le sacrificateur de l'humanité. Mais la nature répond à ces hommes par l'horreur du sang, la société par l'instinct moral, la religion par l'Évangile.

Reste donc l'intimidation qui, si elle était affaiblie, selon nos adversaires, par l'abolition de la peine de mort, laisserait, selon eux, déborder le crime. Ils croient avoir besoin de la mort comme sanction de la justice.

Sans doute, Messieurs, il faut une sanction à la loi ; mais cette sanction est de deux espèces : une sanction matérielle, une sanction morale. Ces deux sanctions doivent concourir, et satisfaire ensemble à la société. Mais selon que cette société est plus ou moins avancée dans ses voies de spiritualisation et de perfectionnement, cette sanction de sa loi participe davantage de l'une de ces deux natures de pénalités, c'est-à-dire qu'elle est plus matérielle ou plus morale, plus afflictive ou plus corrective ; que la peine infligée par la loi s'applique davantage à la chair, ou davantage à l'esprit. Ainsi les législations primitives tuent, les législations chrétiennes et avancées retranchent le glaive ou le font briller plus rarement à l'œil du peuple, puis enfin le brisent tout à fait et substituent au supplice sanglant la détention qui préserve la société, la honte qui marque au front le coupable, la solitude qui le force à réfléchir, l'enseignement qui l'éclaire, le travail qui dompte la chair et l'esprit du criminel, le repentir enfin qui le régénère.

Voilà, Messieurs, les deux natures de sanction entre lesquelles nous avons nous-mêmes à choisir. Or, pour choisir, nous n'avons qu'à prononcer si, dans notre état actuel de garantie et d'administration sociales, nous n'avons pas, indépendamment de l'échafaud, une force défensive et répressive surabondantes, pour prévenir et pour intimider le criminel.

Ces forces se divisent en deux natures, forces matérielles et forces morales. En forces matérielles de préservation, la société a d'abord son organisation même, son gouvernement, œil toujours ouvert, main toujours étendue sur elle pour agir, défendre, pourvoir. Elle a des armées permanentes, force présente partout pour contraindre ce qui résisterait. Elle a des polices patentes ou secrètes, des surveillances centrales et municipales investies du droit de protection et de vigilance sur le dernier hameau du territoire. Elle a ses gendarmeries, armée toujours en campagne contre le malfaiteur. Elle a des tribunaux disséminés dans tous les chefs-lieux de ses provinces pour donner organe, interprétation, efficacité à la loi. Elle a enfin des routes surveillées, des rues éclairées, des murs, des clôtures, des foyers inviolables, des déportations, des prisons, des bagnes, vaste arsenal de forces défensives matérielles.

En forces morales la société est-elle plus désarmée? Voilà d'abord la religion, communion des esprits et des consciences, législation de famille dont le code punit le crime d'une pénalité éternelle. Elle est présente partout, même dans la nuit, même sur les routes désertes, et fait entendre dans la solitude et dans le silence la voix intérieure de ses enseignemens, de ses promesses, de ses menaces. Voilà la législation avec ses codes, ses poursuites d'office, ses jurys, corps redoutés même de l'innocent, et devant qui c'est déjà une peine que d'avoir à comparaître. Voilà l'opinion, ce juge mutuel des hommes entre eux, ce juge d'abord prévenu, plus tard infaillible, qui supplée la religion et la loi, et rétribue chacun selon ses œuvres. Voilà la honte, ce supplice de l'opinion, qui poursuit, flétrit, torture le criminel même acquitté, et qui, s'il échappe au juge, lui fait un juge de chaque regard. Voilà la presse, et la publicité qu'elle multiplie, qui écrivent partout le nom, l'acte, la peine, et donnent au châtiment humain l'ubiquité de la vengeance céleste. Voilà les lumières progressives, l'enseignement universel, la moralité croissante, forces nouvelles de la société morale contre les agressions du crime.

Qui osera dire que cet arsenal est insuffisant? La routine seule, ou la peur.

Examinons la situation d'esprit du criminel qui médite un attentat. Le crime n'a jamais qu'une de ces deux causes : une passion, ou un intérêt. Si c'est la passion qui pousse l'homme au crime, l'intimidation de la loi n'agit plus sur lui. La passion, aveugle de sa nature, exclut le raisonnement, elle se satisfait à tout prix; elle ne recule pas devant la chance de la mort; au contraire, souvent l'idée de braver la mort donne une sorte de féroce excitation au criminel, et il se croit presque justifié à ses propres yeux, en se disant qu'il joue sa passion contre la mort. Qui de nous niera qu'il y ait pour la mystérieuse nature humaine une tentation dans le péril, comme il y a un vertige dans l'abîme?

Ou c'est l'intérêt, et alors le criminel qui calcule à froid, qui sait la chance qu'il encourt et qui poursuit néanmoins son œuvre homicide, a pesé son crime contre sa peine, et puisque l'énormité de cette peine ne l'arrête pas, c'est apparemment que l'intimidation n'agit plus sur lui. Il n'est pas besoin d'ajouter que l'intimidation par toutes les autres peines, la honte, la réclusion, l'isolement, la pénitence à vie, n'agiraient ni moins ni plus que la peine de mort. Les duels, les innombrables suicides, les attentats commis journellement dans les bagnes, dans l'unique but d'obtenir la mort, sont une preuve que la peine de mort n'est pas toujours pour le criminel le plus effrayant des supplices, et que la vie est pour beaucoup d'hommes plus difficile à supporter que l'échafaud.

On a de tout temps effrayé l'imagination d'un débordement de crimes à chaque adoucissement des supplices; les supplices, les tortures ont été abolis, et la statistique du crime est restée à peu près la même. L'état de la société a eu sur le nombre ou la rareté des crimes plus d'influence que l'état de la législation. La Toscane a supprimé la mort, et a vu réduire à rien les crimes contre les personnes. A Naples et à Rome, l'introduction des pénalités françaises a réduit les assassinats à trente pour cent. En Russie où, pendant les quatre-vingts dernières années, il n'y a eu que quatre exécutions capitales, les crimes contre la vie diminuent chaque jour. En France, nous avons porté la peine de mort contre l'infanticide, et l'infanticide n'a pas diminué. La statistique démontre que les crimes diminuent en raison de l'éducation et de l'aisance des populations, et que la sobriété des peines tempère la férocité du crime.

Les lois sanglantes ensanglantent les mœurs. Là est le vice de ces lois d'intimidation par le meurtre. A les supposer même efficaces, que fait le législateur si, pour intimider quelques scélérats, il déprave par l'habitude de la mort, par le goût du sang, l'imagination de tout un peuple ? s'il lui fait respirer le sang ? palper le cadavre ? Non, Messieurs, le danger n'est pas dans l'absence de ce honteux spectacle ; il est dans l'espérance trop fondée de l'impunité que l'inappréciation des lois de mort inspire au criminel. Il se dit avec raison : La peine de mort répugne à mes juges ; j'ai cent chances contre une qu'on ne me l'appliquera pas, et pour éviter de me l'appliquer, on m'acquittera. C'est la peine de mort qui me préserve, c'est mon immunité ; commettons le crime.

Mais on nous fait une objection grave. Cette objection est sans réplique, parce qu'elle exclut le raisonnement : Vous croyez-vous plus sages que vos pères ? pensez-vous que la justice date de vous ? la peine de mort est l'instinct de l'humanité, le peine de mort est l'instinct de la justice divine ; car partout l'homme l'écrivit sous l'inspiration de sa nature ; le code de toutes les nations semble avoir été écrit avec la pointe d'un poignard.

Nous répondons : Cela est vrai. La peine de mort est l'instinct brutal de la justice matérielle, l'instinct du bras qui se lève et qui frappe parce qu'on a frappé. Et c'est parce que cela est vrai pour l'humanité à l'état d'instinct et de nature, que cela est faux pour la société à l'état de raison et de moralisation. Quelle a été l'œuvre de la civilisation? de prendre en tout le contre-pied de la nature, de constituer une nature spirituelle, divine, sociale, en sens inverse de la nature brutale ; de faire faire à l'homme et à la société image collective de l'homme, précisément le contraire de ce que l'humanité charnelle et instinctive aurait fait. Les religions, les civilisations ne sont autre chose que ces triomphes successifs du principe divin sur le principe humain. Écoutez en tout ce que dit la nature et ce que dit la loi. La nature dit à l'homme : La terre est à tes besoins ; voilà un arbre chargé de fruits ; tu as faim, mange! La loi sociale lui dit : Meurs au pied de l'arbre sans toucher au fruit. Dieu et la loi vengent la propriété. La nature dit à l'homme : Choisis au hasard parmi ces femmes dont la beauté te séduit, et quand cette beauté sera fanée, délaisse-la pour t'attacher à une autre. La loi sociale lui dit : Tu n'auras qu'une compagne pour que la famille se constitue et se resserre par un nœud indissoluble et assure la vie, l'amour, la protection aux enfans. La nature dit à l'homme : Demande le sang pour le sang, tue ceux qui tuent. Une loi plus parfaite lui dit : La vengeance n'est qu'à Dieu, parce que lui seul est infaillible ; la justice humaine n'est que défensive ; tu ne tueras pas ; et moi, pour conserver à tes yeux le dogme de l'inviolabilité de la vie humaine, je ne tuerai plus.

Aussi, Messieurs, voyez relativement au crime la différence des deux sociétés, selon qu'elles adoptent l'un ou l'autre de ces principes. Un juge déclarant le fait sans l'apprécier ; un bourreau que l'on mène tuer en public pour enseigner au peuple qu'il ne faut jamais tuer ; une foule aux pieds de laquelle on répand le sang pour lui inspirer l'horreur du sang : voilà la société selon la nature ! Un juge appréciant le crime et graduant la peine au délit ; la vengeance remise au Juge suprême et à la conscience du coupable ; un peuple dont l'indignation contre le crime ne se change pas en pitié pour le supplicié ; un cachot qui se referme pour défendre à jamais la société du criminel, et sous les voûtes de ce cachot l'humanité encore présente, imposant le travail et la correction au coupable, Dieu lui inspirant le repentir et la résignation, et le repentir lui laissant peut-être l'espérance : voilà la société selon l'Évangile, selon l'esprit, selon la civilisation. Choisissez ! Pour nous, notre choix est fait.

Il y a, dit-on, des embarras et des périls d'exécution. La transition d'un système à l'autre exige une pénalité nouvelle, et la société ne peut se résoudre à une épreuve pendant laquelle elle aurait quelques chances contre elle. La transition, Messieurs !... Elle n'est autre chose que l'emprisonnement provisoire des condamnés dans nos maisons de détention, jusqu'à ce qu'on ait construit un certain nombre de *maisons du crime*, de prisons pénitentiaires en France ou dans une de nos colonies lointaines. C'est une dépense de quelques millions à répartir en peu d'années, c'est-à-dire une dépense insensible, une dépense qui, je ne crains pas de l'affirmer, serait couverte en peu de jours par une souscription volontaire, la plus glorieuse, la plus sainte des souscriptions, la souscription du rachat du sang. Je ne vois que le bourreau qui y perdrait; mais il y reconquerrait son droit d'homme! Quant aux chances de péril que la société aurait, dit-on, à courir au premier moment par une recrudescence de crime, je n'y crois pas; ce serait la première fois que la générosité inspirerait la vengeance. Mais à supposer même qu'il y eût un moment, non de danger, mais d'inquiétude dans le pays, cette chance ne vaut-elle pas qu'on l'encoure? La société et le criminel se regarderont-ils éternellement pour voir lequel des deux cessera le premier d'être féroce? Ne faut-il pas que quelqu'un commence? Peut-on espérer que ce sera le crime qui donnera le premier l'exemple de la vertu et de la mansuétude, lui, ignorant, brutal, sans foi, sans lumière, sans courage? N'est-ce donc pas à la société de commencer? et n'est-ce pas mentir à la providence sociale que de lui faire appréhender un crime de l'exercice d'une vertu?

Non, Messieurs, elle n'a de danger à courir que par l'hésitation de son système actuel qui garde la mort sans conviction, le glaive sans frapper; et pour réaliser ce noble instinct qui la travaille, elle n'a qu'une chose à faire : un acte de foi en elle-même, un acte de confiance en ce Dieu qui lui inspire et qui l'aidera à réaliser une des plus saintes phases de sa régénération.

Passons au concours.

La société en avait ouvert deux : l'un pour des mémoires, l'autre pour des articles de journaux propres à populariser la doctrine de l'abolition de la peine de mort par la presse périodique.

Le concours des articles de journaux est prorogé au 31 décembre de cette année.

Nous n'avons à nous occuper aujourd'hui que du concours des mémoires manuscrits.

La pensée de la Société a été puissamment communicative. Elle a remué au loin des pensées sympathiques. Son action n'a pas été bornée à la France. L'Europe entière a répondu. Soixante-un mémoires attestent cette vibration d'un sentiment presque unanime. L'Allemagne, l'Italie, la Suisse, Genève, ont envoyé des travaux remarquables, dignes représentations de ces nations diverses à ce pacifique congrès d'humanité. La Société a distingué surtout deux mémoires italiens, dont l'un est un hommage que le fils du célèbre Fabroni, de Florence, a fait d'un mémoire imprimé de son père. Elle a distingué aussi un mémoire allemand-français de M. le docteur Grohmann, professeur à Dresde. Une médaille d'argent est décernée à ce mémoire, où les plus saintes sanctions de la religion sont invoquées en faveur de la raison et de la science.

La commission a distribué les soixante mémoires en trois catégories. Les uns, au nombre de quarante, presque tous satisfaisans par les vues, les intentions, le talent, mais que des excentricités de rédaction, des imperfections de formes, des théories trop aventureuses, l'ont à regret forcée d'écarter, tout en payant à leurs auteurs le tribut de reconnaissance et souvent d'admiration qui leur est dû.

Les vingt autres mémoires ont longtemps balancé ses suffrages. Dans l'impossibilité de donner autant de médailles qu'il y avait de concurrens, elle en a éliminé encore dix par des considérations préjudicielles de forme et de style, et elle a partagé ainsi entre les dix mémoires restans les encouragemens dont elle avait à disposer.

Les six mémoires jugés dignes de la médaille de bronze sont : le n° 33, dont l'auteur est M. l'abbé de Vic, curé d'Houdainville (Oise). Au nom d'une religion qui a enseigné l'immortalité de l'âme et le pardon, il s'élève contre une peine qui, dans son énergique expression, *prêche le matérialisme*.

Dans le n° 24 nous découvrons l'âme et le génie d'une femme, madame Eugénie Niboyet.

M. Morel, pasteur de Gorgemont en Suisse, auteur du mémoire sous le n° 18, s'adresse surtout au sentiment français, et semble, au nom de tant de glorieuses initiatives prises par notre nation, nous commander la sainte initiative de l'abolition de la mort dans nos lois.

On trouve, avec un intérêt que ne peuvent altérer des inégalités de diction, les plus larges développemens de logique et de faits dans le n° 14, dont l'auteur est un ingénieur des ponts-et-chaussées, M. Morderet.

Un raisonnement sévère et des impulsions de la plus haute moralité distinguent le n° 57, ouvrage de M. Laurent, maire de Saverdun (Ariége).

Les quatre mémoires n° 7, 59, 10 et 17, ont obtenu chacun la médaille d'argent. La commission n'a point classé ces quatre mémoires entre eux ; elle s'est bornée à les couronner en commun et à mérite à peu près égal, distinguant seulement l'un de l'autre, par des qualités de pensées et de style qui lui étaient spéciales. Ainsi le n° 7, dont l'auteur est M. Poupot, professeur à Sorrèze, par l'énergie et la profondeur de la touche ; le n° 59, par l'émotion et la contagion du sentiment, émotion qui trahissait le cœur d'une femme dans les convictions de l'écrivain (cette femme est madame Élisabeth Celnart, de Clermont en Auvergne) ; le n° 10, par l'économie du plan, la complète exposition des preuves, des inductions, des documens (l'auteur est M. Doublet de Boisthibaut, avocat à Chartres) ; le n° 17, dont l'auteur est M. Giron de Busaringues, par l'éclat et la chaleur de l'expression [1].

Telles sont, messieurs, les rémunérations bien insuffisantes que la Société décerne à ceux des concurrens qui sont le mieux entrés dans la lettre et dans l'esprit de son programme ; quelques médailles données par des hommes de zèle à des hommes de bien.

---

[1] On voit qu'il n'a pas été décerné de médaille d'or.

Mais la Société de la Morale chrétienne ne se dissimule pas que la valeur de ces prix, qui n'est rien devant les hommes, sera grande un jour peut-être devant l'humanité et devant Dieu. Ce n'est pas l'espoir d'une rémunération en or ou en gloire qui sollicite de tels écrits. Ces pensées vivent et se rétribuent d'elles-mêmes ; de tels ouvrages sont des actions plus que des livres.

Aux actes les plus héroïques, aux dévouemens les plus sublimes, la société civile n'a pas de prix à donner. Elle se contente de les signaler par une marque de distinction sans valeur, et qui a bien moins pour objet de payer la vertu dans celui qui l'a pratiquée que de l'inspirer aux autres par l'exemple. Et si une humble médaille de cuivre suffit à la récompense du courageux pilote qui a sauvé une vie au péril de la sienne, si cette médaille passe après lui, comme un titre de vertu, à ses enfans ; quel prix n'auront pas à nos yeux, messieurs, ces médailles décernées à des écrivains, à des philosophes, à des ministres de l'Évangile, à des femmes, dont les efforts aujourd'hui obscurs auront concouru cependant à préserver non pas une vie, mais des milliers de vies humaines ? Ces médailles, messieurs, elles passeront de générations en générations dans les familles de ceux qui les reçoivent ; elles signaleront à des descendans plus heureux la sainte pensée de leurs pères ; elles seront le denier impérissable, le denier que nous devons tous à cette œuvre collective de l'amélioration et de la moralisation des hommes.

D'heureux symptômes nous présagent le but glorieux de nos efforts. Montesquieu, ce prophète des sociétés, dit quelque part que l'adoucissement des peines est un symptôme certain et constant du développement de la liberté chez les peuples, tant la liberté et la moralité sont jumelles dans les pensées de la Providence. Eh bien! la liberté a grandi de mille ans chez nous en un demi-siècle. Espérons que la parole de Montesquieu ne sera pas vaine, et que la spiritualisation de nos mœurs va se montrer proportionnellement dans nos lois. Il n'a pas tenu à un de nos plus dignes amis, M. de Tracy, un de ces cœurs où se résument tous les bons instincts d'une époque, que la peine de mort pour cause politique ne fût effacée de nos codes par la main encore palpitante de la révolution de juillet, et que les passions populaires ne fussent enfin désarmées d'une pénalité dont elles s'entre-tuent depuis tant de siècles. Cette pensée ne dort ni dans son cœur ni dans le nôtre. Une grande pensée est-elle jamais morte en France?

Heureux le jour où la législation consacrera enfin dans ses codes ces saintes inspirations de la charité sociale! Heureux le jour où elle verra disparaître, devant la lumière divine, ces deux grands scandales de la raison du dix-neuvième siècle : l'esclavage et la peine de mort! Heureux le jour où la société humaine pourra dire à Dieu, en lui restituant ses générations tout entières : Nous rendons intactes à la nature toutes les vies qu'elles nous a confiées. Comptez, Seigneur! il n'en manque pas une. Si le crime a répandu encore quelques gouttes de sang sur la terre, nous ne l'avons pas lavé dans un autre sang;

nous l'avons effacé sous nos larmes. Nous avons rendu son innocence à la loi. La société est une religion aussi ; mais son autel n'est pas un échafaud. Elle reçoit l'homme de la nature pour transformer et sanctifier l'humanité, et, à la place du crime et de la mort, elle renvoie aux pieds du Juge suprême le repentir et la réparation. L'Évangile est à la fois son inspiration et son modèle, et la législation ne sera complète qu'autant que chacune des lois humaines sera une traduction et un reflet d'une des lois de Dieu. C'est le génie du législateur de les découvrir, c'est sa vertu de les écrire, et ce sera votre seul et modeste honneur, messieurs, de l'avoir inspiré de vos efforts et devancé de vos désirs.

SUR

L'ABOLITION DE LA PEINE DE MORT.

SECOND DISCOURS

PRONONCÉ LE 17 AVRIL 1857, DANS LA SÉANCE ANNUELLE
DE LA SOCIÉTÉ DE LA MORALE CHRÉTIENNE.

Quoique des circonstances dont il est inutile d'affliger de nouveau les esprits aient fait proroger à une autre année le prix offert par la Société aux Mémoires sur l'abolition de la peine de mort, vous continuez votre œuvre en sollicitant toutes les forces de l'intelligence et de la conscience de votre époque à concourir avec vous à l'abolition de la peine de mort. De tous les points du monde pensant, on s'associe à vos pieux désirs ; on vous adresse des vœux, on en adresse aux chambres législatives, on en adresse au ciel même pour cette réhabilitation *de nos Codes,* où on lira d'autant plus la sainteté de la justice, qu'on en aura davantage effacé le sang. Mais pendant que tant de voix vous répondent : Oui ; d'autres voix, nombreuses, consciencieuses, convaincues aussi, vous crient : Non ; votre entreprise est un blasphème contre la loi de Dieu, un attentat contre la société.

Depuis le jour où, dans cette même enceinte, vous couronniez les nombreux Mémoires que votre concours européen avait fait naître, et dont quelques uns vous avaient tellement émus, que, si vous eussiez été une assemblée de législateurs, la peine de mort eût été abolie comme elle doit l'être, dans un généreux mouvement de magnanimité et d'enthousiasme; depuis ce jour, et comme par un dernier effort, les adversaires de l'abolition de la peine de mort ont eu presque seuls la parole; et, disons-le avec regret, la presse périodique, cette presse qui devrait porter les idées et les sentimens toujours en avant de la législation, comme l'enfant court devant l'archer pour lui poser le but et l'attendre; cette presse, pour cette seule fois trop lente et trop timide, n'a enregistré contre nous que les objections du doute ou les murmures de la société alarmée. Parmi ces murmures, parmi ces objections, il en est qu'il faut dédaigner, car elles ne sont que l'écho de la peur ou de la superstition du passé; mais il en est d'autres qui, par la sincérité de leur doute, par l'élévation de leurs motifs, par la dignité de leur expression, méritent de nous une attention sérieuse, et une réponse pleine de mesure et de respect. De ce nombre sont celles d'un jeune et savant procureur-général, M. Hello, qui nous a combattu en grand magistrat, en grand écrivain [1]. Entre de pareils adversaires et nous, Messieurs, il n'y aura jamais d'autre haine que celle qui existe entre une erreur et une vérité; et encore cette erreur et cette vérité se touchent-elles,

---

[1] M. Hello, procureur-général près la Cour royale de Rennes, avait répondu au premier discours de M. de Lamartine par un article inséré dans la *Gazette des Tribunaux*, le 25 mai 1836.

car l'erreur chez de tels hommes est aussi sainte dans ses motifs, est aussi humaine dans ses désirs, que la vérité. Permettez-moi donc de discuter un moment contre un adversaire que nous serions si heureux de convaincre, et dont l'âme et le cœur sont déjà de notre côté. Je ne relèverai que les deux ou trois principales objections qu'il nous oppose. Ce sont celles que l'opinion publique garde comme une dernière armure, pour résister à l'entraînement qui la pousse à demander avec nous l'abolition des lois de sang.

Et d'abord, Messieurs, de quoi nous accuse-t-on? de vouloir détruire la justice? La justice! est-ce que nous pourrions la détruire? Est-ce que c'est nous qui l'avons faite? Est-ce que ce sont nos lois qui l'ont écrite? Est-ce que quelqu'un pourrait nous dire ici qui a inventé la justice? Est-ce que nous pourrions remonter assez loin dans les fastes de l'humanité pour découvrir un jour où la justice ne fût pas déjà le cri de l'opprimé, le remords du méchant, le code ineffaçable écrit dans le cœur et dont tous les autres n'ont fait que dériver? Rassurons-nous donc, nous ne détruirons pas la justice. Ah! si quelque chose pouvait la détruire, ce seraient les jugemens humains; mais supprimez toutes les peines, elle les remplacera toutes; effacez tous les codes, elle les suppléera tous. Elle n'a pas besoin de codes, elle est la loi vivante et immortelle; elle n'a pas besoin de bourreau, elle est le vengeur suprême et partout présent; il n'est pas donné à l'homme de prévaloir contre elle; tous les peuples n'ont-ils pas dit : *la Justice de Dieu?*

Mais qu'est-ce donc, selon nos éloquens adversaires, que la justice pénale? c'est, disent-ils, l'expiation. C'est l'expiation, ajoute M. Hello, qui constitue la légitimité de la peine de mort. Si nos adversaires entendent ainsi la pénalité, nous ne nous étonnons plus d'être séparés d'eux par une question de vie et de mort, par un bourreau, par un échafaud. Il y a un abîme d'erreur ou de malentendu entre nous.

Je demande un moment d'attention sérieuse à l'auditoire, et je réponds à M. Hello.

Vous dites que la justice pénale est l'expiation. Oui, si vous entendez parler de la justice dans ses rapports avec Dieu; Dieu étant la justice suprême, le juge infaillible, l'appréciateur sans erreur, celui qui pèse à poids rigoureusement juste, celui qui compte jusqu'au cheveu tombé de la tête pour en demander justice et le restituer, c'est envers lui, c'est devant lui, c'est par lui seul que la justice est expiation; c'est-à-dire qu'elle demande au coupable de se repentir et de réparer, dans une proportion rigoureusement égale, un crime et un dommage qu'il a commis. Dans l'ordre religieux et surnaturel, la justice est donc en effet l'expiation; et ce repentir qui refuse de s'absoudre soi-même, ces pénitences, ces réclusions, ces macérations volontaires que dans toutes les religions le coupable s'inflige pour redevenir juste aux yeux de son juge invisible, ne sont que l'expression instinctive de cette justification par la peine. Mais dans l'ordre purement social, en est-il de même? la justice est aussi là l'expiation sans doute, en ce sens que la société dit au coupable : Tu souffriras en public, dans ta liberté, dans ton esprit, dans ta chair, pour que ta souffrance soit en exemple à tes frères, et conserve parmi les hommes la pensée visible de cette rémunération *à chacun selon ses œuvres* qui s'appelle *peine* ici-bas, *justice* seulement là-haut. Mais cette expiation du coupable envers la victime ne pouvant jamais être que fictive et approximative, puisqu'elle ne peut ni réparer ni indemniser réellement, il s'ensuit qu'elle est illusoire, et que ce n'est pas elle qui constitue principalement la justice pénale. La justice pénale a trois objets : indemniser la victime, corriger le coupable, et défendre la société contre les tentatives ou les récidives du crime.

Voilà les trois conditions constitutives d'une justice pénale digne de Dieu, du temps et des hommes.

Indemniser la victime? En matière d'homicide elle ne le peut pas par la peine de mort. Tout le sang qu'elle verserait ne restituerait pas une goutte de celui qui a été répandu.

Corriger le coupable? Elle ne le peut pas si elle le tue. Le glaive qui frappe le corps n'atteint pas l'âme; en ôtant la vie et le temps au criminel, elle lui enlève la seule chance de repentir et de régénération morale dont il puisse racheter devant les hommes le mal que sa perversité leur a fait.

Défendre la société contre les tentatives ou les récidives du crime, voilà donc la seule excuse au maintien de la peine de mort. Toute la question est de savoir si la société en a besoin pour sa défense. C'est la question que nous avons examinée l'année dernière, et que nous avons résolue jusqu'à l'évidence en démontrant :

Que la substitution de la sanction pénitentiaire à la sanction de l'échafaud était aussi efficace et moins immorale que le sang versé par le bourreau;

Que le dogme social de l'inviolabilité de la vie humaine, consacré par la législation contre elle-même, était la plus puissante sanction que la société pût donner à la vie de l'homme par l'exemple, en augmentant l'horreur du crime par le religieux respect du sang;

Enfin, que la société, instituée, armée, fortifiée par la civilisation, la religion, l'enseignement, les mœurs, les lois, les tribunaux, la police judiciaire et administrative, les prisons pénitentiaires, les colonies pénales, les bagnes, les exils, les déportations, l'opinion, la publicité, avait en moyens moraux comme en moyens matériels une force plus que suffisante pour répudier aujourd'hui une peine qui avait pu lui paraître légitime tant qu'elle se l'était crue nécessaire, mais qui devenait criminelle du jour où il y avait doute sur son indispensabilité. Nous avons dit et nous répétons : Qu'est-ce qu'une peine irréparable que le juge prononce en hésitant, dont l'opinion flétrit l'exécuteur, et qui ne sait laver le sang qu'avec du sang? Qu'est-ce qu'un doute auquel est suspendue la hache de l'exécuteur, et qui ne peut se résoudre qu'après que la tête a roulé sur l'échafaud? Nous renvoyons ces preuves à vos souvenirs, et nous passons à un autre ordre d'objections.

Vous voulez, nous dit-on, constituer une justice

pénale non sanglante, et vous oubliez que tous les législateurs, toutes les nations, toutes les époques n'ont écrit la mort dans leurs lois que sous la dictée de leur instinct inné de justice, qu'on a appelé la loi du talion : œil pour œil, dent pour dent, vie pour vie. Nous pourrions ajouter crime pour crime !

Non, messieurs, nous ne l'oublions point ; mais nous disons que cette loi du talion, que vous prenez pour une loi éternelle, et que les législations primitives ont prise pour une révélation divine, n'était qu'une loi de colère, une loi d'ignorance, une loi de brutal instinct, la loi du bras qui se lève et qui frappe parce qu'on a frappé. Ce fut dans l'enfance des institutions humaines une sorte de satisfaction légale accordée au besoin de vengeance de l'homme ; la loi que nous vous demandons, nous, est la satisfaction donnée à l'humanité et à la raison : et si vous nous dites que ce sont là de belles mais vaines paroles ; que le talion étant le cri de la nature, il ne peut tromper le législateur, et qu'il faut le rédiger éternellement en loi pénale comme vous l'avez fait jusqu'ici, nous vous répondrons que l'œuvre du perfectionnement et de la spiritualisation des sociétés humaines n'est que le triomphe de la raison contre l'instinct, de l'esprit contre la chair, de la mansuétude contre la passion, et que cette loi du talion, cette loi qui frappe où l'on a frappé, cette loi qui fait le mal qu'on a fait, n'est pas la justice, mais la passion brutale de la justice, c'est-à-dire la vengeance !

Voulez-vous juger l'arbre à son fruit ? la loi à ses conséquences ? Écoutez :

Un meurtre a été commis. La loi antique du talion appelle le plus proche parent de la victime, et lui dit : Tue le meurtrier. Voilà déjà deux vies d'hommes perdues pour une ; voilà le sang qui coule deux fois au lieu d'une ; voilà le hideux et dépravant spectacle de la mort donnée de sang-froid qui pervertit l'œil et trouble la conscience du peuple ; voilà le dogme de l'inviolabilité de la vie humaine deux fois atteint, violé deux fois au lieu d'une, aux yeux des hommes. Mais derrière ce meurtrier légal, il y a la famille, les amis, les enfans peut-être du premier meurtrier. Bien que ce meurtre légal se commette au nom de la justice, ils connaissent l'homme qui a demandé et obtenu la vie de leur père, ils gardent leur vengeance dans leur cœur, ils l'épient, ils le tuent : c'est leur talion à eux. Il faut une autre vengeance, la loi l'accorde : voilà trois homicides jetés déjà sur un premier homicide et dérivés de lui ; où cela finira-t-il ? Il n'y a aucune raison pour que la mort, et la vengeance de la mort, et la vengeance de la vengeance de la mort s'arrêtent ; et de talion en talion, l'un légitime sans doute et sanctionné par la loi, l'autre illégitime et motivé par la vengeance et la haine, l'homme tuera l'homme qui aura tué l'homme, et sera tué par l'homme, qui aura à son tour un autre meurtrier et un autre vengeur, jusqu'à ce que l'homicide légal ou illégal s'étende indéfiniment dans une épouvantable multiplication de cadavres, où chaque crime devient la raison d'un autre meurtre, et chaque meurtre le prétexte d'un nouveau crime. Voyez ces nations où le talion a passé dans les mœurs! Je le demande à ces glorificateurs du talion : une telle loi peut-elle être une loi divine ? peut-elle rester une loi sociale ?

Dans notre système, au contraire, qu'arrive-t-il ? un crime est commis, un meurtre a lieu ; le coupable est saisi, il est jugé ; la société lui inflige une peine qui satisfait à la moralité publique sans rien accorder à la vengeance individuelle, et qui prévient à jamais toute récidive de la part du criminel. Si elle a droit sur sa vie, elle lui remet magnanimement sa vie ; à l'instant tout est consommé, tout s'arrête. On ne sème pas la mort sur la mort, le sang sur le sang, pour éterniser la vengeance ; la société ne dit pas à l'homme, comme la loi brutale du talion : Fais aux autres comme ils t'ont fait. Elle lui dit comme ce législateur du pardon dont le code illumine enfin tous vos codes : Rends le bien pour le mal ; on a tué ton frère, ne demande pas le sang de son meurtrier, mais pardonne. Encore une fois, laquelle de ces deux lois est la loi de Dieu? laquelle de ces deux lois mérite de devenir la loi des hommes ? Vous avez déjà mille fois prononcé.

Mais ce n'est pas la conviction qui manque à la société politique, c'est le courage. Le même écrivain nous l'avoue. Vous voulez, nous dit-il, faire une expérience dont on ne se détrompe qu'entouré de cadavres et bourrelé de remords. Vous ouvririez l'abîme où la société tient enfermé l'homicide.

Ah! qu'il nous serait aisé de répondre, avec une trop juste mais trop sanglante ironie, à ces menaces d'effrayante responsabilité, si, ouvrant d'une main le code des peines et de l'autre les archives du crime, nous établissions par ce hideux parallèle que les pénalités exorbitantes, l'infernal génie des supplices, les tortures, les bûchers, les roues, les chevalets n'ont pas diminué d'une mort le chiffre du meurtre. Montrez-nous donc, pourrions-nous dire à notre tour à ces écrivains qui nous menacent du péril de l'humanité, de la responsabilité de l'indulgence, montrez-nous donc sur quels témoignages vous assumez la responsabilité de la mort? Quant à nous, nous vous répondons de deux manières : par les faits et par le raisonnement. Les faits? ils vous prouvent que les crimes contre les personnes se multiplient si peu en raison de l'intimidation décroissante et de l'adoucissement des supplices, que vous avez successivement aboli tous les supplices cent fois plus intimidans que la mort pour l'imagination des criminels, sans qu'il en soit résulté aucun débordement d'homicides, aucun accroissement sensible dans le nombre des crimes. C'est que la peine de mort a été abolie plusieurs fois pendant de longues années chez des peuples plus nombreux et de mœurs moins douces que vous, et que le chiffre de la criminalité s'est abaissé au lieu de s'élever pendant ces rares *jubilés* de l'humanité. C'est que l'heureuse Toscane, placée en contact avec des populations où l'homicide est en quelque sorte endémique, c'est que l'immense empire de Russie, formé de populations neuves, diverses, barbares, ont vu à la suite de l'abolition de la peine de mort l'homicide s'abolir presque entièrement aussi. C'est qu'enfin la peine de mort n'a jamais été rétablie après ces heureuses et concluantes expériences, par la nécessité de sévir contre une recrudescence du crime, mais par des passions politiques ou par le féroce fanatisme des routines. Ce serait là, sans doute, des épreuves de quelque valeur pour rassurer la société, à qui l'on donne la peur pour une raison; mais la logique est plus rassurante encore que les faits.

Eh bien! je ne crains pas d'affirmer, après un examen approfondi de la statistique morale de l'homicide, que, sur dix meurtres dont nous analysons les causes, il y en a huit sur lesquels l'intimidation par la peine de mort est complètement inefficace comme moyen de répression; c'est-à-dire dans la perpétration desquels la considération du risque que l'on va encourir en les commettant n'entre absolument pour rien, et pour lesquels, par conséquent, la peine de mort est comme non avenue.

Quelles sont, en effet, les principales causes de l'homicide? C'est la colère, la vengeance, la jalousie, la haine, le fanatisme religieux, le fanatisme politique, la cupidité, et la crainte d'être découvert, qui fait tuer pour ensevelir un moindre crime dans un plus grand. Eh bien! prenez les comptes-rendus de vos tribunaux, assistez aux drames révélateurs de vos cours d'assises, décomposez les élémens constitutifs de ces crimes, déroulez les replis de l'âme du criminel, entrez dans sa pensée au moment de l'acte ou au moment de la fiévreuse préméditation qui précède l'acte, demandez-lui de vous rendre compte, de se rendre compte à lui-même de la nature et de la force de l'impulsion qui le pousse à son crime; mesurez cette force brutale, aveugle, frénétique d'impulsion avec la force de résistance que l'intimidation par la mort peut opposer à sa pensée ou à sa main : en quelle proportion trouverez-vous l'impulsion et la résistance? la pensée présente, absorbante, consumante du crime, et la pensée éloignée, incertaine, inaperçue du supplice? Sera-ce dans la colère? Mais le bouillonnement du sang enivre toute pensée, trouble tout calcul; mais la vibration physique des nerfs soulève et brise tout obstacle; on a frappé avant de savoir que la passion a levé et armé la main. Est-ce dans la jalousie? Mais la jalousie, c'est deux passions dans une, c'est l'amour et la haine, tellement confondus dans une horrible lutte, qu'on ne sait plus si c'est la haine ou l'amour qui frappe, et que, chacune des deux passions se multipliant par l'autre, il en résulte une force d'entraînement tellement délirante, que l'homme hait ce qu'il adore et adore ce qu'il tue. Dites à l'insensé que cette double frénésie possède, qu'il y a une peine de mort. Eh! que lui importe! ne se donne-t-il pas mille morts à lui-même, en la donnant à celle sans laquelle il ne veut ni ne peut supporter la vie? Est-ce la haine? Mais quand elle est poussée jusqu'à cette antipathie délirante et pour ainsi dire physique, ne se satisfait-elle pas à tout prix? Est-ce la vengeance? Mais son premier acte est de se dire : « Je m'immole moi-même à cette horrible joie d'immoler mon ennemi. » Est-ce l'ambition? Elle voit l'impunité assurée dans le triomphe, et le succès même de son crime est sa garantie contre la peine. Est-ce le fanatisme politique? Il voit son immortalité dans son supplice et sa fausse et atroce gloire dans son échafaud. Vous l'aviliriez en l'en privant ; comment le craindrait-il ? Enfin est-ce le fanatisme religieux ? Il voit le ciel pour récompense, et son supplice, il l'appelle martyre ; le prix qu'il attend est infini ; comment le mettrait-il en balance avec cette mort qu'on ne souffre qu'une seconde et qui lui conquiert une éternité ! Vous voyez donc que dans aucun de ces crimes, lorsque les passions qui les produisent sont poussées à ce délire qui est le crime lui-même, la peine de mort ne peut agir ni n'agit réellement comme intimidation répressive et spécifique, car toutes ces passions sont plus fortes que la mort ; et que la proportion n'existe plus entre l'incitation au crime et la prétendue intimidation du criminel. L'équilibre est rompu d'avance entre la pénalité et la passion. S'il ne l'était pas, la passion n'aurait pas la force du crime, elle ne serait plus la passion, le crime ne s'accomplirait pas.

Restent donc les crimes commis par cupidité. Mais la cupidité n'est pas de sa nature une passion martiale et homicide. Les passions sociales ont quelque chose de moins énergiquement atroce que les passions naturelles. La lâcheté, la bassesse, la ruse, qui les caractérisent, leur font enfanter plus de vices que de crimes. Cependant un certain nombre de crimes cotre les personnes appartiennent à la cupidité. Nous convenons que dans ces cas la peine de mort peut agir souvent comme intimidation. Mais dans ces cas-là même, n'agit-elle pas aussi quelquefois comme incitation ? c'est-à-dire le criminel qui a poussé le vol, le guet-apens, la violation du domicile jusqu'à la violence contre la personne, ne donne-t-il pas souvent la mort précisément pour enlever toute possibilité de témoignage et de constatation à son crime ? c'est ce qui nous est confirmé, non-seulement par la nature et l'analyse du crime, mais par l'aveu même d'un grand nombre de coupables.

Que résulte-t-il de cette anatomie des passions homicides ? Que la peine de mort peut intimider efficacement dans les cas d'homicide par cupidité, bien que dans ces cas-là même elle puisse aussi pousser quelquefois à la consommation du meurtre ; mais que, dans presque tous les autres cas d'homicide par passions, l'intimidation n'agit pas. C'est-à-dire que dans dix hypothèses d'homicide il y en a huit pour lesquelles la peine de mort est non avenue, et deux où l'effet de la peine est incertain.

Et c'est pour un si faible et si douteux résultat d'intimidation que vous vous obstinez à maintenir une peine qui répand le sang comme l'eau, qui déprave l'œil, qui aguerrit la main et l'instinct du peuple à l'homicide, qui lui enlève, autant qu'il est en vous, cette prévoyante et instinctive horreur que la nature lui a donnée pour la mort violente ! Vous craignez l'expérience, dites-vous ; mais comptez-vous donc pour rien comme préservatif, comme moyen de moralisation, par la toute-puissance de l'exemple, ce mafique élan de législateurs d'un grand peuple qui, pour consacrer socialement ce dogme de l'inviolabilité de la vie humaine, briseraient le glaive et diraient au peuple : Regardez ! le sang de l'homme est si sacré que nous, qui aurions le droit et la force de le répandre en expiation, nous nous interdisons à jamais d'en verser une goutte, même celui du criminel. La vie de l'homme n'appartient à personne, ni à vous, ni à nous, ni à l'homicide, ni au juge de l'homicide ; elle n'appartient qu'à Dieu. Malédiction sur celui qui attentera à cette propriété du seul auteur de la vie! Qu'est-ce donc, se dirait l'homicide, que cette vie de l'homme devant laquelle l'humanité tout entière s'arrête?

Et cependant, Messieurs, ne nous faisons pas d'illusion, même pour un si miséricordieux résultat. Le crime ne disparaîtrait pas de la terre, il serait seulement plus lâche et plus odieux. En accroissant l'horreur pour le criminel, ne dépopulariseriez-vous pas le crime ? ne le rendriez-vous pas plus rare? Du moins la pitié pour le coupable ne viendrait pas comme aujourd'hui atténuer au pied de l'échafaud l'exécration contre le meurtrier. Non, le crime ne disparaîtrait pas, mais il ne serait plus crime. Le crime ne disparaîtra jamais de la terre, tant que le feu des passions, que le créateur a allumé pour échauffer et féconder la nature humaine, se nourrira des élémens incendiaires que la société jette dans le cœur de l'homme. Le crime ne disparaîtra pas de la terre tant que la société ne sera pas parfaite. C'est dire assez qu'il durera autant qu'elle. Loin de nous ce rôle facile et banal de blasphémateur de la société! loin de nous la pensée de rejeter sur l'ordre social toute la responsabilité des perversités qui l'affligent et le déshonorent! Si ces hardis démolisseurs, qui font si bon marché de l'œuvre des siècles et qui voudraient subvertir jusqu'à la dernière pierre cet édifice des législations humaines pour le reconstruire avec des passions ou des rêves, faisaient leur compte avec cette société qu'ils calomnient ; s'ils se demandaient : Qui serions-nous sans elle ? qui serions-nous si nous n'avions trouvé préparés par elle, ni la paternité, ni la famille, ni l'état, ni la religion, ni la propriété, ni le travail, ni l'hérédité, ni les traditions, ni les mœurs, ni les lois, ni l'enseignement ? leur révolte se changerait en respect et leur invective en reconnaissance. Cependant nous sommes loin de nous dissimuler aussi que les vices, les ignorances, les égoïsmes de la société ne soient pour beaucoup dans les crimes qui la souillent; qu'en se réformant elle-même elle ne puisse réformer l'individu, et qu'en faisant entrer par exemple une seule vertu du christianisme dans ses législations, la charité, elle ne supprimât cent fois plus de crimes que les échafauds n'en épouvantent. Pourquoi donc hésitons-nous tant ? pourquoi, tandis que la mort, qui frappait deux cents fois par année sous la Restauration, n'a frappé que vingt-cinq fois en 1835; pourquoi, tandis que le dégoût populaire repousse de faubourg en faubourg l'instrument de mort qu'aucune place ne veut plus porter; pourquoi continuons-nous à préconiser la mort comme un dogme, l'échafaud comme un autel, le bourreau comme un expiateur public? La société est-elle une divinité plus implacable que ces dieux de sang auxquels vous immoliez autrefois des victimes humaines, et qui ne vous en ont plus demandé du jour où vous avez eu l'audace de leur en refuser ? Pourquoi ? Ah ! c'est que la loi pénible du travail existe pour l'esprit comme pour le corps ; c'est que la société ne se modifie qu'à la sueur de son front ; c'est que la confiance généreuse qui fait accomplir les grandes choses manque aux peuples, parce que la foi leur manque dans l'assistance de cette providence sociale qui ne leur demanderait qu'une vertu pour leur faire réaliser des miracles ; c'est que la vérité en tout genre, quand elle veut s'introduire dans le monde, trouve toujours un mensonge ou un préjugé établi qui lui dispute sa place au soleil ; c'est que Galilée fut obligé de passer par l'exil et par les cachots pour démontrer une vérité astronomique qui ne semblait devoir déplacer quelque chose que dans le firmament, comme le Christ fut obligé de passer par la tombe pour déplacer le polythéisme et l'esclavage de cette terre où il apportait Dieu et la charité.

Ceci nous dit, Messieurs, que nous devons travailler sans découragement et sans impatience à l'œuvre sainte que vous avez entreprise, et où tant de nobles sympathies vous suivent du cœur et vous fortifient. Il y a sur la terre deux genres d'erreurs contre lesquelles les innovations ont à lutter. Les unes qui s'incarnent dans le monde en intérêts pour ainsi dire matériels : celles-là ne se dépossèdent jamais d'elles-mêmes ; les combats qu'il faut pour les vaincre s'appellent des révolutions, et les révolutions elles-mêmes s'arrêtent rarement dans la justice. Les autres sont des préjugés, des superstitions de la pensée, qui n'ont leur racine que dans nos ignorances, et qui ne demandent pour tomber que le contact d'un rayon de lumière et un souffle de la parole de l'homme. Eh bien ! l'erreur que nous combattons est de cette nature. La peine de mort, enlevée à la loi, ne dépossédera que le bourreau. L'horrible propriété de l'échafaud ne sera revendiquée par personne. Ce sera le champ du sang que personne ne voulut ni acheter ni ensemencer. Nous n'aurons besoin, pour abattre la machine de mort qui consterne le sol de son ombre, ni de la hache ni du marteau des révolutions, et si le Dieu qui juge nos pensées daigne bénir nos efforts, elle s'écroulera d'elle-même au faible vent de nos paroles et au bruit de vos applaudissemens.

SUR

L'ABOLITION DE LA PEINE DE MORT.

DISCOURS

PRONONCÉ A LA CHAMBRE DES DÉPUTÉS, SÉANCE DU 18 MARS 1838.

La différence profonde qui existe entre l'honorable orateur auquel je succède et moi, consiste surtout en ceci : que l'honorable préopinant veut conserver la peine de mort dans nos lois, précisément comme signe, comme intimidation, et en faire le moindre usage possible dans sa terrible application, et que nous, au contraire, par un sentiment, par un désir identique, nous voulons préserver autant que lui la société par une autre sorte d'intimidation et d'exemple; mais nous croyons, et j'espère vous démontrer succinctement tout à l'heure, que l'abolition systématique de la peine de mort dans nos lois serait une intimidation et un exemple plus puissans contre le crime, que ces gouttes de sang répandues de temps en temps, si stérilement, vous en convenez vous-mêmes, devant le peuple, comme pour lui en conserver le goût.

Jamais, je l'avoue, je n'ai éprouvé plus d'émotion

en montant à cette tribune, et la Chambre doit le comprendre, car, s'il est des occasions où le législateur voulût donner à ses paroles toute la gravité, je dirais presque toute la sainteté du sujet soumis à sa délibération, à coup sûr c'est celle-ci ; c'est quand il tient entre ses mains la vie ou la mort de ses semblables, et que le vote qu'il va porter peut devenir, pendant de longues années peut-être, un arrêt dans la bouche du juge et un glaive dans la main de l'exécuteur.

Eh bien! nous sommes dans ce cas aujourd'hui, et les sympathies ou les répulsions que nous allons montrer pour ou contre les pétitionnaires vont encourager ou décourager les sentimens d'un grand nombre d'hommes qui ont couvert ces pétitions de dix-huit mille signatures; signatures qui n'ont pas été extorquées, qui n'ont pas été mendiées comme on vient de vous dire, mais qui ont été apposées sur ces pages avec ce respect qu'on apporte à un acte religieux.

Je passe aux objections présentées tant par M. le rapporteur de la commission que par l'honorable M. Parès.

Et d'abord, je prierai la Chambre d'être assez juste pour ne pas me prêter, non plus qu'à la plupart des principes que je soutiens, l'opinion hasardée, et même, je le dirai, profondément coupable, si justement repoussée et flétrie par le rapporteur et l'honorable préopinant. M. de La Rochefoucauld le disait tout à l'heure, nous ne sommes en rien solidaires des termes dans lesquels certains pétitionnaires se sont exprimés. Il fallait séparer ce qu'il y a de téméraire dans la manière dont ils ont exprimé un bon désir, d'avec ce qu'il y a de modéré, de préservateur, de pratique, de profondément religieux, dans les autres. Eh bien! je vais essayer de le faire.

Quelques-unes des pétitions semblent vouloir renouveler ces doctrines immorales de fatalisme dont le vice et le crime aiment à se couvrir contre le remords et la peine, et rejeter, sur les imperfections de la société, les désordres et les attentats qui la souillent. Eh bien! Messieurs, nous protestons les premiers contre ces expressions coupables. Il serait trop commode, pour les méchans, de renvoyer à la société la responsabilité de leurs crimes et de dire : J'aurais été vertueux, honnête, si la société de mon temps eût été mieux faite. Ce n'est pas l'état de la société seul, c'est la liberté morale de l'homme qui constitue le crime. Il y a sans doute réaction de la société sur l'individu et de l'individu sur la société, mais les imperfections de l'un n'excusent pas les crimes de l'autre, et c'est sous des sociétés plus vicieuses, plus corrompues que la nôtre, que le crime et la vertu ont mérité leurs noms!

On vient de soutenir encore que la société n'avait pas droit de vie et de mort sur ses membres. Messieurs, telle n'est point notre opinion. La société, étant nécessaire, a reçu évidemment de son auteur tous les droits nécessaires à sa conservation, et si, dans les premiers temps, dans son imperfection, dans son dénuement de moyens répressifs, elle a cru ne pouvoir se défendre ou défendre ses membres sans la peine de mort, certes elle a pu l'exercer légalement alors, elle a pu tuer en conscience.

Mais la question n'est plus là. Au point de civilisation où nous sommes parvenus, la peine de mort est-elle encore nécessaire à la société, et, par conséquent, la peine de mort est-elle encore légitime ? Voilà la question, la seule que je pose, la seule utile à poser, et, si nous la posons, c'est déjà une preuve qu'il y a doute dans un grand nombre d'esprits. Or, du moment qu'il y a doute, le législateur ne doit-il pas s'abstenir ? car, ainsi que je le disais il y a deux ans, dans une occasion semblable, qu'est-ce qu'un doute qui ne peut se résoudre qu'après qu'une tête a roulé sur un échafaud ? Qu'est-ce qu'un doute auquel est suspendue la hache de l'exécuteur ? Si ce n'est pas un crime, c'est bien près peut-être d'être un remords.

On vient de nous dire : Mais il faut une sanction à la loi, et la mort a été de tout temps cette sanction terrible, cette sanction suprême, qui seule a pu défendre le monde des agressions du crime. N'enlevons pas cette clef de voûte de la société, ou la société s'écroulerait dans le sang. Messieurs, il y a là une erreur de date, un anachronisme législatif que je vous demande à réfuter une fois pour toutes. J'ose vous demander un peu d'attention pour une discussion qui touche à la philosophie même des lois.

Et nous aussi, nous ne nous faisons pas une humanité chimérique, obéissant à la loi parce qu'elle est loi, et n'ayant besoin ni de coercition au bien, ni d'intimidation ni de pénalité contre le mal. Et nous aussi nous voulons une sanction à la loi ; mais nous disons, et l'histoire est notre témoin, et les transformations, les adoucissemens, les suppressions de pénalités le prouvent, nous disons qu'il y a à la loi deux espèces de sanction de nature différente, et qu'à mesure que le genre humain se civilise, que les législations se perfectionnent, la société se défend davantage par l'une ou par l'autre de ces sanctions pénales. Je m'explique : il y a une sanction matérielle, brutale, inflictive, sanglante, que vous appelez la loi du talion, qui punit l'homme dans sa chair, qui frappe parce qu'on a frappé, qui jette un cadavre sur un cadavre, qui lave le sang dans le sang ; cette sanction aboutit à la peine de mort ; que dis-je ! elle ne s'arrête pas là : elle va jusqu'à ces supplices, jusqu'à ces tortures, jusqu'à ces morts multipliées par les mutilations qui font mourir cent fois le coupable ou le condamné, et qu'il faudrait regretter et rétablir si vous vouliez aller loyalement aux conséquences de votre principe d'intimidation par la mort.

Mais il y a une sanction nouvelle, une sanction morale, une sanction non charnelle, non mortelle, non sanglante, aussi puissante, mille fois plus puissante que la vôtre, sanction que la société substitue graduellement à l'autre, à mesure que la société se spiritualise et se moralise elle-même davantage. Celle-là consiste dans l'impuissance où l'on met le criminel de récidiver, dans la correction qu'on lui inflige, dans la solitude qui le force à réfléchir, dans le travail qui dompte les passions, dans l'instruction qui éclaire, dans la religion qui change le cœur, enfin dans l'ensemble de ces mesures défensives et correctives qui préservent la société et améliorent le criminel : entre ces deux systèmes, il y a tout l'espace parcouru des bûchers et des tortures, un système pénitentiaire. Eh bien! nous disons, nous, que vous êtes arrivés à ce point de spiritualisation et de moralisation sociales, que vous devez faire le dernier pas et supprimer la mort que vous n'appliquez déjà presque plus. Du moment où vous reconnaissez le principe de la régénération morale de l'homme, et vous allez le mettre en fait dans l'organisation du système pénitentiaire, la peine de mort devient une inconséquence et une impiété!

Vous craignez encore pour la société; vous affirmez qu'elle a encore besoin de la mort et que notre système serait insuffisant. D'abord, nous pourrions vous répondre : Notre système n'est pas une expérience. Il a été tenté chez plusieurs peuples, à plusieurs époques, surtout à ces époques où le christianisme, entré dans les mœurs, avait répandu partout la mansuétude et son esprit divin de charité. Sous Constantin, pendant un demi-siècle, sous les empereurs chrétiens, en Russie, en Toscane et partout, il a eu les effets les plus heureux, et partout il a adouci les mœurs et diminué les crimes, à ce point qu'en Toscane, des populations de quarante mille âmes, sous le même soleil, avec les mêmes passions, avec les mêmes races, les mêmes mœurs que les populations de l'état romain, si féroces, deux sbires ou deux gendarmes suffisent à la police de répression.

Mais nous vous répondrions surtout par la revue

de toutes les forces défensives dont la société actuelle est pourvue contre les agressions du crime. Eh! quoi! n'avez-vous pas votre organisation même, vos gouvernans, votre force armée, vos polices, vos gendarmeries, vos tribunaux, vos poursuites d'office, vos prisons, vos déportations, vos bagnes? N'est-ce pas assez de défenses matérielles? Et, en défense morale, êtes-vous plus désarmés? La conscience, la religion, seconde conscience, et dont le code punit le crime d'une pénalité éternelle? L'instruction plus répandue, la moralité croissante? Enfin, l'opinion publique, qui est devenue une force réelle, la plus efficace peut-être de toutes les forces sociales, et qui, au moyen de la publicité, affiche le nom et le crime, multiplie la honte et la réprobation, et devient le plus inévitable de tous les supplices? Je dis qu'avec tous ces moyens de préservation, la vie humaine est aussi garantie qu'elle peut l'être, et que la peine de mort n'ajoute rien à la sécurité des citoyens.

Mais je vais plus loin, et je dis que la peine de mort, d'une part, ne réprime ou ne prévient pas le meurtre, et, de l'autre part, accroît les dangers de la société en entretenant la férocité des mœurs.

Examinez l'état d'esprit du criminel prêt à commettre un meurtre. Son crime, je l'ai déjà dit, n'a que deux motifs : une passion violente, ou un intérêt cupide. Si c'est une passion, le criminel est déjà dans le délire, dans la démence, et la crainte de la pénalité disparaît pour lui : il assouvit sa passion à tout prix ; il ne recule pas devant la mort, au contraire.

J'entends un de mes collègues dire que c'est là du

fatalisme. Eh! messieurs, n'est-ce pas moi qui viens de protester d'avance contre cette imputation en flétrissant ces doctrines d'impulsion irrésistible au crime, dont les criminels se couvrent contre leur conscience et contre la loi? Je ne parle pas ici de l'état du criminel avant que son intelligence ait été subjuguée et obscurcie par la pensée du crime, mais du coupable déjà coupable par la perpétration de son acte, et je dis que la nature humaine est ainsi faite que souvent l'idée de jouer sa passion contre sa vie et de la mort est une sorte d'excitation féroce au crime, et qu'il se justifie à lui-même sa perversité en se disant : Je risque ma vie contre celle d'un autre. Et si c'est un intérêt, comme le criminel est à froid et qu'il pèse son crime contre son risque, s'il persévère à tenter le crime, c'est qu'évidemment la peine de mort, lointaine, incertaine, douteuse, n'agit plus sur son esprit. Dans les deux cas, l'intimidation est donc nulle.

Non, croyez-le, messieurs, l'intimidation par la peine de mort a sans doute quelque efficacité dans un petit nombre de cas ; mais cette intimidation est bien faible dans un temps où les convictions religieuses affaiblies ne laissent voir dans la mort qu'une seconde de douleur, à peine sentie, sans conséquence au-delà du tombeau ; dans un temps où le suicide, la mort choisie, la mort volontaire, est tellement multiplié, que l'homme joue avec sa vie comme avec une chose vile; où il verse son sang comme l'eau, où il invente tous les jours des moyens rapides et doux de quitter la vie comme on quitte un supplice. Croyez-moi, croyez-en les faits, dans un temps pareil, ce n'est pas la mort qu'il faut apprendre à craindre, c'est la vie qu'il faudrait apprendre à respecter!

On nous parle aussi d'expiation. Messieurs, un mot sur l'expiation. Est-ce devant Dieu, est-ce devant les hommes que la justice pénale est une expiation? Si c'est devant Dieu, je vous comprends : oui, devant l'être infaillible, qui peut seul proportionner la peine au délit, il y a, il doit y avoir expiation ; mais, devant les hommes, la justice pénale ne peut avoir qu'un de ces trois objets en vue : indemniser la victime, corriger le coupable, préserver la société. Indemniser la victime : par la peine de mort vous ne le pouvez pas ; tout le sang que vous verserez ne restituera pas une goutte de celui qui aura été répandu. Corriger le coupable : vous ne le pouvez pas, si vous le tuez. Préserver la société : je viens de vous démontrer que la peine de mort n'agit presque pas dans huit cas sur dix, et que la société est pourvue de forces suffisantes pour sa préservation.

Mais je dis plus. Je dis que l'abolition de la peine de mort que nous vous demandons sera la préservation la plus puissante que vous puissiez procurer à la société contre l'homicide. Oui, je dis que quelques gouttes de sang répandues de temps en temps sous les yeux du peuple, comme pour lui en conserver le goût, seront moins efficaces que cette proclamation sociale de l'inviolabilité de la vie de l'homme, que vous ferez à la face du monde en abolissant l'échafaud. C'est un dogme auquel votre exemple donnera une autorité toute puissante. Qu'est-ce donc, se dira l'homme pervers, que cette vie de l'homme devant laquelle la société tout entière s'arrête? Le sang de l'homme est donc sacré, puisque la société, qui a le pouvoir de le répandre en expiation, s'abstient d'en verser une goutte, même de celui qui a donné la mort! Sans doute, vous auriez encore des crimes, mais ils seraient plus infâmes, plus déshonorés, plus rares; et la pénalité corrective et pénitentiaire, mieux appliquée, parce qu'elle serait plus douce, ne donnerait plus ces scandales de l'impunité, encouragemens au crime. Car je ne vous demande l'abolition que le jour où vous aurez le système pénitentiaire : vous allez le discuter. Un système pénitentiaire est le préambule indispensable de la loi sur l'abolition de la peine de mort.

N'hésitons donc pas davantage, Messieurs; rendons-nous à ces symptômes évidens de l'opinion publique, à ces pétitions signées avec un religieux sentiment, à cette horreur du peuple pour l'échafaud, qui le fait reculer d'année en année de vos places publiques jusque dans vos faubourgs les plus reculés; à ces scrupules des jurés qui refusent à la loi des condamnations capitales que leur conscience leur défend. N'attendez pas que le crime cesse entièrement! c'est à vous de commencer. La société et le criminel se regarderont-ils éternellement l'un l'autre pour savoir lequel cessera le premier de verser le sang? Commencez et ne craignez pas ces périls dont on vous effraie. Non, la clef de voûte de la société n'est pas la mort!

la clef de voûte de la société, c'est la moralité de ses lois !

Il y eut ici un beau mouvement en 1830 ; ce fut le jour où un de nos dignes collègues, dont la voix nous manque aujourd'hui, et dont l'absence à cette Chambre est un reproche au pays, M. de Tracy, vous demanda de proclamer l'abolition de la peine de mort le lendemain de votre victoire : c'eût été là une date mémorable, une date glorieuse de votre Constitution. Ce moment était propice ; c'est dans les grandes émotions que l'homme se sent plus généreux, parce qu'il est plus homme : alors un vote magnanime pouvait vous être arraché, et s'échapper, dans un élan d'enthousiasme, de l'humanité de vos cœurs. Vous vous arrêtâtes ; ce fut un malheur pour l'humanité ! Mais puisse ce malheur tourner à la gloire de la Chambre de 1838 et lui laisser l'honneur de cette abolition ! Vous avez fait de grandes choses depuis sept ans, quoiqu'on calomnie toujours le présent.

La suppression des jeux, la suppression des loteries, la loi sur les aliénés, l'admission des circonstances atténuantes, les lois charitables sur l'enseignement gratuit, prouveront à la postérité que vous avez compris que les lois humaines devaient être des traductions des lois divines. Non ! cette époque n'a pas été stérile. Mais voulez-vous la marquer d'un sceau ineffaçable ? voulez-vous prendre date dans les siècles en associant vos noms à une de ces grandes résolutions morales vers lesquelles les temps à venir reportent les yeux pour en bénir les auteurs? suivez l'instinct de vos âmes, croyez que le sentiment qui inspire ces pétitions est plus infaillible que la routine et la logique qui les repoussent, et renvoyez-les au conseil des ministres, en lui demandant de vous apporter, pour premier article de la loi sur le régime pénitentiaire, l'abolition de la peine de mort.

SUR

L'ÉMANCIPATION DES ESCLAVES.

DISCOURS

PRONONCÉ A LA CHAMBRE DES DÉPUTÉS,
SÉANCE DU 15 FÉVRIER 1838.

Personne n'accueillerait avec plus d'empressement que moi les paroles de M. le président du conseil, si l'expérience de quatre années ne m'avait enseigné la valeur de ces demandes dilatoires. Que vous dit M. le président du conseil pour motiver ces temporisations? Il vous dit que c'est pour donner au gouvernement le temps de recueillir les renseignemens.

J'ai cru l'entendre. Mais, Messieurs, de qui attendez-vous des renseignemens? à qui les demandez-vous? aux coloniaux possesseurs de l'esclavage! Oui, c'est au maître que vous demandez quelle est l'heure où il faudra affranchir son esclave. Et ne sentez-vous pas que cette heure ne sonnera jamais pour lui! Non, jamais le maître ne trouvera opportune l'heure qui devra le dépouiller. L'heure, Messieurs, savez-vous quand elle viendra? Quand la métropole sera assez éclairée, assez politique pour se présenter avec l'indemnité d'une main et l'émancipation de l'autre.

Je crois donc que l'heure a sonné, et que la proposition qui nous est faite, bien qu'incomplète, bien qu'insuffisante, ne peut que l'avancer. Je demande à exposer en peu de mots à la Chambre dans quel sens je la soutiens, dans quel sens nous devons l'examiner.

Messieurs, certes, si je suivais le seul instinct de cette philanthropie dont on nous accuse, je ferais ce que vient de faire le préopinant, et j'écarterais la proposition de M. Passy; cette proposition, qui est une concession faite à la dureté de l'opinion de la liberté et des droits de 250,000 esclaves actuellement vivans dans nos colonies; cette proposition, qui ressemble à un aveu de l'impuissance des amis de l'humanité, ou au découragement d'une cause qu'on regarde comme perdue. Oui, je dirai à M. Passy: Pourquoi concédez-vous ce qui ne vous appartient pas, le principe révoltant de la possession de l'homme par l'homme pendant une génération tout entière, pendant ces longues années qui s'écouleront depuis le jour où le dernier des noirs né en 1838 aura vécu, jusqu'au jour où il aura cessé de vivre, c'est-à-dire pendant un siècle peut-être? Quoi! pendant tout ce temps vous allez accorder une sorte de bill d'indemnité à ce crime social, à cet état de nos colonies, sous lequel des hommes semblables à vous sont traités comme de vils animaux, vendus, traqués, revendus en gros et en détail, le père à un maître, le fils à un autre, la mère à un troisième! où des enfans, des femmes, sont chassés à un travail forcé de seize heures, avec le fouet pour salaire! où le germe de la famille est systématiquement étouffé, de peur que les liens de famille, venant à se former, n'empêchassent l'abrutissement plus lucratif de l'espèce ; où l'on défend d'apprendre à lire, où l'on provoque au plus brutal concubinage, où il y a des milliers d'hommes qui ne connaissent ni nationalité, ni propriété, ni religion ; qu'on a arrachés à leurs pères, à qui on arrachera leurs enfans, à qui on jette une femme pour s'enrichir de sa fécondité, à qui on la retire, de peur que, l'affection venant à se former, elle empêchât de revendre l'humanité en détail?

Quoi! vous maintiendrez un état de choses qui, tant qu'il existe, provoque à la contrebande d'hommes, qui envoie chercher par une cupidité effrénée ces cargaisons humaines dont l'Océan engloutit la moitié pour cacher le reste! cette contrebande d'hommes qui faisait dire à M. Peel, commissaire de l'enquête, en 1829, qu'un vaisseau négrier avait été reconnu contenir, dans un espace donné, la plus grande masse de crimes, de tortures et de profanations humaines.

Êtes-vous donc condamnés à cette déplorable nécessité? êtes-vous bien certains que la Chambre de 1838, que chacune des Chambres qui nous succéderont, persévérera dans cette honteuse anomalie d'une nation qui a mis, la première, de la philosophie et de la religion dans ses lois, qui a versé son sang, sans en compter les gouttes ou les torrens, pour la cause de la réforme et de la liberté politiques, qui a fait un drapeau sacré de l'égalité, qui a sanctifié, pour ainsi dire, les droits des citoyens, et qui oublierait à ce point les droits et la dignité de l'homme, et qui continuerait à couvrir de l'ombre de sa liberté menteuse les plus honteuses dégradations, les plus infâmes services qui puissent déshonorer l'humanité? En êtes-vous bien sûrs? Quant à moi, je ne le suis pas, et je persiste à croire que la Chambre, mieux éclairée sur les faits, aurait accepté un projet plus rationnel et plus large.

Je jurerais bien au moins d'avance qu'avant que deux ou trois législatures aient passé ici, l'une d'elles aurait proclamé l'émancipation, car je crois à la toute-puissance de la conscience humaine. Une nation ne peut pas étouffer longtemps un remords. Quand la parole est libre dans cette nation, quand chaque jour on la met en face de son inconséquence et de son iniquité, il vient un jour où elle se trouble, où elle sent en elle quelque chose de plus fort et de plus irrésistible que la voix des intérêts personnels, et où elle rachète, comme l'Angleterre, au prix de quelques millions, le principe sans prix de la liberté et de la dignité de tous les enfans de Dieu.

J'aurais donc, je l'avoue, préféré que l'honorable auteur de la proposition ne nous présentât pas cette demi-justice, mais qu'il nous demandât justice entière : l'émancipation actuelle, immédiate ; l'émancipation graduée, prudente, avec l'initiation, avec l'apprentissage de la liberté dans un état de législation spécial et exceptionnel pour nos colonies ; l'émancipation avec dix années de préparations successives, avec la condition rigoureusement juste de l'indemnité envers les colons, mais enfin l'émancipation de tout ce qui vit et de tout ce qui vivra dégradé par le nom d'esclave. Oui, j'espère assez de mon pays, j'espère assez de mon temps, pour croire qu'il ne fût pas resté en arrière de l'Angleterre, et qu'un jour ou l'autre nous aurions triomphé.

Si cette marche eût été suivie, nous n'aurions à critiquer aucune des conséquences de la proposition. Or, bien que je la soutienne comme un moindre mal que ce qui existe, à sa première lecture j'ai été frappé comme vous, plus que vous, de ce qu'elle aura d'incomplet, d'affligeant, de cruel dans l'exécution, et je me suis sérieusement demandé : Ne vaudrait-il pas mieux la combattre ? Quoi ! vous affranchissez les fils à naître ? Je bénis votre pensée : la liberté au moins consolera la seconde génération. Mais avez-vous pensé à ce coup de massue qu'une pareille déclaration va porter aux deux cent cinquante mille vivans, qui vont se dire : L'espoir nous restait ; un jour la France pouvait briser nos fers : maintenant la France a parlé, tout est consommé ; nous, nos femmes, nos frères, nos enfans nés, ceux qui viennent de naître dans l'année, dans le mois, qui sont à la mamelle, qui sont nés peut-être la veille du jour où le vaisseau libérateur a montré son pavillon à la colonie, nous sommes esclaves à jamais ! la liberté de nos enfans scelle notre éternelle servitude. S'il était né huit jours plus tard, cet enfant eût été libre comme eux : le voilà esclave comme nous. Un jour, une heure peut-être le sépare de celui qui sera libre ; et lui il aura une longue vie à passer dans l'esclavage ! Avez-vous pensé à cela, Messieurs ?

et croyez-vous qu'elle soit suffisamment juste, une proclamation de principe qui réagirait ainsi contre toute une génération déjà née, et qui, entre l'éternel esclavage pour les uns, la liberté acquise aux autres, ne mettra pour différence et pour cause que d'être né à quelques jours ou à quelques heures d'intervalle ? Oh ! cela seul devrait vous montrer combien il est atroce d'appliquer des principes de justice absolue avec des concessions au mal, avec des modifications arbitraires ! Oui, il y aura là à la fois, pour le nègre resté esclave et pour le noir libéré, un contraste douloureux, périlleux peut-être, entre ces deux générations, dont l'une grandira dans tous les bienfaits de la liberté, dont l'autre vieillira dans toutes les dégradations de la servitude ! Et pensez-y, Messieurs, n'y aura-t-il pas plus ? n'y aura-t-il pas quelque chose de profondément immoral dans cette situation que vous allez créer d'un état de société où les enfans pourront voir vendre, trafiquer, troquer leurs pères, leurs mères, leurs frères, leurs sœurs ? Que dis-je ! ne frémissez-vous pas de créer une civilisation où, par un phénomène monstrueux, inconnu même aux civilisations antiques les plus barbares, où le fils pourra légalement avoir son père et sa mère pour esclaves !

Eh bien ! il y aura plus, il y aura péril ; car la jeune génération libre grandira, elle, à côté de ses pères et de ses frères dans les fers, sans être tentée de les délivrer, sans conspirer par la plus sainte des impulsions, par l'impulsion de la nature, pour affranchir toute la génération !

Non, Messieurs, il n'y a d'émancipation utile, normale, politique, sans scandale et sans danger, que l'émancipation anglaise, c'est-à-dire l'émancipation aux conditions de justice envers les colons par une indemnité préalable, de prévoyance envers les esclaves par un apprentissage, par une initiation prudente à la liberté, et enfin par l'universalité de la mesure. L'universalité de l'esclavage est la clé de voûte de la servitude : le jour où vous en détachez une pierre, l'esclavage s'écroule tout entier. Prenez garde qu'il ne s'écroule sur vous et sur vos colons ! Les idées prennent leur niveau comme l'Océan. Les Antilles anglaises, affranchies dès 1840, communiqueront inévitablement à vos colonies la contagion de la liberté. Prévenez ce moment critique; autrement c'est vous qui prendrez sur vous la responsabilité des événemens. Il n'y a que deux manières de faire de semblables réformes : la transmutation législative, ou les violences. Craignez d'avoir des commotions funestes, si vous ne préparez pas dès aujourd'hui, avec générosité et sagesse, cette grande expropriation pour cause de moralité publique.

Mais, Messieurs (et ici je rentre tout à fait dans les idées de M. le président du conseil), la mesure que nous sollicitons doit être accompagnée, précédée de l'indemnité aux colons. Si vous ne désintéressez pas les colons, si vous ne les avez pas pour auxiliaires, vous n'obtiendrez que perturbation, car vous n'aurez semé qu'injustice.

Et ne vous effrayez pas, Messieurs, de cette énormité prétendue des sacrifices que le Trésor aurait à subir pour indemniser les colons. L'Angleterre n'a pas craint de jeter généreusement 500 millions pour racheter ce grand principe de la dignité et de la fraternité des hommes, acquis au monde depuis deux mille ans. Vous aurez le même courage, mais ce courage vous coûtera moins.

Voulez-vous que j'apprécie devant vous, ainsi que je l'ai fait deux fois dans cette Chambre, dès le moment où j'appliquai ma pensée à cette question, voulez-vous que j'apprécie ce que vous coûterait en réalité une émancipation complète?

Et d'abord, ce n'est pas moi qui mettrai jamais le titre de possession du colon sur l'esclave en parallèle du titre de propriété de soi-même que Dieu a donné à l'homme! Périssent les propriétés conventionnelles et légales plutôt que les propriétés naturelles et divines. Périssent ces plantes qui ne peuvent croître que sous la sueur et le sang des esclaves plutôt que la liberté et la dignité humaines! Mais je dis que, dans le fait de l'esclavage, ce n'est pas le colon qui est coupable; c'est l'état, c'est la société tout entière. Ce n'est pas le colon qui a fait la loi, c'est l'état; la loi de l'état, violant en cela celle de Dieu et de la nature, lui a donné son esclave et le champ qui ne peut être cultivé que par son esclave, avec toutes les garanties d'inviolabilité et de perpétuité que la loi commune attache à tout autre genre de propriété. Le colon l'a héritée, en jouit, la possède comme nous possédons les nôtres, au même titre légal. Si on le dépossède, il y a donc de la part de l'état violation envers le colon du droit commun de la propriété. Mais cette noble cause exclut-elle le devoir d'indemniser le colon exproprié? Non! elle le commande davantage. Autrement, vous répareriez une iniquité par une autre, et, pour libérer l'esclave, vous dépouilleriez le colon. Cela est évident. Que s'ensuit-il? Que toute loyale émancipation doit être accompagnée et combinée, comme en Angleterre, d'une indemnisation arbitrée envers le colon.

Mais cela sera-t-il aussi cher qu'on vous le dit, et que M. Mauguin et les colons le veulent? Non, Messieurs.

D'abord, je maintiens que la nature de la propriété du colon, de cette propriété humaine qui profane et viole l'humanité même, n'est pas dans les conditions absolues des autres propriétés de droit commun, en ce sens que nous ne possédons tous ce que nous possédons que sous le bénéfice de l'état social qui nous le garantit; qu'il y a même, dans les propriétés garanties par les lois, des différences de solidité et de perpétuité, des propriétés qui courent des risques plus grands que d'autres : la propriété mobilière, par exemple, qui est susceptible d'être volée, incendiée, détruite par la guerre; les rentes, les créances, qui n'ont pour hypothèque que les gouvernemens, la foi publique, et enfin les propriétés qui impliquent en elles quelques violations des droits généraux des citoyens, comme les propriétés féodales, et qui périssent avec l'état social qui les admettait. Eh bien! je dis que, s'il y a une propriété de cette nature, c'est la propriété du maître sur les esclaves; c'est cette propriété qui ne repose réellement que sur un crime social. Avez-vous craint d'y porter atteinte en portant vos lois qui interdisent la traite? Et, par vos lois très-légitimes contre la traite des noirs, n'avez-vous pas déjà immensément réduit la propriété des colons? Cette nature de possession, dont le colon jouit avec toutes les éventualités de réduction et de ruine, ne peut donc pas être évaluée au taux de vos autres natures de richesses publiques, et son indemnité ne doit donc pas être non plus aussi complète ou aussi considérable.

Et maintenant, Messieurs, pensez-vous que le trésor aurait à supporter seul cette indemnisation ? Rien ne serait plus injuste. Est-ce que l'état seul est responsable du fait de l'esclavage? Est-ce que ceux qui trafiquent de cette denrée humaine, qui les arrachent aux côtes d'Afrique, qui les enchaînent sur des vaisseaux négriers, qui se recrutent par la contrebande de cinquante mille esclaves contre toutes les lois, n'y sont pour rien? Non, Messieurs, le tort ou le malheur sont des deux côtés. La réparation doit être aussi combinée de telle sorte que tous ceux qui subissent le tort moral de l'esclavage concourent à le réparer, que tous ceux qui bénéficieront de l'émancipation y contribuent proportionnellement aux avantages qui en résulteront pour tous. Voilà la vraie justice.

Eh bien ! Messieurs, quelle est la part de l'état? quelle est la part du colon? quelle est la part des esclaves dans le bénéfice de l'émancipation?

L'état y gagne la restauration de la dignité et de la moralité de ses lois, bénéfice moral au-dessus de toute appréciation. Il y gagne de plus la sécurité de ses colonies, l'accroissement de son capital colonial par la multiplication de la race des noirs et la culture plus générale des terres. Il y gagne encore tout ce que lui coûteraient les frais de surveillance et les séjours de troupes et les expéditions ruineuses que nécessiterait bientôt le maintien violent de l'esclavage dans nos Antilles travaillées par la contagion de la liberté dans les Antilles anglaises.

Le colon, qu'y gagne-t-il? La solidité de sa propriété, le travail libre reconnu plus fécond que le travail forcé; une propriété instable, périlleuse, violente, échangée contre une propriété de droit commun, et ne menaçant plus de périr tous les jours dans ses mains.

Enfin les esclaves y gagnent le nom et les facultés d'homme; la famille, la propriété, la liberté, le salaire, l'admission à la pleine jouissance de tous les droits de la civilisation.

Vous voyez donc qu'il y a un bénéfice égal dans l'émancipation, pour l'état, pour le colon, pour l'esclave. Faites une équitable répartition des avantages que l'état, les colons, l'esclave, retirent de l'émancipation, et faites-leur supporter proportionnellement le poids de l'indemnité que l'émancipation entraîne. L'état et les colons peuvent la payer; l'esclave le peut lui-même aussi par le mode de l'apprentissage. Car, pendant les huit ou dix années que durera l'apprentissage, il travaillera encore sans un salaire; son salaire sera sa liberté future, et il contribuera ainsi à indemniser lui-même le colon par une partie de son travail. Rien n'empêche qu'après l'apprentissage terminé, une loi spéciale ne règle encore, pendant quelques années, les conditions du salaire dans les colonies, d'une manière avantageuse aux colons, car des lois spéciales seront nécessaires. Il faudra créer, comme l'a fait le parlement anglais, des magistrats exceptionnels pour surveiller le passage d'un état à l'autre. Le colon ne perdra donc qu'une très-faible partie de sa propriété actuelle, et il sera déchargé du logement, de la nourriture, des soins, de la vieillesse, des infirmes, des enfans. Vous avez, sur deux cent cinquante mille esclaves seulement, quarante-deux mille esclaves dans la force de la vie et employés à la culture. Ces esclaves peuvent valoir 1,000 francs; le reste, en moyenne, ne va pas à 500 francs. Le rachat total ne s'élèverait donc qu'à 120 ou 140 millions. Si, de ces 120 millions, vous retranchez presque les deux tiers, qui seraient supportés, un tiers par les colons, un tiers par les esclaves eux-mêmes, au moyen de l'apprentissage, il ne resterait à la charge de l'état que 80 ou 100 millions. Ces 80 millions, répartis entre les dix années que durerait la libération, ne feraient supporter au trésor qu'environ 5 millions par an. Ces 5 millions vous les paieriez, soit par la voie d'un emprunt et du plus justifié des emprunts, puisqu'il libérerait l'avenir de cette affreuse responsabilité d'un véritable crime social, soit par voie de réduction sur le tarif de vos sucres coloniaux. Le pays ne s'en apercevrait pas, et l'humanité serait restaurée, et vous auriez prévenu ces inévitables révolutions de vos colonies, qui vous coûteront à réprimer deux fois plus qu'il ne vous en coûtera pour les rendre impossibles. Oui, ce système vaudrait cent fois mieux. Il serait plus digne de vous, plus digne de l'homme, plus digne de Dieu. Je voudrais pouvoir vous communiquer la confiance qui m'anime. Fiez-vous davantage, comme vous le disait tout à l'heure M. Passy, à l'élan de votre générosité! Les bonnes pensées ne trompent jamais les nations, car les inspirations élevées du cœur humain sont toujours plus vraies et plus fécondes que ses calculs!

Eh! Messieurs, l'occasion ne fut et ne sera jamais plus belle pour étouffer l'esclavage, non-seulement dans vos colonies, mais dans l'univers tout entier. Oui, Messieurs, grâce à des événemens imprévus, providentiels, indépendans de vous et tenant à l'état politique du monde, vous pouvez tarir l'esclavage dans le monde. Vous le comprimez, vous le saisissez à la fois par les deux extrémités de l'Asie et de l'Afrique. Par Alger, vous allez l'éteindre sur un immense littoral; la Russie sur la mer Noire le repousse en Circassie et en Géorgie, et fait élever si haut à Constantinople le prix des esclaves, que l'esclavage même et la polygamie y finissent. En Égypte, vous le supprimerez le jour où vous le voudrez. Les Anglais l'ont supprimé sur l'Océan. L'Espagne, en perdant l'Amérique du Sud, le laisse tomber et s'éteindre. Il ne reste que vous. Dites un mot, déclarez l'émancipation des noirs dans vos colonies, et l'esclavage est tari partout.

Oui, le jour où vous aurez décrété que les noirs

sont libres chez vous, ils le seront partout, et de ce jour, la consommation des esclaves cessant, le commerce atroce qui les alimente cessera. Ils ne trouveront plus ni marchands pour les vendre, ni bourreaux pour les exporter.

Ainsi disparaîtront, Messieurs, ces trois reproches qu'on peut adresser à la proposition de M. Passy : l'injustice envers les colons, l'imprévoyance envers les enfans des esclaves, la cruauté envers les esclaves aujourd'hui vivans, et abandonnés par la proposition à la merci de leur servitude. Ce système se combine, se coordonne à lui-même. Il n'a contre lui que l'inertie et l'égoïsme, qui sont les deux plus terribles obstacles qui retardent toute vérité et tout bien. Pouvions-nous croire qu'un demi-siècle après la proclamation des droits de l'homme au sein d'une nation à laquelle cette déclaration de ses droits reconquis a servi de base politique et sociale, cette même nation, réunie en congrès sous les symboles de sa liberté, déclarerait, par cet ajournement qu'on vous oppose, que l'on n'a voulu de la liberté que pour soi, et que la liberté d'une race entière de l'humanité lui paraît trop chère au prix de quelques millions pendant dix années?

Ah! Messieurs, donnons ce démenti à ceux qui calomnient nos sentimens! Un faible effort de vous, et l'esclavage disparaît de la terre entière, qu'il a si longtemps profanée. Jamais vous n'aurez une occasion si favorable.

Le monde attend cette déclaration de vous pour fermer cette plaie, la plus honteuse de l'humanité. La proposition de M. Passy est un pas fait vers ce noble but. Cette proposition a bien des faiblesses ; elle porte l'empreinte de la timidité avec laquelle elle vous est présentée ; elle atteste trop, par son insuffisance, qu'elle est présentée à un sentiment dont on se défie. Si vous la rejetiez en prenant l'engagement de la compléter, en demandant avec un généreux élan le système complet d'émancipation au gouvernement, je la rejetterais avec vous, je la rejetterais avec lui. Mais je la vote en gémissant, je la vote à cause de la dureté de vos cœurs, je la vote en déplorant qu'elle soit nécessaire, et qu'un bien si facile à opérer en grand, une mesure d'où sortirait la sûreté des colonies, l'honneur de la France, la restauration de la dignité humaine, soit réduite à ces mesquines et avares proportions, et qu'un pays comme la France, au lieu de balayer cette grande iniquité de la civilisation, se contente de couper en deux cette iniquité, et de faire à l'esclavage cette immense part de toute une génération de trois cent mille de ses frères, que la mort seule affranchira.

SUR

LES ENFANS TROUVÉS.

DISCOURS

PRONONCÉ A LA SÉANCE GÉNÉRALE ANNUELLE DE LA SOCIÉTÉ
DE LA MORALE CHRÉTIENNE, LE 30 AVRIL 1858.

Si le christianisme a le droit de revendiquer la plus sainte part dans les œuvres de la charité légale, c'était du sein d'une société morale chrétienne que devait s'élever le premier cri de scandale et de réprobation contre les mesures meurtrières que les conseils généraux de départemens demandent et que l'administration autorise à l'égard des enfans trouvés. Depuis quatre ans je plaide cette cause contre mon département, et je vous remercie de me permettre de joindre ici ma voix à la vôtre; il n'y en a pas de plus convaincue, je dirais presque de plus indignée.

Certes, si quelque chose pouvait démontrer davantage que l'homme et la société ont besoin, pour accomplir une grande œuvre quelconque, d'un motif puisé plus haut que la terre, d'une force empruntée à un sentiment surhumain, et que toute législation qui prend pour but l'égoïsme et la richesse n'aboutit qu'à l'impuissance ou à la brutalité, nous n'aurions pas besoin d'en chercher d'autre preuve que dans ce qui se passe sous nos yeux à l'égard des enfans trouvés, depuis l'abrogation du décret de 1811.

Sans entrer ici dans un examen historique de la conduite des civilisations antiques et modernes envers cette population d'orphelins que la terre a toujours reçus comme des hôtes, et que, pour la première fois, on veut lui faire proscrire comme des criminels; sans vous montrer ces malheureux enfans exposés sur les places publiques; recueillis par des magistrats, vendus comme esclaves ou adoptés par la famille; plus tard, portés sur le seuil des églises et distribués aux fidèles comme une sainte matière de miséricorde et d'aumône, les villes, les maisons religieuses, les seigneurs chargés de leur entretien, enfin les hospices s'ouvrant à la voix de saint Vincent de Paule et toute une législation de tendresse, s'animant de la flamme, et s'éclairant du génie de sa charité : je passe tout de suite à l'état présent, à la question des tours et des déplacemens; et ceux qui l'ignorent et qui vont m'entendre croiront que je mens ou que j'exagère. Je ne dirai pas même toute la vérité. Écoutez :

Lorsqu'un de ces pauvres enfans que la misère abandonne, ou dont la honte veut cacher la naissance, est apporté la nuit au seuil d'un hospice où on l'attend à toute heure, il est déposé dans un tour, ingénieuse invention de la charité chrétienne qui a des mains pour recevoir et qui n'a point d'yeux pour voir, point de bouche pour révéler ; un tintement de cloche annonce que le tour a été visité. De pieuses sœurs qui veillent derrière ces murs accourent pour recueillir le nouvel hôte. S'il est nu, on le vêtit; s'il est couvert de haillons dégoûtans, on les change contre des langes propres et tièdes. Une nourrice que l'hospice loge et entretient depuis plusieurs jours est réveillée, elle lui donne le sein; au jour, une femme des champs saine et robuste et dont la moralité est attestée par les magistrats, vient chercher et emporte sur sa tête le nourrisson qu'elle va coucher dans le berceau de son propre enfant. Préalablement des signes de reconnaissance ont été détachés de l'enfant, inscrits sur des registres, et permettront de suivre sa trace, si jamais les circonstances qui ont forcé la mère à l'abandonner lui permettent de le suivre d'un regard inaperçu et de revendiquer son fils. Ce n'est pas tout, des hommes de bien, consacrés gratuitement à ces œuvres, choisis parmi ce que la ville renferme de citoyens les plus purs et les plus dévoués, forment un conseil de surveillance des hospices, et acceptent la tutelle de ces orphelins; ils les suivent de l'œil jusque sous le toit de la nourrice. A des époques fixes, elle doit leur rapporter le nourrisson pour témoigner de ses soins pour sa santé; à des époques indéterminées, le maire de la commune où il est nourri, ou un médecin délégué par le conseil des hospices, vient surprendre la nourrice et s'assurer, par ses propres yeux, qu'il est traité maternellement, qu'il a été vacciné, que toutes les prescriptions hygiéniques ont été ou seront accomplies à son égard.

L'enfant grandit, il a partagé le lait de la mère, le pain des enfans; la modique pension que l'hospice paie pour son entretien est un supplément à la richesse de la pauvre famille adoptive qui fait accepter sa présence comme un bienfait; il est bientôt considéré comme un enfant de plus, comme un frère de plus dans la maison, dans le village; nul préjugé flétrissant ne s'y attache à sa condition d'illégitimité. On l'a oubliée, il l'a oubliée lui-même. Il a grandi avec toute la génération contemporaine du pays, il a été au travail, aux champs, à l'école, à l'église avec elle. L'instituteur l'enseigne, le curé le catéchise, il mange à la table de son père nourricier, il est riche de sa récolte; il se marie dans le pays, soit avec une de ses sœurs de lait, soit avec la fille d'un cultivateur du hameau voisin, à laquelle il apporte en dot la richesse du paysan, un métier appris, ou des bras exercés au travail de la terre; il recrute ainsi cette race saine et forte des cultivateurs, dont l'insatiable cupidité de nos villes manufacturières dépeuple de plus en plus nos campagnes, et d'une source impure ressort ainsi une population rajeunie, laborieuse, primitive, qui rend chaque année douze ou quinze mille laboureurs à notre agriculture épuisée d'hommes. Les mêmes résultats ont lieu en ce qui concerne les filles. Ceci n'est point une fiction, une utopie, c'est ce qui se passe, ou plutôt ce qui se passait sous vos yeux sur toute la surface de la France, dans ces nombreux villages dont la nourriture des enfans trouvés est l'utile et pieuse industrie. Voilà à quel point de perfection était arrivé un système où le génie chrétien et l'esprit administratif de la révolution française s'étaient rencontrés et secondés dans une des plus belles œuvres qui pût consoler et honorer l'humanité. Cela coûtait neuf millions à un budget départemental et à un budget de l'État qui se dénomme par milliard, et ces neuf millions enlevés à l'impôt, étaient rendus sous une autre forme au pays, et portaient l'aisance et les bonnes mœurs dans trente-trois mille familles de cultivateurs indigens.

Maintenant, écoutez : Ces tours ouverts jour et nuit pour substituer la tendresse et la charité chrétienne ou sociale à celle de la mère indigente ou coupable, et pour empêcher la honte et le désespoir de chercher le secret dans un crime, on vient de les murer dans beaucoup de départemens, on va les murer partout, oui, les murer comme une porte par où la miséricorde publique pourrait furtivement se glisser. La mère séduite et surprise par le témoignage vivant de sa faiblesse n'aura plus que cette alternative : le déshonneur, la réprobation de sa famille, la vengeance d'un époux trahi, ou... Je n'ose nommer, mais ce que l'on trouve tous les matins sur vos pavés et que vos cours d'assises déroulent tous les jours devant vos yeux, l'ont nommé pour moi. Le déshonneur accepté et affiché, l'exposition dans les lieux solitaires ou l'infanticide; voilà les trois options que la clôture des tours laisse aux mères illégitimes. L'une est la honte, l'autre est la mort, la troisième est le crime. Si l'exposition dans les lieux solitaires est la ressource la plus commune, et que l'enfant abandonné pendant toute une nuit, tout un jour dans un carrefour non fréquenté, derrière une porte, sur le seuil d'une église, sur les bords d'une rue, sous les pas des chevaux, ne périt pas d'inanition, de froid, foulé sous la roue des voitures de nuit, un passant le ramasse, il le porte à un sergent de ville qui le porte à un commissaire, qui l'envoie porter à un bureau d'hospice. Mais l'hospice ne sera bientôt plus autorisé à le recevoir ; qu'en fera-t-on ? L'économiste ne le dit pas ; mais ses doctrines le disent, et Malthus son maître ose l'écrire. L'hospice donc le reçoit provisoirement encore par pitié, par habitude, et sans autorisation légale ; il est envoyé en nourrice comme précédemment. Mais ne vous tranquillisez pas sur son sort et suivez-moi jusqu'au bout pour admirer comment, trompé dans sa cruauté, par la miséricorde forcée de l'hospice, l'économiste saura retrouver sa victoire, et l'atteindre plus tard par l'ingénieuse férocité de son système.

Je vous ai dit que l'enfant trouvé avait été jeté au sein d'une nourrice ; que cette nourrice, sûre de conserver indéfiniment son nourrisson, et s'attachant à lui par cette tendresse de la chair qui semble couler avec le lait, devenait pour lui une mère, et qu'il avait retrouvé là tout ce que la nature lui avait refusé, un père, une mère, des frères, des sœurs, une famille, un enseignement, une patrie.

Vous en bénissiez la Providence, et la charité d'une société chrétienne. Eh bien! attendez. Tout cela était une faute contre les règles d'une bonne économie administrative. Il y avait là une profonde immoralité. Vous ne vous en doutiez pas ; ni moi non plus. Mais l'économiste a découvert l'immoralité sous le chiffre, et par une erreur déplorable, pour justifier son avarice, il va vous prendre par le sentiment moral, et vous démontrer que la miséricorde est une séduction et que l'humanité est un crime. Voici donc comment il raisonne, et voici comment il agit : je prends les paroles de lord Brougham, l'éloquent et consciencieux organe de cette théorie en action, nom illustre et bienfaisant qu'on s'afflige de trouver inscrit sur un tel sophisme. « La mauvaise « conduite a une séduction de plaisirs suivie d'une « peine. Or, en recevant l'enfant à l'hospice, vous « laissez le plaisir à la mère coupable et vous la « déchargez des conséquences. Que diriez-vous d'un « hospice destiné à soulager les ivrognes ? »

Partant de ce principe, dont vous avez déjà senti toute la fausseté d'application aux malheureux enfans victimes et non coupables de leur naissance, et sur lequel je reviendrai tout à l'heure, nos économistes, suffisamment édifiés, méditent et décrètent; et qu'ont-ils médité, et que décrètent-ils ? Le voici : Si l'enfant est reçu dans le tour, s'il est relevé de la terre où on l'a couché, à la manière des Romains, pour être jugé digne de l'existence, pour vivre ; s'il est remis au sein d'une nourrice et qu'élevé par elle avec l'amour qu'elle porte à sa propre chair, il vienne à recouvrer une famille, à s'attirer l'attachement de ses parens adoptifs, à s'attacher lui-même à eux ; si les signes de reconnaissance dont on a pu le marquer en le déposant et le voisinage de la ville où il a été déposé permettent à la tendresse de la mère de le suivre encore de loin dans les phases de sa vie et de le retirer dans des jours meilleurs, la douceur de cette situation, ces consolations d'une vie manquée, ces liens conservés avec la nourrice, avec la mère peut-être, seront une séduction si puissante à l'exposition des enfans, que le sentiment maternel en sera vaincu, et que le libertinage et même le mariage rempliront vos hospices d'enfans abandonnés, et feront ce hideux et froid calcul que repoussent également la nature et le sens commun. Or, pour prévenir cet abus imaginaire, que faut-il faire? Fermer les tours; ce n'est pas assez. Ceux qui passeraient par la porte des hospices offriraient encore le scandale de votre miséricorde. Il faut dépayser à la fois et la tendresse des parens et l'affection des nourrices; il faut proscrire, expatrier, exporter, déplacer, échanger les enfans de départemens à départemens, le plus loin possible, d'une extrémité de la France à l'autre, de peur que la tendresse des nourrices venant à se former, elles ne s'attachent aux orphelins qu'on leur a jetés pour un jour et que ces malheureux enfans eux-mêmes ne viennent à se créer une habitude d'affection et une illusion de famille dans les chaumières où on les a recueillis; il faut dire à ces enfans qui ont déjà de trois à dix ans, à ces pères nourriciers qui ont oublié que ces enfans ne sont pas eux : Vous étiez des pères pour ces orphelins; vous, enfans, vous étiez des fils pour ces familles; l'habitude, la reconnaissance, la certitude de vivre à jamais ensemble vous avaient inspiré une consanguinité presque aussi forte que celle de la nature ; brisez violemment tout cela : séparez-vous. La loi vous punira de l'amour que vous aurez conçu les uns pour les autres. Vous, enfans, on vous enverra à un autre père ! Vous, mère, on vous jettera un autre enfant !

Et ne dites pas que l'exécution de ce déplacement n'est point une rigueur, qu'il ne change rien au sort de l'enfant trouvé, rien au sort des familles adoptives, puisqu'à l'enfant on donne une autre famille, à la famille un autre enfant ! Ce serait montrer de la nature humaine une ignorance ou un mépris qui, bien qu'il soit dans vos actes, n'est sans doute pas dans vos pensées.

Quoi ! Messieurs, arracher à trois, quatre, sept ou dix ans, un enfant à la femme qui l'a nourri de son lait, au père qui l'a bercé avec ses fils, aux frères, aux sœurs avec lesquels il a grandi, au village qu'il a habité depuis sa naissance, au pasteur qui lui a donné les enseignemens de la religion, à l'instituteur dont il a reçu les leçons dans l'école avec tous ses compagnons d'âge, aux habitudes de ses travaux, à toutes les affections enracinées de sa jeune âme, à la maison, au champ, au troupeau, au clocher, à la langue, au climat, à toutes ces corrélations instinctives de l'homme avec la nature entière, qui forment ce qu'on appelle le pays ; le jeter à cent ou deux cents lieues de là, dans un climat différent, dans une maison, dans une famille qui ne le connaissent pas, parmi des enfans avec lesquels il n'a ni souvenirs communs, ni affections innées, à un homme, à une femme, qui ne sont plus son père, qui ne sont plus sa mère, qui le recevront avec répugnance et rudesse parce qu'il vient prendre la place encore chaude de l'enfant qu'on leur a enlevé de même !

Quoi! n'est-ce pas une rigueur, une peine, un exil, une barbarie? Qu'est-ce donc? Ah! demandez-le à votre propre cœur intimement interrogé ; demandez-le à ces convois presque funèbres de ces enfans expatriés que nous rencontrons par longues files sur nos routes, le front pâli, les yeux mouillés, les visages mornes, et qui semblent interroger les passans du regard et demander à quel supplice on les mène! Demandez-le, j'ai été vingt fois témoin moi-même de ces lamentables exécutions; demandez-le à ces enfans que votre gendarmerie vient enlever de force à celle qui a été jusque-là sa mère, et qui se cramponne à la porte de la chaumière dont on vient l'arracher pour jamais! Demandez-le à ces pauvres mères indigentes qui courent de chez elles chez le maire, de chez le maire à la préfecture pour faire révoquer l'ordre inflexible ; qui, ne pouvant se décider à le voir partir, prennent l'engagement de le nourrir gratuitement, qui le livrent quelquefois au conducteur du convoi, puis se repentent, courent à pied jusqu'à vingt ou trente lieues après lui, pour le redemander et le rapporter dans leurs bras! demandez-le aux malédictions unanimes qui s'élèvent contre une administration sans entrailles, aux violences, au désespoir, et, chose horrible, mais vraie, mais nécessaire à dire, aux suicides précoces d'enfans déplacés qui, dans mon département même, ne pouvant supporter l'angoisse de ces séparations, se sont précipités dans le puits de la maison ou dans l'étang du village! Non, ces impitoyables économistes ne sauront jamais quelle masse de désespoir et de colère leur mesure a soulevée dans le cœur du peuple et dans l'âme de ces malheureux enfans ; ils en rient ; ils nous accusent de sentimentalisme et d'exagération. Ces hommes du peuple n'ont pas, disent-ils, cette sensibilité que vous leur prêtez ; un enfant n'est pour eux qu'un mandat à toucher tous les trimestres, qu'une tête de plus dans le bétail. Misérables subterfuges d'une théorie dédaigneuse qui calomnie la nature dans les classes pauvres pour n'avoir pas à se juger elle-même ! Plus près que nous de la nature, ces âmes simples la sentent mieux que nous, parce qu'elles ne sentent qu'elle. Superbes calomniateurs de la classe indigente, essayez donc d'arracher son chien au pauvre, vous ne le pourriez pas, vous auriez autant d'insurrections que de villages. Eh quoi ! le cœur du misérable se soulèvera si vous lui arrachez son chien, et vous pensez qu'il ne se soulève pas quand vous venez lui arracher l'enfant que sa femme a nourri, qui a mangé son pain, dormi dans son lit, grandi avec ses enfans ! Ah ! si ce sont des mœurs comme vous le dites, que vous prétendez refaire ainsi, ce sont des mœurs, oui, mais des mœurs administratives, mais des mœurs féroces que vous semez parmi le peuple, et que vous retrouverez un jour sous vos pas pour votre malheur et pour notre honte !

Voilà pour le présent : quant à l'avenir que la mesure des déplacemens prépare aux enfans abandonnés, jugez-le vous-mêmes. Où est l'avenir d'un homme ? dans son passé, dans sa nature, dans son âme, dans ses sentimens, dans ses habitudes contractées. Où est la garantie de cet avenir? dans l'esprit de famille, de patrie, de sociabilité, qui est comme l'atmosphère morale de l'individu. Eh bien! que faites-vous par le déplacement et l'échange forcé des enfans trouvés? Vous endurcissez l'âme de l'enfant que vous promenez d'une famille à l'autre pour lui apprendre qu'il n'en avait aucune. Vous lui arrachez du cœur cette douce illusion de maternité que nos sages institutions faisaient naître en lui. Vous le dégradez à ses propres yeux, vous ravalez sa nature en lui montrant qu'il n'est pour vous qu'un rebut de l'humanité à qui on ne tient compte ni de ses affections ni de ses larmes, qu'on déporte d'un sol à un autre comme un vil bétail ; que dis-je? qui n'a pas même la condition des brutes, car il n'appartient à personne! Vous lui enseignez à ne s'attacher à rien, à ne rien aimer ; vous lui faites un calus sur chaque sentiment déchiré en lui. Vous en faites un je ne sais quoi d'humain, sans aucune des conditions d'humanité, dont tous les liens qu'il formera sont rompus d'avance, qui doit errer de porte en porte, de foyer en foyer, sans prendre racine nulle part, que personne n'élèvera parce que personne n'aura espoir, droit, responsabilité sur son avenir, et qui, ne prenant des classes inférieures où vous le ballottez que leur ignorance et leurs vices, ira grossir promptement cette plèbe flottante et impure de vos grandes villes, traîner sa vie dans le vagabondage, dans les maisons de correction, et peut-être la finir dans vos bagnes. Et vous appelez cela un système! et vous appelez cela de l'économie! Oui, quelques centimes disparaîtront sous une forme de vos budgets départementaux ; mais ils y reparaîtront grossis sous mille autres formes. Vous paierez en vices, vous paierez en gendarmes, vous paierez en polices, vous paierez en prisons, vous paierez en bagnes, en dépopulation et en crimes, sept fois plus que ce que vous ne voulez pas payer en tutelle et en providence. Apprenez qu'un seul crime, qu'un seul vice, qu'un seul désordre ruine plus une société que mille actes de bienfaisance.

Eh bien! Messieurs, voilà les faits; je rougis de les dévoiler, mais il le faut ; car faire éclater de pareils scandales devant une nation intelligente et généreuse, c'est les rendre impossibles.

Voyons, maintenant, sur quelle théorie on les appuie. D'abord, disent-ils, c'est économique, c'est de l'argent de moins, comme si l'humanité devait se soumettre au chiffre et non pas le chiffre à l'humanité. Vous avez vu que c'était la plus illusoire des économies, que c'était immensément d'argent de plus, seulement de l'argent sali par le vice, ensanglanté par le crime, au lieu de l'argent purifié, sanctifié, fructifié par la miséricorde et la prévoyance sociales.

Que disent-ils encore? Qu'ils réduisent ainsi de deux manières le nombre des enfans trouvés ou abandonnés. Et comment? D'abord, selon eux, en empêchant l'exposition des enfans légitimes par des pères et mères en état de les nourrir et qui les jettent par paresse ou par caprice à la charge de l'état dans les hospices; ensuite, en épouvantant d'avance les mères illégitimes qui se corrigeront du vice, ou qui surmonteront la force des passions illicites parce qu'elles ne pourront plus en cacher ou en déposer le malheureux fruit.

Quant à l'exposition des enfans légitimes, il est vrai que quelques abus se sont glissés dans l'œuvre de charité que les hospices sont chargés d'administrer. Mais, malgré les statistiques menteuses et les assertions complaisantes, ces abus se réduisent à bien peu de chose, à trois ou quatre pour cent sur le nombre des trente-deux mille enfans trouvés. J'avais cru d'abord sur parole à ces innombrables expositions d'enfans légitimes si authentiquement énumérées par les partisans de l'économie à tous prix. Mais ayant plus mûrement réfléchi sur cette incroyable aberration des sentimens naturels et des sentimens domestiques, qui, dans un état de société régulier, forcerait vingt mille pères et mères à s'unir pour jeter ensuite effrontément les fruits du mariage sur le pavé de vos rues, je me suis demandé si cela était vraisemblable, et puis, enfin, si cela était vrai ? J'ai recherché les faits de ce genre dans deux départemens les plus abondans en enfans exposés, et après l'examen le plus minutieux, après les témoignages recueillis des maires, des curés, des conseillers d'hospices, des voisins, il m'a été impossible de constater un seul cas d'exposition de ce genre.

J'en ai conclu qu'ils devaient être infiniment rares. Cela se dit, cela s'écrit, cela se voit peu. Et certes votre administration est assez vigilante pour découvrir et proclamer le désordre s'il existait. Je lui en ai porté le défi, je le lui porte encore. Qu'elle fasse le recensement authentique de ces innombrables expositions d'enfans nés dans le mariage, qu'elle en constate seulement cinq sur cent dans la moyenne des départemens : je ne lui reconnaîtrai pas le droit de sévir sur les trente mille enfans et les deux cent mille familles qui les reçoivent, mais je lui reconnaîtrai le droit de prendre quelques mesures de surveillance et de pénalité contre les coupables. Mais cela n'est pas, parce que cela ne peut pas être. En effet, Messieurs, demandez-vous d'abord combien de fois se rencontrera, entre le père et la mère, ce concert contre nature d'abandon d'un enfant qu'ils auront eu d'une union légale, religieuse, patente. Demandez-vous ensuite comment, sous l'empire d'une législation de l'état civil parfaite et sous la surveillance quotidienne de la loi et des mœurs, une mère aura pu porter neuf mois son enfant aux yeux de ses parens, de ses voisins, de son village ; comment elle aura mis cet enfant au jour ; comment elle l'aura fait enregistrer à la municipalité ou omis de le faire sans notoriété ; comment elle l'aura fait baptiser à l'église ; comment elle lui aura donné un parrain, une marraine parmi ses proches ; comment elle l'aura nourri elle-même quelques jours ou fait nourrir dans son voisinage, puis retiré furtivement, puis déposé, fait disparaître, sans que de tant d'actes impossibles à cacher ou à justifier, il résulte une trace, un témoignage, un soupçon de l'existence et de la disparition de cet enfant de la maison paternelle ; sans que le maire, le curé, la sage-femme, le parrain, la marraine, le parent, l'ami, le voisin, lui demandent jamais compte de cet enfant, porté aux yeux de tous, né au su de tous, enregistré, baptisé, nourri au vu de tous. De deux choses l'une : ou la mère mentira et dira : Mon fils est mort, et les actes de l'état civil seront là pour lui donner un démenti ; ou bien elle avouera son exposition simulée, et alors elle se couvrirait elle-même de confusion devant toutes les mères. Et remarquez que si cela pouvait avoir lieu plus facilement, ce serait sans doute dans les villes où la surveillance mutuelle est plus dépaysée. En bien ! ici, la prétendue statistique répond pour moi. Elle n'accuse presque aucun cas d'exposition d'enfans légitimes dans les villes.

Que reste-t-il donc de cette excuse menteuse du système des déplacemens ? Rien, ou presque rien. Et quand cela serait plus fréquent, quand dans une société qui n'a ni les assistances antiques de l'Église ou de la féodalité, ni les assistances mutuelles d'une démocratie qui s'isole dans son égoïsme, ni les assistances municipales de la taxe des pauvres, comme en Angleterre ; dans une société où le prolétaire sans travail n'a de providence que dans le ciel, où un surcroît d'enfans à élever, des vieillards infirmes à nourrir peuvent dépasser ses forces par ses nécessités ; quand, dans une société pareille, l'état recueillerait et nourrirait du pain public quelques milliers de ces enfans dont l'aumône est le seul patrimoine, ferait-il autre chose que le plus rigoureux et le plus sacré de ses devoirs ? Oh ! tant que la démocratie ne prendra pas d'âme dans le christianisme qui l'a enfantée, tant que la société n'aura pas d'entrailles pour elle-même, qui en aura pour elle? qui la respectera? qui la défendra, si elle s'avilit, si elle s'insulte elle-même par sa mesquine et dure insensibilité?

Mais j'entends d'ici la réponse des économistes. La preuve, nous disent-ils, que beaucoup d'enfans légitimes sont exposés, c'est l'effet produit partout par la fermeture des tours et par les déplacemens. Au moment des échanges, une foule d'enfans sont retirés des hospices : nos budgets sont dégrevés nos hospices vont être déserts. Comptez ; voilà près de la moitié des enfans dont nous sommes soulagés. On nous les a repris. Apparemment que ceux qui les retirent sont des pères et des mères légitimes ou du moins des pères et mères dans le cas de les nourrir et de les élever. Eh ! bien, non : il faut le dire, il faut le dire à la honte de votre dureté sociale ! Ce ne sont pas des pères et mères qui retirent ces malheureux enfans au moment où vous menacez de les exporter. Savez-vous qui c'est ? je vais vous le dire parce que je l'ai vu, parce que je l'ai compté, parce que mon cœur s'en soulève encore tous les jours d'indignation contre vous, de pitié et d'admiration pour le peuple de nos campagnes. Non, ce ne sont pas des pères et mères légitimes ; ce sont d'abord quelques pauvres ouvrières, quelques filles séduites qui, placées entre le désespoir de perdre à jamais leur enfant de vue et la honte, préfèrent la honte et retirent l'enfant sans savoir comment elles pourront l'élever : enfans que vous verrez augmenter un jour le nombre de vos prolétaires flottans, et agiter vos villes au lieu de féconder vos campagnes. Ce sont, ensuite, quelques personnes charitables qui, témoins du déchirement de cœur des nourrices, à qui on va enlever leur nourrisson et la pension de l'hospice, leur disent : Gardez l'enfant et nous paierons les mois. Ce sont, enfin, ce sont en nombre immense, les familles indigentes elles-mêmes qui, ne pouvant se résoudre à se séparer des enfans qu'elles ont nourris, se décident à les garder sans salaire ! C'est-à-dire que cette aumône sacrée de l'état que la propriété devait faire, ce sont les pauvres laboureurs, ce sont les indigens qui la font pour vous ! Est-ce là répondre au sophisme qui les calomnie pour s'excuser? Oui, j'en suis témoin tous les jours, ce sont les pères et mères nourriciers qui, placés entre la perte du salaire et la perte de l'enfant, résistent d'abord quelques jours, feignant de vouloir livrer l'enfant à l'administration; puis, quand vient le moment de la séparation, sentent leur cœur faillir et le rapportent en pleurant, à la maison, partager le pain de la pauvre famille. Quel exemple, et quelle leçon! Eh bien! voilà vos chiffres expliqués! Voilà les chiffres dont vous triomphez! C'est le chiffre des vertus de ce pauvre peuple qui a plus d'âme que vous! C'est le chiffre de votre avarice et de votre dureté de cœur !

Quant à ce qui concerne les véritables enfans illégitimes, ceux dont la naissance doit rester un mystère, que faites-vous? à quoi exposez-vous le cœur humain en fermant ces asiles secrets, une des plus saintes inventions de la miséricorde et de la pudeur publiques? Dans quelle inexorable angoisse ne jetez-vous pas la jeune mère séduite, la femme coupable qui porte le fruit de sa faiblesse ou le témoin de son infidélité! Son enfant vient au monde; si la faute éclate, elle est perdue devant sa famille, devant ses maîtres, devant ses voisins; le monde, les mœurs, la société, la religion la réprouvent; une vengeance terrible la menace peut-être; il faut qu'elle périsse, ou que le témoignage vivant de son déshonneur disparaisse. Voilà l'horrible alternative où vous placez cette femme dans la solitude, dans la nuit, dans le délire de la fièvre, et vous osez dire que l'infanticide n'augmentera pas. Il n'augmente pas! qu'en savez-vous? Est-il un crime plus facile à cacher? Il n'augmente pas! mais l'exposition sur vos pavés, dans vos égouts, dans les lieux solitaires, assimilés par la loi à l'infanticide, osez-vous répondre, en présence de tant de faits si multipliés et si récens, qu'elle n'augmente pas? L'infanticide ne s'accroît pas! et moi je vous réponds qu'il s'accroît partout, sous une forme ou sous une autre; qu'il s'accroîtra monstrueusement dans vos villes et dans vos campagnes; et, pour l'affirmer, je n'ai pas besoin de le savoir, il me suffit de lire vos ordonnances et vos arrêtés. Il est impossible que la cause ne produise pas ses effets, et n'avez-vous pas fréquemment, tous les jours, ces spectacles sous les yeux? N'avez-vous pas vu cette semaine encore de ces malheureux enfans déposés et morts sur les marches mêmes du palais de la Chambre des députés, comme pour protester par des cadavres contre la barbarie de vos lois!

Hâtez-vous, Messieurs, de jeter le cri d'alarme et de protester dans des pétitions unanimes, énergiques, contre ces hideux sophismes d'un système qui, si vous en laissez poser les conséquences par une administration imprévoyante, deviendrait bientôt un crime national et la honte de notre époque. Laissez-les dire, laissez-les écrire, laissez-les compter, il n'y a jamais de bonnes raisons pour une immoralité; et quelles raisons! Prenez garde, vous disait-on; si vous ouvriez des hospices pour les ivrognes, n'augmenteriez-vous pas l'ivrognerie? De même en recevant des enfans trouvés dans vos hospices, ne donnerez-vous pas une prime au libertinage, à la passion, à la multiplication des naissances légitimes dans la classe qui ne peut pas nourrir ses enfans?

Quoi! ce sont des hommes sérieux, des hommes d'état, des hommes de science et de système, qui ignorent ou qui méprisent assez l'humanité pensante et le cœur de l'homme pour vous jeter ces pitoyables prétextes! Quoi! le libertinage s'arrêtera par cette considération qui n'appartient qu'à la vertu, que le sort des êtres qu'il aurait créés pourrait bien ne pas être assuré par la bienfaisance sociale! Quoi! dans une passion plus forte que la mort, selon les expressions de l'Écriture, et qui n'est rien si elle n'est pas le délire et l'ivresse de la raison, les hommes que les dangers les plus imminens ne vaincraient pas, conserveront assez de sang-froid et assez d'empire sur eux-mêmes pour lire vos arrêtés, pour examiner, calculer, peser quelles sont les chances éventuelles que la suppression des tours et des hospices laisse aux fruits de leur faute ! Quoi ! ces jeunes filles, ces jeunes hommes qui s'unissent à la face du ciel et de la terre par un légitime mariage, avec l'espoir et le désir d'avoir et d'élever des enfans, ne se marient que dans l'intention convenue, préméditée entre eux de jeter leurs enfans dans vos hôpitaux ! En vérité, il n'y aurait pas de réponse sérieuse à de semblables suppositions, si le sophisme ne se convertissait pas en législation meurtrière; mais le rire est étouffé par l'indignation. Eh oui, sans doute, si vous créez des hospices pour les ivrognes, vous augmenterez l'ivrognerie; si vous créez des hospices pour les paresseux, vous augmenterez la paresse et la mendicité. Mais les ivrognes sont coupables, mais les mendians valides sont coupables; la prime que vous leur donneriez serait une prime à leurs vices. De quoi sont coupables ces malheureuses créatures qui tombent des bras de leur mère dans les vôtres, ces milliers d'enfans qui naissent sans avoir le droit de naître, et à qui vous imputeriez à crime la faiblesse, la faute de leurs mères et le malheur de leur naissance !

Mais les vagabonds, les ivrognes, les mendians, vous les punissez, sans doute, vous devriez les punir davantage encore; votre législation est faite contre le crime, elle n'est pas faite encore contre les vices : mais vous les punissez proportionnellement à leur délit, mais vous ne les punissez pas de mort. Et ici, c'est de mort que vous punissez, qui? non pas les coupables, mais les plus innocentes de toutes les créatures, ces milliers d'enfans qui viennent vous demander la vie ! Ah ! quand des législations troublent ainsi vos entrailles et excitent en vous de tels remords, quand la nature se soulève et murmure ainsi contre la loi, quand votre main frémit d'exécuter ce que votre logique sans âme a décrété, défiez-vous de la loi, arrêtez-vous, soyez sûrs que l'on vous trompe : la nature et les bonnes lois ne sont jamais en contradiction, et, du moment que l'une condamne, soyez certains que l'autre a menti.

Je m'arrête. Prenons garde à la voie où nous entrons. Quel chemin les doctrines matérialistes de l'économisme anglais font faire à notre démocratie étroite depuis quelques années! Nous voulons organiser la fraternité sociale, et nous oublions le christianisme qui l'avait rendue pratique dans nos mœurs et dans ses œuvres avant que la révolution de 89 eût essayé de l'organiser dans nos lois. Nous voulons fortifier la propriété, cette base de la famille; et nous ferions de la propriété une tyrannie exclusive et cruelle qui, se resserrant toujours de plus en plus en elle-même, se ferait d'elle-même son propre dieu, et condamnerait à la mort, à l'abandon, au vagabondage, des classes entières de la société : neuf cent mille enfans trouvés actuellement vivans dans son sein; qui, fondant tout sur l'économie, finirait par n'avoir plus des gouvernemens humains, des associations humaines, mais des associations et des gouvernemens de contribuables, où l'argent ne serait plus seulement le signe de la richesse, mais le signe de la morale, du juste, de l'honnête? Ce n'est pas ainsi qu'on prévient les révolutions, c'est ainsi qu'on les prépare! Je ne suis point un enthousiaste fanatique de la révolution française; trop de sang l'a souillée, et le temps n'a pas fait encore le triage du crime et de la vertu. Mais s'il est possible de distinguer un principe dominant et, pour ainsi dire, l'âme de ce grand mouvement social, à coup sûr c'est le principe chrétien, c'est le principe de l'assistance mutuelle, de la fraternité humaine, de la charité légale. On le voit sortir, jaillir, à chaque loi de l'Assemblée constituante, et briller même, au milieu de tant de ténèbres, dans les orages de la Convention.

Alors, certes, un législateur qui eût proposé d'exporter trente-trois mille enfans par an, de déchirer les affections nées dans deux cent mille familles, de murer les tours, de fermer les hospices, eût été écrasé sous l'indignation de ses collègues et sous les malédictions du peuple. Alors on faisait des lois politiques barbares et des lois sociales douces et humaines; pourquoi? parce que, si on n'écoutait que la voix des passions contre ses ennemis politiques, celle de la nature n'était pas encore étouffée sous la logique des intérêts et sous la sordidité des systèmes. Alors on multipliait les asiles, les hospices, on donnait la tutelle des enfans abandonnés à la patrie, on faisait adopter les orphelins par l'État. On faisait ce que saint Vincent de Paule avait fait. On faisait ce que vous défaites aujourd'hui! Est-ce le christianisme qui avait tort? Est-ce nous qui avons raison? Les faits vous répondent : le système de charité a quelques abus, ils se résolvent en un peu d'argent de trop peut-être, employé à élever une génération saine et forte pour vos campagnes. Le système des économistes aboutit à quelques abus aussi : c'est la dépravation et l'infanticide. Choisissez. Quoi que vous fassiez, il y aura toujours, dans les organisations humaines, une lacune immense que la bienfaisance seule pourra combler. Je ne vous dirai pas : Faites comme la Convention ; mais je vous dirai : Faites comme l'Évangile, remerciez Dieu de ce qu'il laisse à la société quelque aumône splendide à faire, quelque œuvre sainte de charité légale à accomplir. Elle sentira ainsi qu'elle est de Dieu, et que quelque chose de divin travaille en elle et l'élève au-dessus de ces vils intérêts du temps et de la matière où l'on voudrait en vain la ravaler.

Ne renvoyez pas dans le vice ou dans la mort ces enfans que la honte ou la misère vous jettent. Une société qui ne saurait que faire de l'homme, une société qui ne regarderait pas l'homme comme le plus précieux de ses capitaux, une société qui recevrait l'homme à son entrée dans la vie comme un fléau et non comme un don, une société qui ne saurait défendre la propriété qu'aux dépens de la morale et de la nature, une telle société serait jugée. Il faudrait en détourner les yeux !

Je conjure l'Assemblée de protester contre les mesures adoptées par l'administration des départemens, et d'adresser des pétitions aux Chambres pour une révision de la loi sur les enfans trouvés, conformément au principe du décret de 1811.

CONTRE-ENQUÊTE

SUR

LES ENFANS TROUVÉS[1].

La question des enfans trouvés, du mode de leur réception dans les hospices, et de l'éducation que la société leur prépare par de bons ou de mauvais systèmes, n'implique rien moins que le sort physique et moral de trente-quatre mille individus par an, et la condition d'environ un million d'hommes actuellement vivant dans notre population. C'est dire assez que de toutes les questions d'économie et de morale dont notre civilisation est pleine, celle-ci est la plus vaste comme la plus sainte.

On a voulu la résoudre avant de l'avoir sondée.

La réception et l'éducation des enfans trouvés étaient réglées par un décret de 1811, où la législation impériale, avec le bon sens du génie, avait combiné admirablement l'esprit administratif du dix-neuvième siècle avec l'esprit de religion et de charité

(1) La question des enfans trouvés devant se présenter à la Chambre des députés dans la session de 1839, M. de Lamartine, afin d'éclairer ses collègues, s'était livré à une contre-enquête dont le résultat a été mis sous les yeux de la Chambre. Nous avons cru devoir donner ici l'*Introduction* qui précède les réponses officielles de quarante-sept commissions administratives des hospices de France à la circulaire de M. de Lamartine.

des institutions catholiques. Saint Vincent de Paule et Napoléon s'étaient entendus à travers les siècles pour constituer un état de choses où, sauf quelques abus faciles à réprimer, l'enfant sans père était adopté en masse par l'État, et retrouvait individuellement une famille adoptive dans celle de la nourrice à qui on le donnait pour toujours. Cette législation avait pourvu aux trois grandes nécessités de la question des enfans trouvés : le secret dans le mode de réception, pour prévenir les tentations au crime; les facilités pour le dépôt des enfans, pour prévenir la mortalité en masse ; enfin l'esprit et le sentiment de famille donné et conservé aux enfans, pour prévenir en eux, plus tard, la dureté de cœur, l'immoralité, le vagabondage et le crime. Des mains imprévoyantes ont dérangé tout cela au nom d'une économie toute matérielle et ruineuse dans ses résultats. Un désordre immense s'est produit; un désordre plus déplorable se prépare. Une clameur générale s'est élevée; elle a retenti dans la presque unanimité de la presse et jusqu'à la tribune. Le gouvernement, entraîné dans une voie dangereuse par des préfets bien intentionnés, mais préoccupés du point de vue économique, encouragé dans cette marche par les votes des conseils-généraux incompétens et non encore suffisamment éclairés, a persisté dans l'approbation de ces mesures. L'opinion publique, de jour en jour mieux informée, l'a forcé enfin, en 1838, à promettre une enquête. Cette enquête, le dernier ministre de l'intérieur a chargé les conseils de départemens de la faire. Mais, nous l'avons dit, si les conseils de départemens sont compétens en matière de finances et d'administration locale, sont-ils compétens en matière de législation générale et de morale publique? La France peut-elle remettre à tel ou tel conseil-général d'un de ses départemens le droit de statuer d'une manière absolue et souveraine sur le sort, sur la vie, sur les conditions sociales de trente-quatre mille de ses citoyens? Évidemment non! C'est là une question législative s'il en fut jamais. La France ne confie qu'à elle-même le soin de sa sécurité, de sa moralité et de son honneur. Il y a plus, les conseils-généraux de département n'ont ni les lumières, ni l'expérience, ni les documens qui pourraient les rendre aptes à prononcer sur de pareils problèmes. Talens, intelligence, intentions, ils ont tout cela; mais les faits leur manquent. Eh bien! par qui les faits leur sont-ils présentés, et comment sont-ils constatés? Les faits leur sont présentés dans un rapport en quelques lignes, par les préfets. Or, les préfets sont les auteurs de la mesure qu'ils appellent les conseils-généraux à juger. Où veut-on que se trouvent les élémens de conviction? Voici comment les choses se passent :

Un préfet écoute les plaintes du conseil sur l'énormité de la dépense des enfans trouvés. L'année suivante, il fait fermer les tours et ordonne les déplacemens. Il revient au conseil, et dit : La mesure est admirable, car nous avons deux ou trois cents enfans de moins à la charge de notre budget. Quelques membres du conseil prennent la parole au milieu des murmures d'impatience, et témoignent quelque anxiété sur le sort de ces malheureux enfans. Tranquillisez-vous, leur répond-on : ce sont presque tous des enfans légitimes qui ont été retirés par leurs parens; nous les restituons à leur famille, nous rendons à leurs mères les *joies de la maternité*, selon l'expression officielle. Le budget est dégrevé, la morale et la nature sont satisfaites ; qu'avez-vous à dire ?

Rien, si ce n'est que tout cela est fiction, et qu'une enquête faite ainsi est une véritable dérision, où le ministre de l'intérieur et ses quatre-vingt-sept échos dans les départemens faisaient à la fois la demande et la réponse. Si la chambre se contentait de semblables investigations, c'est qu'elle voudrait être trompée, et elle le serait ; et la France se réveillerait dans dix ans avec une législation barbare, avec ses mœurs publiques viciées et trois ou quatre cent mille vagabonds infectant la société de leurs vices et de leurs crimes.

Il fallait une enquête sérieuse. Nous avons essayé de la faire. Le pays nous a aidé.

Il y a en France une seule administration qui, investie depuis trente ans de la tutelle des enfans trouvés, en communication constante et quotidienne avec les dépositaires, les enfans, les nourrices, surveillant par devoir et par charité les différentes phases de l'existence de ces enfans, leurs rapports avec les familles qui les élèvent et les adoptent, possédant tous les chiffres et toutes les raisons des chiffres, pouvait éclairer complètement la question. C'était l'enquête personnifiée et permanente. C'étaient les commissions administratives des hospices. On s'était bien gardé de les consulter ; car elles font de la charité gratuite, de la morale, de la vertu, de la religion, de la civilisation en action, mais elles ne font pas le budget.

C'est à ces corps compétens, c'est à ces hommes expérimentés que nous nous sommes adressé dans la circulaire suivante. Nous leur avons adressé les questions de fait et les questions de droit auxquelles seuls ils avaient les réponses.

A Messieurs les membres de la commission administrative des hospices de...

« Messieurs,

« L'opinion et le sentiment publics ont été vivement émus par deux mesures récentes, adoptées dans quelques départemens à l'égard des enfans trouvés. Je veux parler de la suppression des tours et du déplacement des enfans. L'économiste hésite, les conseils généraux ajournent ou reculent, l'humanité réclame, les chambres réfléchissent.

« Les partisans de ces mesures disent :

« Les moyens d'exposition sont des primes à l'exposition et à l'immoralité. Réduisez les tours, vous aurez corrigé les mœurs.

« A l'égard des déplacemens, ils disent :

« Ces déplacemens préviennent aussi un grand nombre d'expositions d'enfans légitimes, abusivement confiés à la charité aveugle et ruineuse de l'État. Les pères et mères de ces enfans légitimes, étant certains de ne plus pouvoir les retrouver, cesseront de les exposer. On apporte en preuve de cette assertion le chiffre énorme d'enfans abandonnés, de un à douze ans, qui ont été retirés par la menace des déplacemens et repris par de prétendus pères et mères légitimes.

« Nous disons, nous, et nous nous appuyons sur les chiffres mêmes de nos adversaires :

« Qu'il est matériellement faux que cet accroissement apparent du nombre des enfans abandonnés soit dû à l'exposition d'enfans légitimes par leurs pères et mères; que ce phénomène, infiniment rare dans l'état de nos mœurs et presque impossible dans l'état de notre législation sur les naissances, peut sans doute se supposer quelquefois exceptionnellement, mais qu'en tout cas, et en élevant le chiffre de ces expositions abusives aussi haut que le portent les statistiques très-arbitraires de quelques départemens, ces expositions flottent à peine entre quatre et sept pour cent. Insignifiante économie pour motiver une si grande perturbation des affections formées et des systèmes établis !

« Nous disons que le déplacement diminue le nombre des enfans abandonnés, non en les faisant retirer par des pères et mères légitimes, mais en les faisant garder sans salaires dans les familles indigentes où ils sont en nourrice, c'est-à-dire en rejetant le fardeau de cette grande aumône publique sur la partie la plus pauvre de la population.

« Nous disons que les déplacemens, en arrachant du sein de ces pauvres familles, qui les avaient définitivement adoptés, ces enfans devenus membres de ces familles, déchirent scandaleusement et déplorablement ces sentimens mutuels que le temps, la cohabitation et l'habitude avaient fait naître au profit de ces orphelins.

« Nous disons que les déplacemens, en enlevant ces milliers d'enfans aux mœurs rurales et aux travaux des champs, les rejettent forcément dans les villes, à la charge des mères illégitimes, trop affectionnées pour les perdre, trop pauvres et souvent trop démoralisées pour les élever, et qu'ils vont bientôt accroître de quinze à vingt mille vies par an cette population de prolétaires sans racine et sans garantie, où se recrutent le vagabondage et le crime.

Nous disons que l'agriculture manquant de bras, et étant celle de nos industries qui provoque malheureusement le moins aujourd'hui l'ambition des classes ouvrières, il était trop heureux qu'un système d'adoption habituel, quoique libre, recrutât tous les ans de vingt mille travailleurs notre population agricole, la plus pure et la plus morale de toutes.

« Nous disons que l'économie produite par les déplacemens n'est que fictive et provisoire pour l'État, attendu qu'elle n'opère le retirement des enfans que les premières fois qu'on la pratique, et que, quand il est passé en loi, les nourrices, sachant d'avance qu'elles ne doivent pas s'attacher définitivement à l'enfant, deviennent purement mercenaires, et, au lieu de garder l'orphelin quand on veut le déplacer, le remettent à la première demande.

« Enfin nous disons que les déplacemens, dans les départemens où ils ont eu lieu et où ils ont été étudiés dans leurs effets, ont accru la mortalité des enfans dans une proportion telle, qu'elle varie de 25 à 33 pour 100 ; en sorte qu'indépendamment de la violation de tous les sentimens et de tous les droits acquis, indépendamment de ce déchirement périodique des affections conçues, indépendamment de ce tort fait à la population agricole que la charité de l'État recrutait ainsi aux dépens d'un vice, indépendamment de ce péril certain qu'il y a pour la société à rejeter tant d'existences flottantes dans la lie de ses grandes villes, on peut affirmer avec une douloureuse évidence que chaque prétendue économie d'un enfant de moins à la charge de l'Etat se résout en une mort ou en une dépravation de plus à la charge de ce déplorable système.

« Tel était l'état de cette controverse, lorsque la presse, les sociétés de charité ou d'économie publique, les conseils-généraux, et enfin les tribunes des deux chambres s'en sont emparés. Après une discussion parlementaire qui a montré au pays combien l'opinion des législateurs mieux informés commençait à revenir de cette approbation unanime qui avait, dans le principe, accueilli ces mesures, M. le ministre de l'intérieur a pris l'engagement d'éclairer les chambres par une enquête statistique et morale sur cette question. Cette enquête, Messieurs, serait nécessairement incomplète si elle n'était faite que par ceux qui ont pris l'initiative des déplacemens. Ceux qui la combattent doivent la faire aussi, car la statistique n'est qu'une logique en chiffres. Permettez-moi de poser les principales questions auxquelles nous désirons que vous vouliez bien répondre en faits.

1ʳᵉ SÉRIE DE QUESTIONS. — LES TOURS.

1° Les tours ont-ils été supprimés, réduits ou déplacés dans votre arrondissement?

2° Quel effet a produit cette suppression sur le nombre des expositions ou sur le nombre des infanticides?

3° Les expositions dans les tours conservés des hospices voisins de votre arrondissement ne sont-elles pas devenues plus nombreuses?

4° Les expositions dans les lieux solitaires, aux portes des temples ou des maisons, ne se sont-elles pas multipliées?

5° Sur le nombre des enfans ramassés sur la voie publique, combien ont été trouvés morts? combien mourans? combien ont survécu trois mois à ce mode d'exposition?

6° Y a-t-il eu amélioration des mœurs publiques par suite des difficultés d'expositions?

2ᵉ SÉRIE DE QUESTIONS. — LES DÉPLACEMENS.

1° Les déplacemens d'enfans ont-ils eu lieu dans votre arrondissement? combien de fois? à quelles époques? à quel âge?

2° De combien le nombre des enfans à la charge de l'État en a-t-il été réduit?

3° Qui a retiré ces enfans? Sont-ce des pères et mères légitimes? des mères non mariées? ou des nourrices qui les ont gardés sans salaire?

4° Combien d'enfans ont été retirés par chacune de ces trois catégories de personnes?

5° Combien d'*enfans légitimes*, abusivement exposés, avez-vous pu *authentiquement* constater dans le nombre des enfans retirés?

6° Quelle était la situation réelle des parens de ces *enfans légitimes* abusivement exposés?

7° Combien de procès pour substitution de parts ont eu lieu dans votre arrondissement par suite de l'exposition et du retour dans la famille de ces enfans soi-disant légitimes?

8° Combien les maires, les curés ou la clameur publique

ont-ils signalé de disparitions d'enfans légitimes dans leur commune?

9° Comment sont élevés, par les mères non mariées, dans vos villes, les enfans que le déplacement les a forcées de retirer?

10° Quelles ont été, dans vos localités, les principaux effets sur le sentiment public produits par la mesure des déplacemens?

11° Est-il vrai que ni les nourrices ni les enfans n'ont pas été sensiblement affectés de ces séparations?

12° Les nourrices ne sont-elles pas devenues plus rares, et n'est-on pas obligé de les accepter dans une classe de femmes qui ne présentent ni les mêmes conditions d'aisance et de moralité, ni les mêmes garanties pour la conservation des enfans?

13° Quelle a été la mortalité des enfans déplacés dans l'année qui a suivi le déplacement?

14° Quelle a été la mortalité parmi ceux qui n'ont pas été soumis à la mesure ou qui ont été gardés par les familles où ils étaient en pension?

15° Quelle était, dans votre département, la mortalité moyenne des enfans trouvés dans les trois années qui ont précédé les déplacemens ou la suppression des tours, de tel âge à tel âge? et quelle a été cette moyenne, du même âge au même âge, depuis les déplacemens?

16° S'il y a accroissement de mortalité, à quoi l'attribuez-vous?

17° Quelle a été, en définitive, l'économie réelle, au troisième déplacement opéré dans l'arrondissement?

18° Pensez-vous que les enfans retirés des campagnes par la crainte du déplacement, et élevés dans les villes par des mères non mariées, présentent pour l'avenir autant de garanties à la société que ceux qui sont élevés dans les familles d'agriculteurs de vos campagnes?

19° Quel est, relativement au nombre total des enfans trouvés de votre arrondissement pendant une période de vingt ans, le nombre des enfans trouvés qui se sont mariés et ont formé une famille dans les villages où ils avaient été nourris?

20° Quelles seraient vos vues sur une répartition plus équitable et plus générale des charges affectées à chaque département pour les enfans trouvés ?

« Personne, Messieurs, ne peut mieux que vous répondre avec connaissance de cause à ces questions sommaires. Vos réponses sont les témoignages nécessaires pour instruire ce grand procès d'économie publique et d'humanité. Elles éclaireront les chambres dans la discussion que la session prochaine va ramener. Vous êtes les tuteurs de cette malheureuse partie de la population. Vos yeux sont ouverts sur tout ce qui peut améliorer ou détériorer leur condition physique et morale. Vous possédez, par situation et par devoir, tous les chiffres et tous les documens qui les concernent. La réduction du nombre des expositions serait un soulagement pour vous, puisqu'elle réduirait le nombre des infortunés objets de votre vigilance et les charges des établissemens que vous administrez. Vous êtes contribuables aussi vous-mêmes. Vous êtes donc à la fois éclairés intéressés, et impartiaux. A tous ces titres, votre opinion sera décisive sur la pensée publique et sur le vote de la législature. J'ose vous la demander individuellement cette opinion, non point en mon nom, qui n'a aucun droit à votre attention, mais au nom de ces neuf cent mille enfans sans famille, dont l'existence va être modifiée par suite des mesures imprévoyantes qu'on veut innover à leur égard ; au nom d'autant de pauvres familles, de pères et mères nourriciers de nos campagnes dont on va changer la condition, déchirer les affections, détériorer les habitudes d'adoption ; au nom enfin de tant d'hommes honorables, également intéressés à s'éclairer dans les deux opinions, puisque, animés des mêmes sentimens, ils ne sont divisés que par des faits à vérifier, et qu'ils veulent tous également que la charité publique ne soit pas convertie en abus et que l'humanité ne soit pas sacrifiée à l'économie. »

SUR

L'ABOLITION DE L'ESCLAVAGE.

DISCOURS

PRONONCÉ AU BANQUET DONNÉ PAR LA SOCIÉTÉ FRANÇAISE
DE L'ÉMANCIPATION DE L'ESCLAVAGE,

AUX DÉLÉGUÉS DES SOCIÉTÉS ANGLAISE ET AMÉRICAINE,

A Paris, le 10 février 1840.

M. Odilon Barrot vient de porter un toast aux hommes ; permettez-moi, au nom de la société française, d'en porter un aux principes :

A l'abolition de l'esclavage sur tout l'univers ! Qu'aucune créature de Dieu ne soit plus la propriété d'une autre créature, mais n'appartienne qu'à la loi !

Messieurs, ce fut un grand jour dans les annales des assemblées politiques, un beau jour devant Dieu et devant les hommes, un jour qui effaça de la surface de la terre bien des taches d'infamie et de sang, que celui où le parlement anglais, qu'animait encore l'âme de Wilberforce et de Canning, jeta 5oo millions à ses colons pour racheter trois cent mille esclaves, et avec eux la dignité du nom d'homme et la moralité dans les lois.

Nous admirions dans notre enfance le dévouement de ces apôtres, de ces missionnaires chrétiens qui allaient racheter un à un quelques captifs dans les régences barbaresques, avec les aumônes de quelques fidèles; eh bien! voilà que ce qui se faisait individuellement, exceptionnellement, il y a un demi-siècle, se fait aujourd'hui en grand, par une nation tout entière, aux acclamations des deux mondes. La France, en 1789, n'avait fait que des citoyens, l'Angleterre, en 1833, fait des hommes. L'égalité politique ne suffit plus à l'humanité ; il lui faut l'égalité sociale. Ce seul fait, Messieurs, répond aux accusations contre notre temps. Non, il n'a pas reculé, le siècle témoin de pareilles entreprises! L'acte d'émancipation de 1833 et les 500 millions votés pour le rachat des esclaves brilleront dans l'histoire de l'humanité, et attesteront au monde que les grandes inspirations de Dieu descendent aussi sur les corps politiques, et que la civilisation perfectionnée est une révélation qui a sa foi et une religion qui a ses miracles.

C'est la même pensée, Messieurs, qui nous réunit dans cette enceinte, des trois parties du monde, pour nous entendre, nous éclairer, nous encourager dans l'œuvre que le siècle élabore et que nous voulons l'aider à accomplir. Mais, Messieurs, ne nous le dissimulons pas : quand une idée fausse est devenue un intérêt, on ne l'exproprie pas sans lutte. Un vice social a toujours un sophisme à son service. Le sophisme se défend par toutes ses armes. La calomnie des intentions est le moyen le plus sûr de décréditer les saintes entreprises. Nous en sommes les exemples; mais notre cause en deviendra-t-elle victime? Non ; regardons la calomnie en face ; nous ne la ferons pas rougir, mais nous la ferons mentir : ce n'est qu'ainsi qu'on la confond.

Tout le monde, Messieurs, a été calomnié dans cette cause : les Anglais, les colons, les esclaves et nous.

Oui, l'Angleterre a été calomniée indignement, et calomniée pour sa vertu même. N'avons-nous pas entendu mille fois, depuis vingt-cinq ans, répéter et dans les journaux, et dans les livres, et récemment à la tribune, que les généreux efforts de l'Angleterre contre la traite des nègres, que les 500 millions donnés par elle en échange de l'émancipation, n'étaient qu'un piége infâme, recouvert d'une philanthropie perfide, pour perdre ses propres colonies auxquelles elle ne tenait plus, et pour forcer ainsi, par l'imitation, à anéantir les nôtres qui lui portaient ombrage. Oui, cela a été dit, cela a été cru. L'absurde est infini dans ses inventions, comme la sottise est infinie dans sa crédulité. Oui, cela a été dit tout haut à la tribune d'une nation qui s'appelle la nation de l'intelligence, et cela n'a pas été étouffé sous les murmures de l'indignation nationale. O généreux esprits des Wilberforce, des Pitt, des Fox, des Canning, dont je vois les noms inscrits sur ces drapeaux et rayonnans sur cette fête, vous ne vous doutiez pas, pendant que vous tramiez cette conjuration évangélique, pendant que vous répandiez dans les trois royaumes et dans l'univers cette *sainte agitation* de la conscience du genre humain, pendant que vous arrosiez de votre sueur et de vos larmes ces tribunes, nouveaux champs de bataille où vous livriez les combats de la philanthropie, de la religion et de la raison persécutées, vous ne vous doutiez pas que vous n'aviez que du fiel, de la haine et de la perfidie dans le cœur ; que vous n'étiez que les hypocrites de la réhabilitation humaine, et qu'au fond vous n'aviez que le dessein, aussi pervers qu'insensé, de faire massacrer des millions d'Anglais par leurs esclaves, pour consumer les trois ou quatre petites colonies françaises dans l'immense incendie qui dévorerait vos vastes établissemens et vos innombrables concitoyens.

Demandons pardon à Dieu et au temps d'avoir entendu de pareilles aberrations.

Les colons n'ont pas été moins calomniés. On a vu en eux des oppresseurs et des tyrans volontaires. Ils ne sont que des maîtres malheureux, gémissant eux-mêmes sur la funeste nature de propriété que la civilisation leur a infligée.

Les esclaves ont été calomniés et le sont tous les jours encore. On les peint comme des brutes, pour s'excuser de n'en pas faire des hommes.

Mais nous-mêmes, Messieurs, quelles injurieuses imputations n'avons-nous pas eu à subir ! On nous a demandé de quel droit nous nous immiscions entre le colon et l'esclave. Messieurs, du droit qui nous a fait libres nous-mêmes ! La justice nous appartient-elle? pouvons-nous en faire une concession à qui que ce soit? Non! toute idée de justice et de vérité inspirée par Dieu à l'homme lui impose des devoirs en proportion avec ses lumières. Les droits du genre humain sont comme les vêtemens du Samaritain dépouillé sur sa route : il faut les rapporter pièce à pièce à leur maître, à mesure qu'on les retrouve, sans quoi on participe aux blessures que l'humanité a reçues et aux larcins qu'on lui a faits.

Que n'a-t-on pas dit, que n'a-t-on pas pensé de nous! Nous sommes des révolutionnaires, la pire espèce des révolutionnaires, des révolutionnaires sans péril, des lâches qui, n'ayant rien à perdre, ni fortune ni vie, dans les colonies, voulons y mettre le feu pour l'honneur abstrait d'un principe, et, qui sait! peut-être aussi pour la vanité cruelle d'une insatiable popularité. Si cela était vrai, nous serions les derniers des hommes ; car nous prendrions le nom de Dieu et de l'humanité en vain, et nous ferions de la civilisation et de la liberté le plus infâme des trafics, aux dépens de la fortune et de la vie de nos concitoyens des colonies, et au profit de nos détestables amours-propres.

Mais cela est-il vrai? Cela a-t-il le moindre fondement, et dans nos intentions et dans les faits? Écoutez et jugez : ce sont nos doctrines, ce sont nos actes qui répondent. M. Odilon Barrot vous disait à l'instant même que cette question était sortie du domaine des théories pour entrer dans la pratique. Cela est vrai, et, en y entrant, elle a pris ces conditions de mesure et de justice sans lesquelles il n'y a pas de vérité ni d'application. Nous procédons par la lumière, par la conviction et par la loi; nous voulons la liberté, mais nous ne la voulons qu'aux conditions de la justice et du travail dans nos colonies. Une émancipation injuste, c'est remplacer une iniquité par une autre. Une liberté désordonnée et sans conditions de travail, c'est remplacer une oppression par une autre ; c'est fonder la tyrannie des noirs à la place de l'empire des blancs ; c'est l'anéantissement de nos colonies. Que disons-nous? le voici :

Émancipation et indemnité; nous y ajoutons initiation.

Indemnité aux colons; messieurs, que ce mot n'effraie pas les hommes qui voient tout de suite s'ouvrir un abîme dans nos budgets et qui soumettent toujours l'homme au chiffre, au lieu de soumettre le chiffre à l'homme.

Indemnité, comme je l'entends, n'a rien d'énorme, rien d'immédiatement exorbitant; le pays même ne le sentirait pas.

En deux mots, voici comme je raisonne, et cette pensée, portée par moi il y a quatre ans à la tribune de la Chambre, a été accueillie comme une solution pratique de la question qui pèse sur les esprits.

Trois classes d'intéressés profiteront de l'émancipation : l'état, les colons, les esclaves. L'état y recouvre la moralité dans les lois et le principe inappréciable de l'égalité des races et des hommes devant Dieu.

Le colon y gagne une propriété honnête, morale; une propriété de droit commun, investie des mêmes garanties que les nôtres, au lieu de cette propriété funeste, incertaine, explosible, toujours menaçante; dont il ne peut jouir un moment avec sécurité ; propriété humaine qui déshonore, qui démoralise celui qui la possède autant que celui qui la subit. Le lendemain de l'acte d'émancipation vos capitaux coloniaux vaudront le double.

Enfin l'esclave, vous savez ce qu'il y gagne : le titre et les droits de créature de Dieu ; la liberté, la propriété, la famille ; son avénement enfin et l'avénement de ses enfans à l'humanité.

Eh bien ! répartissez entre ces trois classes d'intérêts le poids de l'indemnité, faites payer proportionnellement à l'état, au colon, et à l'esclave, le prix des avantages qu'ils recouvrent, et l'humanité est restaurée.

Voilà jusqu'à quel point, Messieurs, nous sommes des tribuns d'esclaves, des spoliateurs des colons, des incendiaires du pays ! Que le pays juge ! Il jugera, et la France qui n'a jamais reculé, la France qui n'a pas craint de remuer le monde et de verser son or et son sang par torrens pour la liberté politique, ne craindra pas de donner quelques millions pendant dix ans pour racheter une race d'hommes, et avec ces hommes sa propre satisfaction.

Vous, Messieurs, que l'Angleterre envoie à ce pacifique congrès de l'émancipation des races, allez redire à l'Amérique et à l'Angleterre ce que vous avez vu, ce que vous avez entendu. La France est prête à accomplir sa part de l'œuvre de régénération dont elle a donné le signal au monde, et dont vous avez eu l'honneur de lui donner le plus noble exemple.

Avant trois ans, il n'y aura plus un esclave dans les deux pays ; que dis-je ! il n'y en a plus déjà dans nos pensées : le principe est voté par acclamations sur toute terre où l'Évangile a écrit les droits de l'âme au-dessus des droits du citoyen. Nous ne délibérons plus que sur le mode et l'accomplissement.

Messieurs, c'est à l'union des deux peuples que nous devons ce jour de bénédiction dans les trois mondes ; resserrons cette alliance dans les liens de cette fraternité européenne dont vous êtes les missionnaires près de nous. Une politique mesquine et jalouse, une politique qui voudrait rétrécir le monde pour que personne n'y eût de place que nous, une politique qui prend pour inspiration les vieilles antipathies nationales, au lieu de s'inspirer des sympathies qui rappellent l'Orient et l'Occident l'un vers l'autre ; cette politique, Messieurs, s'efforce en vain de briser ou de relâcher, par des tiraillemens pénibles, les relations qui unissent l'Angleterre et la France. L'Angleterre et la France resteront unies ; nous sommes à nous deux le piédestal des droits du genre humain. La liberté du monde a un pied sur le sol britannique, un pied sur le sol français ; la liberté, la civilisation pacifique s'écrouleraient une seconde fois dans les flots de sang, si nous nous séparions. Nous ne nous séparerons pas ; cette réunion en est le garant.

Quand les mêmes pensées se communiquent, se pénètrent ainsi à travers les langues, les intérêts, les distances ; quand les âmes de deux grands peuples sont d'intelligence par l'élite de leurs citoyens, et

commencent à comprendre la mission de liberté, de civilisation, de développement, que la Providence leur assigne en commun ; quand cette intelligence, cette harmonie, cet accord, reposent sur la base de principes éternels aussi hauts que Dieu qui les inspire, aussi impérissables que la nature, ces peuples échappent, par la hauteur de leurs instincts, par l'énergie de leur attraction, aux dissidences qui voudraient en vain les désunir. Leur amitié, leur sympathie se rejoignent dans une sphère de pensées et de sentimens où les dissentimens politiques ne sauraient les atteindre ; et c'est le cas de leur appliquer ce mot sublime de l'Évangile, devenu le mot de la liberté : « Ce que Dieu a uni, les hommes ne le sépa-
« reront pas. »

Eh ! quoi donc ! les idées ne sont-elles pas le premier des intérêts ?

Quand Washington et Lafayette, quand Bailly et Franklin se firent un signe à travers l'Atlantique, l'indépendance de l'Amérique, quoique contestée par les cabinets, fut reconnue d'avance par les nations. Quand les esprits libéraux de l'Angleterre et de la France se tendirent la main, malgré Napoléon et la coalition, c'était en vain que les flottes et les armées combattaient encore ; les nations étaient réconciliées. Les vrais plénipotentiaires des peuples, ce sont leurs grands hommes ; les vraies alliances, ce sont les idées. Les intérêts ont une patrie ; les idées n'en ont point ! Et si quelque chose peut consoler les hommes politiques d'avoir à toucher si souvent à ces intérêts fugitifs, précaires, qui passent avec le jour et emportent avec lui les passions mobiles que nous y attachons, c'est de toucher de temps en temps à ces idées impérissables qui sont aux vils intérêts d'ici-bas ce que les monnaies qui servent aux vils trafics du jour sont à ces médailles que les générations transmettent aux générations, marquées au coin de Dieu et de l'éternité.

SUR LA LOI
RELATIVE
AUX RESTES MORTELS DE NAPOLÉON.

DISCOURS

PRONONCÉ A LA CHAMBRE DES DÉPUTÉS DANS LA SÉANCE DU 26 MAI 1840.

Je m'abstiendrai de répondre à l'honorable orateur qui quitte la tribune. Il n'y a jamais d'exagération dans les sentimens et dans un dévouement personnel. Il vous a dit lui-même qu'il était un vieux soldat de l'époque impériale ; je respecte le sentiment de la reconnaissance que ses souvenirs lui inspirent. Quant à moi, étranger à l'époque impériale, je tâcherai d'exprimer ici avec impartialité les sentimens d'un citoyen, et cela avec le respect que nous commande la mémoire de l'homme dont nous avons l'honneur de parler, et avec le respect que je dois à mon pays et à la chambre.

Si je m'associe, comme Français, au pieux devoir de rendre une tombe dans la patrie à un des hommes qui ont fait le plus de bruit sur la terre, à un de ces hommes dont le nom, répété le plus loin dans les siècles, devient pour ainsi dire un des noms du pays lui-même, et dont la volonté se substitua pendant dix ans aux lois, aux volontés, au destin de son pays; comme philosophe, comme homme qui a quelque pressentiment de la postérité dans les choses, j'ose l'avouer devant vous, devant cette chambre, devant cette nation passionnée pour une mémoire, ce n'est pas sans un certain regret que je vois les restes de ce grand homme descendre trop tôt peut-être de ce rocher au milieu de l'Océan, où l'admiration et la pitié de l'univers allaient le chercher à travers le prestige de la distance et à travers l'abîme de ses malheurs.

M. ODILON BARROT. Je demande la parole.

M. DE LAMARTINE. Que l'honorable orateur qui m'interrompt ne préjuge pas ma pensée ; elle est aussi nationale, aussi respectueuse, aussi rémunératrice que la sienne. Oui, à Dieu ne plaise, Messieurs, que j'accuse l'acte du gouvernement, conforme à un noble instinct du pays, ni la royale pensée qui rappelle de l'exil la dépouille du grand capitaine! J'ai vu de mes yeux la tombe de Thémistocle; on le rappela aussi de l'exil pour le faire reposer au bord de la mer, en face de Salamine ; j'en ai béni le génie d'Athènes comme la postérité bénira un jour le génie de la France en présence du monument que vous aller voter ; mais je n'aurais pas considéré comme un malheur pour la mémoire de Napoléon que sa destinée l'eût laissé quelque temps encore sous le saule de Sainte-Hélène.

Les anciens laissaient écouler quelque temps entre la mort des héros et le jugement de la postérité. Les arrêts de l'histoire, quand ils sont plus impartiaux, sont plus sûrs d'être irrévocables. Peut-être, sous bien des rapports, cette cendre n'était-elle pas assez froide encore pour qu'on y touchât. La justice gagne à ces temporisations ; la gloire et la reconnaissance publique n'y perdent rien ; mais le jour, je le reconnais, où l'on offrait à la France de lui rendre cette tombe, elle ne pouvait que se lever tout entière pour la recevoir et la recueillir sous un patriotique monument.

Recevons-la donc avec recueillement, mais sans fanatisme ; et qu'au milieu de ce concert d'admiration, où l'on n'entend que la voix de l'apothéose, on laisse entendre aussi au peuple la voix de la raison publique. Une nation comme la nôtre ne peut pas séparer sa reconnaissance de son bon sens. Ne soyons pas plus fiers de notre génie que de nos droits !

Je vais faire un aveu pénible, qu'il retombe tout entier sur moi. J'en accepte l'impopularité d'un jour. Quoique admirateur de ce grand homme, je n'ai pas un enthousiasme sans souvenir et sans prévoyance. Je ne me prosterne pas devant cette mémoire ; je ne suis pas de cette religion napoléonienne, de ce culte de la force que l'on veut depuis quelque temps substituer dans l'esprit de la nation à la religion sérieuse de la liberté. Je ne crois pas qu'il soit bon de déifier ainsi sans cesse la guerre, de surexciter ces bouillonnemens déjà trop impétueux du sang français, qu'on nous représente comme impatient de couler après une trêve de vingt-cinq ans, comme si la paix, qui est le bonheur et la gloire du monde, pouvait être la honte des nations. J'ai bien vu un philosophe déifier aussi la gloire et diviniser ce fléau de Dieu. Je n'ai fait qu'en rire. Dans la bouche d'un philosophe ces paradoxes brillans n'ont aucun danger; ce n'est qu'un sophisme. Dans la bouche d'un homme d'état cela prend un autre caractère. Les sophismes des gouvernemens deviennent bientôt les crimes ou les malheurs des nations! Prenez garde de donner une pareille épée pour jouet à un pareil peuple!

Mais si je ne suis pas enthousiaste, je ne veux pas être hypocrite non plus; je ne veux pas feindre un culte que je ne me sens pas dans le cœur, encore moins dans l'intelligence.

J'ai passé ma jeunesse à admirer et à maudire quelquefois ce gouvernement. Je lui dois beaucoup cependant; je lui dois le sentiment, l'amour, la passion de la liberté, par ce sentiment de la compression publique qui pesait alors sur toutes les poitrines, et que son nom seul me fait encore ressentir. Oui, j'ai compris pour la première fois ce que valaient la pensée et la parole libre en vivant sous ce régime de silence et de volonté unique dont les hommes d'aujourd'hui ne voient que l'éclat, mais dont le peuple et nous, nous sentions la pesanteur.

Et c'est ce qui explique comment un autre gouvernement fut accueilli par les hommes de mon âge. Bonaparte et la gloire d'un côté; la liberté et les institutions de l'autre. Nous fîmes comme nos pères : nous embrassâmes la liberté.

Je le sens, ce n'est ni le moment ni l'heure de juger l'homme qui tombait alors; le jugement lent et silencieux de l'histoire n'appartient pas à la tribune, toujours palpitante des passions du moment; il conviendrait moins encore à cette pompe funèbre et nationale que vous préparez. Il n'y faut que des hommages et des respects. J'y apporte volontiers moi-même ma pierre à mon tour. Le torrent de la gloire de cet homme, confondue avec la gloire du pays, entraîne sans peine ces ressentimens de la mémoire et ces reproches de la conscience publique.

Qui ne pardonnerait pas à une destinée tombée de si haut ? Qui ne pardonnerait même à des fautes qui ont agrandi le nom de la France ?

Cependant, Messieurs, nous qui prenons la liberté au sérieux, mettons de la mesure dans nos démonstrations ; ne séduisons pas tant l'opinion d'un peuple qui comprend bien mieux ce qui l'éblouit que ce qui le sert. Gardons-nous de lui faire prendre en mépris ces institutions moins éclatantes, mais mille fois plus populaires, sous lesquelles nous vivons, et pour lesquelles nos pères sont morts après avoir tant combattu. N'effaçons pas tant, n'amoindrissons pas tant, n'inclinons pas tant notre monarchie de raison, notre monarchie nouvelle, représentative, pacifique ; elle finirait par disparaître aux yeux du peuple.

Les ministres nous assurent que le trône ne se rappetissera pas devant un pareil tombeau ; que ces ovations, que ces cortéges, ces couronnemens posthumes de ce qu'ils appellent une *légitimité*, que ce grand mouvement donné par l'impulsion même du gouvernement au sentiment des masses, que cet ébranlement de toutes les imaginations du peuple, que ces spectacles prolongés et attendrissans, ces récits, ces publications populaires, ces éditions à cent millions d'exemplaires, des idées et des sympathies napoléoniennes, ces bills d'indemnité donnés au despostime heureux, ces adorations du succès, tout cela n'a aucun danger pour l'avenir de la monarchie représentative.

Pour le gouvernement, je veux bien le croire ; pour l'esprit public, je n'ai pas la même sécurité. Oui, j'ai peur, je l'avoue, qu'on ne fasse trop dire ou penser au peuple : « Voyez, au bout du compte, il n'y a de populaire que la gloire, il n'y a de moralité que dans le succès ; soyez grand, et faites tout ce vous voudrez ; gagnez des batailles, et faites-vous un jouet des institutions de votre pays! » Est-ce là qu'on veut en venir? est-ce ainsi qu'on apprend à une nation à apprécier ses droits?

Si ce grand général eût été un grand homme complet, un citoyen irréprochable, s'il eût été le Washington de l'Europe ; si, après avoir défendu le territoire, intimidé la contre-révolution au dehors, il avait réglé, modéré, organisé les institutions libérales et l'avénement de la démocratie en France ; si, au lieu de disperser les pouvoirs représentatifs, il les avait appuyés de la force militaire et soutenus de sa considération ; si au lieu de se faire la réaction vivante du passé, si au lieu d'abuser de l'anarchie, de profiter du désenchantement momentané de l'esprit public, il l'avait relevé, il s'était fait le tuteur du progrès social, la providence du peuple ; si après avoir mis en mouvement les ressorts d'un gouvernement militaire et tempéré, il s'était effacé lui-même comme Solon ou comme le législateur de l'Amérique ; s'il s'était retiré dans son désintéressement et dans sa gloire pour laisser toute sa place à la liberté, qui sait si tous ces hommages d'une foule qui adore surtout ce qui l'écrase lui seraient rendus? Qui sait s'il ne dormirait pas plus tranquille et peut-être plus négligé dans son tombeau?

une voix : Vous offensez le pays!

m. de lamartine : Non, Monsieur; je ne fais que raconter l'esprit humain.

Eh mon Dieu! ce n'est pas là une si étrange supposition. Vous êtes comme moi des hommes nourris des idées de 89, formés de la substance de ces idées de régénération libérale, écloses à la fin du dernier siècle, réapparues en 1814, inaugurées plus puissamment en 1830 par vos propres mains; eh bien! voyez ce que vous faites : Mirabeau, le prophète de ces idées, le génie créateur et moteur de la monarchie constitutionnelle, l'homme dont chacune des paroles donnait une impulsion irrésistible aux vérités de ce nouvel évangile politique des peuples, où est-il? il repose dans je ne sais quel caveau d'un monument profane qui a servi deux fois de chemin à l'égout.

Barnave, Bailly le martyr, dorment inconnus avec les restes du tombereau révolutionnaire.

Lafayette lui-même, Lafayette qui communiqua à son pays la première contagion de l'indépendance d'Amérique, Lafayette qui porta sans fléchir le poids du jour pendant quarante ans, oui, pendant quarante ans de travaux, de patience, de cachot, d'exil, de persécutions, de la persécution même de l'oubli; qui ne voulut pas, lui non plus, s'incliner devant ce météore du despotisme; Lafayette qui vous rapporta en

1830 l'idée de 89 aussi jeune, aussi intacte, aussi désintéressée, aussi inébranlable qu'il l'avait puisée dans l'âme de son ami Washington, Lafayette repose sous l'humble croix d'une sépulture de famille; et l'homme du 18 brumaire, l'homme à qui la France dut tout, excepté la liberté, la révolution triomphante va le chercher au-delà des mers pour lui faire une tombe impériale! La révolution triomphante, je demande si elle a sur la terre de France quelque monument assez grand, assez saint, assez national pour le contenir?

Laissez-moi tout dire; vous l'avez voulu ainsi.

C'est bien, messieurs; je ne m'y oppose pas, j'y applaudis, mais faites attention à ces encouragemens au génie à tout prix. Je les redoute pour notre avenir. Je n'aime pas ces hommes qui ont une foi et un symbole opposés; non, je n'aime pas ces hommes qui ont pour doctrine officielle la liberté, la légalité, le progrès, et qui prennent pour symbole un sabre et le despotisme. Oui, je l'avoue, je ne m'explique pas cela.

Je ne me fie pas à ces contradictions. J'ai peur que cette énigme n'ait un jour son mot.

Mais je reviens au sujet qui nous occupe, et je le résous en deux mots : Où placerons-nous ce grand tombeau?

La commission et le gouvernement proposent de le placer aux Invalides. Quelques voix disent sous la colonne de la place Vendôme, sous la colonne de Juillet, ceux-là à la Madeleine, ceux-ci à Saint-Denis; d'autres au Panthéon. Je trouve des empêchemens sérieux à tous ces emplacemens.

Aux Invalides ? Cela n'est pas définitif. Cela pourrait bien n'être qu'une magnifique station, un entrepôt funèbre où une opinion plus passionnée irait un jour le reprendre pour le porter je ne sais où. La terre sera encore une fois remuée sous ce cercueil. Il ne faut pas réserver ce jour à nos enfans. Il faut que le tombeau que vous lui donnerez soit en effet son dernier tombeau. Non, celui-là ne sera pas son dernier tombeau; ses fanatiques vous le disent d'avance. Il est légitime; ils lui veulent une tombe royale, une tombe unique. Placer leur empereur parmi les soldats, c'est beau pour le guerrier, c'est trop peu pour le souverain; peu s'en faut qu'ils ne voient une déchéance du trône dans le choix du sépulcre.

Sous la colonne de la place Vendôme? Cela ne se peut pas. Tous les hommes d'ordre sont d'accord. Ce serait un rassemblement en permanence; ce serait une tribune debout pour toutes les séditions; la robe de César, toujours étalée devant la ville.

A la Madeleine? c'est trop près de la foule, trop près du bruit, trop sur la route du peuple. La porte en serait sans cesse assiégée. L'admiration pousserait sans cesse les passans à y entrer; le fanatisme et le tumulte pourraient en sortir et se répandre sur nos boulevarts.

Au Panthéon? Je l'ai dit tout à l'heure, c'est une tombe trop banale et trop profane; c'est trop près des mânes de ces hommes que je ne veux pas honorer.

A Saint-Denis? C'est le sépulcre des rois, la tombe des dynasties. Il l'avait préparé pour la sienne; il y serait une dynastie tout entière à lui seul ; il y brillerait par son isolement même. Il a conquis ce monument en osant le restaurer et lui rendre ses royales poussières. Je voterais plus volontiers pour Saint-Denis; mais un seul scrupule m'arrête : il est des rapprochemens que l'histoire et les pierres mêmes doivent éviter?

A l'arc de triomphe de l'Étoile ? C'est trop païen. La mort est sainte, et son asile doit être religieux. Et puis y songez-vous ! Si l'avenir, comme nous devons l'espérer, nous réserve de nouveaux triomphes, quel triomphateur, quel général oserait jamais y passer ? Ce serait interdire l'arc de triomphe ; ce serait fermer cette porte de la gloire nationale qui doit rester ouverte sur vos futures destinées !

Enfin, à la colonne de la Bastille ? sous le monument de juillet ? Mais quel rapport possible entre ce monument et Napoléon ? Qu'y a-t-il de commun entre ce 18 brumaire du peuple et le 18 brumaire d'un soldat ambitieux ? Juillet s'est armé pour protéger la liberté et inaugurer la monarchie constitutionnelle d'une famille, d'une dynastie opposée à la sienne. Que ferait-il là ? La liberté et lui pourraient-ils se regarder sans ironie ? Votre monarchie constitutionnelle et lui pourraient-ils se regarder sans trembler ?

Non, après Saint-Denis, après le Panthéon purifié et rendu au culte, je ne verrais qu'une place convenable; ce serait un emplacement où il serait seul, comme au Champ-de-Mars, et où sa statue et son génie passeraient encore les revues de nos soldats au départ et au retour.

Mais soit que vous adoptiez cette idée, soit que vous choisissiez Saint-Denis ou le Panthéon ou les Invalides, souvenez-vous d'inscrire sur ce monument, où il doit être à la fois soldat, consul, législateur, empereur, souvenez-vous d'y écrire la seule inscription qui réponde à la fois à votre enthousiasme et à votre prudence, la seule inscription qui soit faite pour cet homme unique et pour l'époque difficile où vous vivez : A NAPOLÉON..... SEUL.

Ces trois mots, en attestant que ce génie militaire n'eut pas d'égal, attesteront en même temps à la France, à l'Europe, au monde, que si cette généreuse nation sait honorer ses grands hommes, elle sait aussi les juger, elle sait séparer en eux leurs fautes de leurs services, elle sait les séparer même de leur race et de ceux qui les menaceraient en leur nom, et qu'en élevant ce monument et en y recueillant nationalement cette grande mémoire, elle ne veut pas susciter de cette cendre ni la guerre, ni la tyrannie, ni des légitimités, ni des prétendans, ni même des imitateurs.

Je vote pour les deux millions demandés par la commission.

DE LA

PROPRIÉTÉ LITTÉRAIRE.

RAPPORT

FAIT A LA CHAMBRE DES DÉPUTÉS

PAR M. DE LAMARTINE.

MESSIEURS,

La société, en constituant toute propriété, a trois objets en vue : rémunérer le travail, perpétuer la famille, accroître la richesse publique. La justice, la prévoyance et l'intérêt sont trois pensées qui se retrouvent au fond de toute chose possédée. La justice, la prévoyance et l'intérêt se retrouveraient-ils aussi dans la constitution de la propriété littéraire et artistique? Telle est la première et grave question que votre commission avait à approfondir. Ici, comme dans tout le cours du travail auquel elle s'est livrée, elle n'était point éclairée par des législations préexistantes; tout était à découvrir et à créer; l'antiquité n'avait pas parlé; les législations modernes ne s'expliquaient que dans un langage confus, arbitraire, souvent contradictoire; une ébauche de loi du 19 janvier 1791, un décret de la convention du 19 juillet 1793, un décret sur la librairie du 5 février 1810, un beau projet de M. de Salvandy et une discussion de la chambre des pairs étaient les seuls jalons qui nous traçaient la route.

Le seul code que votre commission eût à interroger, c'était l'équité naturelle ; il lui a fallu, comme dans toute question constituante, remonter jusqu'aux vérités élémentaires pour en faire découler d'autres vérités pratiques, et arracher pour ainsi dire une à une à l'ordre métaphysique et idéal tous les principes et toutes les applications du code de la pensée, qu'elle était chargée de vous apporter. Non contente de ces lumières qui jaillissent d'une discussion théorique, elle s'est investie de tous les documens existans, elle a fait l'enquête volontaire et officieuse de la littérature, de l'imprimerie, de la librairie et de l'art. Des hommes de lettres isolés ou associés par des liens d'assistance mutuelle, des membres de nos corps savans, des peintres, des statuaires, des musiciens, les premiers de leur art, des délégués de cette grande industrie de la librairie française qui a mis en quelque sorte sa gloire dans la gloire des grands écrivains qu'elle a répandue, enfin, dans un intérêt plus élevé et plus saint, le vénérable chef du clergé de Paris lui-même, ont bien voulu se faire entendre de votre commission, et vous apporter, chacun dans l'ordre de son expérience, de ses besoins ou de ses études, les notions qui pouvaient éclairer ou compléter la loi. Voici en peu de mots par quelle série de raisonnemens, d'inductions et de faits, nous sommes arrivés aux solutions que nous avons l'honneur de présenter à votre délibération.

Il y a des hommes qui travaillent de la main ; il y a des hommes qui travaillent de l'esprit. Les résultats de ce travail sont différens, le titre du travailleur est le même. Les uns luttent avec la terre et les saisons, ils récoltent les fruits visibles et échangeables de leurs sueurs. Les autres luttent avec les idées, les préjugés, l'ignorance ; ils arrosent aussi leurs pages des sueurs de l'intelligence, souvent de leurs larmes, quelquefois de leur sang, et recueillent au gré du temps la misère ou la faveur publique, le martyre ou la gloire. Les résultats du travail matériel, plus incontestables et plus palpables, ont frappé les premiers la pensée du législateur. Il a dit au laboureur qui avait défriché le champ : Ce champ sera à toi, et, après toi, à tes enfans. La récompense de ton labeur te suivra dans toutes les générations qui te continuent. Ainsi a été instituée la propriété territoriale, base de la famille, et par la famille, fondement de toute société permanente. A mesure que l'état social s'est perfectionné, il a reconnu d'autres natures de propriété ; et la propriété et la société se sont tellement identifiées l'une dans l'autre, qu'en parcourant le globe, le philosophe reconnaît à des signes certains que l'absence, l'imperfection ou la décadence de la propriété chez un peuple, sont partout la mesure exacte de l'absence, de l'imperfection ou de la décadence de la société.

Mais les pensées du législateur moderne se sont élargies. Il n'a pas vu seulement le travail dans les fruits matériels de la terre ; il les a reconnus dans tout ce qui prouvait un travail et constituait un objet d'échange ou d'influence pour l'Etat. La propriété mobilière s'est ainsi graduellement développée.

En vertu d'une induction naturelle et juste, le jour devait arriver où l'œuvre de l'intelligence serait reconnue un travail utile, et les fruits de ce travail une propriété. Mais par une générosité digne de sa nature, la pensée qui avait tout créé s'oubliait elle-même ; elle ne demandait aux hommes que le droit de les enchanter ou de les servir ; elle ne demandait qu'à la gloire la fortune d'un nom dans l'avenir, laissant dans le dénuement et dans l'obscurité la famille du philosophe ou du poëte dont les œuvres formaient la richesse intellectuelle d'une nation. Il est vrai qu'alors l'imprimerie n'était pas inventée, et que cette richesse intellectuelle, livrée aux dilapidations de quelques rares copistes, n'avait pas constitué encore, comme elle l'a fait depuis, une industrie immense, un capital visible, une richesse matérielle propre à être saisie, consacrée et réglementée par la loi. Ce phénomène de l'imprimerie qui rend la pensée palpable comme le caractère qui la grave, et commerciale comme l'exemplaire où on la vend, devait appeler tôt ou tard une législation pour en constater et pour en distribuer moralement et équitablement les produits. Cette pensée du législateur n'enlève rien à l'intellectualité et à la dignité de l'œuvre de l'écrivain. Elle n'avilit pas le livre dans la qualité immunérable de service libre et spontané rendu au genre humain sans aucune vue de récompense vénale. Elle laisse cette rémunération au temps et à la mémoire des hommes. Elle ne touche pas à l'idée qui ne tombe jamais dans le domaine inférieur d'une loi pécuniaire. Elle ne touche qu'au livre devenu par l'impression objet commercial. L'idée vient de Dieu, sert les hommes et retourne à Dieu en laissant un sillon lumineux sur le front de celui où le génie est descendu, et sur le nom de ses fils ; le livre tombe dans la circulation commerciale, et devient une valeur productive de capitaux et de revenus comme toute autre valeur, et susceptible à ce titre seul d'être constitué en propriété.

Est-il juste, est-il utile, est-il possible de consacrer entre les mains des écrivains et de leur famille la propriété de leurs œuvres? Voilà les trois questions que nous avions à nous poser sur le principe même de la loi, formulé dans ses premiers articles. Ces questions n'étaient-elles pas répondues d'avance : Qu'est-ce que la justice, si ce n'est la proportion entre la cause et l'effet, entre le travail et la rétribution? Un homme dépense quelques portions de ses forces, quelques heures faciles de sa vie, à l'aide d'un capital transmis par ses pères, à féconder un champ ou à exercer une industrie lucrative ; il entasse produits sur produits, richesses sur richesses, il en jouit lui-même dans l'aisance ou dans les délices de sa vie, vous lui en assurez la possession à tout jamais, et après lui à ceux que le sang désigne ou que le testament écrit. Un autre homme dépense sa vie entière, consume ses forces morales, énerve ses forces physiques dans l'oubli de soi-même et de sa famille pour enrichir après lui l'humanité ou d'un chef-d'œuvre de l'esprit humain, ou d'une de ces idées qui transforment le monde : il meurt à la peine, mais il réussit. Son chef-d'œuvre est né, son idée est éclose. Le monde intellectuel s'en empare. L'industrie, le commerce, les exploitent. Cela devient une richesse tardive, posthume souvent ; cela jette des millions dans le travail et dans la circulation ; cela s'exporte comme un produit naturel du sol. Tout le monde y aurait droit, excepté celui qui l'a créé, et la veuve et les enfans de cet homme, qui mendieraient dans l'indigence à côté de la richesse publique et des fortunes privées, enfantées par le travail ingrat de leur père ! Cela ne peut pas se soutenir devant la conscience, où Dieu a écrit lui-même le code ineffaçable de l'équité.

Cela est-il utile ? Il suffirait de répondre que cela est juste ; car la première utilité pour une société, c'est la justice. Mais ceux qui demandent s'il est utile de rémunérer dans l'avenir le travail de l'intelligence ne sont donc jamais remontés par la pensée jusqu'à la nature et jusqu'aux résultats de ce travail. Jusqu'à sa nature ? ils auraient vu que c'est le travail qui agit sans capitaux, qui en crée sans en dépenser, qui produit sans autre assistance que celle du génie et de la volonté. Jusqu'à ses résultats ? ils auraient vu que c'est l'espèce de travail qui influe le plus sur les destinées du genre humain, car c'est celui qui agit sur la pensée même de l'humanité, et qui la gouverne. Que l'on parcoure en idée le monde et les temps, Bible, Védas, Confutzée, Évangile, on retrouve partout un livre saint dans la main du législateur à la naissance d'un peuple. Toute civilisation est fille d'un livre. L'œuvre qui crée, qui détruit, qui transforme le monde, serait-elle une œuvre indifférente au monde?

Enfin, cela est-il possible? Cette richesse éventuelle et fugitive qui résulte de la propagation matérialisée de l'idée par l'impression et par le livre, est-elle de nature à être saisie, fixée, et réglementée sous forme de propriété? A cette question, le fait avait répondu pour nous. Cette propriété existe, se vend, s'achète, se défend comme toutes les autres. Nous n'avions qu'à étudier ses procédés et à régulariser ses conditions pour la faire entrer complètement dans le domaine des choses possédées et garanties à leurs possesseurs. C'est ce que nous avons fait.

Mais une question préjudicielle devançait et dominait ces dispositions à prendre. Constituerons-nous la propriété des œuvres de l'intelligence à perpétuité ou pour un temps seulement? Nous ne nous la sommes pas posée, et nous dirons pourquoi : nous étions une commission de législateurs et non une académie de philosophes. Comme philosophes, remontant à la métaphysique de cette question, et retrouvant sans doute dans la nature et dans les droits naturels du travail intellectuel des titres aussi évidents, aussi saints et aussi imprescriptibles que ceux du travail des mains, nous aurions été amenés peut-être à proclamer théoriquement la perpétuité de possession des fruits de ce travail; comme législateurs, notre mission était autre; nous n'avons pas voulu la dépasser. Le législateur proclame rarement des principes absolus, surtout quand ce sont des vérités nouvelles. Il proclame des applications relatives pratiques et proportionnées aux idées reçues, aux mœurs et aux habitudes du temps et de la chose dont il écrit le code. Nous avons considéré que les idées sur la propriété littéraire n'étaient pas encore assez rationalisées, que ses mœurs n'étaient pas assez faites, que sa constitution n'était pas assez universellement européenne et internationale; qu'enfin ses habitudes n'étaient pas assez prises dans le droit commun des autres ordres de choses possédées pour qu'en constituant les droits garantis, nous pussions du même coup constituer dès aujourd'hui la transmissibilité sans limites à travers le temps. En l'investissant dans cette loi des conditions d'une possession complète, nous avons donc cru devoir la limiter dans sa durée. Nous n'avons mis aucune limite à ses droits; nous lui avons mis une borne dans le temps. Le jour où le législateur, éclairé par l'épreuve qu'elle va faire d'elle-même, jugera qu'elle peut entrer dans un exercice plus étendu de ses droits naturels, il n'aura qu'à ôter cette borne; il n'aura qu'à dire *toujours* où notre loi a dit *cinquante ans*, et l'intelligence sera émancipée.

Pourquoi avons-nous dit *cinquante ans* et non pas *toujours?* C'est un des points qui a été le plus sérieusement débattu par votre commission. Le projet du gouvernement ne disait que *trente ans*, mais il le disait à regret.

Si nous eussions pris le terme de la vie de l'auteur, la propriété, même viagère, eût été anéantie entre ses mains; car la vie de l'homme étant incertaine, quel éditeur eût voulu acheter un droit dont la jouissance ne lui eût pas été assurée un jour et que la nature pouvait lui donner pour rien à tous les momens?

La première garantie de la possession utile de l'écrivain sur ses œuvres, c'était donc un certain intervalle de temps maintenu à cette possession après sa mort. Les arrêts de l'ancien régime, confus et arbitraires, accordaient aux familles des auteurs ce droit d'exploitation de leurs ouvrages tant qu'ils en reconnaissaient des héritiers, mais sous forme de priviléges. La loi de 1791 donnait cinq ans, celle de 1793 donna dix ans, le décret de 1810 accorda vingt ans ; le projet de loi actuel nous proposait trente ans.

Votre commission s'est divisée ici en deux avis presque arbitraires, mais qui ont cherché cependant dans le raisonnement les motifs pour ainsi dire instinctifs de leur préférence pour la concession de trente ans, ou pour la concession de cinquante ans. Les uns disaient : La propriété des grandes œuvres de l'esprit est le patrimoine de la société avant d'être le domaine privé et utile d'une famille quelconque. Une possession plus longue accordée à la famille enchérira le livre et gênera la production. Que veut la société? Ne pas dépouiller, mais jouir. En laissant trente ans à la famille de l'auteur, elle ne dépouille pas sa veuve, dont la vie dépasse rarement ce terme, et elle entre plus tôt en jouissance complète de la richesse intellectuelle qui lui reste acquise. Les autres répondaient : La possession matérielle du livre d'un auteur par sa famille ne soustrait rien de la propriété intellectuelle du livre acquise à la société le jour même de sa publication.

Si le livre est bon et utile, il a un très-grand

nombre d'acheteurs ; on le publie sous tous les formats à un chiffre toujours croissant d'exemplaires ; la faible rétribution du droit d'auteur payée une fois pour toutes à l'écrivain lui-même, ou payée successivement à la famille pour le droit d'édition, est noyée, ou devient imperceptible dans le prix vénal du livre, et ne saurait en rien en affecter la circulation. Souvent, au contraire, l'intérêt de gloire ou d'argent de la famille provoque des entreprises ou des éditions nouvelles qui ne seraient jamais faites sans ce concours. D'ailleurs, si ce n'est pas la famille qui bénéficie sur le livre de l'écrivain dont elle hérite, ce sera toujours quelqu'un : ce sera l'éditeur. L'éditeur vendra le livre le plus cher possible. Quel intérêt a la société à ce que le bénéfice fait sur le livre appartienne tout entier aux éditeurs, au lieu de se partager entre les éditeurs et les héritiers de l'écrivain ?

Elle n'en a aucun, ou plutôt elle en a un très-réel à ce que la richesse, produite par le débit d'un livre utile, remonte et adhère le plus longtemps possible à ceux qui l'ont créée ; elle en a un autre encore, c'est que, la propriété privée du livre existant plus longtemps entre les mains de possesseurs intéressés et vigilans, les contrefaçons de ce livre à l'étranger soient plus longtemps défendues et prévenues, afin que la richesse industrielle de l'exploitation du livre reste plus longtemps aussi à la nation ; mais une une autre raison a dominé toutes les autres : De quoi se compose, a-t-on dit, l'unité morale, l'être abstrait de l'écrivain? De trois êtres : l'auteur lui-même, sa femme et ses enfans ; le père, la femme, le fils, c'est un seul être; cet être qu'on appelle la famille à son premier degré. Puisque vous voulez constituer la propriété littéraire pour un certain nombre d'années, prenez, non pas ce terme de trente ans après le décès de l'auteur, terme passé lequel sa femme vit encore et ses enfans entrent à peine dans le milieu de la vie, mais prenez le demi-siècle, ce terme de cinquante ans qui embrasse dans la moyenne probable des éventualités de la vie et de la mort le cercle entier des trois existences parcourues par les trois êtres qui représentent ou qui continuent immédiatement l'auteur lui-même; ne brisez pas ce seul être moral en deux ou trois parts, dont l'une aura joui de toute l'aisance de la propriété sous les auspices du père, et dont les autres languiront dans une indigence d'autant plus cruelle qu'elles auront connu des jours meilleurs.

Le terme de trente ans ferait éclater à chaque instant ces scandales d'un domaine public s'enrichissant des travaux spoliés du génie en face de la veuve et du fils de l'homme de génie vivant dans la misère et dans le dépouillement. Enfin n'oubliez pas, ajoutait-on, que ce que vous écrivez dans la loi ne se réalisera pas dans le fait. Si vous écrivez trente ans, la famille ne jouira réellement que vingt ans; si vous écrivez cinquante, la famille n'en aura que quarante. Ainsi le veut l'industrie. Quand elle est avertie par la loi du terme fatal où la propriété d'un ouvrage va tomber dans le domaine public, elle s'arrête et elle attend. Huit ou dix ans avant l'expiration de la propriété des familles, il n'y a plus de propriété.

L'éditeur ne se présente plus ; il ajourne à l'exploitation libre : le domaine intellectuel est frappé de stérilité.

Ces motifs ont prévalu, et votre commission a amendé le projet du gouvernement dans le sens de cet arbitraire plus libéral, plus généreux, plus équitable, et plus conforme aux véritables procédés de la spéculation.

Le principe et les limites de la propriété littéraire étant fixés, restait à déterminer son mode de transmissibilité temporaire.

Le projet de loi, la commission ont été d'accord dans cette pensée, que la propriété de l'écrivain sur son œuvre pendant sa vie était quelque chose d'immatériel, d'indivisible, de continu et d'insaisissable sur la personne, qui se refusait à toute altération de son libre et plein exercice sur cette œuvre. Mais en cas de mort d'un des conjoints autre que l'auteur, une question se présentait : Quel serait le sort de la propriété littéraire, si la loi en faisait un bien de communauté soumis aux règles que le Code civil impose à cette nature de biens communs entre les époux ? les héritiers de la femme se présentaient, saisissaient à l'instant leur part, et dépouillaient ainsi l'auteur avant sa mort de sa plénitude d'exercice, de sa domination intellectuelle sur son œuvre ? La nature même de cette propriété, toute personnelle, toute morale, tout indivisible dans la pensée, était violée. Si, au contraire, la loi déclarait que la propriété littéraire n'était pas bien de communauté, qu'arriverait-il ? Que la femme, dont l'assistance morale, et souvent l'assistance pécuniaire, avait puissamment contribué à la création de l'œuvre littéraire ou artistique par son dévouement ou par ses capitaux, se trouverait, dans sa personne et celle de ses héritiers, dépouillée de sa part de bénéfices ou de droits qu'elle avait, pendant une longue et intime collaboration, noyés dans la fortune de l'auteur. D'un côté, iniquité; de l'autre, spoliation criante. Il fallait choisir. La commission ne l'a pas voulu : elle a, comme le gouvernement, au moyen d'une seule dérogation aux formes de la communauté dans le Code civil, disposé que la propriété littéraire serait considérée comme bien de communauté à l'égard du conjoint survivant de l'auteur, c'est-à-dire seulement après le décès de l'auteur, laissant ainsi toute son immunité à la pensée, et tout son effet à la justice. Plutôt que de mutiler un droit ou une faculté pour les faire entrer dans le cadre qui ne leur était pas préparé, elle a préféré créer un cadre nouveau, où la faculté fût intacte et où le droit fût respecté.

Les articles 4, 5, 6, 7, ont pour objet de régler le mode de jouissance et de fixer la date de propriété des ouvrages anonymes ou pseudonymes, de faire entrer dans les garanties de la loi les discours, sermons, cours publics, ainsi que les notes, commentaires, articles de journaux, et tous ces laborieux exercices de la science, de la critique, ou du goût, sur les ouvrages tombés dans le domaine public, qui, en donnant un caractère et un prix spécial aux éditions, en font une propriété aussi inviolable que toute autre. Quant aux discours politiques, la publicité étant leur nature, la loi les livre à la propagation sans limites, sauf le cas où, après avoir accompli cette fin politique, ils changeraient de nature par leur collection en recueils.

Quelques personnes étaient d'avis d'y ajouter les lettres et correspondances. Nous ne l'avons pas voulu. Nous avons considéré qu'en déterminant ainsi d'avance la propriété des correspondances des auteurs morts ou vivans, nous courrions le risque d'autoriser un droit de publication que la morale publique réprouve, ou de défendre un usage légitime que les convenances ou la nécessité commandent quelquefois. Nous n'avons voulu ni le défendre ni le permettre. Nous avons mis les lettres dans une catégorie à part : ce sont des manifestations confidentielles dans lesquelles l'homme, et non plus l'écrivain, se livre lui-même à la confidence et non à la publicité, sans aucune vue de lucre. Cela ne constitue pas, à nos yeux, une propriété dont la condition puisse être réglée par une loi fiscale, mais une personnalité gouvernée et défendue par les lois écrites sur la diffamation, sur l'abus de confiance, et par les lois non écrites de la morale, de la délicatesse et de l'honneur. On n'écrit pas la législation de la conscience publique ; on la lit dans l'opinion et dans les mœurs ; le déshonneur en est la pénalité.

L'article 6 restreint à dix ans la durée de la propriété de l'état sur les ouvrages publiés par son ordre et à ses frais. Si nous n'avons pas donné, à l'instant de leur publication, ces œuvres de munificence et d'utilité au domaine public, pour qui seul elles sont entreprises, c'est uniquement pour respecter et pour préserver un certain temps les droits des imprimeurs-éditeurs dont l'état emprunte la collaboration.

Nous avons conservé trente ans de propriété exclusive aux académies et aux corps savans, bien que leurs collections soient imprimées aux frais de l'état, par cette considération : que les membres de ces académies donnent sans rétribution leurs écrits ou manuscrits à ces collections, tout en s'en réservant néanmoins la propriété pour leurs propres œuvres, et que si ces collections tombaient de droit dans le domaine public avant l'époque de cinquante ans assignée aux propriétés privées, ces auteurs se trouveraient dépouillés par le fait même de leur généreux concours à l'œuvre de leur corps ou de leur académie.

Nous avons fixé le même terme à la propriété des académies sur leurs dictionnaires, à cause des conditions exceptionnelles et très-onéreuses que l'impression incessante de cette nature d'ouvrages impose aux imprimeurs avec lesquels ont traité les corps savans.

Le projet du gouvernement était muet en ce qui touche au droit de propriété ou de surveillance des évêques diocésains sur les livres d'église, heures et prières à l'usage de leurs diocèses. L'ancien régime conférait aux chefs spirituels une sorte de propriété perpétuelle sur les ouvrages liturgiques, en vertu de laquelle ils administraient seuls et arbitrairement cette partie de la publicité religieuse. La loi du 19 juillet 1793, sur la propriété littéraire, se taisait. A la restauration du culte catholique en l'an x, la spéculation s'empara seule et sans garantie de cette branche de l'industrie littéraire. Des abus graves furent signalés; le décret du 7 germinal an XIII y pourvut en ces termes : « Art. Ier. Les livres d'église, heures et prières, ne pourront être imprimés et réimprimés que d'après la permission donnée par les évêques diocésains, laquelle permission sera textuellement rapportée et imprimée en tête de chaque exemplaire.— Art. II. Les imprimeurs, libraires, qui feraient imprimer, réimprimer les livres d'église, heures et prières, sans avoir obtenu cette permission, seront poursuivis conformément à la loi du 19 juillet 1793. » Cette législation diversement interprétée, soit dans le sens d'une propriété continue affectée aux évêques, soit dans l'acception d'un droit de surveillance et d'approbation, et rejetée dans l'incertitude et dans le doute par des arrêts contradictoires de 1825, de 1830, de 1833, et par un arrêt de la Cour de cassation du 28 mai 1836, avait, nous disait-on, besoin d'être éclaircie et fixée dans la loi nouvelle. Des intérêts plus hauts et plus saints que ceux d'une propriété ordinaire, la liberté religieuse, la responsabilité des chefs d'un grand culte, la sécurité des consciences d'un nombre immense de catholiques, enfin les droits et la concurrence d'une industrie considérable, nous commandaient d'examiner.

Restituer aux évêques diocésains l'exercice privilégié et exclusif d'une sorte de propriété sur les livres liturgiques, c'était rétrograder vers un ordre de choses que la liberté des consciences avait aboli ; c'était spolier le domaine public religieux ; c'était constituer des propriétés littéraires par substitution incessante à des corps diocésains; c'était privilégier des industries en en dépouillant d'autres ; c'était même exposer les évêques à ravaler leur dignité et leur inviolabilité morale dans les revendications juridiques et dans les poursuites toujours odieuses qu'aurait nécessitées pour eux l'exercice d'un droit religieux dont on aurait fait une propriété industrielle.

Dépouiller les évêques de leur droit de surveillance sur des termes sacramentels et sur des textes dont ils répondent, c'était leur commander la responsabilité en leur refusant les moyens de l'exercer, c'était froisser la liberté et la sécurité d'une grande église dans l'état ; car une religion n'est pas libre quand elle n'est pas conforme à elle-même. Le principe du catholicisme étant l'autorité, si cette autorité n'est pas une garantie sincère et authentique dans les dogmes, dans les pratiques, dans les rapports du chef spirituel avec le fidèle, l'église catholique ne jouit pas de toute sa liberté, car elle ne jouit pas de la plénitude et de la garantie d'autorité qui est sa nature, sa foi, sa règle. Nous avons pensé que toucher à la législation toujours en vigueur de l'an XIII, ce serait tomber dans l'un ou dans l'autre de ces dangers; que, par cette législation, l'autorité épiscopale était investie d'un droit convenable, non de propriété ni de privilége, mais d'approbation spéciale et préalable dans le diocèse pour l'impression et les réimpressions successives des livres liturgiques à l'usage de ce diocèse; que l'énonciation de ce droit de haute police religieuse et politique n'appartenait pas à une loi de propriété et de contrefaçon littéraires ; que le légitime exercice de ce droit garanti par la loi de l'état, interprété par la jurisprudence, modéré par les appels comme d'abus, nécessaire à la religion, sans dommage réel pour la concurrence, restait plein et entier entre les mains des évêques, qui n'avaient de compte à rendre de son usage qu'à leur conscience, à la sainteté de leur caractère et à la loyauté de leurs transactions.

Restait une disposition dominante à écrire dans l'acte même qui instituait la propriété des auteurs au nom de l'état. C'étaient les réserves de l'état lui-même ; elles ont été proposées. Après un examen approfondi de cette proposition, qui paraissait au premier abord si plausible, la commission s'est refusée à les écrire dans la loi. La loi, disait l'auteur de la proposition, a réservé en toute chose à la société le droit d'expropriation pour cause d'utilité publique ; pourquoi ne proclamerait-elle pas ici le droit d'expropriation pour cause d'utilité de la pensée ? Ne pourrait-il pas arriver que des héritiers négligens ou prévenus retirassent de la circulation un ouvrage nécessaire au genre humain et ne créassent ainsi une pénurie de lumières et d'idées qui laisserait, pendant quelques années, la nation ou le monde en souffrance ? Quoi de plus aisé que d'y pourvoir ? Dites que l'état aura le droit de contraindre les héritiers, après un certain délai, à laisser imprimer l'œuvre dont le besoin se fera sentir, moyennant une indemnité appréciée par arbitres et remise par l'éditeur à la famille. On a répondu par des considérations morales d'une haute gravité : on a fait ressortir ce scandale violent des mœurs, des convictions, de l'honneur des familles, qu'offrirait une disposition forçant un fils à publier, pour une indemnité d'argent, les révélations qui déshonoreraient le nom de son père, ou des écrits qui contristeraient ses propres croyances religieuses, ou enfin quelques-unes de ces débauches de l'esprit humain où le génie du style est tellement mêlé aux souillures de la pensée que la curiosité littéraire les conserve, bien que la pudeur publique voulût les anéantir. Ces considérations ont été réfutées ; mais une considération dominante a prévalu dans la presque unanimité de la commission ; c'est qu'au fond on discutait sur rien. C'est que ce cas si improbable dans l'avenir ne s'était pas présenté une seule fois dans le passé. Les lois ne se font que pour des faits réels et non pour des improbabilités presque ridicules.

On ne fait pas la législation d'une hypothèse. L'hypothèse d'un ouvrage nécessaire au monde, utile, moral, publié pendant des années et artificiellement éteint pour le monde, a paru à votre commission si chimérique, qu'elle n'a pas cru devoir la mentionner dans sa loi. Vous examinerez.

La propriété des pièces de théâtre forme le titre II de la loi. Le décret du 5 février 1810 était jusqu'ici toute la législation des compositions dramatiques. Le législateur ne pouvait oublier dans ses garanties les fruits de ce grand art qui fut élevé par l'antiquité jusqu'à la dignité d'une institution, que la police des états modernes tient, à cause de sa puissance même, sous une vigilance exceptionnelle, et qui a servi plus qu'aucun autre peut-être à propager la langue, la civilisation et l'influence françaises, par les nobles créations que le génie français a fait partager à l'Europe. Notre théâtre est une partie de notre patriotisme. Nous ne pouvions le déshériter.

Une composition dramatique comprend deux choses distinctes : la composition et la représentation. C'est un écrit tant qu'elle reste dans la main de l'auteur ; c'est une action du moment qu'elle passe dans le rôle de l'acteur. Aussi cette qualité double et complexe des pièces de théâtre constitue-t-elle une double propriété. Sans l'auteur le théâtre n'a point de drame. Sans l'acteur le drame n'a point de représentation. Le théâtre et l'auteur, propriétaires tous deux à un titre différent et n'existant pas ou existant incomplets l'un sans l'autre, devaient donc faire entre eux une sorte de partage équitable de la propriété commune, pour que les droits de l'un ne fussent pas absorbés par l'autre, mais pour que chacun eût sa part légitime dans le prix volontaire que le public apporte chaque jour à ces nobles jeux de l'intelligence où le génie de l'acteur complète le génie de l'écrivain ; toute la loi était là, et l'usage avait devancé la loi. Aucun théâtre ne pouvait représenter une pièce sans la permission de l'auteur. Une rétribution appelée part d'auteur, appréciée, débattue, fixée par la concurrence, les usages, les règlemens spéciaux à chaque scène, lui était affectée. Nous n'avons eu qu'à écrire que le droit à cette rétribution durerait cinquante ans après la mort de l'auteur. Quant à la qualité d'écrit et non de récitation de leur œuvre, les poëtes seront régis, dans la propriété de leurs compositions théâtrales, par la législation du titre Ier sur les œuvres de l'écrivain.

Les mêmes articles protégeront les auteurs d'œuvres de musique, quel que soit le mode de reproduction de leur pensée musicale. En commandant le dépôt des exemplaires de l'œuvre musicale au ministère de l'intérieur, et en s'en rapportant aux règlemens pour la distribution de ces exemplaires, la commission a sous-entendu que le Conservatoire de musique s'enrichirait régulièrement d'un de ces exemplaires à ce double titre d'élément de l'art et de constatation de propriété.

Le titre IV nous appelait à ébaucher la législation des arts du dessin, du pinceau, du ciseau. Nous avions à traiter avec le respect qu'ils méritent, ces arts, moitié intellectuels, moitié mécaniques, où la pensée se personnifie sur la toile et dans le marbre, et où le génie se matérialise dans la main de l'homme; nous avions à nous préserver d'une recherche trop minutieuse des conditions de la propriété dans toutes ces sortes d'ouvrages, et à ne pas dépasser la limite presque indécise où l'art se confond avec le métier. La rémunération du métier, c'est le salaire et le brevet d'invention ; la rémunération de l'art, c'est la gloire et la propriété.

Les conditions de la propriété artistique ne sont pas identiquement les mêmes que les conditions de la propriété littéraire. On va le comprendre : le manuscrit d'un auteur n'est rien par soi-même comme valeur commerciale ; il ne devient quelque chose que par la faculté d'être multiplié, et du moment où il est multiplié par l'impression et où il devient livre, celui qui possède le livre possède autant que celui qui possède le manuscrit. La pensée de l'auteur est transmise tout entière au lecteur. Le tableau d'un peintre, la statue d'un sculpteur, sont au contraire un fait palpable, matériel et unique de propriété, qui se transmet du vendeur à l'acquéreur avec l'évidence et la simplicité d'une transaction ordinaire. La livraison de l'objet prouve la vente, et ce premier et souvent unique exemplaire de l'œuvre artistique se vend, par cette raison, autant que la pensée et le travail entiers du statuaire et du peintre. L'auteur donc vend à son éditeur une faculté ; l'artiste vend une chose ; de là, différence nécessaire dans la législation de ces deux propriétés.

Ici cependant la question se complique. L'artiste, tout en vendant et en livrant un objet matériel *un*, et où se résume toute la valeur de la pensée, peut vendre cependant aussi quelque chose qui ressemble, jusqu'à un certain point, à la faculté de faire des éditions de cette pensée, avec cette différence que ces éditions n'ont jamais ni le mérite ni l'identité ni la valeur du chef-d'œuvre lui-même, et que l'artiste n'en a pas la responsabilité. C'est le droit et la faculté d'en faire ou d'en laisser faire des imitations par la gravure, la lithographie, le moulage ; ces imitations ont cette différence encore avec les éditions de la pensée écrite, que ces copies n'enlèvent rien à la valeur de l'original, tandis que la publication du livre enlève toute sa valeur au manuscrit.

Le projet du gouvernement distingue sagement ces deux qualités de l'œuvre d'art : l'œuvre elle-même, dont la propriété ne fait pas un doute, et la faculté de reproduction de cette œuvre par les différens procédés qu'elle comporte. L'article 13 garantit aux artistes auteurs de dessins, tableaux, cartes, etc., le droit exclusif de les reproduire ou d'en autoriser la reproduction pendant la durée de leur vie et cinquante ans après leur mort.

Mais ici se présentait une des controverses les plus sérieuses dont la loi ait été l'objet : à qui de l'auteur ou de l'acquéreur d'un tableau ou d'une statue appartiendra le droit exclusif de les reproduire par la gravure ou par le moulage? Le projet du gouvernement l'attribuait à l'acquéreur. De nombreuses réclamations, appuyées par des protestations éloquentes, et revêtues même de l'autorité d'une des classes de cet Institut dont le nom seul commande l'examen et impose le respect, se sont élevées de la part des peintres et des statuaires ; ces doléances du génie ont trouvé dans la commission de sympathiques interprètes ; deux opinions également bienveillantes à l'art, mais divisées sur les vrais intérêts de l'artiste, ont été longtemps en présence.

L'une disait avec les artistes : Quand nous vendons un tableau ou une statue, nous ne vendons qu'un objet matériel, mais nous ne vendons pas la pensée personnifiée dans la toile ou dans le marbre ; nous ne vendons pas surtout le droit de la dénaturer, de la dégrader, de l'avilir par des imitations imparfaites ou par d'ignobles reproductions. Ce serait vendre le droit de profaner ou de calomnier notre talent ; on ne peut pas, on ne doit pas nous enlever le droit de présider nous-mêmes et nous seuls aux imitations de notre œuvre ; on ne le peut pas par respect pour l'art, on ne le doit pas par respect pour la morale publique. L'art veut une surveillance habile et intéressée ; la morale publique ne veut pas que la pensée quelquefois jeune, téméraire, égarée, de l'artiste aux premiers jours de sa vie, vienne, par une reproduction intempestive et contraire à sa volonté, compromettre son nom, accuser sa jeunesse, contrister et peut-être déshonorer sa famille. La loi qui conférerait le droit de gravure à l'acquéreur serait pleine de périls pour l'artiste, pour les graveurs, pour l'acquéreur lui-même ; les tableaux changent de mains, il leur faudrait donc emporter avec eux, d'aliénation en aliénation, un certificat d'origine constatant, de propriétaire en propriétaire, que le droit de reproduction a été vendu par leur auteur, et que ce droit n'a pas été épuisé par un des premiers acquéreurs ! Cela serait-il possible ? et la vente et la gravure de chaque objet d'art ne deviendraient-elles pas ainsi un piége où acquéreurs et graveurs craindraient à chaque instant d'être surpris ?

L'autre opinion répondait : Nous voulons créer une propriété sérieuse, digne de l'art et digne de la loi qui consent à l'inscrire dans ses codes. Serait-ce une propriété sérieuse, entière et digne de la loi, que la propriété d'une chose dont la possession serait d'un côté et dont l'usage serait d'un autre? Une pareille servitude attachée à un objet d'art et qui restreindrait sa jouissance à une sorte de contemplation locale, uniforme et platonique de l'objet, ne diminuerait-elle pas immensément la valeur de cette nature de propriété pour les artistes eux-mêmes, et n'intimiderait-elle pas, en les décourageant, les consommateurs de luxe qui acquerront ces sortes d'objets par délices, par munificence, par un généreux orgueil de patronage, et pour en perpétuer le souvenir et la gloire dans leur maison? Évidemment oui. Rien ne les force à acquérir; tentez-les par des conditions acceptables; ne leur vendez pas un problème, un assujettissement, une restriction, mais une propriété pleine de sécurité et de liberté! Quel amateur riche, étranger souvent, consentirait à acquérir un objet d'art, à la charge de le consigner dans sa galerie, à l'abri du burin du graveur ou du ciseau du copiste, responsable en son absence des copies furtives qui pourraient en être faites? Cela ne peut pas s'admettre; et à supposer que vous astreigniez l'artiste à obtenir pour cela le consentement libre de l'acquéreur, que devient la reproduction? Comment deux familles d'héritiers, de l'artiste d'une part, et de l'acquéreur de l'autre, s'entendront-elles à cinq cents lieues de distance quelquefois sur le choix d'un graveur et sur les conditions d'une reproduction qui sera pour chacun d'eux l'objet de goûts ou d'intérêts contraires? c'est condamner l'œuvre à la stérilité, c'est condamner l'art à la pénurie, c'est condamner la société à se priver pendant quatre-vingts ou quatre-vingt-dix ans, des types, des modèles, des chefs-d'œuvre qui élèvent son sentiment moral en multipliant pour elle les images du beau ; car il n'y a pas moins de moralité pour la société dans un tableau de Raphaël ou dans une statue de Phidias, que dans un poëme d'Homère ou dans une sentence de Platon. C'est une loi de marchands, ce n'est plus une loi de législateurs.

Et quant aux prétendus inconvéniens pratiques de la disposition qui ferait suivre l'objet par le droit de gravure, s'ils existent, ne sont-ils pas les mêmes dans la disposition qui les réserverait aux héritiers de l'artiste? Le tableau ne changerait-il pas de mains aussi? Quels moyens auront les acquéreurs successifs de savoir si le droit de reproduction a été épuisé? si le tableau a reçu son temps légal? si la statue a subi cette quarantaine de publicité que vous voulez lui imposer? Les héritiers de l'artiste seront-ils des hommes de génie et de goût aussi? La reproduction du tableau sera-t-elle plus garantie entre leurs mains, quelquefois ignorantes, indigentes souvent, qu'entre les mains des acquéreurs, spéculateurs ou riches? Cent fois moins. Renoncez donc pour les artistes à une prétention qui satisfait pour quelques jours un amour-propre légitime et un intérêt apparent, mais qui, en réalité, intimide l'acquéreur, diminue la valeur de leurs productions, paralyse l'art, dépouille la société et déconsidère la loi.

Dans cette hésitation produite par des apparences si contraires, on a recherché s'il n'y aurait pas moyen d'éluder la question. On a dit : Donnons le droit à l'acquéreur et à l'auteur tout à la fois. On s'est aperçu que c'était anéantir la gravure. Car le graveur, dont le travail veut des années, a besoin de sécurité et de garantie aussi. Où sera la garantie, si pendant qu'il emploie une partie de sa vie à la reproduction d'un chef-d'œuvre dont le débit doit l'indemniser, ce même chef-d'œuvre est à son insu gravé par un autre graveur? On a dit : Effaçons le mot *exclusif*, et déclarons qu'il n'y a pas de droit et que le tableau emporte avec lui la reproduction comme l'objet emporte avec lui son ombre ou son image. On a reconnu que c'était enlever une immense et légitime rémunération à l'auteur de l'œuvre, et tuer la reproduction par une concurrence sans condition. On a maintenu l'article présenté par le gouvernement, voté par la chambre des pairs, admis par la commission de 1826. Le droit des artistes, pour être exercé, aura besoin d'être écrit. On n'a pas consenti à leur donner un privilége qui, en frappant l'objet vendu d'une servitude onéreuse, se refuserait même à le déclarer dans le contrat.

En cas de déshérence nous avons attribué à l'État le droit de faire abandon de ses droits aux conjoints de l'auteur. Cela était conforme à ce qui se pratique dans tous les cas de mort civile.

Nous avons disposé aussi que le bénéfice inattendu des années ajoutées à la propriété par la loi nouvelle profiterait aux héritiers ou ayants cause de l'auteur. Ce bénéfice de la loi, pour qu'il n'eût aucun effet rétroactif, ne pouvait pas s'attribuer également aux auteurs encore vivans qui auraient aliéné leur propriété avant la promulgation de la loi ; dans ce cas il y aurait un changement de condition et dommage pour des éditeurs. Au lieu de se trouver, à l'expiration de leur propriété privilégiée, en face de la concurrence, et concurrens eux-mêmes, ils se seraient trouvés en face d'un autre droit privilégié qui aurait muré leur industrie. Cela demandait une exception, nous l'avons faite. La libéralité du législateur peut concéder des faveurs, mais à condition qu'elles soient encore de la justice.

Le titre VI n'est que la sanction pénale des dispositions des titres précédens. Tout droit sans garantie est un droit fictif, il faut une force à la loi. Cette force c'est la peine. La commission a été unanime dans la pensée d'armer la propriété littéraire de la force morale et de la force pénale suffisante pour qu'elle fût efficacement défendue contre la contrefaçon à l'intérieur. Les articles 19, 20, 21, 22, et le troisième paragraphe de l'article 23 du projet de loi ont pour objet de déterminer cette pénalité. L'amende de 300 à 2,000 fr. encourue par tout contrefacteur, des dommages et intérêts égaux au moins à la valeur de l'édition originale sur laquelle la contrefaçon a été commise ; l'amende accrue et l'emprisonnement en cas de récidive, ont été conservés ou insérés au projet. Si des peines trop fortes découragent la justice du juge, des peines trop faibles découragent l'industrie et décréditent la propriété. Placés entre ces deux écueils, nous avons voulu qu'un délit, d'autant plus coupable qu'il est toujours prémédité ; d'autant plus nécessaire à frapper quand il se montre, qu'il est toujours commis dans l'ombre, fût atteint non-seulement par le déshonneur qu'il brave, mais aussi par la réparation à laquelle il a trop longtemps échappé. La loi s'est faite d'avance l'arbitre des dommages et intérêts. Elle les fixe à la valeur de l'édition qu'on a voulu contrefaire et qu'on a contrefaite. C'est la loi du talion la mieux justifiée par l'intention du contrefacteur et par le dommage à l'éditeur. C'est le poids exact de la réparation mis dans la balance du juge contre le poids exact du délit. La Chambre décidera si une disposition si juste ne doit pas être une disposition légale. S'il y a danger à écrire dans la loi ce qui est arbitraire, il n'y a jamais danger à écrire ce qui est juste. La loi de 1793 arbitrait d'avance à la valeur de 3,000 exemplaires le dommage présumé d'une contrefaçon. C'était moins juste et plus sévère.

Contrefaçon étrangère.

Mais tandis que nous faisions le code de la propriété littéraire pour la France, l'urgence d'un code international de cette nature de propriété se révélait de toutes parts, et par les plaintes de notre industrie lettrée et par les catastrophes de notre librairie, et par le cri unanime de réprobation qui s'élève dans toute l'Europe contre ces dilapidations des propriétés nationales, des propriétés industrielles et des propriétés privées, que le silence du droit public autorisait sans doute, mais qui, pour être un droit de tous contre tous, n'en sont pas moins un scandale de la civilisation. A peine un livre est-il imprimé à Londres, à Vienne, à Paris, que des contrefacteurs étrangers s'en emparent, et que, sans avoir à subir ni les conditions du fisc ou du travail national, ni les avances des éditeurs originaux, ni le droit d'auteur, ils les réimpriment sous tous les formats, se substituent aux droits onéreusement acquis par les éditeurs, et inondent l'Europe et l'Amérique de cette contrebande de la pensée, d'autant plus avantageuse pour eux que ce commerce équivoque n'a rien d'aléatoire, et qu'il n'agit que sur des livres dont le succès est déjà fait et le débit par conséquent assuré. C'est par là que l'industrie littéraire des grandes nations fuit de toutes parts, et que leur librairie, spoliée dans ses foyers naturels, devient le privilége et le monopole d'une industrie cosmopolite qui exploite à son profit une propriété banale que l'incurie et l'injustice des grands États leur a trop longtemps livrée.

La spoliation de cette industrie, quant à la France, ne s'élève pas à moins de 8 à 10 millions par an. Cet abus, non moins nuisible aux lettres que mortel au commerce, a frappé à la fois tous les gouvernemens. Les plus petits ont senti les premiers le mal. Ils ont compris qu'une propriété qui cessait à la frontière, quand cette frontière était rapprochée, n'existait que de nom. Quelle pouvait être la rémunération d'un auteur ou d'un libraire, à Rome, à Florence, à Parme, quand on pouvait le réimprimer sans fraude à Naples, à Turin, à Modène, à Milan? Il en était de même en Allemagne. Les petits États ne pouvaient plus écrire, les grands États le pouvaient encore ; leur industrie, protégée d'abord par une plus grande masse de consommateurs nationaux, n'a pas tardé à leur être dérobée. Les choses en sont là. Tout le monde se plaint ; tout le monde réclame un droit international, nécessaire à instituer pour tous ; on a commencé de voisin à voisin. Les États d'Italie, à l'exception de Naples, ont fondé d'abord la perpétuité de la propriété littéraire en faveur des auteurs et de leurs héritiers ; ils ont proclamé de plus l'internationalité de la propriété des livres. Le contrefacteur de l'ouvrage publié chez l'un de ces peuples sera poursuivi et puni chez tous. L'Allemagne est entrée dans la même voie. La contrefaçon intergermanique y est prohibée.

L'Angleterre, la Russie, l'Autriche, la France, émues par des idées d'équité générale, plus que par des intérêts à peu près égaux, se montrent disposées à écrire partout ce droit public d'une propriété de plus. Le bill anglais du 31 juillet 1838 l'a déjà formellement écrit. Nous avons, nous, nation éminemment littéraire, deux moyens de hâter ce concert des gouvernements qui, pour être efficace, doit être ou devenir unanime. La rivalité ou l'initiative ; la contrefaçon autorisée chez nous des nations qui nous contrefont, ou la proclamation morale et généreuse du respect de la propriété des autres chez nous, avant même que ce principe fût proclamé à notre bénéfice chez toutes les nations.

L'équité naturelle, dont il est toujours glorieux d'être les précurseurs, et les intérêts les mieux éclairés sur ce qui concerne les écrivains, les imprimeurs, les libraires (1), étaient ici d'accord, et nous demandaient avec instance et avec unanimité la proclamation même téméraire et gratuite d'un grand principe de moralité et plus élevé au-dessus des rivalités nationales.

Votre commission rendait hommage à ce sentiment et le partageait. Toutefois, elle n'a pas cru devoir désarmer le gouvernement de cette valeur de la réciprocité à faire peser dans des négociations prochaines. La proclamation gratuite d'un grand principe de propriété internationale lui a paru d'autant plus assurée que la France, en la demandant à toute l'Europe, aurait des avantages à offrir aux gouvernemens qui voudraient y accéder.

C'est par ce petit nombre de dispositions prévoyantes, améliorées encore par la discussion de la chambre, que vous manifesterez votre sollicitude pour ces divers domaines de la pensée. Ces nobles ouvriers de l'esprit, qui se sont toujours plaints de l'ingratitude de la loi, n'auront plus désormais à se plaindre que d'eux-mêmes. Vous leur aurez donné tout ce qu'une même législation peut donner, la justice, la rémunération par les œuvres, la sécurité, un modeste et trop court avenir. La loi ne peut que cela, Dieu seul donne le génie, le génie ne donne que la gloire, le travail seul donne la fortune.

(1) Une pétition, signée des principaux éditeurs de Paris, a été adressée aux deux chambres; elle demande que la France prenne l'initiative de ce grand et noble principe de la reconnaissance de la propriété littéraire internationale.

L'Europe entière, en ce moment, est inspirée de la même pensée, il appartient à la France de devancer l'Europe. Sa grande place dans le monde lui a été dessinée par la main de ses artistes, par la plume de ses écrivains, plus large et plus incontestée que par l'épée même de ses soldats. Pouvait-elle laisser dans la négligence et dans la spoliation ces puissances de la pensée qui lui ont conquis tant d'empire sur l'esprit humain? L'ingratitude peut profiter à la gloire, car elle la rend plus touchante, mais elle n'enrichit jamais les nations. Que ne devons-nous pas à ces hommes dont nous avons laissé si longtemps dilapider l'héritage? Cinq ou six noms immortels sont toute une nationalité dans le passé. Poëtes, philosophes, orateurs, historiens, artistes, restent dans la mémoire l'éclatant abrégé de plusieurs siècles et de tout un peuple.

Montaigne joue en sceptique avec les idées, et les remet en circulation en les frappant du style moderne. Pascal creuse la pensée non plus seulement jusqu'au doute, mais jusqu'à Dieu. Bossuet épanche la parole humaine d'une hauteur d'où elle n'était pas encore descendue depuis le Sinaï. Racine, Molière, Corneille, Voltaire, trouvent et notent tous les cris du cœur de l'homme. Montesquieu scrute les institutions des empires, invente la critique des sociétés et formule la politique. Rousseau la passionne, Fénelon la sanctifie, Mirabeau l'incarne et la pose sur la tribune. De ce jour les gouvernemens rationnels sont découverts, la raison publique a son organe légal, et la liberté marche au pas des idées à la lumière de la discussion. Mœurs, civilisation, richesse, influence, gouvernement, la France doit tout à ces hommes : nos enfans devront tout peut-être à ceux qui viendront après eux. Le patrimoine éternel et inépuisable de la France, c'est son intelligence. En en livrant la généreuse part à l'humanité, en s'en réservant à elle-même cette part glorieuse qui fait son caractère entre tous les peuples, le moment n'était-il pas venu de constituer en propriété personnelle cette part utile qui fait de la dignité des lettres l'indépendance de l'écrivain, le patrimoine de la famille, et la rétribution de l'Etat?

Permettez-moi d'ajouter que la constitution sérieuse et légale de la propriété littéraire, artistique, industrielle, est un fait éminemment conforme à ces principes démocratiques qui sont la nécessité et le labeur de notre temps. Cette nature de propriété porte avec soi tout ce qui manque aux démocraties. C'est de l'éclat sans privilége; c'est du respect sans contrainte; c'est de la grandeur pour quelques-uns sans abaissement pour les autres. On a supprimé la noblesse; mais on n'a pas supprimé la gloire. Ce don éclatant de la nature est, comme les autres dons de Dieu, accessible à toutes les classes. Le génie qui naît partout, est le grand niveleur du monde; mais c'est un niveleur qui élève le niveau général des peuples. La propriété littéraire est surtout la fortune de la démocratie; la gloire est la noblesse de l'égalité.

LE CRI DE CHARITÉ.

CHANT COMPOSÉ PAR M. DE LAMARTINE

AU PROFIT DES VICTIMES DES INONDATIONS.

Sur les bords écumans des fleuves
Qui roulent des flots et des cris,
Des vieillards, des enfans, des veuves,
Pleurent leur asile en débris.
La cime d'arbre est le refuge
Que l'homme dispute aux oiseaux,
Et la voix morne du déluge
S'éteint par degrés sous les eaux.

L'ange des détresses humaines
Recueille ces vagissemens,
Ces sanglots, ces chutes soudaines
Des villes sur leurs fondemens ;
Aux sourds craquemens des collines
Mêlant nos lamentations,
Il souffle aux oreilles divines
Le chant de deuil des nations.

Mais bientôt la terre s'essuie,
D'autres bruits changent son accent,

LE CRI DE CHARITÉ.

C'est l'arbre courbé sous la pluie
Qui frémit au jour renaissant.
C'est le marteau, c'est la truelle
Qui rebâtit le nid humain.
C'est l'or abondant qui révèle
L'aumône en sonnant dans la main !

L'ange de la céleste joie
Passe emportant au Créateur
Ces bruits que le bienfait renvoie
A l'oreille du bienfaiteur ;
Il en forme un concert de grâces
Qui dit au Seigneur irrité :
Ton déluge n'a plus de traces
Sur un globe de charité !...

22 nov. 1840.

LES OISEAUX.

Orchestre du Très-Haut! bardes de ses louanges!
Ils chantent à l'été des notes de bonheur,
Ils parcourent les airs avec des ailes d'anges
Échappés tout joyeux des jardins du Seigneur.

Tant que durent les fleurs tant que l'épi qu'on coupe,
Laisse tomber un grain sur les sillons jaunis,
Tant que le rude hiver n'a pas gelé la coupe
Où leurs pieds vont poser comme aux bords de leurs nids,

Ils remplissent le ciel de musique et de joie;
La jeune fille embaume et verdit leur prison;
L'enfant passe la main sur leur duvet de soie;
Le vieillard les nourrit au seuil de sa maison.

Mais dans les mois d'hiver, quand la neige et le givre
Ont remplacé la feuille et le fruit, où vont-ils?
Ont-ils cessé d'aimer? ont-ils cessé de vivre?
Nul ne sait le secret de leurs lointains exils.

On trouve au pied de l'arbre une plume souillée
Comme une feuille morte où rampe un ver rongeur,
Que la brume des nuits a jaunie et mouillée,
Et qui n'a plus, hélas! ni parfum ni couleur.

On voit pendre à la branche un nid rempli d'écailles
Dont le vent pluvieux balance un noir débris,
Pauvre maison en deuil et vieux pan de murailles
Que les petits hier réjouissaient de cris.

O mes charmans oiseaux ! vous si joyeux d'éclore !
La vie est donc un piége où le bon Dieu vous prend !
Hélas ! c'est comme nous ; et nous chantons encore !
Que Dieu serait cruel s'il n'était pas si grand !

Paris, 25 janvier 1841.

LA MARSEILLAISE DE LA PAIX.

RÉPONSE A M. BECKER,
AUTEUR DU RHIN ALLEMAND.
DÉDIÉE A M. DARGAUD, AUTEUR DE GEORGES.

Roule, libre et superbe entre tes larges rives,
Rhin ! Nil de l'Occident ! coupe des nations !
Et des peuples assis qui boivent tes eaux vives
Emporte les défis et les ambitions !

Il ne tachera plus le cristal de ton onde,
Le sang rouge du Franc, le sang bleu du Germain;
Ils ne crouleront plus sous le caisson qui gronde,
Ces ponts qu'un peuple à l'autre étend comme une main!
Les bombes, et l'obus, arc-en-ciel des batailles,
Ne viendront plus s'éteindre en sifflant sur tes bords;
L'enfant ne verra plus du haut de tes murailles,
Flotter ces poitrails blonds qui perdent leurs entrailles,
    Ni sortir des flots ces bras morts !

Roule libre et limpide en répétant l'image
De tes vieux forts verdis sous leurs lierres épais,

Qui froncent tes rochers comme un dernier nuage
Fronce encor les sourcils sur un visage en paix.

Ces navires vivans dont la vapeur est l'âme
Déploiront sur ton cours la crinière du feu ;
L'écume à coups pressés jaillira sous la rame,
La fumée en courant léchera ton ciel bleu.
Le chant des passagers, que ton doux roulis berce,
Des sept langues d'Europe étourdira tes flots,
Les uns tendant leurs mains avides de commerce,
Les autres allant voir aux monts où Dieu te verse
    Dans quel nid le fleuve est éclos?

Roule libre et béni ! Ce Dieu qui fond la voûte
Où la main d'un enfant pourrait te contenir,
Ne grossit pas ainsi ta merveilleuse goutte
Pour diviser ses fils, mais pour les réunir !

Pourquoi nous disputer la montagne ou la plaine ?
Notre tente est légère, un vent va l'enlever ;
La table où nous rompons le pain est encor pleine,
Que la mort, par nos noms, nous dit de nous lever !
Quand le sillon finit, le soc le multiplie ;
Aucun œil du soleil ne tarit les rayons ;
Sous le flot des épis la terre inculte plie ;
Le linceul, pour couvrir la race ensevelie,
    Manque-t-il donc aux nations?

Roule libre et splendide à travers nos ruines,
Fleuve d'Arminius, du Gaulois, du Germain !
Charlemagne et César, campés sur tes collines,
T'ont bu sans t'épuiser dans le creux de leur main !

Et pourquoi nous haïr et mettre entre les races
Ces bornes ou ces eaux qu'abhorre l'œil de Dieu?
De frontières au ciel voyons-nous quelques traces?
Sa voûte a-t-elle un mur, une borne, un milieu?
Nations! mot pompeux pour dire barbarie!
L'amour s'arrête-t-il où s'arrêtent vos pas?
Déchirez ces drapeaux; une autre voix vous crie:
L'égoïsme et la haine ont seuls une patrie,
    La fraternité n'en a pas!

Roule libre et royal entre nous tous, ô fleuve!
Et ne t'informe pas, dans ton cours fécondant,
Si ceux que ton flot porte, ou que ton urne abreuve,
Regardent sur tes bords l'aurore ou l'occident!

Ce ne sont plus des mers, des degrés, des rivières,
Qui bornent l'héritage entre l'humanité;
Les bornes des esprits sont leurs seules frontières,
Le monde en s'éclairant s'élève à l'unité.
Ma patrie est partout où rayonne la France,
Où son génie éclate aux regards éblouis!
Chacun est du climat de son intelligence,
Je suis concitoyen de toute âme qui pense:
    La vérité, c'est mon pays!

Roule libre et paisible entre ces fortes races
Dont ton flot frémissant trempa l'âme et l'acier,
Et que leur vieux courroux, dans le lit que tu traces,
Fonde au soleil du siècle avec l'eau du glacier!

Vivent les nobles fils de la grave Allemagne!

Le sang-froid de leurs fronts couvre un foyer ardent ;
Chevaliers tombés rois des mains de Charlemagne,
Leurs chefs sont les Nestors des conseils d'Occident !
Leur langue a les grands plis du manteau d'une reine,
La pensée y descend dans un vague profond,
Leur cœur sûr est semblable au puits de la syrène,
Où tout ce que l'on jette, amour, bienfait ou haine,
    Ne remonte jamais du fond.

Roule libre et fidèle entre tes nobles arches,
O fleuve féodal calme, mais indompté !
Verdis le sceptre aimé de tes rois patriarches ;
Le joug que l'on choisit est encor liberté !

Et vivent ces essaims de la ruche de France,
Avant-garde de Dieu, qui devancent ses pas !
Comme des voyageurs qui vivent d'espérance,
Ils vont semant la terre, et ne moissonnent pas...
Le sol qu'ils ont touché germe fécond et libre,
Ils sauvent sans salaire, ils blessent sans remord ;
Fiers enfans, de leur cœur l'impatiente fibre
Est la corde de l'arc où toujours leur main vibre
    Pour lancer l'idée ou la mort !

Roule libre, et bénis ces deux sangs dans ta course ;
Souviens-toi pour eux tous de la main d'où tu sors :
L'aigle et le fier taureau boivent l'onde à ta source ;
Que l'homme approche l'homme, et qu'il boive aux deux bords !

Amis, voyez là-bas ! — La terre est grande et plane !
L'Orient délaissé s'y déroule au soleil !

L'espace y lasse en vain la lente caravane,
La solitude y dort son immense sommeil !
Là, des peuples taris ont laissé leurs lits vides ;
Là, d'empires poudreux les sillons sont couverts;
Là, comme un stylet d'or, l'ombre des Pyramides
Mesure l'heure morte à des sables livides
    Sur le cadran nu des déserts !

Roule libre à ces mers où va mourir l'Euphrate,
Des artères du globe enlace le réseau,
Rends l'herbe et la toison à cette glèbe ingrate ;
Que l'homme soit un peuple et les fleuves une eau !

Débordement armé des nations trop pleines,
Au souffle de l'aurore envolés les premiers,
Jetons les blonds essaims des familles humaines
Autour des nœuds du cèdre et du tronc des palmiers !
Allons, comme Joseph, comme ses onze frères,
Vers les limons du Nil que labourait Apis,
Trouvant de leurs sillons les moissons trop légères,
S'en allèrent jadis aux terres étrangères
    Et revinrent courbés d'épis !

Roule libre, et descends des Alpes étoilées
L'arbre pyramidal pour nous tailler nos mâts,
Et le chanvre et le lin de tes grasses vallées ;
Tes sapins sont les ponts qui joignent les climats !

Allons-y, mais sans perdre un frère dans la marche,
Sans vendre à l'oppresseur un peuple gémissant;
Sans montrer au retour au dieu du patriarche,

Au lieu d'un fils qu'il aime, une robe de sang!
Rapportons-en le blé, l'or, la laine et la soie,
Avec la liberté, fruit qui germe en tout lieu!
Et tissons de repos, d'alliance et de joie
L'étendard sympathique où le monde déploie
    L'unité, ce blason de Dieu!...

Roule libre et grossis tes ondes printanières
Pour écumer d'ivresse autour de tes roseaux,
Et que les sept couleurs qui teignent nos bannières,
Arc-en-ciel de la paix, serpentent dans tes eaux!

Saint-Point, 28 mai 1841.

RESSOUVENIR DU LAC LEMAN.

A M. HUBER SALADIN.

Encor mal éveillé du plus brillant des rêves,
Au bruit lointain du lac qui dentelle tes grèves,
Rentré sous l'horizon de mes modestes cieux,
Pour revoir en dedans je referme les yeux,
Et devant mes regards flottent à l'aventure,
Avec des pans de ciel, des lambris de nature !
Si Dieu brisait ce globe en confus élémens,
Devant sa face ainsi passeraient ses fragmens....

De grands golfes d'azur, où de rêveuses voiles
Répercutant le jour sur leurs ailes de toiles,
Passent d'un bord à l'autre avec les blonds troupeaux
Les foins fauchés d'hier qui trempent dans les eaux ;
Des monts aux verts gradins que la colline étage,
Qui portent sur leurs flancs les toits du blanc village,
Ainsi qu'un fort pasteur porte en montant aux bois
Un chevreau sous son bras sans en sentir le poids ;
Plus haut, les noirs sapins, mousses des précipices,
Et les grands prés tachés d'éclatantes génisses,

Et les chalets perdus pendant tout un été
Sur les derniers sommets de ce globe habité,
Où le regard épris des hauteurs qu'il affronte,
S'élève avec l'amour, soupir qui toujours monte!...
Déserts où l'homme errant pour leur lait et leur miel
Trouve la liberté qu'il rapporta du ciel!...
Par-dessus ces sommets la neige blanche ou rose,
Fleur que l'été conserve et que la nue arrose;
Les glaciers suspendus, océans congelés
Pour la soif des vallons tour à tour distillés;
Dans l'abîme assourdi l'avalanche qui plonge,
Et sous la main de Dieu, pressés comme une éponge,
Noyés dans son soleil, fondus à sa lueur,
Ces grands fronts de la terre exprimant sa sueur!...
Je vois blanchir d'ici dans les sombres vallées,
Des torrens de poussière et des ondes ailées,
Leur sourd mugissement tonne si loin de moi
Que je n'entends plus rien du fracas que je vois!
. . . .
. . . .

Flèche d'eau du sommet dans le gouffre lancée,
La cascade en sifflant éblouit ma pensée;
Comme un lambeau de voile arraché par le vent,
Elle claque au rocher, rejaillit en pleuvant,
Et tombe en pétillant sur le granit qui fume
Comme un feu de bois vert que le pasteur allume.
A peine reste-t-il assez de ses vapeurs
Pour qu'un pâle arc-en-ciel y trempe ses couleurs
Et flotte quelque temps sur cette onde en fumée,
Comme sur un nom mort un peu de renommée!...

. . . .
. . . .

Notre barque s'endort, ô *Thoune!* sur ta mer
Dont l'écume, à la main ne laisse rien d'amer;
De tes flots, bleu miroir, ces Alpes sont la dune,
Il est nuit; sur ta lame on voit nager la lune :
Elle fait ruisseler sur son sentier changeant
Les mailles de cristal de son filet d'argent,
Et regarde à l'écart des bords d'un autre monde
Les étoiles ses sœurs se baigner dans ton onde.
Son disque épanoui de noyer en noyer
De l'ondoiement des flots, pour nous, semble ondoyer;
Chaque arbre tour à tour la dévoile ou la cache ;
D'un côté de l'esquif notre ombre étend sa tache,
Et de l'autre les monts, leurs neiges, leurs glaçons,
Plongent dans le sillage avec leurs blancs frissons!...
Diamant colossal enchâssé d'émeraudes,
Et le front rayonnant d'auréoles plus chaudes.
La rêveuse *Yong Frau*, de son vert piédestal
Déploie aux vents des nuits sa robe de cristal...
A ce divin tableau la rame lente oublie
De frapper sous le bord la vague recueillie ;
On n'entend que le bruit des blanches perles d'eau
Qui retombent au lac des deux flancs du bateau,
Et le doux renflement d'un flot qui se soulève,
Sons inarticulés d'eau qui dort et qui rêve !...
O poétique mer! il est dans cet esquif
Plus d'un cœur qui comprend ton murmure plaintif,
Qui, sous l'impression dont ta scène l'inonde,
Pour soulever un sein, s'enfle comme ton onde

S'ouvre pour réfléchir, à l'alpestre clarté,
La nature, son Dieu, l'amour, la liberté,
Et ne pouvant parler, sous le poids qui le charme
Répand le dernier fonds de toute âme... une larme !

Huber ! heureux enfant de ces tribus de Tell,
Que Dieu plaça plus près des Alpes son autel !
Des splendeurs de ces monts doux et fier interprète,
Ame de citoyen dans un cœur de poète !
Voilà donc ces sommets et ces lacs étoilés
Devant nos yeux ravis par ta main dévoilés !
Voilà donc ces rochers à qui ton amour crie
Le plus beau nom de l'homme à la terre : O patrie !...
Ah ! tu tiens à ce ciel par un double lien ;
Qui chérit sa nature est deux fois citoyen ;
Diras-tu dans l'orgueil de ta mâle tendresse !
« Ces monts sont trop bornés pour l'amour qui m'oppresse,
« On voit la liberté sur leurs flancs resplendir,
« Mais pour l'adorer plus, je voudrais l'agrandir.
« N'être qu'un poids léger de l'immense équilibre,
« C'est être respecté, ce n'est pas être libre ;
« Dans sa force tout droit doit porter sa raison.
« Un grand peuple à ses pieds veut un grand horizon !
« Si la pitié des rois nous épargne l'offense,
« Le dédain des tyrans n'est pas l'indépendance ;
« Il faut compter par masses et non par fractions
« Pour jouer dans ce siècle au jeu des nations ;
« La Suisse est l'oasis de mon âme attendrie,
« J'y chéris mon berceau, j'y cherche une patrie !... »

— Adore ton pays et ne l'arpente pas.

Ami, Dieu n'a pas fait les peuples au compas :
L'âme est tout ; quel que soit l'immense flot qu'il roule,
Un grande peuple sans âme est une vaste foule !
Du sol qui l'enfanta la sainte passion
D'un essaim de pasteurs fait une nation ;
Une goutte de sang dont la gloire tient trace
Teint pour l'éternité le drapeau d'une race !
N'en est-il pas assez sur la flèche de Tell
Pour rendre son ciel libre et son peuple immortel ?
Sparte vit trois cents ans d'un seul jour d'héroïsme.
La terre se mesure au seul patriotisme.
Un pays ? c'est un homme, une gloire, un combat !
Zurich ou Marathon, Salamine ou Morat !
La grandeur de la terre est d'être ainsi chérie ;
Le Scythe a des déserts, le Grec une patrie !...
Autour d'un groupe épars de montagnes, d'îlots,
Promontoires noyés dans les brumes des flots,
Avec son sang versé d'une héroïque artère,
Léonidas mourant écrit du doigt sur terre
Des titres de vertu, d'amour, de liberté,
Qui lèguent un pays à l'immortalité !
Qu'importe sa surface ! un jour cette colline
Sera le Parthénon, et ses flots Salamine !
Vous les avez écrits, ces titres et ces droits,
Sur un granit plus sûr que les chartes des rois !

Mais ce n'est plus le glaive, Huber ! c'est la pensée,
Par qui des nations la force est balancée.
Le règne de l'esprit est à la fin venu.
Plus d'autres boucliers ! — l'homme combat à nu.—
La conquête brutale est l'erreur de la gloire.

Tu l'as vu, nos exploits font pleurer notre histoire.
De triomphe en triomphe un ingrat conquérant
A rétréci le sol qui l'avait fait si grand !...
Il faut qu'avec l'effort de l'orgueil en souffrance
Le génie et la paix reconquièrent la France,
Et que nos vérités, de leurs plus beaux rayons,
Dérobent notre épée à l'œil des nations,
Ainsi qu'Harmodius, sous un faisceau de rose,
Cachait le saint poignard altéré d'autre chose !
Les serviteurs du monde en sont seuls les héros ;
Où naquit un grand homme un empire est éclos.
La terre qui l'enfante, illustrée et bénie,
Monte de son niveau, grandit de son génie,
Il conquiert à son nom tout ce qui le comprend ;
O Léman, à ce titre es-tu donc trop peu grand?
Jamais Dieu versa-t-il sur sa terre choisie
De sa corne de dons, d'amour, de poésie,
Plus de noms immortels, sonores, éclatans,
Que ceux dont tu grossis le bruit lointain du temps ?
L'amour, la liberté, ces alcyons du monde,
Combien de fois ont-ils pris leur vol sur ton onde,
Ou confié leur nid à tes flots transparens ?
Je vois d'ici verdir les pentes de *Clarens*,
Des rêves de Rousseau fantastiques royaumes
Plus réels, plus peuplés de ses vivans fantômes
Que si vingt nations sans gloire et sans amour
Avaient creusé mille ans leurs lits dans ce séjour !
Tant l'idée est puissante à créer sa patrie.
Voilà ces prés, ces eaux, ces rocs de *Meillerie*,
Ces vallons suspendus dans le ciel du Valais,
Ces soleils scintillans sur le bois des chalets,

Où des simples des champs en cueillant le dictame
Dans leur plus frais parfum il aspira son âme !
Aussi le souvenir de ces félicités
Le suivit-il toujours dans l'ombre des cités ;
Ses pieds rampans gardaient l'odeur des herbes hautes,
Son premier ciel brillait jusqu'au fond de ses fautes,
Comme une eau de cascade en perdant sa blancheur
Roule à l'Arve glacé sa première fraîcheur.

. . . .

Voltaire ! quel que soit le nom dont on le nomme,
C'est un cycle vivant, c'est un siècle fait homme !
Pour fixer de plus haut le jour de la raison,
Son œil d'aigle et de lynx choisit ton horizon ;
Heureux si sur ces monts où Dieu luit davantage,
Il eût vu plus de ciel à travers le nuage !

. . . .

Byron, comme un lutteur fatigué du combat,
Pour saigner et mourir, sur tes rives s'abat;
On dit que quand les vents roulent ton onde en poudre,
Sa voix est dans tes cris et son œil dans ta foudre.
Une plume du cygne enlevée à son flanc
Brille sur ta surface à côté du Mont-Blanc !

. . . .
. . . .

Mais mon âme, ô Copet ! s'envole sur tes rives,
Où *Corinne* repose au bruit des eaux plaintives.
En voyant ce tombeau sur le bord du chemin,
Tout front noble s'incline au nom du genre humain ;
Colombe de salut pour l'arche du génie,

Seule elle traversa la mer de tyrannie !
Pendant que sous ses fers l'univers avili,
Du front césarien étudiait le pli,
Ce petit coin de terre, oasis de vengeance,
Protestait pour le siècle et pour l'intelligence.
Le poids du monde entier ne pouvait assoupir,
Liberté ! dans ce cœur ton suprême soupir !
Ce soupir d'une femme alluma le tonnerre
Qui foudroya d'en bas le Titan de la guerre ;
Il tomba, sur son roc par la haine emporté.
Vesta de la vengeance et de la liberté !
Sous les débris fumans de l'univers en flamme,
On retrouva leurs feux immortels dans ton âme !...

Ah ! que d'autres, flatteurs d'un populaire orgueil,
Suivent leur servitude au fond d'un grand cercueil,
Qu'imitant des Césars l'abjecte idolâtrie,
Pour socle d'une tombe ils couchent la patrie,
Et, changeant un grand peuple en servile troupeau,
Qu'ils lui fassent lécher la *botte* et le *chapeau !*
D'autres tyrans naîtront de ces larmes d'esclaves :
Diviniser le fer, c'est forger ses entraves !
Avilir les humains, ce n'est pas se grandir ;
C'est éteindre le feu dont on veut resplendir,
C'est abaisser sous soi le sommet où l'on monte,
C'est sculpter sa statue avec un bloc de honte !
Si le banal encens qui brûle dans leurs mains
Se mesure au mépris qu'on a fait des humains,
Le colosse de fer dont ils fardent l'histoire
Avec plus de mépris aurait donc plus de gloire.

Plus bas, Séjans d'une ombre! Admirez à genoux :
Il avait deviné des juges tels que vous !

Mais le temps est seul juge : ami, laissons-les faire ;
Qu'ils pétrissent du sang à ce dieu du vulgaire,
Que tout rampe à ses pieds de bronze... excepté moi.
Staël, à lui l'univers ! — Mais cette larme à toi ! —
. . . .
Huber! que ce grand nom, que ces ombres si chères
Agrandissent pour vous le pays de vos pères.
Rebandez le vieil arc que son poids détendit;
On resserre le nœud quand le faisceau grandit.
Dans le tronc fédéral concentrez mieux sa sève;
La tribu devient peuple et l'unité l'achève!
Que Genève à nos pieds ouvre son libre port!
La liberté du faible est la gloire du fort.
Que sous les mille esquifs dont ses eaux sont ridées,
Palmyre européenne au confluent d'idées,
Elle voie en ses murs l'Ibère et le Germain
Échanger la pensée en se donnant la main !
Nid d'aigles élevé sur toute tyrannie,
Qu'elle soit pour l'exil l'hospice du génie,
Et que ces grands martyrs de l'immortalité
Lui paient d'un rayon son hospitalité.

Pour moi, cygne d'hiver égaré sur tes plages,
Qui retourne affronter son ciel chargé d'orages,
Puissé-je quelquefois, dans ton cristal mouillé,
Retremper, ô Léman ! mon plumage souillé !
Puissé-je, comme hier, couché sur le pré sombre

Où les grands châtaigniers d'*Evian* penchent l'ombre,
Regarder sur ton sein la voile de pêcheur,
Triangle lumineux, découper sa blancheur ;
Écouter attendri les gazouillemens vagues
Que viennent à mes pieds balbutier tes vagues ;
Et voir ta blanche écume, en brodant tes contours,
Monter, briller et fondre, ainsi que font nos jours!...

Saint-Point, 12 août 1841.

NÉCROLOGIE.[1]

Une famille honorable vient de perdre son chef, notre ville un juste, et la vie humaine un exemple rare de ces vieillesses saines et augustes qui s'élèvent çà et là au-dessus du niveau ordinaire des générations, avec toute leur sève et toute leur majesté, comme pour nous consoler de la nécessité de vieillir et pour nous adoucir la nécessité de la fin. Cette vie comble de jours, de bonheur et de paix, ne s'est retirée qu'à près de quatre-vingt-dix ans. Ce ne fut pas un homme de bruit, n'en faisons pas sur sa tombe. Que l'expression de nos regrets soit juste et modeste comme il le fut lui-même !

M. de Lamartine naquit à Mâcon, au milieu du dix-huitième siècle. Sixième enfant d'une famille dont quelques membres étaient toujours voués aux armes, il entra au service à seize ans, comme officier de cavalerie. Il servit avec distinction jusqu'en 1790. Il épousa à cette époque Marie-Alix des Roys, chanoinesse du chapitre noble de Salles, fille de M. des Roys, intendant des finances de S. A. R. monsei-

---

[1] Cette notice, dont l'auteur ne s'est pas nommé, a paru lors des funérailles du père de M. de Lamartine.

gneur le duc d'Orléans, et de madame des Roys, sous-gouvernante des enfans de ce prince. C'est cette femme comblée de toutes les grâces de la beauté, de l'esprit et de l'âme, que nous avons longtemps connue, chez laquelle les années avaient mûri tous ces dons sans en flétrir un seul, et dont la mémoire a laissé ici, après dix ans de disparition, un parfum d'amour et de vénération qui semble immortel. De ce mariage naquirent huit enfans; l'aîné de cette nombreuse famille fut M. Alphonse de Lamartine.

La révolution française commençait; M. de Lamartine ne voulut pas émigrer. Au 10 août 1792, il alla volontairement défendre, avec la garde constitutionnelle de Louis XVI, ce qui restait de la royauté et de la constitution, un roi, une reine et des enfans assaillis dans leur palais qui n'était déjà depuis longtemps que leur prison. Blessé dans le jardin des Tuileries et poursuivi par les *Marseillais*, il traversa la Seine dans une barque et fut arrêté à Vaugirard. Il allait subir le sort de toutes les victimes de cette journée de massacres, quand il fut reconnu, réclamé et sauvé par un officier municipal de la commune de Vaugirard, jardinier de M. Henrion de Pansey, le célèbre jurisconsulte, et oncle de madame de Lamartine. Il dut la vie à ce hasard. Revenu dans sa famille, il ne tarda pas à être emprisonné de nouveau. Il sortit de prison au 9 thermidor, et se retira à la campagne. Élever sa nombreuse famille, soigner une fortune médiocre mais toujours large pour l'hospitalité ou la bienfaisance, cultiver son esprit, aimer, servir, assister les pauvres habitans de la terre où il vivait, ce fut toute son existence. Il représenta pendant vingt ans son canton au conseil général du département; son ambition ne s'éleva jamais au-dessus des dévouemens obscurs et gratuits. Très-capable des grandes choses par la facilité, la justesse et l'étendue de son esprit, sa modestie le renferma volontairement dans les plus humbles. Ses sentimens politiques participaient essentiellement de la justesse, de l'équité et de la modération de son caractère. Cette politique n'avait qu'un seul mot : *l'honnête*. Elle était le résumé de son âme. N'est-elle pas aussi la plus infaillible des théories? N'y a-t-il pas, après tout, quelque chose de plus sûr que les opinions, et qui leur survit à toutes, la conscience?

Il vieillit ainsi, si l'on peut appeler vieillesse une vie si pleine, si chaleureuse, si renouvelée, et qu'on ne reconnaissait en lui qu'à la date de ses souvenirs, à la dignité imposante de son attitude et à la majesté de ses cheveux blancs. Peut-on, en effet, appeler vieillesse cette maturité saine qui se perfectionne sans cesse sans se corrompre d'aucun côté? Rien ne s'était usé dans cette forte nature, ni le corps, ni l'esprit, ni le cœur. Il semblait au contraire que les fibres de ce cœur s'attendrissaient sans s'amollir avec les années. Nous nous souviendrons de lui toutes les fois que nous voudrons honorer la vieillesse. C'est le plus beau et le plus mâle vieillard que nous ayons connu. C'était une de ces figures patriarcales que la Providence fait apparaître quelquefois comme un souvenir des temps bibliques; un de ces chefs de tribu qui laissent beaucoup d'enfans sous beaucoup de tentes, et qui s'en vont tard se reposer, dans le sein d'Abraham, du long et droit chemin qu'ils ont suivi sur la terre. Puissions-nous le suivre dans la même route, du même pas et au même but!

Il est mort en homme de raison et en homme de foi, ne disputant pas avec la nature et plein de certitude dans l'éternité. On disait de lui autour de son lit, en le voyant prier et mourir, qu'il avait manifesté dans toute sa vie la vertu humaine sous ses trois plus belles formes : dans sa jeunesse, l'honneur; dans son âge mûr, la probité; dans sa vieillesse, la religion.

FIN DU HUITIÈME ET DERNIER VOLUME.

TABLE

DU TOME HUITIÈME.

	Pages.
RÉCIT DE FATALLA SAYEGHIR, chez les Arabes errans du grand désert. — Avant-Propos.	1
Récit de Fatalla Sayeghir.	7
FRAGMENS DU POÈME D'ANTAR. — Premier fragment.	199
Deuxième Fragment.	251
Pensées d'Antar.	254
Résumé politique du Voyage en Orient.	259
Contre la peine de mort. Au peuple du 19 octobre 1850.	265
DISCOURS. — Sur l'abolition de la peine de mort. Discours prononcé à l'Hôtel-de-Ville, à Paris, le 18 avril 1856, à l'occasion du concours ouvert par la Société de la Morale chrétienne sur l'abolition de la peine de mort.	271
Sur l'abolition de la peine de mort. Second discours, prononcé le 17 avril 1857, dans la séance annuelle de la Société de la Morale chrétienne.	292
Sur l'abolition de la peine de mort. Discours prononcé à la Chambre des députés, séance du 18 mars 1858.	310
Sur l'émancipation des esclaves. Discours prononcé à la Chambre des députés, séance du 15 février 1858.	522

Sur les enfans trouvés. Discours prononcé à la séance générale annuelle de la Société de la Morale chrétienne, le 30 avril 1838. 357

Contre-Enquête sur les enfans trouvés. 361

Sur l'abolition de l'esclavage. Discours prononcé au banquet donné par la Société française de l'émancipation de l'esclavage, aux délégués des sociétés anglaise et américaine, à Paris, le 10 février 1840............... 375

Sur la loi relative aux restes mortels de Napoléon. Discours prononcé à la Chambre des députés dans la séance du 26 mai 1840..................... 385

De la Propriété littéraire. Rapport fait à la Chambre des députés, par M. de Lamartine. 394

Le Cri de charité. Chant composé par M. de Lamartine au profit des victimes des inondations. 429

Les Oiseaux. 431

La Marseillaise de la paix, réponse à M. Becker, auteur du *Rhin allemand;* dédiée à M. Dargaud, auteur de *Georges*...................... 433

Ressouvenir du lac Leman; à M. Huber Saladin. 439

Nécrologie....................... 449

FIN DE LA TABLE.

www.ingramcontent.com/pod-product-compliance
Lightning Source LLC
Chambersburg PA
CBHW070541230426
43665CB00014B/1765